Richard Friedenthal
Der Eroberer

SERIE PIPER
Band 870

Zu diesem Buch

Richard Friedenthal, Autor zahlreicher gerühmter Biographien, zum Beispiel über Goethe und Luther, stellt in »Der Eroberer« ebenfalls eine historische Persönlichkeit, allerdings in romanhafter Form, vor: Fernando Cortes.

1511 nimmt Cortes unter Velasquez an der Eroberung Kubas teil. Dann – als Gouverneur von Kuba – wird er von Velasquez zum Oberbefehlshaber einer Expedition ernannt, die das Reich der Azteken, Mexiko, erkunden soll. Cortes überschreitet seine Kompetenzen, als er mit seinen Leuten an Land geht und Mexiko erobert.

Die meisterlich gehandhabte Form des historischen Romans macht es Friedenthal möglich, die Zeit der Konquistadoren und die dramatischen Umstände dieser Expedition dem Leser anschaulich, spannend und zugleich detailgetreu nahezubringen.

Richard Friedenthal (1896–1979) wurde in München als Sohn eines Universitätsprofessors geboren. Nach seiner Jugend in Berlin studierte er Literaturgeschichte, Philosophie und Kunstgeschichte, u. a. als Schüler Heinrich Wölfflins, Fritz Strichs und Max Webers. Bis zu seiner Emigration nach England im Jahr 1938 war er als freier Schriftsteller, Lektor, Herausgeber und schließlich als Verlagsleiter tätig, von 1945–1950 dann als Herausgeber und Redakteur der »Neuen Rundschau« im S. Fischer Verlag. Bis 1955 arbeitete Friedenthal wieder als Verlagsleiter. Danach lebte er bis zu seinem Tod in London.

Erstes Buch

Erstes Kapitel

Am 10. Februar 1519 ging eine Flotte von Havanna aus in See. Es waren elf Schiffe; zehn fuhren zusammen, ein kleiner Segler strich flink voraus. Die hohen Borde der schweren Karavellen hoben sich dunkel gegen den hellen Horizont ab. Langsam blühten die Segel auf im Hauch der Brise, die vom Lande herkam. Bald schimmerte die pralle rosiggoldene Leinwand mächtig hell vor dem brüllenden Blau der Bai. Die Küste tanzte unter den Stößen der Sonne. Aus einem dünnen Schleier von Baumgrün leuchtete der Steinbruch der Stadt mit kalkigen Häuserflächen hervor. Am Strande hielt eine dichte Menschenmenge. Man winkte; ein paar bunte Fahnen flatterten. Plötzlich sanken die Tücher. Alle wandten sich vom Ufer ab. Aus den Bergen heraus rollte eine kleine Staubwolke wie bei einem Salutschuß; zwei Reiter jagten in gestrecktem Galopp auf den Hafen zu. Der Stadtkommandant ging ihnen ein paar Schritte entgegen. Die Stafette überreichte ihm ein Schreiben. Er las es achselzuckend und wies auf die Reede. Die Reiter schrien und gestikulierten vom Pferd herunter; sie rissen die Pistolen aus den Halftern. Die Menge lachte. Ein paar verlorene Pistolenschüsse hallten über den Hafen.

Die Flotte zog sich währenddessen majestätisch breit auseinander. Die Schiffe wendeten und kamen nun ins volle Licht. Auf den Verdecken wurde es hell von Bewaffneten; man sah die stählernen Harnische der Ritter, frisch gefegt für die Abreise, und in breiten Flecken das stumpfe Weiß der gesteppten Baumwollpanzer, mit denen die Fußknechte ausgerüstet waren. Weiber, meist übertrieben bunt angezogen in schnell auf dem Trödelmarkt zusammengerafften Kostümen, drängten sich an der Bordwand und ließen ihre Tücher wehen.

In der Mitte der Schiffe hockten teilnahmslos einige Indianer, zarte und übermüdet aussehende junge Menschen. Sie hatten die schmalen kupferbraunen Hände wie betend flach aneinandergelegt und blickten mit glanzlosen Augen hinauf in den Himmel. Über ihnen donnerten leise die Segel bei dem Manöver. Die Eingeborenen schauerten zusammen. Einige strichen mit den spitzen Fingern über die Planken und führten die Hand an die Lippen.

Auf dem Hinterdeck des Flaggschiffs hielt der Generalkapitän, Ferdinand Cortes. Er stand steif aufrecht, ganz der Würde des Augenblicks hingegeben, und suchte die große Stunde so feierlich wie möglich zu gestalten. Er hatte eine kostbare schwarze Rüstung angelegt, deren Schulter- und Hüftplatten in einer massiven Goldleiste aus reinem, gelben Dukatengold, schön in Palmettenmustern ziseliert, abgesetzt waren. Die Brünierung des Eisens glänzte wie Öl in allen Farben des Regenbogens. Von der Spitze des schwarzen Paradehelmes nickte üppig ein Federwerk von roten Straußenfedern. Eine der Federn war geknickt und hing schief und ruppig rücklings herunter.

Ein Soldat trat heran und machte in respektvoll belustigtem Tone auf die Vorgänge am Strande aufmerksam: er komme zu spät mit seinem Verhaftsbefehl, der Señor Velasquez! Den Generalkapitän festsetzen, he, das hätte ihm wohl passen mögen! Cortes wandte sich halb um. Ob er von Seiner Exzellenz dem Herrn Statthalter spräche? fuhr er den überraschten Soldaten an. Der sei sein Vorgesetzter! Damit schlug er ihm den schweren, schuppenbesetzten Handschuh ins Gesicht. Der Bursche wich erschrocken an die Bordwand zurück und wischte sich ungeschickt mit dem Handrücken die blutenden Zähne. Noch ehe die Wut, die in ihm aufglomm, ins Bewußtsein trat, trieb ihn der Befehl des Generalkapitäns wieder auf: die Obersten und Hauptleute zur Versammlung zu bitten.

Cortes stand nun in verbindlicher Haltung im Schatten eines Zeltsegels, die linke Hand mit der modischen Wendung auf den Degenknopf gestützt. In der Rechten hielt er einen Marschallstab, was ihm als unzulässige Anmaßung sogleich übel vermerkt wurde. Er spürte, daß die Blicke der herantretenden Herren sich allzu nachdenklich an das schwarze Holz hefteten und gab den

Stab an einen seiner Diener ab. Mit der freiwerdenden Hand lud er ein, sich zu setzen.

Am Eingang der Treppe zum Deck gab es Lärm und Wortwechsel. Die Hauptleute Holguin und Ordaz waren aneinandergeraten. Keiner wollte dem anderen den Vortritt lassen; man schrie und griff an die Degen. Die Unruhe kam einigen erwünscht; sie schürten noch weiter nach und riefen dazwischen: Holguin sei der Jüngere und überdies nur Schiffsoffizier, habe daher Ordaz Platz zu machen. Cortes schritt schnell auf die Tobenden zu, stellte sich in ihre Mitte, nahm sie beide in einer kameradschaftlichen Manier unter den Arm und brachte sie so gemeinsam die Treppe herauf. Dann begann er sogleich mit seiner Ansprache.

Die Aufgabe, die ihm ... oder vielmehr ihnen gestellt sei, wäre ja den Herren bekannt. Man habe im Auftrag Seiner Exzellenz des Herrn Gouverneurs Velasquez, Statthalters von Kuba – »meines verehrten Herrn Onkels«, fügte er mit kaum merklich ironischer Schwingung der Stimme hinzu – Tauschhandel an den benachbarten Küsten zu treiben und zu versuchen, den Verkehr mit diesen bisher noch so gut wie unbekannten Gebieten zu erschließen. Darüber hinaus habe er aber kraft seiner Bestallung – hier regte sich der erste Widerspruch, und Cortes war genötigt, seine Stimme zu erheben –, kraft seiner Bestallung, die diesen Punkt ausdrücklich enthalte, die Absicht, in diesen neuen Gegenden einige feste Stützpunkte und Siedlungen anzulegen. Das werde für diejenigen der Herren, die gesonnen seien, ihm auf diesem Wege zu folgen, die Möglichkeit eröffnen, dort umfangreichen Grundbesitz ohne besondere Kosten zu erwerben, was bekanntlich auf der schon stark überlaufenen und neuerdings auch von Eingeborenen recht entblößten Insel Kuba keine Schwierigkeiten habe.

Cortes machte eine Pause und ließ seine Zuhörer diesen Aussichten, die selbst die feindlichsten unter ihnen mindestens zum Aufhorchen brachten, nachsinnen. Dann fuhr er fort: es sei nun durch Verleumdungen und hinterlistige Kabalen, deren Quelle er leider noch nicht kenne, sein verehrter Onkel, der Gouverneur Velasquez, dazu vermocht worden, die ihm seinerzeit feierlich ausgefertigte Bestallung als Generalkapitän dieser Expedition zu widerrufen, ja, Seine Exzellenz sei sogar so weit getäuscht worden, daß sie soeben kurz vor der Abfahrt seine Verhaftung angeordnet habe. Er sei nun aber keineswegs gesonnen, ein Unternehmen, in das er über 90000 Goldgulden Kapital gesteckt habe und bei dem er so stark mit seinem Ruf als Soldat und Edelmann engagiert sei, kurzerhand aufzugeben auf Anschuldigungen hin, deren ganze Haltlosigkeit sich sehr bald erweisen werde. Er habe daher die sofortige Abfahrt befohlen, ohne die Ankunft des ihm durch seine Verbindungen schon vorher angekündigten Kuriers – Ja! ja! lachte höhnisch einer der Herren: man wisse, daß er überall seine Spitzel hätte! – abzuwarten. Er habe aber, was zur Beruhigung der Herren dienen möge, an Seine Majestät den Kaiser direkt und an den Hohen Rat von Indien in Burgos als die vorgesetzte Behörde Bericht gesandt.

Diese Nachricht kam unerwartet und schlug ein. Man kannte den Rat von Indien und wußte, mit wie hämischer Eifersucht dessen Präsident, der Bischof Fonseca, das Anwachsen jeder bedeutenden Persönlichkeit in den Kolonien betrachtete. Er hatte seinerzeit den Admiral Columbus beseitigt. Sehr möglich, daß ihm jetzt der Gouverneur Velasquez unbequem wurde und er deshalb dem Cortes tatsächlich die Bestallung gab, um den andern zu dämpfen.

Cortes warf seinen Bart auf, stieß den Degen weit nach hinten und erklärte, daß er kraft seiner Bestallung und der gegebenen Situation für sich die Rechte und die Gerichtsbarkeit eines selbständigen Befehlshabers in Anspruch nehme. Dies gelte ebenso für die Mannschaft wie auch für die Hauptleute und Schiffskapitäne.

Jetzt sprangen doch verschiedene Offiziere auf und schrien: Verrat! Der kleine, grauhaarige Oberst Alonso von Avila trat langsam und giftig dicht vor Cortes hin und maß ihn von oben bis unten mit den feurigen, schwarzen Augen: wie, dieser dreißigjährige, grüne Geselle, ein Mann ohne Kriegsnamen und Erfahrung, kaum von Familie, wollte sich die Gerichtsbarkeit über alte erprobte Kriegsleute anmaßen? Es fiel ihm in seiner Beschränktheit und stillen Wut nichts ein, wie man diesem Usurpator und Rebellen begegnen möchte; er mußte es daher dulden, daß Cortes ihn kurzerhand beiseite schob. Der Generalkapitän sah, daß nur wenige ernstlich als Gegner in Frage kamen. Einige Landsknechtsnaturen war jeder Oberbefehl recht, wenn er nur fest und rasch die Zügel packte; andere hatte die Finte mit dem Immediatbericht an den Kaiser verwirrt; der Rest war ratlos, was diesem unvorhergesehenen Überfall gegenüber zu beginnen sei. Cortes kündigte noch an, er sei gesonnen, seine Befehlsgewalt auf das allernachdrücklichste und ohne Ansehung der Person zu handhaben. Man wolle sich daher danach richten und die Mannschaften entsprechend instruieren. Im übrigen stände es jedem frei, sich bei ihm zu melden und vom nächsten Halt aus nach Kuba zurückzukehren. Es sei ja auch möglich, daß schon dem einen oder andern die voraussichtlich doch schwierige und gefährliche Fahrt leid geworden sei.

Verschiedene schlugen ein belustigt-höhnisches Gelächter an, in das die übrigen anstandshalber mit einstimmen mußten. Cortes äußerte, es sei möglich, daß bei dem hastigen Aufbruch einige der Herren mit ihrer Equipierung nicht fertig geworden seien; er bitte diese, sich nur ganz seiner privaten Vorräte zu bedienen und sich zu diesem Zwecke an seinen Haushofmeister – das Wort freilich erweckte wieder Verdruß – zu wenden. Auch sonst stünde er selbstverständlich jedem Kameraden in vorkommenden Fällen mit seiner Kasse gänzlich zur Verfügung. – Einige verbeugten sich eifrig.

Cortes klatschte nun in die Hände und ließ Erfrischungen bringen. Diener stellten kleine Tische auf; es bildeten sich Gruppen. Man reichte schweren und öligen braunen Wein, der angenehme Wärme in die Glieder goß; dazu gab es fettes Backwerk. Cortes ging umher und war eifrig um seine Gäste bemüht. Er vermittelte Bekanntschaften, regte zum Spiel an – die Diener hielten Karten und Würfel bereit – und verteilte unauffällig unter den Gruppen seine Getreuen, die nun die Stimmung weiter zu seinen Gunsten zu beeinflussen hatten. Nur in einer Ecke, nahe der Treppe, setzten sich die Hauptleute Ordaz, Velasquez de Leon und Escobar zusammen, die Degen steif zwischen die Beine gestemmt und die Helme unfreundlich in die Stirnen gerückt. Sie berieten sogleich ernstlich, ob man den Generalkapitän nicht gefangensetzen oder gegebenenfalls ermorden solle.

Cortes gab, um bei den übrigen nicht den Eindruck aufkommen zu lassen, als ob er sich besonders um jemanden bemühen müsse, Anweisung, die drei Hauptleute nur flüchtig zu bedienen; als sie, wie er erwartet hatte, jede Erfrischung ablehnten, stellte er die Bewirtung für sie ein. Sie saßen bald in hochmütig trockener Isolierung und mußten es sich gefallen lassen, daß man sich über ihre traurige und finstere Ecke lustig machte.

Der dicke Hauptmann Franz von Lujo, der neben seinem Spieltisch auf der Erde bereits eine ganze Reihe von Schüsseln stehen hatte und über die Karten hinweg an einer Hühnerkeule schmatzte, rief mit vollem Munde den Hauptmann Escobar an: was er da im Winkel säße wie der trübselige Pfaffe von Burgos in seiner Höhle? Ob er sich's nicht auch wohl sein lassen und mit anständigen Christenmenschen einen Becher Wein trinken könne? Müsse er ein Gesicht machen, als wolle er jemandem an den Hals? Da – er ließ ihm durch seinen Diener einen Becher reichen –, er solle mittrinken: auf das Wohl Seiner Kaiserlichen Majestät!

Escobar mußte Bescheid tun und stieß mißmutig den Becher herunter; er war auch genötigt, den Nachsatz zu schlucken, in dem Lujo etwas vom »allergnädigsten Kriegsherrn unseres Generalkapitäns« prahlte, und setzte sich schließlich im Zorn halb von den beiden anderen, die ihm diese Blamage auf den Hals geladen hatten, ab. Lujo brachte noch weitere Gesundheiten aus, und bald war überall das Zutrinken und Bescheidgeben im Gange. Wie üblich trank man die schweren Becher dabei gänzlich aus.

Der Buckel Naxera erschien mit seiner Gitarre und trug einige Balladen zur Belustigung der Herren, die am Spiel kein Gefallen fanden, vor; die Weiber des Trosses fanden sich ein. Da war die schöne und ziemlich fette Flämin Magdalene Kerrincx; das amazonenhafte Fräulein de Lasa, das von adliger Herkunft sein wollte; die schwarze und flinke kleine Torvellina; Livia, die Vermögen besaß und sich einen eigenen Neger hielt; die zigeunerbraune Teresa mit dem kränklichen Gesicht und der unreinen Haut und die sehr schöne weißblonde Elena Galvez, die wegen ihrer Kälte und Habgier berüchtigt war. Torvellina und die Flämin setzten sich ohne weiteres auf einer Matte neben den Tischen nieder; Teresa strich, an einem zerfaserten Zuckerrohrstengel kauend, auf dem Deck hin und her, und Elena Galvez ließ sich einen Sessel errichten, zu dem die Stutzer unter den jüngeren Offizieren im Kreise herantraten. Die girrenden und schäkernden Frauenstimmen setzten bunte Flecken in das dunkle Konzert der Männerkehlen, Schreie flatterten auf, und schließlich wurde das Treiben sehr ausgelassen. Das schlanke Fräulein de Lasa hatte sich den Brustpanzer eines Hauptmanns umgetan und jagte, eine Lanze in der Faust, wie eine Diana umher, verfolgt von dem rotlockigen Peter von Alvarado. Sie entzog sich immer wieder den Händen des Ritters, bald hier, bald da blitzte die Lanzenspitze auf, bis der Mann in einem plötzlichen Anfall von Jähzorn sich mit aller Kraft nach vorn warf und ihr die Faust in den Nacken stieß. Da brach sie, unmittelbar vor Cortes, zusammen. Die Lanze neigte sich wie grüßend vor dem Generalkapitän, streifte aber sein Knie und das Mädchen, die Nüstern bebend vor Anstrengung und die Augen dunkel von dem Schrecken, machte eine Bewegung, als wollte sie vor ihm den Boden küssen. Dann richtete sie sich energisch auf und flüsterte abwesend ein: Verzeihung, Majestät!

Cortes stand mit einer unwilligen Bewegung auf. Er beeilte sich, zu seiner Umgebung einige scherzhafte Bemerkungen über das romantische Mädchen, das wohl etwas viel im Amadis oder Palmerin gelesen habe, zu machen, doch war der unangenehme Eindruck nicht sofort zu verwischen. Er trat an die Reling und sah hinaus auf das Wasser.

Der Pater Las Casas gesellte sich zu ihm. Er hob die dicken Augenbrauen und fragte, mit einer Handbewegung auf die lärmende Gesellschaft hin: ob das die Kriegsleute seien, mit denen der Generalkapitän einen Kreuzzug unternehmen wollte?

Cortes drückte mit der Hand seinen Bart hoch und roch an den Haaren. Die übergroße und fahrige Lustigkeit der Offiziere beunruhigte ihn. Er fuhr mit den Blicken über die Küste hin, die noch immer nah zur Linken der Flotte lag. Ein Küstensegler schob sich hastig und ängstlich auf den Hafen zu. Der Generalkapitän drehte sich plötzlich um.

Mit seiner weichen, tragenden Kommandostimme schickte er Befehle über das Deck. Die Segel wurden gebraßt, das Schiff wendete und nahm Kurs auf den Küstensegler zu. Das Gelage auf dem Hinterdeck verstummte. Die Wache mit Piken und Musketen trat an. Eine Feldschlange wurde geladen und gerichtet.

Man begriff: Cortes machte Jagd auf eine der Brigantinen des Gouverneurs; er etablierte sich als selbständige kriegführende Macht. Die Offiziere setzten sich die Helme wieder auf, zogen die gelockerten Degengurte fester und brachten ihren Anzug in Ordnung.

Unmittelbar vor der Einfahrt zum Hafen kaperte das Flaggschiff den Segler. Er enthielt Proviant, Werkzeuge, zwei kleine Geschütze und als kostbarste Beute drei Pferde, deren Wert der kaiserliche Notar Godoy bei der Aufstellung des Verzeichnisses mit 30000 Gulden ansetzte. Cortes stellte eine Bescheinigung über die Beschlagnahme aus und befahl dem Kapitän, direkt nach Santiago zurückzufahren, ohne in Havanna zu landen. Der weigerte sich, ließ sich fesseln und spie nach Cortes, den er einen Rebellen, Freibeuter und Straßenräuber nannte. Der Profos Ochoa band ihn an den Mast und peitschte ihn. Er begoß ihn von Zeit zu Zeit mit Seewasser, das sich wie Säure in die brennenden Striemen einfraß.

Die Indianer, die Cortes über das Deck stürmen und mit vor Zorn aschgrauer Miene den Widerspenstigen anherrschen sahen, rückten erschrocken enger zusammen. Einige flüsterten in den Zwitscherlauten ihrer Sprache, er sei wohl ein Abkömmling des Gewittergottes Quetzalcoatl oder womöglich der Gott selber, der von seiner sagenhaften Fahrt über das Meer zurückgekehrt sei. Ob man die Schlangenader auf seiner Stirn gesehen? hauchte einer. Seine spitze Schlangenzunge? Und als sein Blick auf sie fiel, beugten sie sich tief zur Erde und machten die Gebärde der Devotion, des »Erdeessens«, indem sie die spitzen Finger über das Deck strichen und dann an die Lippen führten.

Was seine Landsleute da von ihm flüsterten? fragte Cortes den Dolmetscher Melchorejo. Widerwillig erklärte der: sie hielten ihn für einen Gott. Cortes lachte.

Ein bunter Tag, meinte er zu seiner Umgebung. Man habe ihn heute hintereinander Verräter, Majestät, einen Kreuzfahrer und nun gar – er bekreuzigte sich – einen Götzen tituliert. Jetzt solle es aber genug sein.

Er gab Befehl, wiederum zu wenden und zur Flotte zurückzufahren. Gegen Abend holten sie die Schiffe, die aus Furcht vor den Klippen der Küste Anker geworfen hatten, ein.

Zweites Kapitel

Das Gelage an Bord des Flaggschiffes nahm seinen Fortgang. Fackeln und Windlichter bemalten die Reihen der Schmausenden mit breiten Lichtern und tiefen schwimmenden Schatten. Man trank mit Zimt und Muskat gewürzten Wein und zechte bis tief in die Nacht hinein. Auch die minderen Weiber, Soldatenfrauen, die Marketenderin Celestina, ein paar gewöhnliche Troßhuren und die Indianerweiber, die beim Heere waren, fanden sich nun auf dem Flaggschiff ein und erkletterten verstohlen das Hinterdeck. Die Celestina wurde mit Geschrei begrüßt: ein enorm häßliches Weibsbild, vor Fett wabernd, mit fast rußschwarzer glänzender Haut und Negernüstern, handtellergroße silberne Ohrringe zu beiden Seiten des kurzangesetzten Kopfes. Sie war wegen ihrer Liköre und Elixiere berühmt, die sie gemeinsam mit ihrem Kompagnon Garai herstellte. Garai war ein früherer Apotheker, ein gleich ihr unsagbar feister Mensch, dem man in Spanien wegen allzu leichtfertigen Verkaufs von Gift die rechte Hand abgehauen hatte. Man schrieb den beiden auch sonst allerhand brauchbare Künste zu; die Celestina war zugleich Wehmutter. Sie duzte die meisten Offiziere.

»Hierher, Mutter Celestina!« schrie der dicke Franz von Lujo sofort, als er sie die Treppe heraufkeuchen sah, »du wirst doch dein Enkelchen nicht verdursten lassen!«

»Ja, ja, ich komme schon, mein Jungchen«, ächzte die Alte, die sich mühsam durch das Gewirr der schreienden und nach ihr greifenden Menschen durchwinden mußte, »gleich bekommst du die Brust.« Damit schlug sie den Ledersack mit Wein, den sie über der linken Schulter hängen hatte, halb herunter, öffnete ihn mit dem Daumen und reichte ihm das Ende in den Mund. Lujo, den Kopf weit zurückgebeugt, tat ein paar Züge; der Wein lief ihm zur Hälfte in den Bart. Dann setzte er ab, hustete und spuckte und forderte eine zweite Gabe im Becher. Die Celestina holte ihren Korkbecher hervor, ein altes, vom vielen Gebrauch braunschwarz geschliffenes Stück. Lujo strich sorglich mit der Handfläche über die Kante und probierte nun mit Ruhe.

»Gut eingeschenkt, Mutter, aber er schmeckt etwas nach Kalk.« Die Celestina schüttelte den Kopf; dann stellte sie einige ihrer Korbflaschen mit Likören vor. Während die Herren nun eifrig zusprachen und sie in einem fort einschenkte, fand sie doch noch Zeit, einige Worte mit Franz von Lujo zu wechseln, der zwischen Witzen und Anzüglichkeiten unauffällig fragte, wie denn die Stimmung auf den anderen Schiffen sei. Gut, erfuhr er; man verspreche sich große Dinge bei der Mannschaft von Cortes und erwarte allgemein, daß er mehr im Sinne habe, als Glasperlen zu tauschen und ein paar Herden Sklaven einzutreiben. Dabei setzte sie den Becher auf den Boden, nestelte in ihrem umfangreichen Busen herum und brachte schließlich ein Beutelchen hervor. Unter allgemeiner Spannung machte sie es auf.

»Gold!«

Es enthielt einige Körner puren Goldes, die wie kleine Teigklümpchen in dem weichen Stoff des Beutels klebten. Im Umsehen hing ein Haufen Offiziere an ihr wie eine schwarze Traube Fliegen. Zwanzig Hände griffen nach dem Beutel, betasteten das Gold und schätzten die Feinheit; allen ging der Atem knapper, als die Celestina nun erzählte, man habe das Gold bei den letzten Raubzügen auf dem Festlande einem Indianer abgenommen. Der Mann habe erklärt, daß in seiner Heimat hinter den großen Schneebergen dieses Zeug wie Mist geachtet werde. Man liefere es freiwillig ab; der König habe den Fußboden seines Palastes damit belegen lassen, der davon »der Goldene« – El Dorado – heiße.

Das Wort zündete. Rauhe Schreie brachen aus dem Gewirr der Stimmen hervor. »Eldorado!« Sie riefen das Wort wie eine Losung von Gruppe zu Gruppe. Man stand auf, unterbrach das Spiel, von den Stutzern ließen einige die schöne Elena Galvez im Stich; eine ziellose, fiebrische Unruhe hatte das ganze Deck ergriffen.

»Was halten wir hier!« rief plötzlich eine Stimme; es war der Fähnrich Christoph Corral, ein blutjunger Bursche von 16 Jahren – »Fahrt zu, in drei Teufels Namen! Nehmt die Anker hoch und fahrt zu. Wo steckt der Generalkapitän? Schläft er schon?«

Man hatte alle Mühe, den aufgeregten Jungen zu beruhigen.

Allmählich ebbte der Tumult etwas ab, aber in den Augen glomm das Fieber weiter, und die Bewegungen, mit denen die Karten oder Becher gefaßt wurden, waren eckig und gewaltsam.

Cortes hatte sich für eine Weile in seiner Kajüte auf das Bett geworfen. Er war erschöpft; die Schläfenknochen in dem für einen Spanier merkwürdig kurzen und breiten Gesicht traten scharf hervor. Der Mund mit den vollen Lippen stand halb offen und ließ die festen jungen Zähne sehen. Überall an seinem Körper trat der robuste Knochenbau zutage, in der breiten Brust, den mächtigen Schultern und Schenkeln und den scharfgeschnittenen, etwas krummen Schienbeinen. Die schmalen Hände hielt er in das feine, bis auf den Hals reichende und stark parfümierte schwarze Haar vergraben.

Die Hitze in dem engen und dumpfigen Raum wurde ihm aber bald unerträglich; an Schlaf war nicht zu denken. Er ließ seinen Diener kommen und befahl ihm, seinen Körper mit Wein abzureiben. Der Soldat zog seinem Herrn die schweren Kleider und das etwas schmutzige holländische Hemd vom Leibe und begann ihn zu frottieren. Cortes reckte sich. Er war sehr eitel auf seine gute Figur und besonders auf seine Haut, die allerdings für einen Kriegsmann verwunderlich zart und hell schimmerte. Zuweilen konnte er ganz verzückt sich selbst anstarren und tasten; er legte dabei die Arme so eng übereinander, daß die Fingerspitzen die Schulterblätter berührten, senkte den Kopf tief auf die Brust und atmete in tiefen Zügen den Geruch des eigenen Körpers ein. Und bei den vielen und gefährlichen Liebesabenteuern, die bisher im wesentlichen sein Leben ausgefüllt hatten, war eigentlich nichts für ihn ein so starker Reiz gewesen wie die entzückte Verwunderung der Frauen, bei einem kühnen und tapferen Kavalier einen so mädchenhaft blanken Körper zu finden.

Der Diener war fertig und kleidete ihn wieder an. Cortes ließ nun den Obersteuermann Alaminos rufen. Alaminos hatte den Oberbefehl über die elf Steuerleute der Flotte; er hielt die Schiffe mit seinen Flaggensignalen und Laternenzeichen zusammen und war für den genauen Kurs verantwortlich. Er war bereits unter Columbus gefahren, hatte dann die Expeditionen des reichen Plantagenbesitzers Hernandez von Cordova und des Obersten

Grijalva auf das Festland mitgemacht und außerdem noch eine Reihe der Raubfahrten, auf denen man von den benachbarten Küsten Arbeiter für die Bergwerke nach dem schon fast entvölkerten Kuba holte.

Alaminos trat ein, eine hohe, weißhaarige Gestalt mit dem weitsichtigen, Menschen gegenüber nachlässigen Blick des Seemanns und schleppendem Schritt. Er war von Cortes gegen ein außerordentlich hohes Gehalt für die neue Unternehmung verpflichtet worden; trotzdem stand er entschieden auf der Seite der Gegner des Generalkapitäns. Er zeigte sich denn auch bei der nun folgenden Unterredung, in der Cortes Auskunft über den Kurs und die Fahrzeiten der nächsten Tage zu erhalten wünschte, sehr verschlossen und zurückhaltend. Über Einzelheiten der Fahrt Bericht zu geben, sei er nicht gewohnt; der Herr Generalkapitän sei wohl von dem Herrn Gouverneur mit dem Oberbefehl über das Heer betraut, – die Flotte unterstünde seinem Kommando. Er habe sich verpflichtet, die Expedition bis zu dem vereinbarten Zeitpunkt an Land zu bringen; wie er das mache, sei seine Sache.

Cortes ließ den alten Mann, der während dieser Worte mahlend die Reste seines weißen Bartes durch die Zähne zog und achtlos über ihn hinwegsah, ausreden. Dann befahl er dem Diener, den Kaiserlichen Notar Godoy zu holen, der alsbald mit einer Mappe unter dem Arm erschien. Es zeigte sich, daß Alaminos seinerzeit einen Kontrakt unterschrieben hatte, ohne weiter auf die Bestimmungen zu achten. Der Notar, ein schwarzgekleideter Herr mit dem Gesicht einer ältlichen Jungfer, peinlich darauf bedacht, daß seiner Person auch die nötige Wichtigkeit beigemessen würde, belehrte ihn nun genau über den Umfang der eingegangenen Verpflichtungen und las, als Alaminos mürrische Einwände machte, das ganze Schriftstück mit plärrender Stimme vor. Er wäre danach ausdrücklich dem Generalkapitän zum Dienst verpflichtet, habe in jedem Falle nach dessen unmittelbaren Weisungen zu handeln und sei auch im übrigen gehalten, sein Material an Karten, Instrumenten und sonstigem nautischen Gerät der Expedition rückhaltlos zur Verfügung zu stellen.

Diese Bestimmung traf den alten Seemann, der seine Karten als sein persönliches Heiligtum und eine Art Geheimbesitz ansah, besonders schwer. Er wollte zunächst nicht zugeben, daß dieser Punkt vereinbart sei, wurde aber sogleich von dem Notar mit spitzem Finger auf die Unterschrift und die beiden Zeugen des Vertrages verwiesen. Nach längerer Auseinandersetzung, bei der Godoy in der Anführung der Strafbestimmungen für den Fall einer Verweigerung oder ungenügenden Erfüllung seiner Pflichten mit leisem Schmatzen schwelgte, mußte Alaminos sich unterwerfen. Mit einem maßlos abschätzigen Blick das »kleine schwarze Männchen« messend, schlurfte er davon, um seine Karten zu holen.

Cortes verfolgte hier, wie auch sonst, mit Glück die Taktik, den Zorn des Betroffenen auf seine Untergebenen abzulenken. Alaminos, der nach einer Weile mit seinen Plänen wieder erschien, gab sich denn auch leidlich zufrieden, als Cortes den verhaßten Notar entließ. Man beugte sich über die Karten. Cortes bezeichnete die Insel Kozumel als nächstes Ziel. Er wollte dort eine Musterung über das Heer abhalten, ehe er sich auf das Festland begab.

An Deck war inzwischen in den verschiedenen Gruppen das Gespräch wieder auf Cortes gekommen, und man legte sich, da man ihn nicht mehr anwesend wußte, dabei keinen Zwang an. Die drei Hauptleute Ordaz, Leon und Escobar gaben ihre trübselige Absonderung auf und mischten sich unter die anderen Kreise.

Ordaz, als der älteste von ihnen und einflußreichste – er war Haushofmeister beim Gouverneur Velasquez gewesen und begleitete die Expedition auch eigentlich als dessen Vertrauensmann –, wandte sich an die Gruppe, bei der die Brüder Alvarado saßen. Peter von Alvarado, der älteste, war ein schwerer großer Mensch mit rotblonden Haaren und unruhigen blauen Wikingeraugen. Er galt als einer der tapfersten Offiziere und guter Kamerad, war aber berüchtigt wegen seines Jähzornes und seiner Launenhaftigkeit. Ordaz dachte ihn am ersten zu gewinnen.

Peter von Alvarado hatte das Fräulein de Lasa auf dem Schoß. Er hatte sie seinem jungen Bruder Juan, der als Bastard nur geduldet war, abgenommen. Das Mädchen hatte den silberglänzenden Panzer noch nicht abgelegt; Alvarado hielt sie mit der linken Hand im Nacken und stach mit seinem Dolch nach ihr.

Sie wand sich glatt und geschickt hin und her. Immer wieder glitt die Spitze an einer der blitzenden Platten des Panzers ab.

Ordaz rückte den Helm aus der Stirn und setzte sich mit einer höflichen Verbeugung in den Kreis. Er wurde sogleich von Alvarado, der es liebte, üppig aufzutreten, eingeladen, einige besondere Marketenderliköre zu probieren. Ordaz fand hierbei Gelegenheit, die Rede auf Cortes zu bringen, dessen Bewirtung ja nicht eben allzu reichlich sei.

Wenn man schon davon spräche, meinte er mit anzüglichem Hinweis auf die Rede am Nachmittag, daß man über 90000 Gulden in die Expedition gesteckt habe, dann sollte es einem auf ein etwas besseres Festmahl nicht ankommen!

Alvarado stimmte zu; er hätte das Essen anders zurüsten lassen. Aus der nächsten Gruppe wandte sich aber unversehens der dicke Franz von Lujo um und schrie mit glänzendrotem Gesicht den Ordaz an: man hätte sich doch dazuhalten sollen, als es etwas gab. Habe man nicht in der Ecke gesessen wie die Eulen und alles abgelehnt, was präsentiert wurde? Er für sein Teil – dabei trat er mit dem Fuß in die Schüsseln, die neben ihm standen, daß es läutete – sei auf seine Kosten gekommen!

Ordaz ließ aber nicht nach. Als den Neffen Seiner Exzellenz des Herrn Gouverneurs habe sich Cortes bezeichnet. Schöne Onkelschaft! Jeder wisse doch, wie es mit der Heirat zwischen Cortes und der Dona Katalina Suarez – die übrigens nur eine sehr entfernte Verwandte des Gouverneurs sei – für eine Bewandtnis habe.

Da einige der Herren sich nicht genau orientiert zeigten, tischte er die Geschichte mit großem Eifer auf. Danach wäre Cortes als völlig mittelloser junger Mensch vor ein paar Jahren nach Kuba gekommen; nach wenigen Monaten habe er bereits eine Farm und ein Vermögen von einigen 50000 Gulden besessen. Nicht eben auf sehr saubere Weise erworben, Señores: er soll sich durch seine angeblichen juristischen Kenntnisse – in Wirklichkeit hat er ein paar Monate in den Kneipen von Salamanca herumgelumpt – beim Gouverneur Velasquez als Geheimschreiber eingeschmuggelt haben. Die Kenntnisse des Dienstbetriebes, die er sich dort erwarb, soll er in der schmählichsten Weise gegen seinen Gönner ausgenutzt haben. Velasquez sei gezwungen gewesen, um ihn nur loszuwerden, eine beträchtliche Summe zu zahlen, da er den Rat von Indien nach Burgos – man habe gesehen, wie Cortes heute wieder damit drohte! – unangenehm im Rücken spürte. Damit aber nicht genug: Cortes habe neben seinen vielen sonstigen Liebesabenteuern noch Gelegenheit gefunden, die Dona Katalina Suarez, aus der sehr angesehenen Familie des Diego Suarez aus Granada, zu entführen. Er versprach ihr die Ehe und versuchte sich dann aus dem Staube zu machen. Die Familie wandte sich an den Gouverneur, und Velasquez ließ ihn einsperren.

Nun, und? rief Franz von Lujo wieder dazwischen, was solle diese lange Geschichte? Sei man unter Weibern? Solle ein Kavalier freiwillig zur Schlachtbank traben? Er denke, der Generalkapitän habe sich schon damals als ein rechter und tapferer Kriegsmann erwiesen. Er könne auch noch mehr erzählen; aus dem Gefängnis sei Cortes ausgebrochen, habe zwei Wochen in der benachbarten Kirche gesessen, wo seine guten Freunde ihn verpflegen mußten; ein Hund von Häscher habe ihn dann aus der Freistatt herausgelockt und wieder eingeliefert. Es gebe noch mehr von der Art: die Geschichte, wie er am Abend vor der Abreise aus Spanien von einem Balkon gefallen sei und sich Knie und Schenkel zerriß, daß er zwei Monate krank lag und mit dem nächsten Transport fahren mußte. Oder die Affäre mit dem Gemeinderat von Barakoa, oder die Sache mit dem Schatzmeister von Lares – wolle man eine Betschwester zum Generalkapitän haben?

Nein, zum Teufel! schrie Alvarado, der sich noch immer mit der Amazone balgte, man solle ihm vom Leibe bleiben mit den Historchen. Dabei zerbrach er seinen Dolch, der sich zwischen den Hüftplatten des Panzers der de Lasa verfangen hatte. Wütend hieb er die Waffe auf das Deck und trat darauf. Dann warf er das Mädchen wieder seinem Bruder zu. Maulend saß sie auf dessen Schoß und rieb sich den Hals. Das Genick schmerzte ihr von Peters unbändig rohen Griffen. Juan strich ihr mit sanften Fingern darüber und beruhigte sie. Der Bastard war der schönste Jüngling des Heeres; tiefbraun – seine Mutter war eine vornehme Maurin, die der Vater nach der Einnahme von Granada zu seiner Sklavin gemacht hatte – mit perlgelockten schwarzen

Haaren, topasfarbenen Augen und gazellenhaft schlanken Gliedern. Eine Zeitlang hatte er als Page bei Cortes Dienst getan.

Ordaz zog sich zurück und ging zur nächsten Gruppe. Er hatte auch da kein Glück. Die Herren, die hier saßen, waren schweigsam. Gonzalo von Sandoval, ein zwanzigjähriger Kavalier aus gutem Hause, angesehen wegen seiner verwandtschaftlichen Beziehungen zum Bischof Fonseca, dem Direktor des Rates von Indien, sprach wenig, weil er eine heisere Stimme hatte und leicht mit der Zunge anstieß. Christoval von Olid trug stets einen Hut und die Haare tief in die Stirn gekämmt. Es hieß, er hätte einen Brandstempel zu verbergen; in der Tat war er einige Jahre Galeerensträfling gewesen. Seine gelbe harte Haut war überall über dem mächtig knochigen Körper eingeschrumpft und hatte an den eingefallenen Stellen zerdrückte Faltennester gebildet; an den Schläfen und über den Backenknochen sah sie aus wie blankgescheuert. Olid liebte es nicht sehr, die Menschen anzusehen, er hielt meist den Blick zwischen den Beinen auf den Boden gerichtet. Man fürchtete ihn wegen seiner Intelligenz und Bosheit. Neben ihm saß der Fähnrich Christoph Corral, ein Junge von sechzehn Jahren mit einem Hammelprofil und dicken weichen Lippen; aus irgendeinem Grunde dem ungeselligen, finsteren Manne blindlings ergeben.

Erst in einem dritten Kreise, in dem Escobar und Leon schon Platz genommen hatten, empfing man Ordaz etwas vertraulicher. Hier waren die reichsten unter den Herren versammelt, der Hauptmann Montejo, dem drei große Farmen auf Kuba gehörten, Juan Sedeño, ein Bergwerksbesitzer, der große Vorräte auf eigene Kosten mit an Bord genommen hatte und diese bei Gelegenheit an die Marketender und an Cortes selbst weiterzuverkaufen gedachte, und der zwergenhaft kleine Gines Nortes, der Eigentümer von zwei Schiffen der Flotte war. Gines Nortes hatte einen eiförmigen nackten Schädel, der wie zerplatzt und nur lose durch die dünne Haut zusammengehalten aussah; an einigen Stellen schien unmittelbar das Gehirn milchig hindurchzuschimmern. Der Krüppel war der gebildetste unter den Teilnehmern der Expedition; er hatte außer einer erheblichen Dienerschaft und einem eigenen Koch eine Bibliothek von etwa zwölf Bänden mitgenommen. Man hielt sein Wissen, namentlich seit er sich mit einem Sternbuche hervorgetan hatte, für unbegrenzt und hegte allgemein großen Respekt vor seinen geheimen Kenntnissen, was er nach Kräften zu nutzen verstand. Für Cortes hatte er eine geheime Neigung, die nicht erwidert wurde. Der Feldherr konnte nur schöne Menschen um sich sehen.

Etwas weiter zurück saßen noch zwei Teilnehmer, die sich aber wenig am Gespräch beteiligten: Alonso von Avila, der grauhaarige kleine Oberst, der Cortes bei seiner Rede dicht unter die Augen getreten war, ein alter, bekannt tüchtiger Soldat, der es wegen seiner störrischen Beschränktheit nie zum selbständigen Truppenführer gebracht hatte, und der Bruder Juan Diaz, der Gehilfe des Paters Las Casas. Diaz hatte von einem Schilddrüsenleiden her unmäßig glotzende Augen und einen schlaffen Mund, dessen Lippen er beständig schmatzend einsog.

Man war sich in diesem Kreise einig in der Ablehnung aller über das ursprüngliche Projekt etwa hinausgehenden Pläne des Generalkapitäns und seines Anhangs. Was waren das für Leute? Abenteurer, Landsknechte, Tagediebe, bestenfalls kleine Farmer, die von der Regierung ein Stück Land erbettelt und das nun schnell wieder zu Geld gemacht hatten, um sich die Ausrüstung für den Feldzug zu beschaffen. Man selbst wollte auch Erfolge sehen und etwa darangeben, selbstverständlich, aber der Einsatz sollte nicht halsbrecherisch hoch werden. Bei einer Handelsfahrt an der Küste entlang, mit Tausch und gelegentlicher Plünderung einiger großer Indianerdörfer, wie man dies schon häufiger erprobt, konnte genug herausspringen. Von einem Feldzug oder einer Heerfahrt ins Innere dieser gänzlich fremden und womöglich ganz öden Gegenden wollte niemand etwas wissen. Montejo führte das große Wort.

Ob die Señores den Kniff mit dem Golde bemerkt hätten? flüsterte er wichtigmacherisch, mit der Hand an seinem breiten bordierten Kragen rückend. Ob einer daran glaube, daß die alte Hexe von selbst mit solchen Märchen herumzöge? Wo sie das Gold herhaben könne? Der Bergwerksbesitzer Sedeño stimmte zu: Eine geschickte Parole: Eldorado! Er halte das Ganze für Unsinn. Man habe jedesmal die Transporte von Indios, die vom Herrn Grijalva und den andern kamen, peinlich verhört – dabei lachte er durch die Nase –, recht peinlich, es seien ihm verschiedene von den kleinen Burschen draufgegangen bei dem Verhör, aber von goldnen Palästen wäre nichts zutage gekommen. Diese Herren dächten sich das überhaupt etwas einfach. Sie kämen mit einem zerrissenen Lederkoller und einem alten Degen hier in die Kolonien und glaubten, sie brauchten nur in den Bart zu blasen und mit dem Helm zu nicken, damit eine Gesandtschaft erschiene und ihnen die Schätze Indiens zu Füßen legte. So träumte man sich das zu Hause. Man habe arbeiten müssen in den letzten zehn Jahren, ehe aus dieser verdammten Lehminsel etwas herauszuholen gewesen sei.

Zerrissnes Lederkoller, meinte der Krüppel Nortes, ginge an. Es seien aber Individuen unter den Señores, wie dieser Kavalier, der sich die Haare immer so sorgfältig in die Stirn kämmte, oder der Herr, der neben ihm sitze, ja: der Junge mit der heiseren Stimme; man möchte wetten, er habe sich seine Kehle in einer feuchten Kasematte erkältet. Und wie stünde das mit den Brüdern Alvarado, die sich dort mit diesem angeblich adeligen Fräulein de Lasa balgten?

Nortes haßte alles irgendwie Anrüchige oder nicht ganz Korrekte; er ging peinlich gut gekleidet, war sehr kirchenfromm und hielt äußerst auf Formen im Umgang.

Von dem ältesten zum Beispiel, diesem rotblonden Catalonier, habe man gehört, er sei bei der Armee in Italien wegen Kirchenschändung infam bestraft worden. Er solle seine Huren mit den Prozessionsgewändern der heiligen Mutter Gottes ausstaffiert und so durch die halbe Stadt geschleift haben.

Der dritte der Brüder, mischte sich der glotzende Bruder Diaz ins Gespräch, Georg, sei auch nicht ganz freiwillig herübergekommen. Es hieße, er habe zwei- oder dreimal in verschiedenen Städten den Bräutigam gespielt und ein paar angesehene Familien um die Mitgift geprellt.

Man nickte, nahm aber im übrigen nicht viel Notiz von dem Pfaffen. Nortes machte noch einige Bemerkungen über den jüngsten Bruder, den Bastard, dessen Pagendienst bei Cortes ihm auffällig erschienen sei.

Ganz schön, fuhr der Bergwerksbesitzer Sedeño dazwischen, man wolle aber nicht vergessen, daß da auch andere Herren bei der Partei des Generalkapitäns stünden. Der Herr mit der heiseren Stimme zum Beispiel, der Kavalier Sandoval, habe seines Wissens die besten Beziehungen zum Rat von Indien, und der Hauptmann Puerto-Carrero, der neben ihm sitze, sei ein Vetter des Grafen Medellin in Madrid. Und wenn es stimme, daß der Generalkapitän eine unmittelbare Eingabe an den Kaiser gemacht habe? Windmacherei! rief Ordaz dazwischen, er lüge das in seinen Hals; es sei kein Schiff abgegangen in den letzten Tagen, das der Gouverneur nicht genau kontrolliert hätte.

Seine und des Herrn Gouverneurs Aufmerksamkeit in Ehren, Herr Ordaz; aber es könnte hier doch einmal von einer anderen Seite her wehen. Man kenne den Rat von Indien. Ob er glaube, der Bischof Fonseca ließ sich eine solche Gelegenheit entgehen, den Herrn Velasquez ein wenig zu ducken?

Ordaz kaute erregt auf seinem Bart herum.

Dann fuhr er plötzlich heraus mit unmäßigem Geschimpfe auf Cortes; man müsse die Mannschaft aufhetzen und ihm seinen angemaßten Marschallstab aus der Hand reißen, ja von Rechts wegen ihn als den unverschämten Rebellen, der er sei, an den Mast hängen.

Das war aber nicht nach dem Sinn der anderen, die bei solchen Unruhen für ihre Schiffe und Vorräte fürchten mußten. Der Grubenherr verwies ihm denn auch ernstlich solche Reden. Er rückte von ihm ab und begann schon zu bedauern, daß er sich mit solchen Verschwörern eingelassen hatte. Auch der Zwerg Nortes drehte sich mit seiner Stimmung.

Es sei wohl zu überlegen, meinte er, wie das Spiel auf diesem Brett stünde. Der Generalkapitän habe seinen Plutarch gut gelesen, und es stehe noch dahin, ob er den Cäsar oder den Pompejus dabei abgeben werde.

Das war den anderen zu hoch, und Montejo, der so lange geschwiegen hatte, kam nun ärgerlich hervor: ob er durchaus diesem hochanmaßlichen Herrn denn noch einen weiteren Ehrentitel zuschanzen müsse? »Wir haben schon gehört, wie er sich einen Götzen, einen Kreuzfahrer« – »Daß Gott behüte!« rief der Bruder Diaz dazwischen – »und Majestät hat titulieren lassen – wollt Ihr noch weiter Wasser auf dieselbe Mühle schütten?«

In diesem Augenblick erschien Cortes wieder an Deck. Die Fackeln und Lichter waren heruntergebrannt. Das Gelage ging zur Neige. Überall lagen Taumelnde oder Schlafende, das Deck war naß von verschüttetem Wein, und an manchen Stellen roch es scharf. Die Kleider der Frauen waren zerknittert, ihre Frisuren zerrauft. Franz von Lujo lag mit klaffendem Munde breit ausgestreckt, den Kopf im Schoß der Flämin Magdalene Kerrincx. Sie war das einzige von den Mädchen, das noch frisch und munter war; freundlich plauderte sie, neckte Einschlafende und fand noch Zeit, dem beklemmt schnarchenden Lujo den Kopf bequemer zurechtzulegen. Nur in einer Ecke keiften noch hell die Stimmen des Kreises um Ordaz herum.

Cortes zog widerwillig die Luft ein. Er haßte, sowenig er sonst irgendwelchen Genüssen des Lebens abgeneigt war, das sinnlose Trinken. Besonders mißfiel ihm, daß offensichtlich seine Freunde und Anhänger es waren, die nicht Maß halten konnten, während die Gegner sich nüchtern und bereit auf ihrem Posten hielten. Grob ließ er daher die Celestina an, die sich mit ihrem Kumpan Garai um den ächzenden Peter Alvarado mühte: sie solle sofort mit den anderen Marketenderweibern den Rückzug nehmen. Ein paar Indianerinnen erhoben sich lautlos aus den Gruppen und verschwanden über die Treppe. Die Diener suchten überall die Herren aufzurütteln. Ein allgemeines Knarren und Stöhnen ging an.

Plötzlich erhob sich über dem milchigen Wasser ein eigentümlich glühender Schein. Die Wache vom Maste her rief. Man trat an die Reling. Die Halbschlafenden taumelten herzu, man riß die Liegenden hoch, stieß sie und schrie ihnen in die Ohren. Mitten in dem mächtigen Meer funkelte es dort, einige Schiffslängen von der Flotte entfernt, gewaltig auf. Das Wasser glühte von innen her wie von einem riesigen goldnen Hort, einem Haufen blitzender Scherben. Der Himmel darüber blieb taub; aus dem Wasser heraus kam das Glitzern, das immer heftiger wurde. Viele wischten sich über die Augen, trunken, schwer; andere verzogen wie schreiend vor Aufregung das Gesicht. Manche ertrugen mit den plierigen Augen den ungeheuren Glanz nicht mehr und senkten die Stirn auf den Bord.

Das Leuchten blieb aber nicht stehen, es stieg im Wasser, hob sich empor und kam näher; die blitzenden Scherben fuhren sinnverwirrend und schmetternd durcheinander, und nun warf es sich über die Oberfläche auf und stieg heraus, strahlend tausendschuppig wie ein goldenes Heer, und kam gradewegs mit großer Geschwindigkeit auf die Schiffe zu. Es begann zu sausen in der Luft. Die Männer duckten sich unwillkürlich. Es war, als ob ein Sonnenhagel von goldenen Pfeilen und Speerspitzen auf sie hereinbräche. Die Segel flatterten laut auf oben an den Masten, und plötzlich füllten sie sich bis zum Rand blendend mit Licht von dem Widerschein. Dann barst die Wolke des fliegenden Fischzuges über dem Deck und schüttete klatschend einen schweren Regen der goldenen Last herunter. Überall zerstob sprühend das Leuchten der feurigen Fische. Es knallte. Sturzbäche von Flammen gossen sich aus dem Takelwerk herab. Man schrie und johlte. Viele wurden von der Wucht der Tiere umgerissen; manche bluteten. Das Wasser hinter den Schiffen kochte auf von dem Eintauchen der Überreste des Schwarmes.

Einen Augenblick war es ganz still. Das Deck lag schwer und feucht unter der blanken Last, die nun ihren kühlen und scharfen Geruch auszuströmen begann. Nur aus dem Tauwerk löste sich ab und zu noch ein Funken und blätterte langsam herab durch die Taue oder fiel wie eine Sternschnuppe gegen den schwarzen Himmel ins Meer.

Dann ging es an ein lautes und aufgeregtes Aufräumen. Aber während die andern lärmten und lachten und sich vor Übermut mit den nun bald erlöschenden Tieren warfen, schlich der Zwerg Gines Nortes beiseite. Hinter einem Stapel von Tauzeug hockte er sich hin, zog seinen Dolch und klaubte einem wundervoll glänzenden Fisch die goldenen Schuppen herunter. Er schnaufte dabei vor Atemlosigkeit und Gier und hätte um sich gestochen, wenn man ihn gestört hätte. Die Schuppen sammelte er sorgfältig, kratzte noch mit der Schneide den Rest, der auf das Deck versprüht war, zusammen, und zählte sie in seinen Brustbeutel hinein. Dann warf er den Fisch, dem überall auf dem glasigweißen Fleisch seine Blutstropfen standen, ins Wasser.

Die andern hatten inzwischen den Franz von Lujo gefunden, der nun in einem Winkel schlief, bis zum Hals zugedeckt unter einem Schwall der goldenen Tiere. Er atmete schwer, und als sie ihn weckten, war sein Blick so von Entsetzen verhängt, daß sie erschraken. Man fragte den Zwerg, was das zu bedeuten habe. Er wandte sich ab und zuckte die Achseln.

Cortes drängte zum Aufbruch. Die Boote kamen von den anderen Schiffen. Man verabschiedete sich. Langsam verhallend zogen die Lichter ihre kleinen Spuren nach allen Seiten hin durch die Nacht.

Drittes Kapitel

Gegen Anfang des Monats März fand sich die Flotte vor der Insel Kozumel ein. Es dauerte ein paar Tage, bis alle Schiffe zusammenkamen; manche waren durch den Wind abgetrieben worden. Cortes ließ ankern und gab Befehl, mit der ganzen Armee und allem Gerät an Land zu rücken. Er wollte hier die große Musterung abhalten, ehe er in die unbekannten Gegenden vorrückte. Man war schon auf fremdem Gebiet, unmittelbar dem Festland gegenüber, das sich auf den Karten, die der Obersteuermann Alaminos hatte, als eine große Insel mit unbestimmten Rändern darstellte, aber doch immer noch in Gewässern, die den älteren Soldaten von den früheren Expeditionen her leidlich vertraut waren.

Das Lager sah von weitem aus wie ein riesiger weißer Schmetterlingsschwarm, der sich auf die braune Küste niedergelassen hatte. Vor dem Eingang stand stelzbeinig der Galgen. Cortes hatte außer dem Generalprofos Ochoa noch den Alonso Romero zum Profosen ernannt. Die Zucht war durch die Seefahrt sehr gelockert. Gleich in den ersten Tagen hagelte es Strafen. Fast in jeder Kompagnie wurden ein paar Mann wegen Unbotmäßigkeit und aufsässigen Wesens gestäupt; zwei der Troßweiber, die sich durchaus den Anordnungen des Generalprofosen nicht hatten fügen wollen und ihm in der Wut mit den Nägeln ins Gesicht gefahren waren, wurden nackt an den Schandpfahl gebunden. Sie mußten einen ganzen Tag über in der klatschenden Sonne stehen; man spuckte sie an und warf nach ihnen mit Melonenresten und Eierschalen. Einem Matrosen, den man beim Diebstahl ertappt hatte, riß der Büttel mit dem Messer die beiden Ohren herunter. Er schrie und jaulte die ganze Nacht durch das Lager wie ein Hund; man mußte ihm einen Knebel in den Mund stecken. Am nächsten Morgen lachte er trotzig aus dem schmutzigen weißen Verband heraus.

Cortes berief gleich am ersten Morgen eine Versammlung der Offiziere ein und hielt ihnen in ernstlichen Worten vor, sie hätten ihre Abteilungen in guten Stand zu setzen. Er sei nicht gesonnen, mit einer Horde von Wegelagerern im Namen Seiner Majestät ins Feld zu ziehen. Auch habe er zu seinem höchsten Mißfallen bemerkt, daß recht viele der Herren bei der Messe am Morgen zu fehlen pflegten; ja, es sei ihm sogar zu Ohren gekommen, daß man in einem Zelt während dieser Zeit Karten gespielt habe. Das sei ihm als einem christlichen Kriegsmann ganz unleidlich und könne nicht geduldet werden. Und was die Mannschaft beträfe, so werde er so lange frisch mit den Profosen in sie arbeiten, bis er ehrliche und fromme Soldaten aus ihnen gemacht hätte.

Damit ging er in sein Zelt und warf sich auf sein Lager. Er hatte Fieber. Man sah ihm unzufrieden nach. Peter von Alvarado, den der Hieb mit den Karten betraf, senkte den Kopf mit der rotblonden Mähne und ließ vor Wut die Mundwinkel hängen, daß der Speichel herauslief. Der alte grauhaarige, kleine Oberst von Avila erzählte mit stockender, hustend abgehackter Stimme, daß der Profos am ersten Abend zwei Leute aus seiner Mannschaft angegriffen und eingesetzt habe auf Befehl des Generalkapitäns, weil sie sich zu weit vom Lager entfernt hatten. Man murrte und schimpfte. Schließlich ging man auseinander, weil es in der wie mit Klingen heruntergeschlagenen Sonne nicht auszuhalten war.

Auch unter der Mannschaft herrschte Unzufriedenheit. Man lag vor den Zelten und putzte Waffen für die bevorstehende Musterung, besserte die durch die Seefahrt zerdrückten Wämser aus und rieb das hartgewordene Schuhzeug mit Fett ein. Der Glanz der Metallteile biß in die Augen, daß sie tränten. Die schweren Lederkoller und Baumwollpanzer stanken in der Wärme. Die Verpflegung war schlecht; man mußte noch das von Kuba mitgenommene Salzfleisch und Brot essen, da auf dem öden Inselstrich nichts Jagdbares sich sehen ließ. Die Marketender hielten zurück mit ihren Vorräten; außerdem waren sie unerschwinglich teuer für den gemeinen Mann mit seinem knappen Gelde. Besonders erbittert war man über die scharfen Strafen.

Am lautesten schrie der Reiter Bacua, ein baumlanger, dürrer Kerl mit ewig feixendem Gesicht und einem Spitzbauch. Er stammte aus derselben Gegend wie Cortes, Medellin, und wußte über dessen häusliche Verhältnisse Bescheid. Um so weniger begriff er, wie sich hier angesehene Ritter von einem solchen zweitgeborenen und noch dazu mehr als zweifelhaften Edelmann meistern ließen. Er erzählte überall mit Wichtigkeit die Geschichte von Cortes' Mutter, von der man in Medellin ganz offen behauptet habe, sie sei früher eine französische Hure gewesen und vom alten Hauptmann Cortes kurzweg aus dem Lager mitgebracht worden. Andere hätten sie sogar für eine Moriskin oder Zigeunerin ausgegeben; Tatsache sei, daß der Generalkapitän recht eigentümlich dünne schwarze Haare habe, wie man es bei einem ehrlichen Landsmann nicht gewohnt wäre. Nicht genug damit; man wisse nicht einmal, ob der Hauptmann Cortes, der monatelang im Dienste fort und zu der fraglichen Zeit bei der Belagerung von Malaga gewesen sei, überhaupt der rechte Vater wäre. In Medellin habe man denn auch so viel über die Sache geredet, daß die junge Frau vor Scham und Schande, vielleicht auch, weil sie das ausländische Klima nicht vertrug, krank geworden und bald gestorben sei. Der Vater habe sich dann um das Kind wenig gekümmert und seinen rechten Namen, Cortes von Monron, und sein Gut dem ältesten Sohne, aus seiner ersten Ehe mit einer einheimischen Dame, übertragen.

Der Büttel Escudero mischte sich in das Gespräch. Er war ein hübscher, flinker, brauner Junge mit vollen Wangen und schwarzen Augen, die sehr dicht aneinanderstanden. Wenn er den Mund aufmachte, sah man, daß ihm die Vorderzähne ausgeschlagen waren. Auch er wußte allerhand Übles über Cortes vorzubringen. War er es doch gewesen, der seinerzeit als Häscher den Flüchtling aus seiner Freistatt in der Kirche gelockt und dem Gouverneur wieder ausgeliefert hatte. Jetzt erzählte er die Einzelheiten der Verführungsgeschichte.

Besonders erbost war man über das fürstliche Gefolge, mit dem der Generalkapitän sich umgeben hatte, und über die feine Küche, die er führte.

Ob man gehört habe, schrie der Steuermann Gonzalo aus Umbria, ein schwerer Mensch, dem überall die pechschwarzen

Haare aus der olivgrünen Haut hervorbrachen, als hätte man ihn mit Pulver eingerieben, das Cortes sich einen Obertafelmeister und einen Haushofmeister dazu ernannt habe.

Ja, stimmte der Matrose Penate ein und rieb sich wütend die Kolbennase, das sei so ein Schleicher, dieser Herr Guzmann. Überall steige er heimlich herum auf seinen dünnen Stelzen wie ein Storch, so... so... – dabei machte er mit den Händen den Gang nach – und horche.

Jeder könne hören, was sie zu sagen hatten, rief sein Bruder, Alonso Penate, und wenn der Generalkapitän selbst käme, so wollte man ihm Bescheid halten.

Ja, das glaube er, lachte der Fußknecht Bernal Diaz, sie würden in ein Mausloch kriechen, wenn er sie scharf ansähe. Das sei ein anderer Herr als der Oberst Grijalva, mit dem sie die vorige Reise machten.

Ein Aas sei er! fistelte der Kanonier Arbenga und klopfte wütend mit dem Dolchknaufe ein Stück hartgewordenes Schiffsbrot auf einem Stein entzwei. Seine Soldaten lasse er hier Dreck und Schimmel fressen, während er sich mit Pasteten und gespickten Kapaunen mäste. Der Koch sei sein Landsmann; der habe ihm erzählt, was sie verbrauchten. Die Weibsbilder schlängen noch dazu mit; jede Nacht habe er eine andere in seinem Zelt. Die wären erst recht anspruchsvoll und ließen sich bedienen, als wären sie von Adel.

Sie klatschten weiter über die Weiber; einer wollte wissen, die Flämin Magdalene Kerrincx sei jetzt seine Favoritin.

Der Kaiserliche Notar Godoy ging vorüber, ganz in Schwarz gekleidet und mit einer goldenen Kette um den Hals. Sein Altweibergesicht spähte mißtrauisch nach allen Seiten. Die Matrosen lümmelten sich lang hin in der Sonne und sperrten ihm mit den Beinen den Weg. Ärgerlich verzog er sein Gesicht und trat auf der Stelle hin und her. Dann plärrte er los; man sei ihm ebensoviel Respekt schuldig wie einem der Hauptleute; er werde sich beim Generalkapitän beschweren über das zuchtlose Benehmen. Langsam zogen die Brüder Penate ihre Füße zurück.

Etwas abseits saß der junge Santa Clara, ein Bauernbursche mit großen Ohren und breitem einfältigem Gesicht, in der Sonne und lauste sich. Er schnaufte dabei vor Anstrengung oft laut auf und kratzte sich lange und inbrünstig. Sein ganzer Körper spannte sich in einer gewaltigen Anstrengung; dann sank er wieder zusammen und schüttelte mutlos den Kopf. An verschiedenen Stellen war er bereits blutig. Nun nahm er einen Stock und fuhr sich plötzlich und wild in das offene Hemd hinein oder den Rücken hinunter, als könnte er das Ungeziefer überraschen. Zuletzt hielt er den Atem ganz an, wickelte mit heimtückischem Lächeln ein Stückchen Pelz um das vordere Ende des Stockes und stellte sich auf die Zehenspitzen, um dieses neue Instrument vorsichtig mit einem scharfen Stoß unter die Jacke zu bringen. Gespannt wartete er einen Augenblick, wie auf einen Schwamm, der sich vollsaugen soll, riß dann den Löffel heraus und schlug ihn mit einem Jauchzer in den Sand.

Gegen den Nachmittag wurde das ganze Lager lebendig. Eine der Patrouillen, die Cortes ausgeschickt hatte, um die Insel genauer auszukundschaften, war zurückgekehrt. Es waren vier Mann, sie trugen zu zweien eine lange Stange zwischen sich. An der ersten hing ein Truthahn, ein mächtiges Tier, dem der Kamm wie eine rote Gallerte über die Brust floß; die andere war mit einer schweren Last frischer Maiskolben beladen. Goldbraun schimmerte die volle Frucht aus dem breiten schilfigen Grün hervor.

Auch die Offiziere traten herzu, und der Führer der vier berichtete. Man hatte auf einem der Hügel einen kleinen Tempel gefunden und dahinter ein Dorf. Die Einwohner waren zunächst geflohen, hatten sich aber schließlich durch vieles Winken und Zurufen doch bewegen lassen, zurückzukommen. Nur als man sich daran machte, den Tempel zu untersuchen, waren sie mit Geschrei dazwischengetreten. Man hatte einige von ihnen niedergeschlagen. In dem Tempel war übrigens nichts zu finden gewesen als ein paar bunte Hemden und einige geschnitzte Geräte, von denen sie Proben mitbrachten.

Cortes hörte sich den Bericht an. Er war sehr ungehalten und befahl, drei Mann sollten sofort zurückgehen und die Tempelgeräte den Eingeborenen wieder zustellen. Für die Lebensmittel sollte man ihnen Glasperlen und ein paar spanische Hemden als Bezahlung anbieten. Den Dolmetscher gab er ihnen zur Begleitung mit.

Dann vernahm er den Anführer der Patrouille, den alten Heredia, einen sehnigen, dürren Burschen mit überlangen Armen und tiefen Furchen zu beiden Seiten des Mundes, genauer. Heredia wand sich hin und her. Cortes legte ihm plötzlich die Hand auf die Schulter. Heredia brach vor Schreck fast in die Knie; dabei umklammerte er unwillkürlich mit beiden Fäusten in den Taschen etwas. Cortes ließ ihn los und bedeutete ihm freundlich, er möge nur herausgeben, was er dort hätte.

Es erwies sich, daß Heredia zwei Kästchen aus Goldblech, gefüllt mit kleinen goldenen Tierfiguren, in dem Tempel gefunden hatte. Cortes ließ sogleich den Kaiserlichen Notar Godoy rufen und ein Protokoll aufnehmen. Darin wurde, nach ausführlicher Aufzählung der Gegenstände, dem Kaiser der ihm zustehende Fünfte abgeteilt; ein weiteres Fünftel beanspruchte Cortes für sich, den Rest überließ er dem Finder.

Die kleinen Tiere, überaus zierlich gearbeitete, getriebene Schmuckstücke in Form von Spinnen, Schildkröten, Kaninchen und Schmetterlingen, gingen von Hand zu Hand. Man wog sie, taxierte den Wert, ritzte das Metall mit dem Dolche an und stritt sich über die Bedeutung der Bilder. Der Zwerg Gines Nortes erstand sogleich den größten Teil; einige wollten Heredia allerdings für sich behalten. Nortes verkaufte schon am Abend mit großem Nutzen seine Stücke weiter. Er wußte aus einem seiner Bücher den Käufern aufzuzeigen, daß die Tiere Sternbilder darstellten und daher vorzüglich als Amulette brauchbar seien. Er selbst wählte für sich eine goldene Spinne aus und tat sie in seinen Beutel zu den glänzenden Fischschuppen.

Cortes aber betrachtete nachdenklich die feine Ziselierung des goldenen Kästchens, das er sich zugeteilt hatte.

Das seien keine Wilden, die das gearbeitet hätten, wandte er sich an den Pater Las Casas, der neben ihm stand. Es wollte ihm scheinen, als müßte es hier noch andere Völker geben als diese armseligen Heiden, die dort in den Laubhütten lebten. Vielleicht habe das fette Weib, die Celestina, doch recht mit ihrem Geschwätz vom Eldorado?

Las Casas hob die dicken Bischofsbrauen in dem vollen Gesicht. Ob Seiner Gnaden die seltsamen Geräte aufgefallen seien, die man in dem dreimal verfluchten Götzentempel gefunden habe? Er hätte sie freilich nicht zurückgegeben, sondern verbrennen lassen. Unter den Leuten ginge ein Gerücht um, es seien diese Völker von den Juden hergekommen, die nach der Eroberung Jerusalems sich mit ihren Tempelschätzen über alle Welt zerstreut hätten. Ein Teil solle sich hierher in die neue Welt verirrt und ein teuflisch antichristliches Reich gestiftet haben, in dem man die geheiligte christliche Religion wie zum Hohne mit den abscheulichen Fratzen nachäffe.

Freilich sei Luzifers Reich groß, fiel Pater Olmedo, der andere Geistliche des Heeres, ein, aber die Mannschaft schwatze vieles. – Olmedo stand mit Las Casas auf Kriegsfuß. Er war nur gezwungen, eines Gelübdes halber, Mönch geworden und liebte es heimlich, den Geistlichen abzutun und den Kriegsmann zu spielen. Unter der Kutte trug er einen Lederkoller; er hatte sich auch, was sein Amtsbruder als höchst ungebührlich empfand, mit einem Wehrgehenk statt des vorgeschriebenen Strickes gegürtet.

Las Casas wollte aber unter den Geräten Räucherkessel, Weihwasserschalen und sogar eine Art siebenarmigen Leuchter gesehen haben.

Und dieses Kästchen, wandte er sich wieder an Cortes; Seine Gnaden sollten es doch einmal genauer ansehen. Es wolle ihm scheinen, als ob es so etwas wie ein diabolisches Muttergottesbild darstelle.

Auf dem Deckel war, in scharfen Ecken herausgetrieben, das Bild der Mond- und Erdgöttin Tlassolteotl eingeritzt, die als Gebärende mit dem Kinde dargestellt wird. Der Leib der Göttin ist gedunsen und die Haut faltig nach der ungeheuren Anstrengung, während das Kind zwischen ihren Beinen liegt.

Cortes beugte sich betroffen über das Kästchen. Dann gab er Befehl, es einzuschmelzen.

Gegen Abend kam die Patrouille mit Melchorejo, dem Dolmetscher, zurück, gefolgt von einer großen Schar Eingeborener, die nun ganz zutraulich waren. Sie brachten Geflügel und Gemüse mit, und bald erhob sich an allen Ecken des Lagers ein lebhafter Tauschhandel. Viele blieben auch da, nachdem sie ihre Ware verkauft hatten, hockten sich neben das Feuer und sahen zu, wie die Soldaten und ihre Frauen das Essen zubereiteten. Überall schwirrte das Geschnatter ihrer hellen Zwitscherlaute.

Erst zur Nacht gab es wieder Streit, da die Soldaten verschiedene Eingeborenenweiber in ihren Zelten behalten wollten. Die Männer liefen mit Melchorejo, dem Dolmetscher, zu Cortes und schrien Zeter. Cortes gab, sehr zum Mißvergnügen der Mannschaft, Befehl, daß das Lager von allen Fremden geräumt würde. Der Generalprofos Ochoa mit der Wache machte die Runde. Ein paar widerspenstige Fußknechte wurden in Eisen geschlagen.

Am nächsten Morgen hielt Cortes die große Musterung ab. Er ließ zunächst vom Pater Las Casas im Lager eine Messe halten, dann rückte er mit den Truppen und allem Gerät hinaus an den Strand.

Das Heer war, abgesehen von den Seeleuten, die bei den Schiffen Aufstellung genommen hatten, 508 Mann stark. Es stand in fünf Abteilungen aufmarschiert; zunächst kamen die Reiter, 16 an der Zahl, dann die 13 Büchsenschützen, weiterhin die 32 Armbruster und schließlich das Gros der Fußknechte. Auf einer Düne etwas abseits hielt der Stückmeister mit seinen drei Kanonieren. Er hatte zehn kupferne grobe Geschütze und vier Feldschlangen, lange dünne Rohre aus Leder mit Eisenringen beschlagen, unter sich.

Cortes besichtigte zunächst die Pferde. Jedes der Tiere, die so kostbar waren, daß sie zum Teil mehrere Besitzer hatten, weil einer allein die Gelder für die Beschaffung nicht hatte aufbringen können, wurde einzeln vorgeführt und von der gesamten Versammlung der Offiziere eingehend begutachtet. Der Schmied Sebastian Rodriguez, ein kleiner, unmäßig breiter, fast viereckiger Geselle mit affenartig langen Armen und rußverklebten Wimpern in dem flach eingedrückten Gesicht, sah die Hufe nach. Dann ließ Cortes aufsitzen und machte einige Manöver. Es wurden zwei Parteien gebildet, die wie bei einem Turnier gegeneinander anritten. Dabei hätte es fast ein Unglück gegeben; Peter von Alvarado, der auf seiner Fuchsstute seiner Partei vorausspengte, berauscht von dem schnellen Ritt seine rotblonde Mähne schüttelnd, vergaß sich beim Zusammenprall so weit, daß er in voller Wut mit der Lanze seinen Gegner aus dem Sattel stieß. Er schnaufte noch zornig und befriedigt, als Cortes ihn zur Rede stellte. Der Gefallene, es war der baumlange, dürre Reiter Bacua, lag ächzend am Boden und betastete seinen Spitzbauch.

Er hatte sich aber nur die Riemen am Harnisch zerrissen und ein paar Hüftpanzerplatten verbogen. Alvarado warf ihm ein paar Silberstücke zu.

Die Büchsenschützen wiesen ihre Musketen und Gabeln vor. Kraut und Lot wurde geprüft, die Patronen, die sie am Bandelier über der Brust hängen hatten, nachgesehen. Cortes ließ sie laden, während er die Armbruster besichtigte.

Die traten in zwei Gruppen unter Führung ihrer Büchsenmeister, Juan Benitez und Peter von Guzman, an. Sie hatten Scheiben mitgebracht und zeigten ihre Fertigkeit im Zielschießen. Unter ihnen befanden sich die flinksten und gewandtesten Burschen des Heeres. Manche waren modisch und üppig gekleidet, mit geschlitzten und buntgefütterten Hosen. Viele hatten Federn oder Münzen an ihren Hüten. Der Büchsenmeister Juan Benitez, ein schöner Mann mit breitem, wohlgeöltem Bart und einem kostbaren Ring auf jedem Zeigefinger, trug sogar zwei blaue und weiße mächtige Straußenfedern, was ihm vor den Hauptleuten nicht wenig verdacht wurde.

Die Musketiere hatten inzwischen geladen und gaben, vorsichtig vom Strand abgewandt, damit der Seewind ihnen nicht das Zündkraut verblies, eine Salve ab. Über die Hälfte der Kugeln traf das Ziel, eine leckgewordene Schaluppe, die man einige fünfzig Meter landeinwärts geschleppt hatte. Cortes war zufrieden.

Währenddessen erhob sich bei dem Fußvolk lautes Gemurr und Geschrei. Die Hitze auf dem schattenlosen Strand war unerträglich geworden. Die weißen gesteppten Baumwollpanzer, mit denen die meisten ausgerüstet waren, strahlten beißendes Licht aus; der Glanz der frisch gefegten Sturmhauben stach in die tränenden Augen. Viele waren auch über die Zurücksetzung gegenüber den Reitern und Schützen erbost. Einige brüllten aus vollem Halse nach Cortes; andere schlugen mit dem Degen an die Schilde, und ein paar ältere Landsknechte hatten kurzerhand ihre Rüstung wieder abgelegt und machten Miene, mit der Pike auf der Schulter ins Lager zurückzulaufen. Die Hauptleute traten zwar sofort zu ihren Abteilungen, drohten mit dem Profosen und schlugen hier und da einem jüngeren Soldaten mit der Faust hinter die Ohren oder der Degenscheide in die Kniekehlen. Aber die Unruhe wuchs. Der kleine grauhaarige Oberst Alonso von Avila, der nicht die Mittel hatte, sich ein Pferd zu halten und deshalb trotzig während der Besichtigung bei seiner Mannschaft gestanden hatte, mischte sich ein und erklärte, er würde mit seiner Kompagnie abrücken, wenn der Generalkapitän nicht bald erschiene.

Peter von Alvarado, der neben Cortes ritt, zog blank und drohte mit der Waffe zu dem großen Haufen hinüber. Sie johlten. Ein paar Steine flogen. Alvarado schrie Cortes zu, er solle den Reitern Befehl geben, auf die Meuterer einzuhauen. Cortes schüttelte den Kopf. Er gab Alvarado die Weisung, seinen Degen einzustecken und stieg vom Pferde. Die Zügel warf er dem jungen Fähnrich Christoph Corral zu. Verdutzt wandte er ihm das weiche Gesicht mit dem Hammelprofil zu. Er begriff den Generalkapitän nicht.

Cortes schritt auf die Lärmenden zu, winkte mit der Hand um Ruhe und begann zu sprechen. Er war erregt und klammerte sich unwillkürlich mit beiden Händen an seinem Degenkorb fest. Es dauerte eine ganze Weile, bis er so weit ruhig wurde, daß man ihn verstand. Dann nahm er sogleich mit seiner weichen einschmeichelnden Stimme gefangen. Er erklärte, er habe die anderen Waffen so eingehend besichtigt, weil bei diesen eine genaue Kontrolle not tue; bei der Fußmannschaft werde das nicht der Fall sein, wie er wisse. Man könne daher unverzüglich antreten, um einige Bewegungen zu proben.

Während er sprach, faßte er sich und wurde freier; die rechte Hand ließ den Degen los, und schließlich stieß er ihn mit der linken scharf nach hinten und gab die Kommandos. Widerwillig und vielfach noch maulend nahmen die Abteilungen Aufstellung.

Da war freilich von einer regelrechten Gefechtsordnung keine Rede. Einige hatten Lanzen, andere Piken und Hellebarden; manche waren mit kurzen Stichdegen und einem kleinen runden Schild ausgerüstet, und ein paar alte Landsknechte führten den großen breiten Zweihänder. Es gab Leute, die ihre kleinen Farmen oder sonstigen Besitztümer in Kuba zu Geld gemacht hatten, um sich eine Ausrüstung zu beschaffen. Sie trugen gutgearbeitete Sturmhauben, Lederkoller und hohe Stiefel, oft noch

Ringkragen oder kurze Brustpanzer. Ein feister Mann, ein ehemaliger Gastwirt aus Santiago, schwitzte in einem alten Kettenhemd, das ganz mit orangefarbenen Rostflecken übersät war. Die Mehrzahl hatte sich mit einem der gesteppten Baumwollpanzer, die man von den Eingeborenen übernommen hatte, gewappnet. Vielen hingen die Degen an zerrissenen oder geflickten alten Wehrgehängen oder einfach an einem Strick; manche liefen in Bastschuhen und zerlumpten Hosen. Ein paar junge Burschen waren barfuß.

Am äußersten Flügel hielt noch eine besondere Gruppe. Dort standen die reichen Farmer und Bergwerksbesitzer, Juan Sedeño, Bartolomäus Garcia und andere. Sie hatten zum Teil Diener bei sich, die ihnen die Waffen trugen. Alle waren vorzüglich ausgerüstet; manche hatten ziselierte Helme und eingelegte Dolche. Auch der Zwerg Gines Nortes stand da. Er hatte den großen eiförmigen Schädel unter eine herrliche feuervergoldete Sturmhaube gesteckt und trug an einem Wehrgehänge aus feinem sämischen Leder eine dünne toledanische Klinge. Um ihn her war eine Brandung von schäumendem Lärm; er hatte eine Koppel von mächtigen Schweißhunden bei sich, die seine beiden Diener führen mußten. Es waren fast mannshohe, doggenartige Tiere mit breiter, wölbiger Brust und großen Mäulern, aus denen handbreit das blutige Fleisch der Lefzen schlappte. Sie waren bunt; einige in großen Flecken braun oder schwarz und weiß gemustert, andere wie mit kleinen Federspritzern übersät. Ein Rüde war ganz weiß mit einem rosa Hauch hinter den Ohren. Die Tiere waren bisher zum Einfangen der entlaufenen Eingeborenen bei den Bergwerken in Kuba gebraucht worden. – Neben Nortes hatte sich, sehr zum Mißfallen seines Amtsbruders Las Casas, der hünenhafte Pater Olmedo eingefunden. Der schwere eiserne Ringkragen, den er trug, zerdrückte fast das schmale, kleine Messingkreuz auf seiner Brust. Der Pater führte als Waffe einen kurzen, breiten Hieber mit doppelter Blutrinne.

Cortes schritt zunächst zu der Düne hinauf, wo das Geschütz stand. Der Stückmeister Mesa war eine schulmeisterhafte, hagere Gestalt mit fuchsigem, stets von einem Ausschlag zerfressenem Bart. Er schielte leicht, wußte das aber gut zu verbergen. Wegen seiner mannigfachen Kenntnisse – er konnte sich selbst sein Pulver zubereiten – stand er in großem Ansehen bei den Leuten. Er fühlte sich als eine Art Künstler und führte mit Wichtigkeit und Stolz seine Rohre, die er jedes bei Namen nannte, vor. Die Stücke waren mit Wein und Essig abgerieben, und durch die braungrüne Haut brach der goldne Glanz der hellen Bronze wie ein innerlich schimmerndes Feuer hervor. Neben jedem Geschütz lagen in sorgfältig geschichteten Haufen die steinernen und eisernen Kugeln. Außerdem hatte er einen Vorrat von rohen Bleiplatten, aus denen er sich Kartätschenladungen hacken konnte.

Nachdem er noch kurz die Seeleute revidiert hatte, die unter Führung des alten weißhaarigen Obersteuermanns Alaminos ihm sehr mißmutig ihre Ruder, Taue und Werkzeuge vorwiesen, ging Cortes zum Fußvolk zurück. Dort hatten die Hauptleute und Obristen inzwischen ihre Fähnlein geordnet und das Treffen aufgestellt. Plänker waren abgeteilt, die Pikeniere in der Mitte massiert und die Degenfechter mit den Lanzenträgern vermischt davor angewiesen. Dabei gab es wieder viel Streit. Landsleute wollten gemeinsam fechten, Gruppen, die sich im Lager und auf der Fahrt gebildet hatten, hingen zusammen, und ein Trupp alter Landsknechte, die schon in Italien unter dem Gran Capitano gedient hatten, war durchaus verschworen, eine eigene Ordnung nach Schweizer Manier aufzurichten. Der Platz scholl wider von Rufen und Geschrei wie ein Jahrmarkt. Cortes war bereits heiser und müde. Er gab es schließlich auf, endgültig Ordnung zu schaffen. Etwas umständlich stieg er zu Pferde.

Dann ließ er das ganze Heer vorrücken. Die Armbruster und Büchsenschützen traten hinzu, die Reiterei besetzte den einen Flügel. Auf der Düne löste der Stückmeister Mesa mit seinen vier Gehilfen das Geschütz. Quargelnd und schluchzend gingen die Kugeln über die Armee hinweg und fuhren in den Strand. Der Aufschlag klang wie ein kolossales Niesen. Die Fähnlein drängten sich, manche rissen auseinander. Klappernd galoppierte die Reiterei voraus; unwillkürlich begannen auch die Fußknechte zu laufen. Cortes machte eine Art Sturmlauf gegen das Lager, durchquerte es und ließ endlich das Heer einen steilen Lehmhügel hinter den Zelten nehmen. Ohne sich umzusehen, trieb er seinen schwarzbraunen Hengst an, der von der Seefahrt noch angestrengt war und laut stöhnte, den Hang hinauf. Das Tier zitterte und warf unwillig immer wieder den Kopf auf, der Schweiß schob sich in weißen Schaumstreifen unter den Lederriemen des Kopfzeuges hervor. Die Nüstern waren mit scharfen Rändern übergroß aufgestellt. Von Zeit zu Zeit ging ein Husten durch den Leib, den der Reiter bis in die Schenkel und Knie hinein spürte. Cortes gab dem Pferd mit Zügel und Schenkel alle Hilfen, klemmte ihm aber die Sporen unerbittlich gegen die Flanken. Das geängstigte Tier begann zu galoppieren, machte, im Tempo der Sprünge wild jappend, ein paar Sätze und stand endlich oben. Cortes stützte die rechte Hand gegen die rückwärtige Sattellehne und blickte sich um. Der braune Hang war überstreut mit Menschen, die gegen die Sonne alle schwarz aussahen wie Schatten. Jede Ordnung war jetzt zerstört. Ihm zunächst sprangen ein paar leichtbewaffnete junge Burschen den Berg herauf, zerlumpte Gestalten, die eher Schnapphähnen glichen als Soldaten. Sie lachten ihm mit blanken Augen zu. Seitlich stiegen, gleichmäßig und schnell, ein paar alte Landsknechte heran. Weiter zurück kamen die Reiter, die fast alle abgesessen waren, um ihre Tiere zu schonen. Das Gros wälzte sich schimpfend und prustend heran; zuletzt marschierten die Farmer und Bergwerksbesitzer mit ihren Dienern. Hinter allen ging der Zwerg. Er ließ sich von seinen Hunden ziehen. Sein goldner Helm schmetterte einen Schauer von Strahlen herüber.

Cortes seufzte. Dann stieg er ab und wandte sich seinem Hengst zu. Das Tier mußte getötet werden. Der Büttel Escudero war schon zur Stelle. Er zwinkerte mit den schwarzen, sehr dicht aneinanderstehenden Augen, zog flink sein Messer, strich es dreimal über dem ledernen Knie ab und riß es dem Gaul durch die Kehle. Der Hengst zitterte, brach in den Vorderbeinen ein, stellte die Hinterfüße ganz breit auseinander und legte sich schwer wie zum Schlafen hin. Als die letzten des Heeres schließlich die Höhe erstiegen hatten, lag dort eine purpurschwarze große Blutlache. Ein Geraune erhob sich. Viele bekreuzigten sich ängstlich. Cortes gab Befehl, abzurücken.

Auf dem Rückweg, unmittelbar vor dem Lager, schlugen die Hunde des Nortes plötzlich an und drängten wie wahnsinnig zu einem niedrigen Gebüsch hin. Man folgte ihnen. Die Indianer, die von Kuba aus mitgebracht worden waren, saßen dort im Kreise, die Hände betend flach aneinandergelegt. Melchorejo, der Dolmetscher, war unter ihnen. In ihrer Mitte lag ein Toter, ein zarter junger Mensch, den die Strapazen der Seefahrt so erschöpft hatten, daß er zusammengebrochen war. Nun hielten seine Genossen hier die Totenwache. Nortes zerrte seine Hunde mit Mühe zurück. Und mit einem Male hatte eines der Tiere, eine schwarz und weiß gefleckte Hündin, sich losgerissen und war mit einem Satz auf den Toten gesprungen. Sie heulte lauthals, stemmte die großen Pfoten dem Leichnam auf die Brust, nieste und zerrte ihn an der Kehle. Dann glotzte sie jappend mit geiferndem Maule nach allen Seiten. Das rote Fleisch ihrer Lefzen zitterte. Die Indianer hatten sich zu Boden geworfen, den Kopf im Sand. Die Spanier lachten. Mit Mühe riß man das Tier am Würgehalsband von dem Toten herunter.

Lärmend und schwatzend kehrte das Heer in aufgelösten Trupps in das Lager zurück.

Viertes Kapitel

Die Flotte stach wieder in See und trieb unter gutem Wind die Küste hinauf. Cortes erschien oft an Deck und ließ sich von dem Dolmetscher die Landschaft erklären. Er fragte unersättlich nach den Namen der Berge, den Seen, wie groß die Städte seien und welche Arten von Handwerk die Einwohner betrieben. Ob sie die Metalle kennten, Eisen, Bronze, und ob man Gold fände?

Der Dolmetscher erklärte, sie hätten wohl etwas Gold, aber nur in dünnen Blechen. Man verwende es zur Fassung der Schmucksachen. Und, da er die gierigen Gesichter der Zuhörer sah, fügte er hinzu, er wolle sie wohl dahin führen, wenn sie sich auf den Weg machen wollten.

Cortes reckte sich auf und sagte hochmütig:

Man sei zum Dienste Gottes und Seiner Majestät ausgezogen und nicht wegen solcher schäbigen Räubereien!

Zehn Tage fuhren sie an der Küste entlang.

Vor der Mündung eines breiten Stromes wurde geankert. Das Land hieß Tabasco. Die Schiffe mußten wegen des flachen Ufers weit draußen auf der Reede halten; die Mannschaft stieg in die Boote. Sie fuhren ein Stück den Fluß hinauf und suchten einen Landungsplatz. Das Ufer war dicht mit Bäumen besetzt; mächtige Luftwurzeln tauchten in das torfige Wasser; die glänzenden, nackten Stämme standen so dicht, daß sie sich fast berührten. Beim Näherkommen sah man, daß es die Eingeborenen waren, die im Schatten den ganzen Ufersaum füllten. Sie traten nun heraus und schwenkten drohend ihre Waffen. Die papageienbunten Farben der Schilde und des Kopfschmucks brannten auf. Ihre Pauken und Trommeln murrten. Ein paar Pfeile zischten vor den Booten ins Wasser.

Cortes ließ den Notar Godoy vorfahren und die Eingeborenen förmlich ermahnen, sich aller Feindseligkeiten zu enthalten. Godoy stand schwarz aufgerichtet in der Mitte des Bootes; sein Altweibergesicht war ganz verzerrt von dem Gefühl der Wichtigkeit seiner Rolle. Mit krähender Stimme rief er die Indianer an: im Namen Seiner Majestät sei unverzüglich die Landung freizugeben; für den Fall einer Weigerung hätten sie die Schuld für das folgende Blutvergießen zu tragen. Der Dolmetscher übersetzte und fügte begütigend hinzu, sie seien nur gekommen, um Wasser einzunehmen und Lebensmittel zu tauschen. Während er noch sprach, wurde das Wasser weiß von dem Pfeil- und Speerhagel, der vom Ufer herüberschlug. Die Spanier heulten auf vor Überraschung, viele hatten Schrammen oder Beulen. Ein Matrose legte den Kopf auf die Seite und schüttelte ihn, als sei ihm Wasser hineingelaufen. Ein Pfeil war ihm ins Ohr geschlagen. Zugleich kamen von allen Seiten hinter den Biegungen des Flusses hervor Schwärme von Kanus. Cortes sah sich um. Der blanke Spiegel des Stromes war wie mit Treibholz geschwärzt. Die Boote schossen ohne Befehl auf das Ufer zu; die Spanier sprangen heraus. Der Grund war morastig, und viele sanken zunächst bis zum Hals ein. Cortes, der keinen Panzer angelegt hatte, verlor einen seiner Strickschuhe. Die Musketiere und Armbruster schossen von den Booten aus ihre Ladung ab. Einige Indianer fielen, aber in dem blendenden Lärm ging die Wirkung der Feuerwaffen verloren. Peter von Alvarado, dem ein Lanzenstoß den Helm in den Nacken geworfen hatte, daß die dicke rotblonde Mähne hervorquoll, stieg als erster ans Ufer. Er hatte den

Degen quer in den Mund genommen und zog sich an einer der ins Wasser hängenden Luftwurzeln hinauf. Neben ihm arbeitete sich flink wie ein junger Jagdhund der Fußknecht Bernal Diaz heran. Das knappe Wams stand offen über seinem kräftigen Hals, der schon einen breit blutenden Riß zeigte. Die Wunde kam ihm nicht zum Bewußtsein; erst als er am Ufer stand und sich mit ein paar Hieben Bahn geschaffen hatte, verzog sich plötzlich sein Gesicht. Er nahm den Degen einen Augenblick zwischen die Beine und faßte sich nach dem Hals, betrachtete verwundert und unwillig die nasse Hand und schüttelte sich das Blut von den Fingern. Dann lachte er und sprang weiter. Er half dem dicken Hauptmann Franz von Lugo ans Land, der mit glänzend rotem Gesicht unaufhörlich den Schlachtruf: Santiago! brüllte, und hielt seinen Schild vor den Generalkapitän. Cortes stand mit verkniffener Miene wie unschlüssig noch bis zur Brust im Morast und suchte mit dem Fuß seinen verlorenen Schuh. Der kleine, grauhaarige Oberst Alonso von Avila hatte bereits ein paar Indianer mit dem Degen niedergworfen. Er ging jetzt an einen der über und über von funkelnden Federn starrenden Häuptlinge heran, riß ihn rücklings an den bezopften Haaren nieder und schlug ihm das Schwertgefäß ins Gesicht, bis er betäubt zu Boden fiel. Auch Christoval von Olid, den Helm über den hängenden Stirnhaaren tief in das gelbe, dürre Gesicht gedrückt, hatte einen Gefangenen gemacht, ja er hatte schon Zeit gefunden, ihm mit seinen geschickten, harten Fingern die türkisenen Ohren- und Lippenpflöcke abzunehmen. Die Indianer wichen schreiend in den Wald zurück.

Die Spanier ordneten sich und rückten nach. Die Reiter brachten ihre Gäule an Land und saßen auf. Vor dem Dorf gab es noch einmal einen Aufenthalt. Die Indianer hatten dort ein paar Bäume ineinandergestürzt und einen Verhau gemacht. Lärmend setzten sie sich da zur Wehr. Die Soldaten des Cortes stutzten. Das unaufhörliche Rufen, Pauken und Trommeln betäubte sie, das schrille und dumpfe Geheul der Muscheltrompeten, markerschütternd wie das Stöhnen eines Nebelhorns, machte viele verwirrt. Sie zielten nicht recht beim Schießen und fochten mit den Lanzen sinnlos ins Leere. Die Indianer schossen unablässig ihre Pfeile und schleuderten Steine. Jeden Schuß oder Wurf begleiteten sie mit umständlichen Verwünschungen. Plötzlich nahm ihr Geschrei eine helle Farbe an, ein wahnwitziges überschlagenes Gezeter erscholl hinter dem Verhau. Der Zwerg Gines Nortes hatte seine Schweißhunde losgelassen. Mit tiefem Geläut brachen sie durch die Zweige auf die Indianer los. Während die Mannschaft noch den Verhau beiseite räumte, war das ganze Dorf übersät mit Flüchtenden. Viele lagen mit großen Bißwunden im Genick auf der Straße; manche waren aus Schreck umgesunken. Die Doggen, irrsinnig gemacht durch den Zwerg, der sie mit einer kleinen beinernen Flöte immer wieder zurückpfiff und von neuem hetzte, waren schließlich nicht mehr zu halten. Zwei fielen über einem zerfleischten Indianer sich gegenseitig an; die eine schlug ihre Zähne in die knackenden Schultern, während die andere ihr Maul bei den Eingeweiden hatte; durch das Rütteln und Zerren entfiel beiden die Beute, sie stießen mit den Köpfen zusammen, fuhren zurück und sahen sich jappend mit schlabbernden, riesigen Zungen voll maßloser Wut in die Augen. Dann bissen sie sich ineinander fest. Andere wilderten in den Gärten hinter den Häusern umher. Der weiße Rüde mit dem rosa Fleck hinter dem Kopfe schleppte einen Indianer mit zerknicktem gelbroten Federschmuck wie einen Hahn im Maule fort, um ihn irgendwo einzuscharren. Mißtrauisch sah er sich immer wieder um, ließ die Leiche fallen, wühlte die schwarze, fette Erde mit den Pfoten auf und schlich unruhig weiter, den Toten am Genick mit sich zerrend. In einer Hecke blieb er zuletzt mit der sperrigen Last hängen.

Die Verfolgung dauerte bis in den späten Nachmittag hinein.

Cortes ließ unaufhörlich blasen. Er ritt mit den anderen Offizieren nach allen Seiten über das Feld und trieb mit Schreien und stumpfen Lanzenstößen die Mannschaft zusammen. Viele fehlten, als er abrückte. Noch nach Stunden tröpfelten Nachzügler ins Lager.

Im Lager brannten große Feuer. Erst nun, da die Aufregung nachließ, spürten die meisten ihre Wunden. Fast jeder hatte ein paar kleine Risse. Viele sahen zu ihrer Verwunderung, daß die Schnitte, die die Obsidianspitzen gemacht hatten, bis auf den Knochen gingen. Ein großes Lamentieren hob an. Man hatte keinen Wundarzt, keine Salbe, kein Leinenzeug zum Verbinden.

Mit heruntergerissenen Hemdfetzen und etwas Öl half man sich notdürftig aus. Manche leckten Blätter an und legten sie auf die Wunden.

Auch die Pferde bluteten aus vielen kleinen Schrammen. Beim Hineinsprengen in die dicht verstrickten und von der Panik zusammengewehten Haufen der Indianer hatten sie sich die Vorderbeine und den Bauch zerschnitten. Die Reiter fluchten und liefen ratlos umher. Niemand wollte ihnen von dem kostbaren Öl etwas für die Tiere geben. Nur Christoval von Olid hatte sich abseits an sein Feuer gesetzt. Das Licht ließ die hohen, blankgescheuerten Backenknochen in dem hageren Gesicht aufglänzen und spielte in den Faltennestern um die Augen und hinter den Mundwinkeln. Er hatte über der Glut einen hohen Dreifuß aufgerichtet und einen toten Indianer darangehängt. Nun wartete er, bis die Hitze das Fett aus dem Leichnam schmolz. Der Fähnrich Christoph Corral, der neben ihm hockte und das Feuer unterhielt, wandte ihm bewundernd sein Gesicht mit der Hammelnase und den dicken Lippen zu. Es stank entsetzlich nach verbrannten Haaren. Viele, die herzutraten, lachten. Olid hielt stillschweigend eine Pfanne unter den Leib, von dem nun zischend der Schmer heruntertropfte. Dann trat er vor seinen Gaul und rieb ihm sorgfältig die Wunden mit dem noch warmen Fett ein. Er ging rings um das Tier herum, strich ihm mit den Händen die Beine ab und hob ihm die Hufe auf. Dann fuhr er ihm abschließend über Kruppe und Schwanz und gab ihm einen Hieb. Das Tier stampfte wohlig.

Auf dem Hof, in dem die Celestina sich einquartiert hatte, war ein gewaltiges Gedränge. Viele wollten sich ihre Beutestücke von ihr schätzen lassen. Andere wollten tauschen oder verkaufen oder von ihr Kredit haben. Die meisten Soldaten und Offiziere waren ihr schon schwer verschuldet.

Sie saß in einem der niedrigen indianischen Sessel und schnaufte laut vor Anstrengung durch ihre Negernüstern. Die handtellergroßen silbernen Ohrringe sahen im Widerschein des Feuers wie mit Blut belaufen aus. Ihre bei aller Feistheit doch nervigen und geschickten Hände packten wie nachlässig die Stücke, die man ihr bot, wogen sie, fuhren mit dem Nagel darüber und hielten sie nachdenklich eine Weile fest oder warfen sie verächtlich zurück. Ihre Schätzung gab den Dingen den Kurs im Lager, und es standen daher auch viele herum, die nur zuhören wollten, was sie sagte. Die Stimmung war bereits recht gedrückt. Man hatte die glänzend hell polierten Bronzebeile, die bei einigen Indianern gefunden worden waren, für eine Goldlegierung gehalten. Jetzt entschied die Celestina, es sei Kupfer und vollkommen wertlos; sie würde keinen Becher Wein für ein solches Beil rechnen. Große Unruhe entstand darüber; man hatte bereits Tauschgeschäfte untereinander abgeschlossen und fühlte sich geprellt. Große Heiterkeit erregte der einfältige Bauernbursche Santa Clara, der sich mit einer Last von indianischen Federbüschen geschleppt hatte. Er wollte nicht glauben, daß er dafür nichts bekäme und zog immer wieder schöner und kunstvoller gearbeitete Stücke aus dem sperrigen Haufen und zeigte sie vor, bis man ihn beiseite stieß. Der nächste, der herantrat, war der alte Heredia. Er hielt einen mächtigen Packen mit den dürren, sehnigen Armen umklammert und legte ihn vorsichtig ab. Immer tiefer wurden die beiden Furchen zu beiden Seiten des Mundes, er schnaufte, bückte sich hastiger und wühlte in dem Packen. Die Menge drängte sich angstvoll näher heran. Heredia war als harter und tüchtiger Beutemacher bekannt; er war es ja auch gewesen, der auf der Insel Kozumel die ersten goldnen Schmucksachen aufgestöbert hatte, die nun längst, in Stücke geschlagen, wie Dukaten im Lager umliefen. Wenn seine Sachen nichts galten, war die ganze Beute nichts wert. Die Celestina schüttelte den Kopf, als begriffe sie gar nicht, daß ein Mann wie Heredia sich solche Mühe um Nichtigkeiten gebe und erklärte, was er ihr bisher gezeigt habe, sei alles Lumpenzeug, nicht wert, daß man danach den Arm krumm mache. Die Steine seien bunte Kiesel, die besten Stücke darunter nicht so gut wie ein schlechter Achat, und das Silber so verbleit, daß man daraus Kugeln gießen könne. Peter von Alvarado, der mit einem Beutel voll Ohr- und Lippenpflöcken daneben stand, warf mit einem Fluch seine Steine in das Feuer.

Heredia aber stand schief da, als habe er nicht recht gehört, und schrie: Nichts wert? Sie solle nur warten, er wolle ihr noch andere Dinge zeigen, und einen Schmuck, den ihm der größte Potentat für einen Sack voll neuer Gulden abkaufen sollte und müßte ihm noch eine Hauptmannstelle obendrein geben! Damit grub er mit zornigen, kurzen Rucken in dem Sack herum und hob schließlich ein großes Stück heraus. Es war der Brustschmuck des indianischen Anführers, eine große Platte aus Metall mit getriebenen und eingelegten Figuren und in der Mitte sorgfältig gefaßten Perlen und Edelsteinen. Er schwenkte es hoch im Kreise, und ein mächtiger Lärm erhob sich in der dichtgedrängten Menge. Dann gab er es der Celestina und trat feierlich ein paar Schritte zurück.

Sie lachte, daß ihre großen Ohrringe auf die Schultern stießen. Dann nahm sie ihr Messer und brach – Heredia sprang hinzu: Halt! Halt! – den kostbaren Mittelschmuck heraus. Es waren spanische Glasperlen.

Ein Geheul der Enttäuschung tobte auf. Viele warfen die Sachen, die sie in Händen hielten, fort, andere drängten heran und schrien, man solle der verdammten Hexe den Hals abdrehen. Einige schlichen sich flink beiseite, um ihre Stücke noch in irgendeinem Winkel des Lagers bei einem Unerfahrenen an den Mann zu bringen. Heredia stierte vor sich hin. Sein Gesicht war ganz klein geworden; es sah aus als schlürfe er die Backen in den Mund; die großen Falten klafften wie Schnitte. Die Celestina kaufte ihm etwas hastig das Silber- und Goldblech des Schmukkes zu verhältnismäßig hohem Preise ab. Dann hatte sie mit ihrem Freunde Garai, dem einarmigen Apotheker, alle Hände voll zu tun, um einzuschenken. Ein wildes Zechen begann.

Ein Trupp zog johlend von einem Lagerfeuer zum andern. Der Buckel Naxera, der seinen Höcker wie einen Tornister auf dem Rücken trug, marschierte voran. Er sang mit prachtvoller Stimme die Verse, die er auf Cortes gemacht hatte, und die anderen brüllten sie nach. Es war eine lange Ballade, nach einer bekannten Melodie. Der Strickschuh kam darin vor, den Cortes bei der Landung verloren hatte, der Zwerg Nortes mit seinen Hunden und der alte Heredia, der seinen Schmuck hervorholte und von der Celestina mit Hohn abgewiesen wurde. Im Refrain sprang immer wieder der Name des Cortes heraus, und in der letzten Zeile funkelte der Schrei: Eldorado! Eldorado! auf.

Immer mehr Soldaten schlossen sich ihnen an. Manche schwangen brennende Zweige und hieben sie gegen den Boden, daß die Funken spritzten. Sie zogen vor die Hütte, in der Cortes sein Quartier hatte. Das Geschrei: Eldorado! Eldorado! klang wie ein Schlachtruf, aber zugleich dumpf und mahnend wie eine Drohung. Viele taumelten, andere legten sich die Arme gegenseitig über die Schultern und warfen die Beine torkelnd auf; ein Schwerverwundeter riß sich den Verband vom Kopf und wies lachend den Kameraden die vollen Blutflecken. Einige Hütten brannten bereits. Im Schein des Feuers traten die Bäume riesig aus der Nacht hervor.

Cortes kam heraus und fragte unzufrieden, was man von ihm wünsche. Geheul antwortete ihm. Er sei ein Leuteschinder und Betrüger, man sei mit ihm gegangen, um Beute zu machen und Gold zu finden, statt dessen habe man sich bisher nur Beulen und Schrammen geholt. Das könne man auch zu Hause und billiger haben. Der einfältige Bauernbursche Santa Clara, der noch immer einen der indianischen Federbüsche mit sich herumschleppte, wurde vor ihn hingestoßen: da, dies Spielwerk und Kinderzeug aus Bändern und Federn sei die Löhnung, in der man sie für ihre Dienste bezahlen wolle. Der Verwundete, der sich den Verband vom Kopf gerissen hatte, trat herzu und schrie, das Tuch gegen sein Knie klatschend, er beanspruche für jeden Blutstropfen ein Goldstück.

Vorwärts! johlte die Masse. Was mit dem Gold sei? Eldorado!

Cortes sah zu Boden. Dann sagte er mit fast hämischer Betonung, aber sehr entschieden: »Wir kehren um.«

Fünftes Kapitel

Am Morgen erschien eine Deputation in seinem Zelt und bat ihn inständig, nicht nach Kuba zurückzufahren, sondern das Heer weiter vorwärts zu führen. Cortes erklärte, er müsse Bedenkzeit haben.

Den ganzen Tag über ließ er sie warten. Mißmutig saß er in seinem Zelt auf einem Feldstuhl, streckte die Beine weit von sich und zerstach mit dem Degen den Boden zwischen seinen Füßen. Zuweilen legte er die Klinge über die Knie und strich sich die dünnen schwarzen Haare über den Schläfen zurück. War dieses ganze Unternehmen nicht ein Fehlschlag? Sollte man noch weiter in diesen sumpfigen Wiesen umherreiten und sich in der mörderischen Hitze mit den halbnackten Indianern herumschlagen, um ein paar Federbüsche und steinerne Pfeilspitzen zu erbeuten? Er hatte sich während des Rittes sorgfältig umgesehen. Es war eine ärmliche Rasse, die hier wohnte. Das Feld war mühselig in kleinen Flecken umgebrochen und mit Mais bestellt; in den Höfen der Dörfer gab es kaum nennenswertes Gerät oder Werkzeug, und die größten Tiere, die er bemerkt hatte, waren Hühner und Kaninchen gewesen. Mit diesen Leuten war kein irgend ersprießlicher Handel zu treiben, und wenn man sie selbst bis auf die Haut ausraubte, behielt man nichts, was der Mühe lohnte. Auch mit dem Anlegen von Farmen würde man in dem moorigen und feuchten Boden nicht zurechtkommen. Er überlegte ernstlich, ob er nicht umkehren sollte, aber die Vorstellung, daß Velasquez ihn nach einem solchen Mißerfolg zweifellos als Meuterer in Eisen legen würde, jagte ihn wieder auf. Man mußte sich in Gottes Namen weiter durchbeißen. Er zog lange Striche mit der Degenspitze in den Sand.

Gegen Nachmittag, als die Stimmung im Lager bereits dumpf und gereizt wurde, weil Cortes sich noch immer nicht geäußert hatte, erschien ein Trupp von fünfzehn Indianern. Sie hatten geschwärzte Gesichter und zerrissene Mäntel und überbrachten Hühner, geräucherte Fische und Maisbrot. Der Dolmetscher fuhr sie scharf an, warum ihre Herren nicht gekommen seien. Auch ihre bemalten Gesichter und zerfetzten Röcke wären durchaus ungehörig. Man erwarte, daß die vornehmsten Leute des Stammes erschienen, um sich zu entschuldigen.

Kurz vor Einbruch der Dämmerung zog eine Karawane von fast hundert Menschen heran. Die riesigen Federbüsche der Häuptlinge raschelten, während sie sich tief verbeugten, um ihre Demut zu bezeigen. Sie hatten weitere Mengen von Lebensmitteln mitgebracht und als besonderes Geschenk zwanzig Frauen. Cortes sah voraus, daß die Verteilung ziemliche Schwierigkeiten machen würde, und schlug daher vor, man solle losen. Das fand aber wenig Anklang; man wollte sich nicht so schnell um die Spannung der Ungewißheit betrügen. Erst müsse man doch einmal die Weiber besichtigen, dann könne man weiter darüber sprechen. Cortes spürte, daß einige diese Gelegenheit nicht vorbeigehen lassen wollten, Händel zu suchen.

Zunächst aber waren die meisten enttäuscht, als die Frauen an das Lagerfeuer herangeführt wurden. Sie schienen alle gleich auszusehen: ziemlich klein, mit zierlichen Händen und Füßen, sehr fein markierten Knien und Hüften und kleinen, hoch angesetzten Brüsten. Das Feuer fuhr über sie her und ließ die braune Haut wie lackiert aufglänzen. Gleichmütig blickten sie unter den kindlich runden Augenbrauen vor sich hin; innerlich waren sie sehr voll Angst, aber sie verstanden, es zu verbergen. Sie wußten, daß sie sich zeigen sollten, und drehten ihre Körper vor dem Licht oder ordneten mit den Händen ihre Haare, aber mit so langsamen, fast zeremoniösen Bewegungen, daß man sie nicht verstand. Und wenn einer sie täppisch angriff oder mit den Händen ihnen in den Nacken talpschte, so wandten sie sich ruhig um und sahen ihm aufmerksam ins Gesicht. Die Spanier, gewöhnt an die laute und schrille Manier der Troßweiber, die unablässig mit dem Kopf ruckten, in ihren Röcken kramten und aus vollem Halse lachten und schäkerten, waren unzufrieden. Andere, die bereits ihre Erfahrungen mit eingeborenen Frauen gemacht hatten, meinten aber, die Mädchen seien sehr willig und fleißig und in jeder Beziehung zu brauchen, ganz anders als die verdammten spanischen Huren, mit denen man um jede Gefälligkeit schreien und raufen müsse. Cortes, der inzwischen etwas abseits gestanden und der Deputation der Mannschaft erneut erklärt hatte, er könne sich noch nicht entscheiden, wandte sich mit einem Male um. Wie, wünschte jemand etwas von ihm? Verwundert verneinten die Herren. Aber jemand hatte ihn doch angerufen! –

Nein, sicher nicht; er müsse sich irren.

Unschlüssig trat er hin und her. Da wurde er in den triumphierenden Blick hineingerissen, mit dem eine der Sklavinnen ihn betrachtete. Er faßte sich unwillkürlich an den Kragen. Dieser Blick tastete ihn förmlich an, er begriff ihn. Ein mächtiges Gefühl des Stolzes sprang in ihm auf. Ja, dieses Weib verstand ihn; sie sah – dabei strich er sich den Bart und drückte den Degen in die Höhe –, daß er der beste Mann war unter diesen wahrhaftig nicht zu verachtenden Kavalieren. Aber noch mehr: sie schien etwas davon zu ahnen, daß es mit ihm eine besondere Bewandtnis hatte. Er fühlte, wie er wuchs und sich spannte; der Kleinmut, der sich unter den Enttäuschungen der letzten Tage eingenistet hatte, war weggewischt. Fast bekam er Lust, sogleich die Deputation zurückzurufen und ihr zu erklären, er sei bereit, sie weiterzuführen, morgen werde aufgebrochen! Aber dann schämte er sich, daß der Augenwink eines braunen indianischen Mädchens solche Gedanken in ihm aufgereizt hatte. Er ließ den Degen sinken, trat zu den Herren heran und warf flüchtig, ohne die Sklavinnen weiter anzusehen, den Vorschlag hin, man wolle um sie würfeln.

Während die Becher gebracht und die hohen Trommeln aufgestellt wurden, konnte er doch der Versuchung nicht widerstehen, noch einmal aufzublicken. Sofort erkannte er das Mädchen wieder. Er war erstaunt, daß sie ihm nicht gleich zu Anfang unter den anderen aufgefallen war. Sie hielt nun, wohl bemerkend, welchen Eindruck ihr Blick hervorgerufen hatte, die Augen heruntergeschlagen und die Hände in den Flächen aneinandergelegt vor den Leib. Aber die strenge und kühne Schönheit ihrer Gestalt überwältigte diese demütige Gebärde. Sie war wenig größer als ihre Gefährtinnen, aber von kräftigem Bau. Die Haut lag straff gespannt über dem vollen Fleisch und hatte einen olivbraunen Schimmer wie von eben nachdunkelnder Bronze. Sie schien makellos zu sein, selbst über den Hüften und an den Oberschenkeln, wo die meisten indianischen Weiber die Narben der häufigen Blutabzapfungen trugen. Die waagerechten, wie ausgezogenen Augenbrauen gaben dem Gesicht eine Räumigkeit und Größe, die keine der anderen Frauen hatte. Sie trug auch zum Unterschied von den Genossinnen, die mit großen, dünnen, wie angstvoll atmenden Blüten besteckt waren, keinen Schmuck. Nur das schlichte, schwarze Haar war durch einen schweren goldnen Pfeil zusammengehalten.

Cortes fühlte sich gereizt durch die Ruhe, mit der das Weib vor ihm stand. Er wagte nicht recht, sie anzupacken; heftig stieß er mit dem Fuß gegen die Kloben, daß die Glut über die Frau hersprang. Im ungewissen Schein des Feuers sah es aus, als ob ihr Leib von einem heimlichen Gelächter erschüttert würde.

Vorwärts! schrie er die Diener an, die ihm einen Feldstuhl zurechtrückten. Er warf sich hinein, ließ die Hände auf die Trommel fallen und hämmerte mit den Fingerspitzen einen Wirbel. Die anderen Herren hatten es aber nicht so eilig. Zunächst mußten die Würfel sorgfältig geprüft werden. Der Zwerg Gines Nortes beugte den nackten, eiförmigen Schädel und suchte die Kanten mit dem Nagel nach verdächtigen Fugen ab. Dann schloß er die Augen und ließ die Würfel in seinen sehr feinen empfindlichen Händen hin und her gleiten, rechts und links abwiegend. Endlich nickte er mit dem Kopf und ließ sie auf das Kalbfell poltern. Alvarado begann. Er stürzte den Becher gierig hin, deckte ihn hastig wieder auf; die Würfel zuckten noch. Wütend wischte er sie mit dem Handrücken zur Seite. Der Zwerg sammelte sie mit spitzen Fingern ein, schüttelte sie lange dicht vor seinem Ohr und setzte sie bedächtig hin, dann hob er nach einer Pause listig und kurz ab, als wollte er das Glück wie eine Fliege überraschen. Cortes beteiligte sich nun auch; er schlug leicht mit der Hand gegen den Trommelrand und ließ die Würfel wie nachsinnend herausrollen. Es ging lange Zeit hin und her. Das Mädchen mit dem Pfeil fiel zuerst an den dicken Franz von Lujo, der sie laut schnaufend ausführlich betastete und dann zurückgab; er verzichte, sie mache ihm einen störrischen und widerwilligen Eindruck. Außerdem liebe er es überhaupt nicht, sich mit Weibsvolk zu behängen, er könne sein Geld für bessere Dinge verwenden. Damit ging er zur Celestina.

Cortes verlor fortgesetzt. Das Mädchen kam zum Schluß an Alvarado. Sie stand in der gleichen unbewegten Haltung wie zu Anfang auf ihrem Platze. Der Generalkapitän bot Alvarado plötzlich achtzig Realen. Alvarado schüttelte lachend die blonde Mähne. Wenn er Seiner Gnaden ein Geschenk mit der Person machen könne, gern. Das lehnte Cortes aber ab.

Gut, dann wolle man noch einmal würfeln.

Bis hundert! sagte Cortes eigensinnig und etwas laut. Alvarado, verwundert über diesen Ton, erklärte sich einverstanden; dabei müsse es aber dann bleiben.

Cortes blickte jedesmal auf, ehe er warf. Das Mädchen sah ihn an. Es schien dem Manne, als gäbe sie ihm heimliche Weisungen, wie er spielen solle: jetzt schnell den Becher hinzustürzen, jetzt einen Augenblick zu zögern. Er folgte ihr und gewann. Ärgerlich fuhr er sich in den Bart, wie um den Kopf gewaltsam herunterzuhalten und starrte vor sich hin, blindlings die Würfel auf das Kalbfell schmetternd. Alvarado überholte ihn sogleich. Cortes stemmte sich einen Augenblick zurück, dann gab er nach und ließ sich in dem Strom des fremden Willens treiben, der ihn so herrisch mitriß. Ohne aufzusehen spielte er weiter, jedesmal kurz innehaltend und wie auf einen Befehl wartend, ehe er warf. Zum Schluß war sein Vorsprung so groß, daß Alvarado nur noch verdrossen mithielt, um eben nicht aufzugeben.

»Aus!« rief er schließlich, während er etwas schwerfällig aufstand und sich die verdrückten, ledernen Hosen vom Schenkel klopfte. Der Generalkapitän habe Glück heute abend. Er wünsche eine angenehme Nachtruhe. Mit einem kurzen Ruck warf er die blonden Haare aus der Stirn und ging davon.

Cortes winkte dem Mädchen, ihm zu folgen. Sie trat dicht vor ihn hin und sah ihm in die Augen, so heiter selbstgewiß und triumphierend, als ob er es sei, den sie sich gewonnen hätte. Dann machte sie eine Gebärde, die gewissermaßen um Verzeihung bitten sollte, senkte den Kopf und schritt neben ihm her.

Es war bereits still geworden im Lager. Die Zelte lagen schwer und gefüllt mit dumpfem Schlaf unter dem fahlen Licht. Die Pferde traten schläfrig stampfend hin und her an ihren Pfosten; zuweilen schrak eines auf und riß hell an seiner Kette. Leise plätscherte der Wind in der Fahne über dem Zelt des Generalkapitäns. Das silberne Gras auf den Wegen richtete sich atmend langsam wieder auf. Um das Lager her aber wurde das Dunkel laut. Es quoll und gunkte, quarrte und sott wie in einem Moor. Laue Strömungen von Gerüchen schwammen herüber, süßer, zehrender Duft von den großen Akazien, dann ein stockiger, brandiger Hauch aus den zerstörten Häusern des Dorfes, und immer wieder der bittere Geschmack der Pfeffersträucher und des wilden Lorbeers. Cortes sah von Zeit zu Zeit das Mädchen an. Sie schritt leise, fast unhörbar dahin, aber ihr Gang hatte einen seltsamen Adel und eine Gewalt, die ihn ergriff. Sie ging nicht nur mit den Füßen oder Schenkeln, sondern mit dem ganzen Leibe; bis in die Wangen und Fingerspitzen hinein schwang der Anstoß mit. Der Spanier wurde unruhig; ohne sich Rechenschaft darüber zu geben, wechselte er fortwährend den Tritt und suchte sich ihrem Takt anzupassen. Er kam ins Stolpern dabei und hatte plötzlich ein verzagtes Gefühl der Unterlegenheit. Sein Vater in Medellin fiel ihm ein mit seiner kläglichen Stellung als verarmter Edelmann in einer ruhmlosen, kleinen Stadt; er mußte daran denken, daß er selbst ein zweiter Sohn war, ausgeschlossen von jedem noch so bescheidenen Erbe, ein Desperado, der nach Indien gegangen war, weil er zu Hause nichts für sich zu erhoffen hatte; ohne Protektion, ohne Freunde; bis über die Ohren verschuldet und nun in dieser verzweifelten Situation mit seiner Handvoll Leute, ratlos, ob er umkehren oder weiter vorwärts tappen sollte ins Ungewisse hinein. Unheimlich war ihm dieses Schreiten der Frau neben ihm. Er wußte sich nicht anders zu helfen, als daß er sie an der Hand packte und anschrie.

Wie sie aber nun ihm das Gesicht zukehrte, erschrak er. Es hatte seine Schönheit behalten, aber nur wie eine Maske, dahinter war es alt, uralt. Die ganze Müdigkeit und Erschöpftheit ihrer Rasse, die nun schon dicht vor ihrem Zerfall stand, spiegelte sich in dem grenzenlos entsetzten Blick ihrer großen Augen. Völlig ohne Halt war er, blind und taub wie bei einem Tier, das in panischem Schrecken davonstürzt. Cortes spürte den Geruch der Angst, den sie ausströmte; er sah die bebenden Lippen, die unaufhörlich den Namen eines Gottes formten. Endlich beugte sie sich ganz tief auf den Boden, scharrte mit zitternden Fingern etwas Erde hervor und steckte sie in den Mund.

Cortes begriff nun; es war die gleiche Geste der Devotion, die schon auf dem Schiff und dann in Cozumel die Eingeborenen vor ihm gemacht hatten. Offenbar erschien er ihnen im Zorn als eine Art Gottheit. Dieser Gedanke tat ihm wohl nach der vorausgegangenen Demütigung. Er hob das Mädchen auf, fuhr ihr etwas ungeschickt über die Schläfen und redete ihr gut zu: he, er werde sie ja nicht gleich fressen. Dabei sprang ihm der Gedanke auf, daß sie womöglich nach der Sitte ihres Landes tatsächlich geglaubt haben mochte, man werde sie opfern und verzehren. Da mußte er lachen. Er lachte maßlos und laut, warf den Kopf zurück, stemmte die Hände auf die Brust und ließ seine festen, jungen Zähne blitzen. Ein ungeheures Wohlgefühl strömte ihm durch alle Adern und überschwemmte ihm die

Brust; er räkelte sich in die laue Luft hinein, daß ihm die Schultern knackten.

Das Mädchen lag noch immer fast besinnungslos zu seinen Füßen. Sie verstand sein Gelächter nicht; sie hätte nicht einmal einen Namen dafür gehabt in der Sprache ihres Volkes, das, in ewig dumpfer Angst und Trauer lebend, kaum den Begriff des Lächelns kannte. Es war schrecklich und bestürzend, dieses fast tierische Geheul des Mannes zu hören. Aber zugleich packte sie der Ton von rücksichtsloser Selbstgewißheit und Sicherheit, der darin schwang, und riß sie mit. Es lag etwas Schamloses für ihr Gefühl in der Art, wie diese Menschen alles nach außen warfen, in dem jähen Wechsel, mit dem sie eben in Kleinmut fielen und gleich darauf wieder mit so unbändiger Freude ausbrachen. Kein Lastträger ihres Volkes würde so unanständig sein Gesicht verzerren lassen von einer Empfindung, und wenn es der brennendste Schmerz wäre. Und doch überwältigte es sie. Noch zitternd stand sie langsam auf.

Cortes zog das Mädchen schnell fort in sein Zelt. Als sie eintraten, erhob sich die Flämin Magdalene Kerrincx. Die Frauen sahen sich an. Und erst jetzt beruhigte sich die Indianerin ganz. Ihr Atem wurde still; ihre Nasenflügel spannten sich. Hier, ihrer Geschlechtsgenossin gegenüber, fühlte sie sich völlig auf gleicher Stufe, Weib gegen Weib. Sie hob die Hände; sie war bereit, sich zu verteidigen, wenn man ihr zu nahe treten würde. Aber die Flämin lächelte gutmütig. Sie trat an das Lager heran, schlug wie eine Magd die Decke auf, klopfte sie zurecht und verschwand.

Nach einer Stunde erhob sich Cortes. Er war gewohnt, einige Male des Nachts die Posten zu revidieren; da er seinen Schlaf völlig in der Gewalt hatte und sich zu beliebiger Zeit aufwecken konnte, fielen ihm diese Gänge nicht schwer. Während er sich noch in den Ellenbogen aufstützte, fühlte er weich die Arme des Mädchens um seinen Hals. Sie breitete die Hände aus und berührte mit den Fingerspitzen seinen Hinterkopf. Er spürte ihren heftigen Atem in seinem Bart. Da ließ er sich wieder sinken.

Das Mädchen merkte aber die Unruhe, die heimlich in ihm wühlte; seine Griffe waren schroffer und zerriger als vorher. Nachdrücklich und sanft löste sie sich mit einem Male von ihm. Wie einen kühlen Fleck fühlte er die Stelle im Nacken, auf der ihre Hände gelegen hatten; eine wilde Wehmut beschüttete ihn, wie sie sich zur Seite neigte. Ratlos lag er einen Augenblick auf den Knien. Sie begann zu sprechen, leise und flüsternd in den Lauten ihrer Sprache. Er verstand kein Wort, aber allmählich begriff er aus dem Ton ihrer Stimme, was sie meinte. Er antwortete ihr, verwundert über sich selbst, daß er die respektvollste Form der Anrede benutzte, als wäre das Mädchen seine Frau: die Señora möge ihn entschuldigen, sein Amt riefe ihn; er werde in einer Viertelstunde zurück sein. Damit verbeugte er sich und ging hinaus.

Draußen ertappte er sich dabei, wie er mit unsinniger Eile durch die Lagergasse lief. Wütend blieb er auf der Stelle stehen und spuckte aus. Erst jetzt sah er, daß er seinen Helm vergessen hatte. Wahrhaftig, er machte sich lächerlich vor der Mannschaft, wenn er mit bloßen Haaren und so erhitzt dahergerannt kam. Aber trotzdem kehrte er nicht um. Mit kurzgefaßten Schritten ging er seine Runde ab; er zwang sich sogar, bei dem letzten Posten eine Weile stehenzubleiben und mit ihm ein paar Worte zu wechseln. Mitten im Satz brach er dann ab, sah sich um, grüßte und schritt davon. Er beachtete nun nicht mehr die unziemliche Eile seiner Füße; er ging schnell, er atmete schnell, und seine Gedanken überstürzten sich. Was, diese braune Kanaille nahm ja förmlich Besitz von ihm. Er rief die Erinnerung an seine vielen Erfolge bei Frauen auf, um sein Selbstbewußtsein etwas zu stützen. Waren sie ihm nicht stets nach dem Genuß gleichgültig geworden, ja oft widerwärtig? Und zuweilen so schnell, daß er sich zwingen mußte, bis zum Morgen bei ihnen auszuharren, um eben die elementarsten Gesetze der Höflichkeit nicht zu verletzen? Häufig war er doch einfach auf und davon gegangen, ohne auch nur einen Grund vorzuschützen. Er dachte an eine Situation in Madrid, wo eine der vornehmsten Frauen der Stadt ihm die Treppe hinunter nachgelaufen war, im offenen Hemd und zerwühlten Haaren, laut schreiend und blind gegen jede Gefahr. Wie, er hatte sich vor dieser Sklavin verbeugt wie vor einer Dame? Morgen würde er sie aus seinem Zelt werfen und Alvarado zuschicken.

Aber nur die Vorstellung, daß der sie um ein Haar gewonnen hätte, machte ihn rasend. Verhext, er war verhext, das war das

Wort. Sicher besaßen diese Indios geheime Künste. Sie hatte ihn fortwährend angesehen, beim Würfeln schon war es nicht mit rechten Dingen zugegangen. Der kühle Schauer im Nacken, als sie sich von ihm gelöst hatte, fiel ihm ein; er wußte, daß man so den Hexenblick spürte. Aber womit hatte sie ihn denn eigentlich bezaubert? Er fühlte nichts von der hitzigen, wie Fusel scharfen Unruhe, die ihn sonst bei einem Liebesabenteuer peinigte, die ihn wie ein Fieber überfiel und wieder verflog. In der Umarmung war sie nichts anderes gewesen als jede andere Frau. Sorgsam ging er die ganze Begegnung von Anfang an wieder durch, froh, daß er so Gelegenheit hatte, sich jeden kleinsten Zug wieder lebendig zu machen; ihren Gang, ihre Augen, die Stimme, die Bewegungen. Es war ihm, als füllte sich ein leerer Raum in ihm wieder; er wurde schwerer und ruhiger. Ein ganz tiefes Gefühl der Vertrautheit schlug in ihm an wie eine Glocke. Es war gut, so durch diese üppige Nacht zu gehen, gut, daß diese fremde Frau dort in seinem Zelt auf ihn wartete. Sie gehörte ihm, sie war sein Besitz; er war stolz auf sie und mehr noch auf sein Gefühl zu ihr, mit dem mächtigen, ichsüchtigen Stolz eines Mannes, der selten eine wirkliche Leidenschaft verspürt hat und nun jede ausbrechende Empfindung für einen Triumph seiner Natur hält. Er fühlte sich wohl in seiner Haut; er freute sich seiner festen Schritte und des breiten Schattens, den das helle Licht vor ihm auf das silberne Gras warf.

Nachtblind schwankte er einen Augenblick, als er in das Zelt eintrat. Das Mädchen war aufgesprungen und stand ihm gegenüber. Sie rief ihn leise an. Er tappte nach ihr, schloß sie in seine Arme, umfing sie kräftig mit dem ganzen Leibe und beugte ihr den Kopf nach hinten. Dann küßte er sie auf den Mund, als wenn sie eine Spanierin wäre. Sie schauderte vor der unbekannten Berührung zurück, aber er umschlang sie nur fester. Sie spürte beißend seinen Bart in ihrem Gesicht, den strengen Geschmack des Mannes, den die Erregung noch schärfer gemacht hatte, auf ihren Lippen, seine Zähne an den ihrigen. Uralte Angstvorstellungen taumelten in ihr auf und verdunkelten das Blut; sie fühlte seine robusten Knochen an Schultern und Hüften und mußte an das Bild des Gottes denken, dem man das Skelett mit weißer Schminke auf den Leib malt. Wie ein Mahr trank er an ihr; er trank ihr Blut, es war ihr, als ob ihre Lippen keine Haut mehr hätten. Die Brust, das Kreuz taten ihr weh, sie stöhnte laut und lang auf.

Cortes ließ sie einen Augenblick los. Dann schüttelte er sie, vorsichtig, als wollte er sie aus einem schlimmen Traum wecken, und sprach auf sie ein. Er mußte unwillkürlich wieder lachen; seine warme Stimme überflutete sie und hüllte sie ein, sie mußte die Bewegungen seines Leibes mitmachen, seine Fröhlichkeit sprang wie ein helles Feuer auf sie über. Sie antwortete ihm, lauter und voller, als sie jemals in ihrer Sprache gesprochen hatte, sie umfaßte ihn, fest und innig, wie es niemals nach der Sitte ihres Landes erlaubt gewesen wäre, und schließlich hob sie, immer noch etwas schaudernd, ihm die Lippen entgegen und suchte seinen Mund.

Sechstes Kapitel

Der Diener Paisano schlug wie gewöhnlich sehr früh am Morgen den Eingang zum Zelt des Generalkapitäns auf. Cortes erwachte und hob den Kopf. Das Licht war grell, als wenn es auf Kalkplatten fiele; der Wind kam mehr als in den vergangenen Tagen von Norden und schmeckte kräftig nach Salz. Noch etwas schläfrig beugte er sich über das Mädchen. Sie lag halb auf der Seite; die eine Hand wie leise abwehrend an der Schläfe, die andere arglos weit ausgestreckt. Die beiden offenen Handflächen hatten etwas unendlich Rührendes. Cortes gähnte; sein ganzer Körper spannte sich in der Anstrengung bis in die Finger und Zehen hinein. Mit einem Ruck war er völlig wach. Er sah den schweren goldnen Pfeil, der die schwarzen Haare der Indianerin zusammenhielt, und griff danach. Rücksichtslos zog er ihn heraus. Das Mädchen schüttelte sich im Erwachen, aber er beachtete sie nicht. Sorgfältig prüfte er das Stück. Er staunte, das war schweres, massives Gold, in der Form gegossen, nicht dünnes, getriebenes Blech wie die kümmerlichen Schmucksachen, die man bisher erbeutet hatte; lötiges Gold, Dukatengold, sehr gelb und sehr weich. Er zog seinen Dolch und schnitt hinein. Das Mädchen ächzte, als sie sein Gesicht sah.

Er ließ durch den Diener den Dolmetscher holen. Mühselig, immer wieder von dem ungeduldigen Generalkapitän unterbrochen, fragte der die Indianerin aus. Woher sie stamme? – Sie wies weit und hoch in die Luft und flüsterte den Namen ihres Landes.

Der Dolmetscher übersetzte: aus Tenochtitlan, dem mächtigen Aztekenreich im Norden, hinter den Schneebergen. Cortes fuhr ihn an: was, da lägen große und reiche Staaten, von denen er ihm nichts berichtet hätte? Weiter, er solle weiter fragen, ob es dort viel von diesem Gold gäbe. – Das Mädchen lächelte. Gewiß; man achte es nicht einmal sehr. Es werde ganz spöttlich Dreck oder Mist der Götter genannt.

Cortes stieß den Atem durch die Nase. Das sei kein Spaß; man werde noch heute mit der gesamten Mannschaft aufbrechen. Wie weit das Land sei? Hohe Berge? Der Anmarsch schwierig? Vorwärts, vorwärts; er wünsche zu wissen, wie das Mädchen hierhergekommen sei.

Dabei betrachtete er sie aufmerksam. Sie schien zu begreifen, welche Wichtigkeit ihre Aussagen für Cortes hatten. Ihr Gesicht bekam einen wundervollen Ausdruck von Gespanntheit, die Nase stach schärfer hervor, die Lippen wurden schmal in der Anstrengung, die Sätze so präzis wie möglich zu formen. Ungeduldig schlugen die großen, dunklen Wimpern hin und her, wenn sie zwei-, dreimal ein Wort wiederholen mußte. Cortes befahl dem Dolmetscher: er solle sich von der Indianerin ausführlich ihr Schicksal erzählen lassen und ihm das dann im Zusammenhang wiedergeben.

Melchorejo berichtete, das Mädchen stamme aus einer vornehmen und reichen Familie dort oben im Norden. Der Vater sei früh gestorben; die Mutter habe sich bald wieder verheiratet. Für die Erbfolge der Söhne aus dieser zweiten Ehe sei die Tochter ein gefährliches Hindernis gewesen, das man kurzerhand dadurch beseitigte, daß man sie hinterrücks an ein paar reisende Kaufleute als Sklavin verkaufte. Von denen sei sie dann hier in Tabasco an einen der Kaziken verhandelt worden.

Cortes wurde sehr nachdenklich. Wie, es gab dort so hoch entwickelte Institutionen wie Erbgang, es gab Kaufleute, es gab Reichtum? Worin bestand dieser Reichtum? In Gold? He, er stieß den Dolmetscher an: was das für ein Vermögen gewesen sei, das der Vater des Mädchens besessen hätte? Dabei hielt er ihm den Pfeil unter die Nase.

Nein, kein Gold; das benutze man doch nur zur Herstellung von Schmucksachen und Verzierungen; es gelte dort kaum mehr als in Spanien etwa Kupfer oder Zinn. Der Besitz sei eine Federfabrik gewesen, eine große Werkstätte, in der die unermeßlich kostbaren Federarbeiten hergestellt würden, Mäntel, Kopfbinden, Schilde und Rangabzeichen aus Federn; etwa 200 Sklaven hätten dort gearbeitet. Es seien berühmte Künstler darunter gewesen; man habe Bestellungen für den Königlichen Hof ausgeführt.

Den Hof?

Ja; es herrsche dort ein gewaltiger Monarch, eine Art Großsultan. Das Reich sei so groß, wie... wie – er konnte keinen rechten Vergleich finden; etwa zwanzigmal so groß wie Kuba. Oder vielleicht auch vierzigmal.

Cortes lächelte, aber Melchorejo wurde nun eifrig. Das sei keineswegs übertrieben. Es gebe dort Städte, ungeheure Städte mit Hunderttausenden von Einwohnern, aus Stein mit gequaderten Mauern gebaut. In der Hauptstadt hätte man Kanäle.

Und das höre er alles erst jetzt von ihm! Wie weit die Entfernung sei?

Melchorejo wandte sich wieder an das Mädchen. Sie wies ihm zierlich auf der linken Handfläche mit den Fingern der rechten die Distanzen. Der Dolmetscher übersetzte: von der Hauptstadt des Landes bis zur Küste seien es zehn bis zwölf Tagesreisen.

Cortes brach kurz ab. Er ließ die Offiziere rufen und die Deputation der Soldaten benachrichtigen; zuvor wollte er noch die Celestina sprechen. Sie kam und blieb am Zelteingang verwundert stehen. Da saß der Generalkapitän auf seinem Feldstuhl, hatte dieses Indianermädchen zwischen seinen Knien und ging ihr so verliebt mit spitzen Fingern ums Kinn, als ob er ein Student oder Fähnrich wäre. Sie trat ohne Scheu näher und beschnupperte das Mädchen mit ihrer Negernase. Die handtellergroßen silbernen Ohrringe tanzten, wie sie den kurzangesetzten Kopf hin und her wandte; ihr fast rußschwarzes Gesicht glänzte vor Anerkennung. Vertraulich äußerte sie gegen Cortes ihre Meinung in sehr derben Worten, die er liebte. Er schob das Mädchen zur Seite und zeigte der Alten den goldnen Pfeil. Sie wurde sofort sehr ernst und begann mit den dicken Lippen zu schmatzen vor Aufregung.

Nun, was sei das Stück wert?

Sechs bis sieben Dukaten. Neun Dukaten.

Zwölf. Aber er wolle es ihr für zehn lassen, und obendrein auf Kredit. Es sei eben nicht nötig, daß sie das Ding in ihren Kasten sperrte. In einer halben Stunde käme die Deputation der Mannschaft zu ihm. Bis dahin könne sich die große Neuigkeit etwas herumgesprochen haben.

Die Offiziere erschienen nun. Cortes ließ zunächst Ordaz, Leon und Escobar zu Wort kommen. Sie waren im Gegensatz zu den anderen, die Mützen trugen oder einfach barhaupt waren wie Alvarado, im Helm gekommen. Mißmutig stellten sie ihre Degen vor sich hin und erklärten, das Unternehmen sei ja nun, wie vorauszusehen, endgültig zwecklos geworden, man solle also schleunigst umkehren. Aus diesem gottverfluchten, erbärmlichen Lande könne doch nichts herausgeholt werden; von dem Gold, mit dem man ihnen den Mund wäßrig gemacht hätte, sei bekanntlich nichts zutage gekommen.

Cortes griff nun ein und teilte die große Neuigkeit von dem Reich im Norden mit. Ordaz schrie höhnisch, man kenne ja diese Paraden allmählich; er wundre sich nur, daß sonst so kluge Kavaliere sich immer wieder von diesem Fuchs Cortes übertölpeln ließen. Alvarado sprang außer sich auf ihn zu und packte ihn an der Brust; Cortes sei der Generalkapitän; er habe ihn bei seinem Titel und mit allem Respekt zu nennen als Euer Gnaden und Generalkapitän...

Man trennte die beiden, aber inzwischen waren andere zusammengeraten. Der grauhaarige kleine Oberst Avila mit den feurigen schwarzen Augen und dem narbenzerfleischten Gesicht hatte den Hauptmann Holguin gefordert; man wollte die Sache sogleich austragen. Vielen war das interessanter als die ganze Beratung und der Streit der beiden Parteien, sie machten Miene aufzubrechen, und die ganze Versammlung drohte auseinanderzureißen wie ein mürber Lappen. Cortes lief von einem zum andern und horchte dazwischen auf den Lärm im Lager, der gewaltig angeschwollen war. Unter Geschrei und Gejohle kam die Deputation der Soldaten vor das Zelt gerückt. Die Unzufriedenheit der Offiziere wuchs noch. Was das hieße, daß man sie zusammen mit den Leuten hierher geladen hätte? Er wolle sie wohl damit überrumpeln oder zu etwas zwingen?

Die Masse draußen johlte auf. Cortes ließ die Deputation eintreten. Andere drängten sich mit herein, und im Nu war das Zelt überfüllt. Wie in einem Topf kochte und strudelte der Lärm. Die Soldaten schrien auf die Offiziere ein; einige Hauptleute wurden angerempelt. In einem Winkel fingen sie an zu singen. Der Generalkapitän brach sich Bahn hinaus auf den Platz, ließ eine Tonne bringen, sprang hinauf und hielt eine Ansprache.

Er sei zunächst gewillt gewesen, umzukehren, wie er das ja auch vorgestern erklärt hätte. Inzwischen seien aber so wichtige Neuigkeiten bekannt geworden, daß man ein ganz verstockter und verblendeter Schwarzseher oder ein Angsthase sein müsse, wenn man auch jetzt noch die Weiterfahrt aufgeben wolle.

Wieder erhob sich das Geheul.

Cortes hielt einen Augenblick inne und fuhr dann ganz hitzig los: ja, ja, er sei bereit, die Führung weiter zu behalten, obwohl er am besten wisse, was er sich damit auflüde. Die gesamte Mannschaft solle ihn vor dem Weitermarsch als selbständigen Feldherrn ausrufen und ihm ausdrücklich die unbeschränkte Befehlsgewalt übergeben. Ein etwas ungewisses Gemurmel ebbte hin und her. Einige Schreier fragten, was das zu bedeuten habe und welche Befugnisse damit verbunden seien. Der Kaiserliche Notar Godoy tauchte plötzlich neben Cortes auf, legte sein Altweibergesicht in wichtige Falten und gab die Erläuterung: der Generalkapitän sei damit unbeschränkter Gerichtsherr, auch in peinlichen und hochnotpeinlichen Dingen, und schließlich stünde ihm nach geltendem Kriegsrecht ein Fünftel der gesamten Beute als Anteil zu.

Besonders der letzte Punkt erregte erheblichen Verdruß; die Stimmung fing an, sich so ins Düstere und Bedrohliche umzufärben, daß Cortes es geraten fand, hier zunächst abzubrechen. Er tat so, als hätte der Notar im Eifer seines Amtes wohl etwas zuviel gesagt; das Ganze sei eine Formalität, die heute oder morgen erledigt werden könnte. Zunächst werde abmarschiert, und zwar sogleich.

Noch während aufgepackt wurde, flackerte überall Unzufriedenheit auf den Gesichtern. Die Anhänger der Partei Velasquez' bliesen kräftig nach und hielten Brandreden. Cortes besprach sich mit dem Pater Las Casas und ließ verkünden, man rücke nicht ab, sondern bliebe noch einen Tag. Der Pater habe ihn darauf aufmerksam gemacht, daß morgen der heilige Palmsonntag sei, man wolle eine feierliche Prozession veranstalten. Gleichzeitig solle ein Muttergottesbild und ein großes Kreuz aufgerichtet und den unterworfenen Heiden übergeben werden; der Pater Las Casas habe die Absicht, ihnen das Evangelium zu predigen. Schließlich werde bei dieser Gelegenheit die Taufe der indianischen Sklavinnen stattfinden. Man habe sich in ernster Stimmung für den morgigen Gottesdienst vorzubereiten; alles Fluchen, Kartenspielen oder Saufen sei untersagt, die Celestina und der Apotheker Garai bei Strafe angewiesen, nichts auszuschenken.

Der Pater Las Casas nahm das Bekehrungswerk ernst. Er erschien noch am Nachmittag mit Geronimo im Zelte des Generalkapitäns, um das Mädchen, dem Cortes für die Taufe den Namen Marina bestimmt hatte, zu belehren. Er sprach etwa drei Stunden mit ihr. Um das Unkraut des Irrglaubens recht ausroden zu können, erschien es ihm wichtig, zu erfahren, worin denn dieser abgöttische Teufelsdienst eigentlich bestünde. Ohne daß er sich davon hätte Rechenschaft geben können, übten die alten Kulte eine wunderliche Anziehungskraft auf ihn aus. Unersättlich fragte er immer wieder, oft erschrocken die dicken Brauen in dem vollen Bischofsgesicht hochziehend und in Rufe des Entsetzens ausbrechend. Wahrhaftig, selbst die widerwärtigen Verwirrungen des viehischen Mahomet ließen sich eher entschuldigen als das, was er hier zu hören bekam. Wie aus einem Schlachthaus schlug ihm ein Brodem von Blutdunst entgegen, diese Religion starrte von Blut, sie stank nach Blut, sie ersoff in Blut. Das Mädchen, gespannt und ehrgeizig, die Fragen gut zu beantworten, nannte arglos die ungeheuerlichen Zahlen der Opfer, die zu den großen Festen geschlachtet würden, tausend, viertausend, in sehr trockenen Jahren, wenn der Regengott zürne, wohl auch zehntausend Menschen.

Barmherzigkeit! Und wie beschaffe man sich denn nur diese unglücklichen Wesen?

Nun, es gebe sie doch auf dem Markt zu kaufen; namentlich die Kinder. Bei den ganz großen Festen müßten freilich die unterworfenen Völker von den Grenzen des Reiches die Opfer stellen.

Cortes, der die Unterredung mit anhörte, wurde aufmerksam. Ob diese Stämme denn gutwillig solche entsetzlichen Steuern entrichteten?

Ach, das nicht; es hebe wohl jedesmal ein großes Wehklagen mit wilden Verwünschungen an. Zuweilen gebe es auch Aufstände, aber die seien den mächtigen Herren in der Hauptstadt erst recht willkommen, weil sie dann Gelegenheit hätten, ihre Krieger wieder einmal zu erproben und Gefangene zu machen, die ausnahmslos auch geopfert würden.

Nun, und warum täten sich die Völker nicht zusammen und würfen dieses grausame Joch ab?

Daran hindere sie ihre Uneinigkeit.

Der Pater Las Casas, der nicht recht begriff, was Cortes mit diesen Fragen bezweckte, forschte das Mädchen nun weiter aus. Er erfuhr, wie man opferte: der Priester breche dem rücklings über den Opferstein geworfenen Unglücklichen mit seinem Messer die Brust auf, fahre mit der Hand hinein und risse das Herz heraus, um es hoch emporgereckt der Sonne zu weihen; der Leichnam werde die Treppen des Tempels hinabgeworfen, unten stände die Menge und nehme ihn in Empfang.

Um ihn zu bestatten?

Nein; Arme und Beine würden abgetrennt, nach Hause geschleppt und dort verzehrt, man raufe sich oft um diese kostbaren Stücke.

Las Casas wollte noch mehr von den einzelnen Göttern oder vielmehr Teufeln wissen, er fragte Marina, wie ihre Landsleute sich das Leben nach dem Tode dächten, und schloß endlich kopfschüttelnd ab: er begreife schlechterdings nicht, wie Menschen überhaupt unter einem so gnadenlosen Himmel zu leben vermöchten. Was sei das für ein Glaube, der nicht einmal nach dem Tode einen freundlichen Lichtblick gönne! Selbst jener listige türkische Betrüger habe doch wenigstens seinen Anhängern eine Art Paradies verheißen, freilich üppig und buhlerisch genug. Aber ein Himmel, in dem Bäume und Sträucher aus Stein seien, in dem es fortwährend Steine und spitze Messer regne, in dem man Suppen aus Eiter und giftige Kräuter verzehre, der sei doch wahrhaft schlimmer als die unterste Hölle.

Mit mächtigem Eifer begann er dem Mädchen nun den christlichen Glauben zu predigen. Der Ton seiner Stimme, die freudige Überzeugtheit, die auf seinem Gesicht ausgegossen war, machte ihr tiefen Eindruck. Sie verglich den stattlichen Mann, seine weitausgreifenden Gebärden, seine feurigen Blicke mit dem scheuen und geduckten Wesen ihrer Priester, die, ganz von Schmutz starrend, die Haare mit geronnenem alten Opferblut verklebt, umherschlichen, unaufhörlich Unheil und Trübsal verkündend. Dann blickte sie verstohlen auf Cortes, aber der wehrte streng ihren Blick ab. Las Casas wies ihr nun das Kreuz und ein Muttergottesbild, er sprach, hingerissen von seiner eigenen Beredsamkeit, von Christi Blut und Wunden und von dem erhabenen Dogma der Unbefleckten Empfängnis. Das Mädchen legte das Kreuz bald aus der Hand und griff nach dem Bilde. Es war ein grober Holzschnitt, auf billiges, graues Papier gedruckt und mit drei, vier Faben koloriert; die Mutter Gottes blickte still und lächelnd vor sich hin, das Haupt wie lauschend etwas geneigt und die Hände vor der Brust gefaltet. Das Mädchen stellte das Bild vor sich auf den Tisch, ging ganz nah mit den Augen heran, wich wie erschreckt zurück und näherte sich wieder. Ihr lebhaftes Gesicht arbeitete heftig, sie suchte unwillkürlich den Ausdruck der Zeichnung anzunehmen, und schließlich fand sie, stolz und glücklich über die ungewohnte Gebärde, die Bewegung der Hände. Cortes unterbrach den Pater in seiner Suada und wies auf das Mädchen: sie verstünde es noch nicht besser, aber seiner bescheidenen Meinung nach könne das wohl vor Gott und der Heiligen Jungfrau für ein christliches Gebet gelten.

Die Prozession begann sehr früh am Morgen und dauerte den ganzen Vormittag. Die Träger, die das doppeltmannslange, aus schwerem Holz roh mit der Axt geschlichtete Kreuz voranschleppten, mußten mehrere Male abgelöst werden. Auch Schwächliche drängten sich zu diesem Ehrenamt, und einige brachen dabei zusammen. Las Casas hatte einen langen Prozessionsweg bezeichnet. Die Soldaten trugen Palmzweige und waren barhaupt. Der Schweiß rann allen in Strömen über die glänzenden Gesichter herunter.

Das flache Land gor in der Hitze. Immer kürzer wurden die Pausen, in denen man die Kreuzträger ablöste. Gestöhn erhob sich; das sei wahrhaftig schwerer als ein paar Stunden Gefecht; mit solcher Mühsal büße man wohl einen tüchtigen Packen Sünden ab. Viele schritten mit gesenktem Kopf dahin, den Palmzweig nachschleifend und hemmungslos schnaufend. Erst als das Dorf wieder in Sicht kam, rafften sie sich auf. Der riesige Pater Olmedo schritt den Zug entlang, zeigte auf die ungeheuren Massen der Eingeborenen, die in Trauben überall an Dächern und Zäunen hingen, und mahnte; man wolle diesen trübseligen Heiden einmal zeigen, wie ein fröhlicher Christ seinen Gott zu ehren verstünde! Naxera stimmte den Gesang wieder an, knarrend und schwer fielen die anderen ein. Sie hoben die Köpfe, schwenkten die Zweige, reckten sich und blickten stolz den Indios in die ratlosen Gesichter.

Die drängten und stießen sich, huschten neben dem Zuge her und flüsterten leise in den Zwitscherlauten ihrer Sprache. Sie begriffen nicht, warum diese mächtigen Männer, die wohl sogar Götter waren, sich die Mühe eines solchen Marsches durch die Sonne machten, zu einer Zeit, wo selbst ein Eingeborener sich sorglich im Schatten hielt. Sie verstanden noch viel weniger, warum die Angesehensten dieser Fremden eigenhändig jenes schwere Gerüst schleppten wie die Lastträger. Aber die Wucht und feierliche Ordnung des Zuges, der fast einer Heereskolonne glich, überwältigte sie. Paniken brachen unter ihnen aus, viele rannten davon, traten die anderen rücksichtslos nieder und stürzten ins Freie. Erst als der Zug in den Hofraum des Häuptlingshauses einlenkte und vor dem großen Ceibabaum das Kreuz abgesetzt wurde, trat etwas Ruhe ein.

Cortes ließ eine kurze Pause eintreten, während man den Altar errichtete. Die Indios wurden wieder zutraulicher, als sie sahen, wie die Soldaten sich in Gruppen auflösten, den Schweiß von der Stirn wischten und gierig Wasser tranken.

Der Pater Las Casas weihte das Kreuz und den Altar, und Cortes übergab sie den Häuptlingen. Sie mußten schwören, daß sie ihren Götzendienst aufgeben und das Kreuz sorglich in Ehren halten wollten. Ungewiß, was sie tun sollten, standen sie in der Mitte des Kreises, während Geronimo ihnen stumpfsinnig mehrere Male den Befehl wiederholte. Endlich sprang der riesige Pater Olmedo auf sie zu, packte sie an den Händen, riß ihnen die Arme in die Höhe und donnerte die Schwurformel. Ein wildes Gedränge entstand unter den braunen Zuschauern. Als bliese eine heftige Bö in die Masse, wogte sie zurück und wieder vor; lautlos, selbst die Kinder und Frauen, die zu Boden geraten waren, wagten nicht zu schreien. Cortes und Las Casas wandten sich um und riefen auf sie ein. Die Furcht fiel noch stärker über sie her. Durch die engen Ausgänge konnten nur wenige entkommen; die ganze zusammengepreßte Menge zitterte, die vordersten suchten auf die Knie zu fallen und mit den Fingern Erde in den Mund zu stopfen. Von den Dächern, deren Ränder dicht besetzt waren, lösten sich immer wieder Gestalten und fielen herunter auf die Kauernden. Einzelne, ganz blind und taub in ihrer Angst, rannten nach vorn weg und brachen zwischen die Reihen der Spanier ein. Die schrien sie wieder laut an, zornig darüber, daß die Feier so sinnlos gestört würde. Der weite Hof brauste vor Lärm.

Der Pater Olmedo ließ die Häuptlinge los. Noch steif vom Schreck und der überstandenen Aufregung wankten sie zurück zu den Ihrigen, die sie scheu und wie verwundert betasteten. Ein leises Gewisper erhob sich, das bald lauter wurde; der Krampf der Menge löste sich, und überall begannen nun die Verletzten zu klagen. Man schaffte sie fort, auch die Spanier faßten dabei mit zu. Die Stimmung wurde etwas trübselig, als sie die vielen Opfer sahen. Etwa ein Dutzend Frauen und Kinder mochten tot sein, andere atmeten nur noch schwach.

Cortes befahl, sie hinauszutragen auf die Straße und den Hofraum von allen Eingeborenen zu räumen. Es ging ihm nahe, daß man in diesen Zwischenfällen ein übles Vorzeichen sehen könnte. Der Pater Las Casas machte Olmedo Vorwürfe; er hätte wissen müssen, daß man diese armen Heiden, die doch nur für Kinder zu achten seien, nicht schroff anfassen dürfe. Andere mischten sich ein und äußerten ihren Unmut über die vielen Umstände, die mit diesem verzagten ungläubigen Gesindel gemacht würden. Sollten sie sich doch in Gottes Namen zertrampeln und gegenseitig umbringen, es sei ohnehin genug von dem Ungeziefer vorhanden. Las Casas geriet nun in großen Zorn. Das volle Gesicht blutrot gespannt, trat er vor den Altar und hielt eine improvisierte Predigt; man sei doch schließlich zu einer Art Kreuzzug, einem gottgefälligen Unternehmen zu Ehren der Heiligen Jungfrau und der Kirche ausgezogen, und nicht wie die Briganten auf irgendeine Raubfahrt. Er ließ sich des längeren darüber aus, wie auch diese unwissenden Indios zu den verirrten Schafen Gottes gehörten und von der Kirche in ihren Schutz genommen werden würden. Damit redete er sich seinen Groll vom Herzen und fand schließlich den Übergang zu der Taufzeremonie, die nun erfolgen sollte.

Die Frauen, leidlich bekleidet mit einigen Hemden und Mänteln, die man mit Mühe da und dort für sie zusammengebracht hatte, wurden nun herangeführt. Laute Fröhlichkeit flatterte auf.

Nach dem Taufakt blätterte alles auseinander in lose Gruppen. Die Besitzer der Täuflinge mußten die Paten anstandshalber bewirten; andere fanden sich dazu, und bald waren überall Gelage im Gange. Cortes ließ aber noch am Abend zu den Schiffen abrücken. Er wollte am anderen Morgen in See stechen.

Kurz vor der Abfahrt kam Alvarado zu ihm, aufgeregt die rotblonden Haare aus dem Gesicht schüttelnd, und bat ihn, doch noch einen halben Tag zu warten. Seine trächtige Stute sei eben dabei, zu fohlen. Er habe das Tier noch an Land gelassen und die ganze Nacht bei ihm gewacht; es dauere aber länger, als man vorausgesehen. An Bord werde ihm der Gaul womöglich krepieren.

Cortes gab die Einwilligung und fuhr selbst mit ans Ufer. Man hatte dem Tier eine Art Laubhütte zum Schutz gegen die Sonne gemacht. Ein dichter Menschenhaufen stand davor. Die Celestina hatte in einem Eimer ein wehentreibendes Mittel angerührt; der Gaul wollte es aber nicht saufen. Viele schüttelten den Kopf über Alvarados Leichtsinn, die Stute decken zu lassen. In diesem Klima war eine Geburt eine gefährliche Angelegenheit, das mußte er wissen. Der Gaul stellte einen Wert von 10000 Gulden dar, den setzte man nicht so aufs Spiel. Andere wollten allerdings gehört haben, daß Alvarado bereits von dem reichen Bergwerksbesitzer Sedeño 1200 Gulden für das Fohlen geboten seien.

Cortes trat in die Laubhütte ein. Das Pferd stand dumpf da, leise zitternd; es war ganz in Anspruch genommen von dem furchtbaren und gewalttätigen Vorgang in seinem Innern. Alvarados grobes Gesicht zuckte verstört. Er fuhr dem Tier über den mächtigen, harten Nasenrücken, spürte das volle Maul weich wie feines sämisches Leder, die spärlichen harten Lippenhaare zwischen den Fingern, und griff spielend in die Nüstern. Aber die Stute schnob nicht fröhlich auf wie sonst, sondern zog nur vorsichtig, als müßte sie mit ihrer Kraft sparen, den Atem; sie gab kein Zeichen des Erkennens, sosehr sich der Herr um sie bemühte. Die Männer erschienen sich merkwürdig klein vor dem schweren Körper, der in dem geringen Raum doppelt ungestalt und riesig wirkte. Eine betäubende Hitze von ammoniakalisch scharfem Geruch stand um das Tier her, der Boden, selbst die Blätter des Laubdaches waren wie gebeizt davon. Alvarado machte sich laut Vorwürfe, er hätte doch auf die Warnungen seiner Freunde hören und den Gaul nicht dieser Gefahr aussetzen sollen. Jetzt werde er ihm wohl krepieren. Die Celestina drängte sich dazu und lachte ihn aus: da sehe man wieder, wie erbärmlich sich die Männer bei solchen Gelegenheiten anstellten. Das Tier sei kerngesund, es dauere nur etwas lange, das wäre bei dieser Hitze nicht verwunderlich. Da – sie hielt der Stute ein Büschel Gras vor –, in den Pausen zwischen den Wehen fräße sie sogar. Er solle nur mit seinem vielen Streicheln und Klopfen das Tier nicht stören; das Beste wäre, er ließe sie und den Schmied Sebastian Rodriguez hier allein. Man werde ihm schon Bescheid sagen, wenn es soweit sei.

Cortes nahm ihn unter den Arm und ging mit ihm hinaus. Am frühen Nachmittag konnte man sich endlich mit dem Fohlen einschiffen. Es lag mit seinem sandfarbenen, ruppig zerpflückten Fell auf einer Streu von Palmenblättern im Vorderteil des Bootes, krauste zitternd die Lippen und probte zaghaft die überlangen Beine. Alvarado warf wieder hoch den Kopf auf und prahlte laut über das Wasser: he, wer habe nun recht behalten? Er glänzte vor Stolz. Noch bevor man bei den Karavellen angelangt war, hatte er das Tier für 1400 Gulden an Sedeño verkauft.

Der Obersteuermann Alaminos empfing Cortes an Bord ziemlich mürrisch. Er zog mahlend die Reste seines weißen Barts durch die Zähne, sah mit seinen weitsichtigen Augen nachlässig über den Generalkapitän hinweg und fragte, ob man nun endlich abfahren könne. Weit werde man an dem Tage ohnehin nicht mehr kommen. Cortes nickte, und der Alte gab seine Flaggenzeichen. Langsam setzte sich die Flotte in Bewegung.

Siebentes Kapitel

Sie fuhren bei gutem Wind nach Norden. Die Schiffe hielten sich dicht an der Küste; des nachts wurde geankert. Ein warmer, fauliger Dunst schwelte herüber. Am Morgen wachten sie meist mit einem leichten Fieber auf. Der Obersteuermann Alaminos begann Schwierigkeiten zu machen. Seine Karten reichten nicht weiter; er behauptete, das Land oder die große Insel, für die er die ganze Gegend halte, werde hier bald endigen. An das Gerede von den Bergen und dem großen Reich im Norden glaube er nicht. Cortes erklärte lächelnd, man werde das ja in einigen Tagen sehen. Er unterhielt sich viel mit Marina und hatte bereits ein ziemlich deutliches Bild der Gegend im Kopfe. Seine Fähigkeit, Zeit- und Reiseangaben in Raumvorstellungen umzusetzen und in Landschaften zu denken, kam ihm dabei zustatten. Er wußte jetzt, daß dieses gewaltige Reich aus einer Menge von einzelnen Herrschaften bestand, die zum Teil erst in jüngster Zeit unterworfen waren; er kannte den Namen des Kaisers oder Sultans über diese Gebiete, der etwa Montezuma lautete, und den seiner Haupt- und Residenzstadt Tenochtitlan oder Mexiko. Marina, ungeduldig über den Dolmetscher, lernte mit erstaunlicher Schnelligkeit Spanisch. Sie sprach die Worte mit Anstrengung des ganzen Körpers und tiefem Atemholen aus, als wären sie ihr auch physisch schwer; bald konnte sie selbst kurze Sätze bilden. Cortes versuchte auch seinerseits, sich ihre Sprache anzueignen, aber er kam nicht sehr weit. Die Silben schienen ihm alle ähnlich, ein hauchendes, lispelndes Geflüster wie Blätterrauschen. Marina steckte die Finger in die Ohren, wenn er die zarten Laute brüllte.

Am vierten Tage erschien der Matrose Penate bei Cortes. Er hatte an vielen der großen Entdeckungsreisen teilgenommen und stand in dem Ruf, auf Hunderte von Meilen hin das Land zu spüren. Er rieb seine Kolbennase und behauptete, er röche Schnee in der Luft. Cortes' Begleiter, die in der feuchten Wärme schwitzten wie in einem Badehaus und die Hemden bis zum Gürtel aufgerissen hatten, lachten. Der Generalkapitän gab ihm ein Trinkgeld. Am andern Morgen sah er den alten Alaminos verbissen und angestrengt in die Ferne äugen. Cortes folgte seiner Blickrichtung, bemerkte aber nichts. Gegen Abend traten, allen sichtbar, die weißen Gipfel der Berge heraus. Sie trieben auf einer Dunstschicht von violettgrauen Wolken daher, unendlich zart und wie von einer leichten Brise hingeblasen. Zuweilen blitzte in einer Spalte das Eis scharf auf, das Auge fühlte sich plötzlich nahe herangerissen und meinte, die feinen Grate und Formen deutlich unterscheiden zu können. Dann schienen sie wieder fast bedrohlich hoch und wie senkrecht über den Masten zu schweben. Die Körbe und Wanten hingen voller Menschen, die winkten und jauchzten. Cortes ließ das Geschütz lösen.

Am Gründonnerstag wurde unter dem Winde einer kleinen Insel Anker geworfen. Eine indianische Piroge stieß bald darauf vom Festland ab; an der Küste sammelten sich Haufen von Menschen. Das Boot hielt auf das Flaggschiff zu. Als es längsseits gekommen war, rief der Dolmetscher die Indios an. Sie winkten und zeigten die Geschenke hoch. Der Steuermann Gonzalo, dem überall die pechschwarzen Haare aus der olivfarbenen Haut hervorbrachen, als hätte man sie mit Pulver eingerieben, nahm einen großen Bootshaken, beugte sich tief über Bord und hieb ihn krachend in die Spitze des Kahnes. Die Indios fielen vor Schreck von den Sitzen; das Eisen erschien ihnen wie eine ungeheure Kralle, die nach ihnen griff. Hastig rappelten sie sich auf und versuchten zu streichen und rückwärts zu rudern, aber Gonzalo zog sie lachend mit dem Haken heran. Man warf ihnen das Laufbrett herunter und schrie und winkte. Vorsichtig stiegen sie herauf, die Geschenke im Arm.

Cortes hatte sich in seinem Sessel auf dem Vordeck niedergelassen. Die Indios ordneten sich zu einer Art feierlichem Zug, schritten heran, warfen sich nieder, strichen die Finger über den Boden und führten sie an den Mund. Dann stellten sie in respektvoller Entfernung vor ihm die Geschenke auf. Es waren Hühner,

Fische, Maisbrote, ein paar Federmäntel und in einem geflochtenen Kästchen einige Schmucksachen. Keiner von ihnen wagte zu Cortes die Augen aufzuschlagen. Alvarado packte sofort das Kästchen, riß es auf und zeigte es dem Generalkapitän. Es enthielt einige Lippenpflöcke aus Türkis und dünne Ohrringe aus Goldblech, von mäßigem Wert. Cortes ließ nun durch den Dolmetscher und Marina die Indios befragen, die still und in andächtiger Haltung warteten, bis man sich an sie wenden würde. Er erfuhr, daß man seine Ankunft erwartet hatte. Die Indios waren Untertanen des Statthalters Teutlile, der in der Nähe der Küste residierte. Der Kaiser Montezuma habe ihm strengen Befehl gegeben, die hohen Gäste, die möglicherweise sogar göttlicher Abkunft seien, freundlich zu empfangen und ihnen alles, was sie etwa benötigen sollten, reichlich mitzuteilen. Da sie nun nicht gewußt hätten, welche Nahrung die Fremden genössen, seien sie vorläufig mit diesen Hühnern und Fischen gekommen und bäten, die Geringfügigkeit der Gabe zu entschuldigen. Der Statthalter Teutlile selbst werde noch am folgenden Tage erscheinen und seine Aufwartung machen.

Sie sagten noch einige Sätze, die dem Dolmetscher sichtlich Widerwillen verursachten. Er schien keine rechte Lust zu haben, sie zu übersetzen. Marina drängte aber heftig auf ihn ein, mit ungeheurem Stolz dabei auf Cortes blickend. Der fuhr ihn energisch an: vorwärts, er wolle wissen, was es da noch gebe!

Nun, die Heiden hielten den Generalkapitän für einen ihrer Götzen, den Teufel Quetzalcoatl, den Fürsten des Regens und der Gewitter. Der sei nach einer alten Sage dieser Völker vor urdenklichen Jahren mit einem Schiff auf das Meer hinausgefahren und verschwunden und werde seither wie ein Heiland wiedererwartet. Jetzt sei nun offenbar nach ihrer verwirrten Ansicht diese Zeit erfüllt und der große Tag gekommen.

Cortes lächelte, stand auf und drückte den Degen nach hinten. Die Indios wichen angstvoll zurück. Um ihnen ein Zeichen der Freundschaft zu geben, ließ Cortes sich und den Umstehenden einige der Maisfladen reichen, zerteilte sie und gab den Indios die Reste. Sie hoben nun in großer Scheu die Augen, um zu beobachten, wie er äße. Jeden Augenblick, erwarteten sie, werde aus seinem Munde die riesige Schlangenzunge des Gottes hervorfahren. Er öffnete die Lippen aber nur wenig, und sein bleiches Gesicht hatte einen widerwilligen Ausdruck.

Cortes spürte einen abscheulichen dumpfen Blutgeschmack auf der Zunge. Das Brot mochte mit den geschlachteten Hühnern zusammengelegen haben. Er betrachtete es. Die Fladen waren ganz mit Blut durchtränkt. Ärgerlich fuhr er den Dolmetscher an: was das zu bedeuten habe, ob da etwa ein Aberglaube oder Zauber dahinterstecke?

Der fuhr erschreckt auf: ja, das sei Blut von geopferten Menschen; die Indios hätten das Brot mit Herzblut besprengt, weil sie annähmen, daß der Gott gewöhnliche Speise nicht zu sich nehmen werde.

Die Spanier schrien auf und spuckten verzweifelt aus. Einige machten Miene, sich auf die Indios zu stürzen und sie ins Wasser zu werfen. Cortes trat schnell dazwischen, noch erbost sich den Mund wischend: die armen Teufel könnten doch nichts dafür; man sollte sie in Frieden lassen.

Dann ließ er etwas Schiffsbrot bringen und teilte es mit den Indios. Gehorsam würgten sie die trockenen Stücke hinunter, ängstlich dabei auf den Geschmack lauschend. Er schien ihnen kräftig und süß. Cortes schenkte ihnen noch einige Glasperlen und verabschiedete sie, ungeduldig, nun bald an Land zu kommen. Sie kletterten hastig in ihr Boot und beeilten sich, die Ruder in die Hand zu nehmen. Solange sie Cortes gegenüber gestanden hatten, waren sie mit ihrem Auftrag beschäftigt und vor Angst einigermaßen geschützt gewesen. Nun brach sie mit einem Male über sie herein. Sie stießen und drängten sich, konnten ihre Sitze nicht finden und nahmen in der Verwirrung die Ruder verkehrt in die Hand. Verzweifelt pritschten sie die Blätter ins Wasser, um nur von dem Schiff loszukommen. Der Anführer schrie unaufhörlich auf die anderen ein, sie sollten schneller rudern. Cortes befahl, das Geschütz zu richten und über sie hinwegzufeuern. Die Indios sahen den Blitz, hörten den Donner, der in der Bucht mit mächtigem Widerhall hin und her geworfen wurde, und fühlten sich wie gefangen unter dem rauschenden Dach, das die Kugel über sie spannte. Mit schluchzendem Geräusch erhob sich einige Bootslängen vor ihnen eine Wassersäule und brach lärmend zusammen. Sie fielen übereinander, rafften sich wieder auf, bespritzten die Ohnmächtigen mit Wasser und ruderten aus allen Kräften. Die keine Riemen hatten, ruderten mit den Händen. Noch ehe die Piroge landete, sprangen einige heraus, schwammen und wateten ans Ufer und rannten über die Dünen.

Die Spanier schifften im Laufe des Tages die Pferde und das Geschütz aus und errichteten das Lager. Die Zeltgassen wurden abgesteckt, ein Altar gebaut und sogleich eine Messe gelesen. Der Profos Ochoa stellte mit seinem Gehilfen Escudero auf dem Platz seinen Schandpfahl auf und vor dem Eingang zum Lager den stelzbeinigen Galgen. Auf einer der Dünen installierte der Stückmeister Mesa mit dem fuchsigen, stets von einem Ausschlag zerfressenen Bart das Geschütz. Für die Pferde baute man Laubhütten. Die Luft über dem weißen Strand zuckte unter den Geißelhieben der Hitze. Im Umsehn waren die Zeltwände wie mit Kümmel bestreut von Schnaken und Mücken. Die Leute stöhnten und wischten sich den brennenden Schweiß aus den Augen. Einige warfen sich erschöpft in den Sand, sprangen aber sogleich wieder auf. Die Kleider, die man auf dem Boden abgelegt hatte, rochen versengt. Man schlief schlecht. Aus den Sümpfen hinter den Dünen wehte ein trüber, fauliger Dunst herüber, der das Blut in die Höhe jagte.

Am anderen Morgen fanden sich Scharen von Eingeborenen ein. Sie brachten Lebensmittel und die Nachricht, daß der Statthalter Teutlile im Anmarsch sei. Mitleidig halfen sie den Spaniern, die zerkratzt und von der Hitze fast wahnsinnig dumpf in ihren Zelten hockten. Sie schleppten ganze Wälder von Zweigen heran und überfluteten das Lager mit Schatten. Vor dem Zelte des Generalkapitäns spannten sie an Stangen breite Bahnen von Baumwollstoff. Sie brachten kleine Kürbis- und Tonflaschen mit einem stark duftenden Öl, hockten sich zu den Soldaten und rieben ihnen die geschwollenen und zerstochenen Hände ein. Andere kamen mit Krügen voll kalter Schokolade, die stark mit Vanille und Ingwer gewürzt war und schäumte, wieder andere mit Blumen. Das Lager schwirrte von dem Geflüster ihrer kleinen und zierlichen Laute. Neugierig betasteten sie die Ausrüstungsstücke der Spanier, besonders das Eisen der Panzer und Degen, das sie nicht kannten. Mit großer Scheu gingen sie um die Laubhütten der Pferde herum; schon der für ihre empfindlichen

Nasen grauenvolle Geruch der Tiere erschreckte sie und ließ sie bei Seite springen, wenn er sie plötzlich traf. Auch die riesigen Hunde des Gines Nortes mit ihren mächtigen Brustkörben, den hängenden Lefzen und den ewig keuchenden, schlabbernden roten Zungen erregten maßloses Entsetzen.

Gegen Nachmittag kam mit großem Gefolge der Statthalter. Seine Leute trugen auf den Rückenkraxen, die mit einem Tragband an der Stirn hingen, einige hundert Lasten Lebensmittel und Geschenke. Cortes sah mit Erstaunen die vornehme und gebieterische Art, mit der er voranschritt, die Befehle gab, sich aufzustellen und ihm Platz zu machen, und sich anschickte, den Generalkapitän zu begrüßen. Auch er beugte sich wie die anderen Indios bis zum Boden, nahm etwas Erde auf und führte sie an den Mund, aber er machte diese Gesten langsam und nur andeutend, ja fast etwas nachlässig. Cortes schnallte unwillkürlich seinen Gurt nach. Dann trat er vor, drückte den Degen nach hinten und hieß den Indianer mit einer einladenden Handbewegung willkommen. Da er sah, daß der Statthalter ihn nicht genügend verstand, umarmte er ihn. Der Indianer erschrak heftig über den Bart dicht vor seinem Gesicht, aber er faßte sich und suchte unbefangen auszusehen.

Cortes ließ nun zunächst eine Messe lesen. Der kleine Altar war so gut wie möglich mit Blumen herausgeputzt; immerhin mußte er mit dem rohen Kreuz und den beiden kleinen Wachskerzen, die sich in der Sonne bogen, einen seltsamen Eindruck auf die Gäste machen. Mit großer Aufmerksamkeit betrachteten sie alles: den riesigen Pater Olmedo, der an Stelle des fiebernden Las Casas die Messe sang, den glotzäugigen Bruder Diaz und die Soldaten, die administrierten. Nach dem Gottesdienst bewirtete der Generalkapitän die Gäste in seinem Zelt mit Wein und eingemachten Früchten. Die Mexikaner wunderten sich über die gierige Art, mit der die Spanier in großen Schlucken aus vollen Gläsern tranken und sich mit der Faust den triefenden Bart wischten; sie vermißten die gewohnten Schalen mit parfümiertem Wasser zur Handwaschung vor dem Essen und die Mundtücher. Streng und steif saßen sie da und nahmen nur zuweilen aus Höflichkeit mit spitzen Fingern ein Stück Obst. Cortes hatte Muße, sie zu beobachten. Zweifellos waren sie von edlerer Rasse als die

Indios, die ihm bisher zu Gesicht gekommen waren: die bartlosen Gesichter hart und schmal, mit stark fliehender Stirn und dünnen, fast schnabelspitzen Nasen; die Körper klein und schlank, mit feinen, deutlich markierten Gelenken. Sie trugen schön gefaltete Hüftbinden und um die Schultern einen weiten Mantel aus feinem, hellem Baumwollstoff mit bunter Kante, der über der Brust kunstvoll in einen Knoten geschlungen war. Auch die Sandalen an den Füßen waren zierlich über dem Rist geknotet. Sie schienen großen Wert auf diese Knoten zu legen; vorsichtig rückten sie zuweilen die Zipfel zurecht.

Es wurde nun abgeräumt, und Cortes begann durch Marina und den Dolmetscher die Unterredung. Sie seien Christen, zunächst einmal, und dann Vasallen und Untertanen Kaiser Karls, des gewaltigsten Monarchen der Welt. Seine Majestät habe nun bereits seit langem Kenntnis von diesem Lande Mexiko und seinem König Montezuma und wolle mit diesem in Verbindung treten.

Der Statthalter schwieg. Cortes sprach weiter auf ihn ein: man solle ihm den Aufenthalt Montezumas angeben; sein Auftrag sei sehr dringlich, und er müsse ihm so bald wie möglich seine Aufwartung machen.

Teutlile kniff die Augen zusammen und erklärte, es wäre wohl angemessener, wenn die Ankömmlinge zunächst einmal die Geschenke besichtigten, die ihnen einen Begriff von Montezumas Reichtum und seiner Macht geben würden. Er ließ nun die Träger herantreten und die Geschenke auspacken. Sie legten schön geflochtene Bastmatten auf den Boden und breiteten darauf die kostbaren Mäntel und Federarbeiten aus. Es waren die vollständigen Ausstattungen des Gottes Quetzalcoatl: die spitze Jaguarfellmütze mit Waldhuhnfedern, an der Stirn mit einem großen Smaragd geschmückt, die Türkisohrringe mit gekrümmtem goldenen Gehänge, der rotgesäumte Mantel, die Sandalen mit goldenen Schellen und der rot und grün in wundervoller Federarbeit flammende Schild, der in heftig gedrehter Spirale das Bild des Windes zeigte. Dazu kamen noch Dutzende von gewöhnlichen Mänteln in zeternd gelben, roten und blauen Papageienfedern, ferner etwa zwanzig Lasten des feinsten Baumwollstoffes und schließlich einige Kästchen mit goldenem Schmuck.

Das Zelt wurde eng vor dem Geschmetter dieser Farben, und die Spanier sahen mit ihren vertragenen Wämsern und schwarzen Mützen schäbig dagegen aus. Teutlile beobachtete sie sehr genau; er wußte, daß Montezumas Priester die Geschenke mit einem großen Zauber geweiht hatten, der die Fremden vertreiben sollte. Sie schienen aber wenig davon angefochten zu werden. Mit Abscheu sah er, wie sie gierig und laut schnaufend in den kostbaren Stoffen wühlten, achtlos die Federarbeiten beiseite warfen oder gar darauftraten und nur wie die Affen über das ganze Gesicht lachten, wenn sie etwas Gold fanden.

Cortes ließ sogleich durch den Kaiserlichen Notar Godoy ein Verzeichnis der Geschenke mit ungefährer Wertangabe aufsetzen. Da das Gold aber nur aus dem dünnen Blech der Fassungen bestand, kam nicht viel mehr als ein Betrag von einigen hundertundzwanzig Dukaten zusammen. Man brachte nun die Geschenke, die Cortes für Montezuma bestimmt hatte. Das beste Stück war ein eingelegter Sessel, an dem allerdings durch die Feuchtigeit des Meerwassers die Politur abgegangen und die Intarsia geplatzt war, dann eine Schnur aus Glasperlen, ein dickes grünes Glas, das man in ein heftig mit Bisam parfümiertes Tuch gewickelt hatte, und eine knallrote Mütze mit einer vergoldeten Medaille des Heiligen Georg. Cortes erklärte dem Statthalter dazu, er hoffe, daß Montezuma ihm recht bald in diesem Sessel Audienz erteilen werde.

Teutlile sah zur Erde.

Auch die Perlenschnur könne Montezuma bei dieser Gelegenheit tragen, ebenso die Mütze, und kurz und gut – die ständig abwehrende Miene des Statthalters erbitterte ihn allmählich –, er wünsche nun zu hören, wann und wo er den König zu sehen bekäme!

Teutlile erwiderte, er werde die Geschenke seinem Herrn übersenden und den Wunsch der Fremden übermitteln. Er verspreche sich aber nicht viel davon.

Cortes, heimlich vor Wut zitternd, suchte nach Ablenkung, um nicht auszubrechen. Schleunigst gab er Befehl, das Geschütz zu laden. Die Trommel wurde gerührt, und Alvarado mit den Reitern erhielt Befehl, aufzusitzen. Er sollte am Strand eine Attacke reiten.

Cortes stand mit den Mexikanern am Fuße der Düne, die das Geschütz trug. Die Reiter kamen zu zweien herangaloppiert. Sie hielten sich, um nicht mit den schweren Gäulen in dem losen Sand steckenzubleiben, dicht an der Küste auf dem feuchten Uferstreifen. Einige hatten ihren Pferden noch Schellen am Brustzeug befestigt. Alvarado sprengte auf seiner Fuchsstute voran. Die Sonne barst auf seinem Panzer, das kupferfarbene Fell des Tieres funkelte gewaltig, zuweilen stampfte es in eine Lache, daß das Wasser wie eine Funkengarbe emporspritzte. Teutlile sah zu Boden, um seine Furcht zu verbergen. Mehr fast noch als der Anblick des heranbrausenden Geschwaders schien sie der dumpfe Lärm der Hufe zu erschrecken; manche sahen verstohlen zum glasklaren Himmel auf, ob der Donner von dort käme, andere stopften sich die Finger in die Ohren. Cortes gab nun dem Stückmeister Mesa das Zeichen, und der feuerte das Geschütz ab. Die doppelte Ladung warf einen mächtigen Widerhall auf; knarrend und ratternd wie ein schwerer Wagen fuhren die Steinkugeln über die Dünen hinweg in das nächste Gehölz. Ein paar Stämme wurden weiß und krachten zusammen. Cortes lief mit den Indios, die sich nur noch mühselig auf den Beinen hielten, an die Einschlagstelle und zeigte ihnen die Wirkung der Kugeln aus der Nähe. Schwer atmend starrte Teutlile auf das zerfetzte Holz, das in weißen Splittern und Strähnen umherhing.

Inzwischen hatte der Zwerg Gines Nortes seine Hunde herausgebracht und jagte sie über die Dünen. Er hatte seinen prachtvollen feuervergoldeten Helm aufgesetzt; sein Gesicht strahlte vor Stolz. Die Macht, die er mit seinen Tieren über die Indios ausübte, berauschte ihn. Er lockte sie mit seiner beinernen Flöte immer wieder zurück und ließ sie von neuem los. Er hatte ein Gefühl, als mähte er mit riesigen Hieben über den Strand hin; wo die Hunde vorbeistrichen, sanken die Indios zusammen und knickten in die Knie. Das unbändigste seiner Tiere hatte er noch an der Leine; es war ein weißer, eigentümlich nackt aussehender Rüde mit einem rosa Fleck hinter dem Ohr. Die anderen wurden nun wieder angekoppelt; dann ließ er seinen Diener ein paar Weidenkörbe mit mexikanischen Hunden bringen und ausschütten. Die kleinen, mopsartigen Köter, die von den Eingeborenen gemästet und gegessen wurden, verstreuten sich heiser und asthmatisch bellend über die Düne. Der Zwerg gab nun den Rüden los, der hachelnd und schnarchend an der Leine riß und in Rucken vorwärts zerrte. Mit tiefem Geläut fuhr er auf den nächsten Mops zu, rannte ihn über den Haufen, stieß ihn mit den mächtigen Pfoten hin und her, beroch ihn und nieste. Ungewiß sah er sich nach seinem Herrn um. Der hetzte laut und keifend: »Faß ihn! Faß ihn!«, und im nächsten Augenblick schlug sich die Dogge das zeternde Tier wie eine Ratte um die Ohren. Sie hatte nun Blut geleckt und jagte rasend hinter den anderen her, oft wie verdutzt und ratlos innehaltend, welches sie zuerst erledigen sollte. Eifrig und gehorsam brachte sie dann auf Nortes Geheiß die blutenden und mit Sand beschmierten Kadaver heran und legte sie vor ihm ab.

Der Statthalter war sichtlich verändert. Scheu deutete er auf den Helm des Nortes und erklärte, dieser Kopfschmuck ähnele sehr der Haube des Gottes Quetzalcoatl. Montezuma würde sich sehr freuen, das Stück zu sehen.

Cortes kaufte schleunigst dem Zwerg den Helm ab und überreichte ihn Teutlile als Geschenk für den König. Er fügte hinzu, er bitte sich als Gegengabe aus, daß man ihm die Haube gefüllt mit Goldkörnern zurücksende.

Der Statthalter begriff diese wunderliche Forderung nicht. Cortes legte die Hand auf die Brust, verzog das Gesicht schmerzlich und ließ dem Statthalter sagen, die Spanier litten häufig an einer Art Herzkrankheit oder Melancholie, die nur durch den Anblick und die Berührung dieses Goldes sogleich geheilt würde. Er hoffe also, daß Montezuma ihnen diese kostbare und unentbehrliche Medizin nicht vorenthalten und ihnen recht bald eine ausreichende Menge schicken werde. Damit verabschiedete er sich, indem er den Statthalter wieder freundschaftlich umarmte. Teutlile beugte sich zu Boden, nahm etwas Erde auf und führte sie an die Lippen. Es schien Cortes, als führte er die Zeremonie sorgfältiger aus als das erstemal.

Achtes Kapitel

Ein Teil der Mexikaner blieb zurück und baute sich hinter den Dünen Laubhütten. Sie erschienen jeden Morgen im Lager und lieferten für Cortes und die anderen Offiziere Hühner, Früchte und Fische sowie frisches Maisbrot. Für die Mannschaft fiel wenig ab; die Soldaten lungerten mißmutig am Strand umher und fingen sich Fische oder sammelten Muscheln.

Die Mißstimmung im Lager wuchs. Die Leute lagen in der brütenden Sonne am Ufer, kratzten sich die verschwollenen Beine und Hände und starrten auf das brackige Wasser. Die Schiffe racksten träge an den Ankerketten, das Tauzeug baumelte schlapp herunter. In den Zelten war es vor Schnaken nicht auszuhalten. Die Zweige, die die Indios überall aufgesteckt hatten, waren vertrocknet und krachten, wenn man sie anfaßte. Die Spanier waren zu faul, sich neue zu holen. Aus den Sümpfen kroch immer wieder der faulige Gestank ins Lager. Viele waren krank an Fieber und Durchfall; an jedem Tag starben ein paar.

Etwa eine Woche nach dem ersten Besuch erschien Teutlile wieder und überbrachte die neuen Geschenke Montezumas. Er hatte als Begleiter einen hochgewachsenen, aztekischen Häuptling, der mit seinem kurzen und breiten Gesicht, der ziemlich hellen Haut und dem Anflug von Bart Cortes einigermaßen ähnlich sah. Die Priester hatten ihn nach den überbrachten Bildern ausgesucht und geweiht. Man versprach sich große Stücke von ihm; auch Teutlile war überzeugt, die Spanier würden entsetzt die Flucht ergreifen, sobald sie ihn sähen. Cortes umarmte ihn ebenso freundlich wie den Statthalter, und die Umstehenden lachten und zeigten auf ihn mit den Fingern: he, ein Cortes von drüben!

Resigniert ließ Teutlile nun einige Räucherbecken aufstellen, warf Kopalharz in die Glut und wehte mit einem schön gearbeiteten Federfächer den Weihrauch durch das Zelt. Dann wurden wieder Matten ausgebreitet und die Geschenke aufgestellt. Eine ungeheure Aufregung entstand unter den Spaniern. Da war es, das Gold, echtes, lauteres Gold, und in solchen Mengen, daß man die Augen und die Hände darin baden konnte. Der Helm des Gines Nortes, bis zum Rand mit schwerem Goldstaub gefüllt, wurde überreicht. Er wanderte von Hand zu Hand, viele griffen mit den Fäusten hinein, bis der Notar Godoy, wichtig sein Altweibergesicht verzerrend, erklärte, das könne nicht geduldet werden, da möglicherweise etwas dabei abhanden käme. Er legte sogleich ein Protokoll an und verzeichnete die Stücke ungefähr nach ihrem Wert. Zunächst war da eine runde Scheibe, halbmannshoch, ganz aus gediegenem Gold, darauf die Sonne und der ganze Himmelskreis in erhabener Arbeit abgebildet, von gar nicht abzuschätzendem Wert, zum wenigsten 20000 Dukaten schwer;

ferner eine gleiche Scheibe aus Silber mit der Darstellung des Mondes, von der Größe eines Wagenrades;

ferner ein Halsband aus Gold mit etwa zweihundert kleineren Smaragden und Rubinen, mit einigen Dutzend kleinen Glöckchen aus Gold und vielen Perlen;

ferner ein Schock gegossener goldener Figuren, Enten, Frösche, Hunde, Affen;

ferner ein Fliegenwedel aus seltenen Federn, wundervoll gearbeitet, mit über tausend Glöckchen aus Gold und Silber daran;

ferner zwei lange Stäbe, von der Art, wie sie die Regidoren tragen, ganz aus purem Gold gegossen; Schilde, vollständig mit Perlen besetzt; Armbänder, Spiegel, Ohrringe, Sandalen...

Das Verzeichnis wurde über vier Seiten stark. Ein großer Teil der Sachen fand in dem Zelt keinen Platz mehr und wurde vor dem Eingang abgelegt. Cortes stellte sogleich eine Doppelwache davor. Das ganze Lager war auf den Beinen; man rief von drinnen die kostbarsten Stücke wie Losungen nach außen durch.

Auch die Kranken humpelten heran, manche hatten sich eben ein paar schmutzige Lappen umgeworfen. Das Geschrei wurde so laut, daß Cortes mehrere Male aus dem Zelt trat und Ruhe befahl. Viele umarmten sich. Der Buckel Naxera fing an zu singen, und in einem Winkel tanzten sie.

Die mexikanischen Träger standen stumm da, an ihre hohen Wanderstäbe gelehnt. Sie begriffen diese schäumende, tolle Freude der Spanier nicht. Kein Priester, kein Altar war zu sehen, die Fremden hatten nichts Berauschendes getrunken oder gegessen, und doch gerieten sie offenbar aus heiler Haut in einen Taumel der Ekstase, wie man ihn nur mühsam und mit vielen Reizmitteln bei hohen Festen erreicht.

Cortes gab nun sein Gegengeschenk: einen Florentiner Pokal mit eingeschliffenen Ranken und drei Hemden aus holländischer Leinwand. Er schämte sich der Dürftigkeit dieser Gabe und begann, um sein Unbehagen zu übertäuben, mit lauter Stimme auf den Statthalter einzureden und zu fragen, wann Montezuma ihn und seine Leute denn nun empfangen wolle?

Teutlile erwiderte, der König glaube, daß der Weg bis zu seiner Residenz für sie zu schwierig und gefährlich sein würde.

Was für Schwierigkeiten denn das seien?

Die Berge...

Cortes lachte. Die sei man gewohnt. In seiner Heimat gebe es noch erheblich höhere Gipfel, und er getraue sich wohl, mit seinem gesamten Geschütz und Gepäck da hinüberzurücken.

Teutlile blieb weiter abweisend. Die Bergvölker seien unzuverlässig und in steter Auflehnung gegen Montezuma; er könne nicht für die Sicherheit der Fremden gutsagen, wenn sie sich von der Küste entfernten.

Cortes wollte nun Näheres über diese Bergvölker wissen, aber Teutlile wurde immer einsilbiger. Er erklärte schließlich, es habe keinen Zweck, weiter von dieser Reise zu reden, da Montezuma die Fremden durchaus nicht zu sehen wünsche.

Der Generalkapitän wandte sich an seine Genossen, wies auf die Goldschätze und meinte, es müsse sich schon lohnen, diesem hochstolzen und reichen Herrn einmal einen Besuch abzustatten!

Beifälliges Gelächter erscholl. »Vorwärts!« schrien einige. Man sehe doch, daß diese Mexikaner Angst vor ihnen hätten! Diese Geschenke seien nur ein paar Brocken, die man ihnen hinwürfe, um sie loszuwerden. Wo man dergleichen Dinge aber so im Überfluß habe, da sei wohl noch mehr zu holen. Teutlile verstand die Blicke und Gesten. Er wandte sich zum Gehen. Während sie auf dem Lagerplatz standen, läutete die Aveglocke. Die Spanier knieten nieder vor dem Kreuz. Der Statthalter war erstaunt, wie schnell diese Menschen den Ausdruck wechseln konnten. Andächtig und fast kindlich blickten sie in ihre Helme und Mützen und sprachen mit niedegeschlagenen Augen ihr Gebet. Zum erstenmal sah er bei diesen trotzigen Leuten, die den Kopf ständig im Nacken trugen und sogar vor ihren Anführern nur knapp und wie widerwillig sich verbeugten, so etwas wie Demut. Er konnte sich nicht enthalten, Cortes fragen zu lassen, warum die Spanier diesem rohen Pfahl solche Verehrung bewiesen.

Cortes ließ durch den Pater Olmedo eine ausführliche Darstellung der christlichen Religion geben. Marina und Geronimo hatten zu tun, um nur einen Teil der Predigt den Mexikanern verständlich zu machen, die höflich und verständnislos den Erklärungen über den Opfertod und die Himmelfahrt Christi, das Dogma der Unbefleckten Empfängnis Mariä und die Heilswahrheiten des alleinseligmachenden Glaubens entgegennahmen.

Cortes knüpfte an die Predigt an und erklärte Teutlile verbindlich lächelnd, einer der wichtigsten Punkte, über die er mit Montezuma zu sprechen habe, sei die Abschaffung der widerwärtigen Menschenopfer. Hauptsächlich dieser Dinge wegen habe ihn auch sein großer Monarch, der Kaiser Karl, hergeschickt. Es verstehe sich von selbst, daß er über diese hochwichtigen Angelegenheiten nur persönlich mit dem König Montezuma verhandeln könne, und er ersuche nochmals dringend um diese Unterredung. Inzwischen – damit ließ er dem Statthalter eines der gedruckten Marienbilder überreichen – sende er Montezuma dieses unschätzbare Heiligtum, das, wie er zu Gott hoffe, bald in ihren Opfertempeln die Stelle der unheilvollen Lügengötter einnehmen werde.

Teutlile nahm das Bild in Empfang und gab es, ohne einen Blick darauf zu werfen, an einen seiner Begleiter. Dann ließ er sagen, aus der gewünschten Unterredung könne nichts werden, wie ja schon zur Genüge betont sei. Er wolle aber Montezuma und den Priestern des Gottes Huitzilopochtli das Bild übergeben.

Cortes spürte die Spitze wohl und fragte den Dolmetscher verdrossen, was für ein Götze dieser Huitzilopochtli denn wäre.

Der Gott oder vielmehr der Teufel des Krieges.

Cortes drückte den Degen nach hinten, reckte sich und verabschiedete sich mit einer Verbeugung von den Mexikanern. Teutlile fuhr mit dem gespreizten Finger flüchtig über den Boden, hob die Hand bis gegen das Kinn, rückte seine Stirnbinde und die Zipfel seines Mantels zurecht und ging mit seinem Gefolge davon.

Die Spanier verbrachten die halbe Nacht mit dem genauen Wiegen und Taxieren des Goldes und der Schmucksachen. Gegen Mitternacht war man so weit, daß die Aufstellung zusammengerechnet werden konnte. Das Zelt schwappte über von Menschen. Viele Soldaten hatten geduldig die ganzen Stunden hindurch im Hintergrund gestanden und gewartet. Die Hauptleute stießen sie an, und der Notar wies sie mehr als einmal hinaus. Sie ließen sich aber nicht vertreiben, und Cortes meinte endlich, es könne nichts schaden, wenn auch aus der Mannschaft Zeugen da seien, daß alles redlich zuginge.

Der Kaiserliche Notar verkündete nun die Summe: vierzigtausend Dukaten. Er fügte hinzu, daß dies der reine Metallwert sei; die unermeßlich kostbare und künstliche Arbeit der meisten Stücke habe man gar nicht berechnet.

Ein langes Schweigen herrschte. Viele waren blaß. Das ging über alle Vorstellung. Die meisten konnten sich unter dieser Ziffer gar nichts denken. Man hatte gehört, daß ein reicher Protz in Madrid sich für ein paar hundert Dukaten ein Lustschloß mit italienischen Gärten und Wasserkünsten bauen ließ; der König sollte für die Ausrüstung der großen Schiffsexpeditionen einige Tausende ausgegeben haben. Eine Summe von vierzigtausend Dukaten hatte man nie auch nur nennen hören. Wahrhaftig, man mußte sich dafür ein ganzes Land mit sämtlichen Städten und Klöstern, Zöllen, Gefällen und Abgaben kaufen können! Ganz benommen und still gingen sie auseinander.

Im Lager hatte inzwischen ein wildes Zechen und Singen angehoben. Den meisten Soldaten war die Rechnerei gleichgültig; man lachte sogar über die Señores, die da die ganze Nacht hindurch zusammenhockten und sich gegenseitig argwöhnisch auf die Finger starrten. Man hatte in der letzten Zeit krumm gelegen, die Würmer aus dem verschimmelten Schiffsbrot geklopft und den trocknen Hanf gekaut. Viele, die zu faul oder zu ungeschickt waren, mit den Indianern zu handeln und von dem Erlös den Matrosen ein paar Fische abzukaufen, hatten einfach hungern müssen. Eine ganze Mannschaft war krank geworden und zur Hälfte krepiert, weil sie von einem riesigen, ans Ufer getriebenen Fisch gegessen hatte, der schon stank. Die Celestina war schon seit längerem schwierig geworden und gab nur noch gegen Pfänder etwas her. Die reichen Schiffseigner hielten erst recht mit ihren Vorräten zurück.

Jetzt schlug das mit einem Male um. Der dicke Apotheker Garai, der Kompagnon der Celestina, machte seine Bude auf beiden Seiten auf, ja, er ließ sogar ein paar Fässer ins Freie stellen. Von den Schiffen kamen Boote mit gepökeltem Salzfleisch und Branntweintonnen so hastig herangerudert, daß die Menge am Ufer in grimmiges Gelächter ausbrach. He, der Gauner Gines Nortes! Der reiche Sedeño, der Bergwerksbesitzer! Hatten sie nicht eben noch erklärt, es wäre kein Fleisch mehr da und der Branntwein knapp? Jetzt machten sie plötzlich ihre Vorräte lokker! Einige murrten, man solle ihnen zum Trotz erst recht nichts abnehmen und alles bei der Celestina kaufen, die wenigstens etwas Herz für den gemeinen Mann gezeigt habe. Andere brüllten dagegen, das schwarze gottlose Aas, das sich nicht einmal schäme, einem christlichen Soldaten seine letzte Kette mit dem Muttergottesbild abzunehmen, sei die schlimmste; nur hier könne sich diese Hexe so üppig aufführen, daheim in Spanien hätte man wohl schon einmal ihren Stammbaum untersucht und ihr das überflüssige Fett auf einem gelinden Feuer abgelassen. Im übrigen wären alle, die handelten und sich nicht ehrlich mit dem Degen in der Faust ernährten, Gauner und Wucherer, und es sei gleich, wem von ihnen man das Geld in den Rachen schmisse.

Auch die Weiber, die in der letzten Zeit sehr kümmerlich beiseite gehockt hatten, kamen in ihren besten Sachen zum Vorschein. Seit die Offiziere die indianischen Frauen hatten, die anspruchslos und willig waren, ging es ihnen schlecht. Die geringeren von ihnen, wie die schwarze und flinke kleine Torvellina oder die zigeunerbraune Teresa mit dem kränklichen und unreinen Gesicht, waren bei den Steuerleuten oder Büchsenmeistern untergekommen. Andere, wie die fleißige und gutmütige Flämin Magdalene Kerrincx, halfen in der Küche bei den Hauptleuten oder wuschen die Wäsche. Das amazonenhafte Fräulein de Lasa und die sehr schöne Elena Galvez freilich saßen lieber in ihrem

Zelt und starrten mit leerem Magen erbittert vor sich hin. Jetzt rafften sie schleunigst ihren Schmuck zusammen, warfen sich die Tücher um und strichen durch das Lager.

Bis zum Morgen dröhnte der Lärm. Auch Cortes, der bei Alvarado gespielt und getrunken hatte, kam erst spät in sein Zelt zurück. Marina hatte, an den Eingangspfosten gelehnt, auf ihn gewartet. Er umarmte sie flüchtig; sie spürte, daß er mit seinen Gedanken abwesend war. Kurz fragte er sie, wie lange man mit dem ganzen Heer wohl zu marschieren habe bis zur Hauptstadt dieses Herrn Montezuma?

Etwa zwanzig Tage.

Aber die Gesandten mit den Geschenken seien doch schon nach einer Woche wieder zurückgekommen?

Ja, die habe man mit den Schnelläufern des Königs befördert.

Was? Die brauchten für die Strecke nur drei Tage, und die Armee zwanzig?

Es seien besonders geübte Leute, auch lösten sie sich alle fünf Stunden auf besonderen Stationen ab.

Cortes spielte nachdenklich mit ihrem Haar. Dann gähnte er leicht, streckte sich kraftvoll aus und schlief ein. Marina lag auf seinem Arm. Sie weinte lautlos und trocken nach innen. Den Mund hatte sie offen, damit der heftigere Atem sie nicht verriete. Auch den Körper hielt sie ganz still in Zucht. Langsam füllte er sich mit dumpfer, hoffnungsloser Schwere.

Neuntes Kapitel

Die Posten berichteten am Tage, daß die Laubhütten der Mexikaner hinter den Dünen verschwunden seien. Der Strand war wie gefegt. Kein Eingeborener ließ sich sehen. Man wartete zwei Tage und schickte ein paar Patrouillen ins Land. Sie kamen in erbärmlich beschmutztem Zustand zurück und behaupteten, sie wären in die Sümpfe geraten und um ein Haar sämtlich ersoffen. Der Wind hörte nun ganz auf. Die Hitze fraß das Mark aus den Knochen. Der faulige Gestank stand wie eine Gewitterwolke über dem Lager.

Die Mannschaft sandte wieder ihre Deputation zu Cortes, der

sich gar nicht zu rühren schien. Was nun werden solle? Hier könne man doch nicht bleiben. Zu essen hätten sie nichts, und bereits seien über dreißig Mann vor Fieber und Hunger krepiert.

Cortes erklärte freundlich, er sähe das wohl ein. Wenn man auf seinen Vorschlag, ihn zum Befehlshaber zu wählen, nicht eingehen wolle, dann sei es zweifellos das beste, umzukehren. Übrigens werde er zwei Schiffe absenden, die weiter nach Norden hin einen geeigneteren Hafen erkunden sollten.

Er ernannte seine hartnäckigsten Gegner Ordaz und Leon zu Befehlshabern, den Steuermann Alaminos und den Steuermann Gonzalo aus Umbria zu Kapitänen, bemannte die Schiffe mit Leuten aus der Velasquez-Partei und schickte auch die meisten Matrosen, die ihm hauptsächlich zu schaffen machten, mit. Sie fuhren ab. Die Schiffe hatten bei dem fast windstillen Wetter nur schwache Trift. Zwei Tage lang bekam man sie nicht aus den Augen.

Inzwischen ging im Lager der Streit über die Ernennung hin und her.

Die ganze Mannschaft zog vor Cortes' Zelt. Er erschien aber nicht, trotz allen Geschreis, sondern ließ nur sagen, er sei nicht gewillt, seinem Patent und den Instruktionen des Velasquez zuwiderzuhandeln. Sobald die Schiffe zurückkämen von der Erkundungsfahrt, werde er Befehl geben, an Bord zu gehen und nach Kuba zurückzusegeln.

Einen Augenblick hielt die Menge ganz verdutzt inne, dann brodelte der Lärm wieder auf und kochte über. Die Vordersten schlugen sich mit der Wache herum, drangen in das Zelt ein und zerrten Cortes heraus. Er schrie sie an und erklärte auch den übrigen, freilich mit wesentlich sanfterer Stimme, er dächte nicht daran, sich dermaßen überrumpeln zu lassen. Ihnen sei das ja alles gleich, aber er habe sich dann vor Seiner Majestät zu verantworten.

Nein! tobten sie dagegen, er habe gar keine Verantwortung zu tragen; die ganze Mannschaft wolle die Schuld auf sich nehmen. Man werde ihn zwingen, die Stellung anzunehmen, und wenn man ihn gefangensetzen und so lange in Eisen legen müßte, bis er ja gesagt hätte! Er habe sie betrogen und belogen mit seinen Versprechungen in Kuba; kein Mensch hätte sich aufgemacht, wenn man gewußt hätte, daß es nur um einen so schäbigen Handel zu tun sei.

Cortes schien zu überlegen. Franz von Lujo kam ihm zu Hilfe: man müßte eine Eingabe direkt an den Kaiser machen, jeder werde sie unterzeichnen.

Cortes blieb weiter bedenklich. Die Menge schrie: »Her! Her!« ... man wolle sogleich unterschreiben. Der Generalkapitän fragte, während schon der Notar Godoy an einem kleinen Feldtischchen saß und seine Feder spitzte, ob man auch ehrlich und aufrichtig die Bedingungen halten werde?

Jawohl! Vorwärts! Nur zu!

Man wähle ihn also zum Feldoberst...

Ja!

Übertrage ihm das Oberrichteramt...

Ja! Ja!

Und bewillige ihm den Fünften als Beuteanteil...

In Gottes Namen, ja!

Der Notar war bereits fertig mit dem Schriftstück, und einige wollten später wissen, er habe es unmöglich so schnell schreiben können, sondern schon vorher fertig gehabt. Sie traten heran und unterzeichneten. Außer dem Zwerg Gines Nortes, dem Kavalier Sandoval und wenigen anderen machten fast alle Kreuze, die zitternd, verklext und mit grimmigen Balken über die Seite fleckten. Godoy mußte ein halbes Dutzend Federn zuschneiden; viele faßten den Kiel wie einen Dolch mit der Faust.

Cortes setzte sich sofort in seinem Zelt hin, um den Bericht an den Kaiser zu schreiben, der mit den Geschenken Montezumas nach Spanien gehen sollte.

Er unterließ nicht, dem Monarchen vorzustellen, wie diese bescheidene Gabe an Gold gewissermaßen als Vorspeise der zu erwartenden unermeßlichen Schätze demütigst Seiner Majestät zu Füßen gelegt, doch wohl die einzige Sendung von einigem Wert sei, die seit der Entdeckung der Neuen Welt ihren Weg nach Spanien gefunden habe. Er wies darauf hin, daß die Inseln Hispaniola und Kuba seit Jahren keinen Ertrag für die Krone erbracht hätten, was zum Teil auch wohl darin seinen Grund finde, daß der Gouverneur die wertvollsten Kommenden und Bergwerksgerechtsamen in unverantwortlicher Weise teils an seine persönlichen Freunde, teils an hohe und einflußreiche Persönlichkeiten in der Heimat verschenkt habe. Man nenne unter anderem auch den Vorsitzenden des Rates von Indien selber, der doch von Rechts wegen dazu eingesetzt sei, solchen Mißbräuchen zu steuern und den Vorteil des erhabenen Königlichen Hauses wahrzunehmen.

Er verhoffe, daß Seine Majestät aus dem Verhalten der Expedition unfehlbar erkennen werde, wo Seine wahrhaft treu besorgten und loyalen Untertanen zu finden seien. Wie wichtig es nun wäre, daß diese so sichtlich von der Gnade des Himmels begünstigte Unternehmung nicht von ganz anders gesinnter Seite her verwirrt und gestört und damit der große Erfolg in Frage gestellt werde, das brauche er wohl nicht des weiteren auseinanderzusetzen. Er schloß mit der Erwartung, von Seiner Majestät recht bald die Bestätigung seiner Wahl zum selbständigen Feldobrist, Oberrichter und – er gab sich einen Ruck und schrieb mit frecher Faust das Wort hin – Vizekönig dieser neu zu erobernden Gebiete zu erhalten.

Die Mannschaft hatte inzwischen auch von sich aus einen Brief an den Kaiser durch den Notar Godoy aufsetzen lassen. Cortes las ihn durch und nickte zustimmend. Er fand sich nach Gebühr gelobt und herausgestrichen, als der einzige Mann, der er in einer gefahrvollen Lage dieses kleine Heer von vierhundertfünfzig Mann inmitten kriegerischer, mächtiger Völker führen könne. Man werde selbstverständlich jeden Entschluß Seiner Majestät im Staube verehren, bitte aber untertänigst, Cortes zu bestätigen. Jedem anderen Befehlshaber, den etwa der Bischof Fonseca oder der Gouverneur Velasquez senden sollte, würde keine Folge geleistet werden.

Es folgte nun eine Darstellung des Vertrages, den man mit Cortes geschlossen hatte. Mit großem Mißfallen bemerkte Cortes, daß recht ausführlich von dem ihm zugesagten Fünften – »ebensoviel wie der Anteil Seiner Majestät« – die Rede war. Er verlangte, das solle man streichen, es könne einen ungünstigen Eindruck machen. Man widersprach ihm aber heftig: sie wären es ihrem Herrn und Kaiser schuldig, ihm alles auf das Wort genau zu berichten, wie es gewesen sei. Die Partei Velasquez benutzte die Gelegenheit wieder, darauf hinzuweisen, daß Cortes doch offenbar selbst bei dieser räuberischen und unerhörten Bedingung ein schlechtes Gewissen habe.

Er fuhr mit dem Vorschlage dazwischen, man solle jetzt die Deputation an den Kaiser bestimmen. Die Mannschaft für die Schiffe war bald zusammen; Cortes benutzte die Gelegenheit, sich die untüchtigsten und unzufriedensten Elemente vom Halse zu schaffen. Mit den Führern haperte es bedenklich. Er redete Verschiedenen gut zu und schilderte das Ehrenvolle der Aufgabe; sie traten unruhig hin und her und wollten nicht mit der Sprache heraus. Alvarado warf schließlich lachend die rotblonden Haare aus der Stirn und platzte hervor: es sei ja über ihn und seine Affären bei der Armee in Italien immer viel geklatscht und gemunkelt worden. Er wolle nun gar kein Hehl daraus machen, daß er für seine Person keine Ursache habe, sich sobald in den Bereich der heimischen Gerichtsbarkeit zu begeben. Nun sehe er aber, daß es den anderen Kavalieren, und darunter wohl manchem, der sich über ihn oft genug das Maul zerrissen habe, nicht viel besser ginge. Sie schienen wohl alle mehr oder weniger Dreck am Stecken zu haben, wie?

Sie schwiegen betreten und wütend. Man einigte sich schließlich auf den reichen Franz von Montejo, dem sein Vermögen auf Kuba einen gewissen Rückhalt bot, und den Hauptmann Puerto-Carrero. Der zog zwar ein unbehagliches Gesicht, aber Alvarado stieß ihn an: was, er sei doch schließlich ein Verwandter des Grafen Medellin in Madrid, der werde ihm schon heraushelfen, wenn man ihn fassen wollte! Obwohl Puerto-Carrero heftig abwinkte, ließ Alvarado sich nicht abhalten, zu verraten, er wisse, was den Kavalier bekümmere: es sei da eine gewisse Geschichte mit einer verheirateten Frau, man könne sogar ihren Namen nennen, Maria Rodriguez, wie? Der Mann solle noch in Palos mit einem Boot bis auf die Reede den Schiffen nachgefahren und hinter der Entführten hergejammert haben!

Puerto-Carrero erklärte verdrossen, man möge ihn gefälligst ungeschoren lassen. Er habe auch keinem der Herren in seiner Vergangenheit nachgestochert, wobei wohl noch andere Dinge zutage gekommen wären als die Entführung einer solchen mannstollen Pastetenbäckersfrau, die obendrein schon vor zwei Jahren an Fieber gestorben wäre; Gott habe sie selig.

Alle lachten. Puerto-Carrero blickte von unten her die Reihe entlang und stieß hervor, es sei ihm jetzt aber völlig genug. Er sehe da Herren über ihn das Gesicht verziehen, die nicht einmal von ordentlichen Eltern stammten, Herren, die dringend verdächtig wären, Mauren- oder gar Judenblut in den Adern zu führen, Herren, mit deren Stammbaum sich die Heilige Inquisition beschäftigt habe...

Cortes ersuchte die Offiziere freundlich, die Degen wieder einzustecken. Er sagte dem Puerto-Carrero eine Menge angenehme Dinge: er sei eben der einzige Kavalier von Familie oder vielmehr derjenige mit den besten Beziehungen unter den Herren, man vertraue auf seine Beharrlichkeit und sein Geschick bei diesen über die Maßen schwierigen Verhandlungen, von denen ja schließlich das Schicksal der ganzen Expedition abhinge.

Puerto-Carrero wischte sich den Bart, als mundeten ihm diese Schmeicheleien, und übernahm endlich den Posten. Bald darauf kamen Ordaz und Leon mit den ausgesandten Erkundungsschiffen zurück. Sie hatten etwa zwölf Stunden nach Norden an der im übrigen völlig platten und öden Küste eine Ortschaft und in deren Nähe einen leidlich sicheren Hafen gefunden. Man betrieb nun mit großer Schnelligkeit die Abreise der Gesandtschaft. Cortes ließ den Obersteuermann Alaminos zu sich kommen und besprach mit ihm die Fahrtroute, die an Kuba vorbei durch die Bahama-Straße führen sollte. Der alte Mann zog mahlend die Reste seines weißen Bartes durch die Zähne und blickte achtlos mit seinen weitsichtigen Augen über den Generalkapitän hinweg. Er machte mit schleppender Stimme zahllose Einwendungen: die Fahrt zwischen den Inseln hindurch sei zu gefährlich, er habe sie erst einmal gemacht, man müsse doch Kuba anlaufen – bis Cortes ihn anfuhr, er sei Puerto-Carrero als dem Führer der Fahrt unterstellt und habe dem zu gehorchen. Auf keinen Fall dürften die Schiffe Kuba auch nur zu Gesicht bekommen.

Die Gesandtschaft ging nun an Bord, nachdem Cortes an Montejo und Puerto-Carrero noch zweitausend Piaster zu ihrer persönlichen Verfügung hatte auszahlen lassen. Im Lager entstand wieder Geschrei. Der zurückgekehrte Anhang der Velasquez-Partei protestierte gegen die Wahlen, die ohne ihre Beteiligung zustande gekommen und damit nichtig seien. Sie waffneten sich, stießen in Haufen gegen das Zelt des Generalkapitäns vor und drohten, sie würden ihn als Meuterer und vertragsbrüchigen Rebellen in Eisen legen. Cortes bat Ordaz und Leon zu einer Besprechung hinein und ließ die übrigen inzwischen von der Wache auseinanderjagen. Ein Dutzend Schreier wurden durch den Profosen Ochoa und seine Knechte gegriffen. Ordaz und Leon hörten im Zelt den Lärm und brachen sofort die Unterhaltung ab. Sie griffen an ihre Degen und wollten hinausstürzen. Cortes ließ sie durch seine Diener festnehmen. Die Stühle und Tische fielen um, man trat in das Essen. Der stämmige Ordaz blutete hinter den Ohren, als man ihn endlich gebunden hatte. Er heulte vor Wut; es klang wie ein kurzes, scharfes Bellen. Der Profos Ochoa kam und meldete, er habe den größten Teil der Festgenommenen wieder losgeben müssen, weil der gesamte Anhang der Velasquez-Leute rebellisch geworden sei. Sogar sein Gehilfe, der Büttel Pedro Escudero, müsse mit ihnen unter einer Decke stecken; er stoße fortwährend Drohungen gegen den Generalkapitän aus und fasse nicht zu, wenn jemand gegriffen werden sollte. Cortes schrie ihn an, er solle ihn zufrieden lassen; die Hitze mache wohl die Leute so toll wie die Hunde, gegen Abend würden sie sich schon beruhigen. Er wolle jetzt von nichts mehr wissen.

Er verdoppelte die Wache vor seinem Zelt und warf sich auf das Lager. Es war schon dunkel, als er hochfuhr. Ein kleiner, blutjunger Soldat, den er nicht kannte, kniete neben ihm. Das blasse Kindergesicht war entstellt von Angst, die Augen traten ihm aus dem Kopfe, und mühsam bruffelte er das Geständnis heraus: man habe sich gegen Seine Gnaden verschworen, das Cassavenbrot und die gedörrten Fische seien bereits an Bord geschafft, auch der Kompaß, um nach Kuba zu segeln, und dann hätten sie auch davon gesprochen, den Generalkapitän niederzustechen.

Wer?

Nun, der schwarze Steuermann Gonzalo aus Umbria, Pedro Escudero, der Büttel, die Matrosen besonders, aber die kenne er nicht bei Namen. Dann sei auch der glotzäugige Juan Diaz dabei.

Cortes ließ zunächst durch zuverlässige Leute das Schiff besetzen, den Kompaß und das Steuerruder herausnehmen und an

Land schaffen. Ein Kriegsgericht trat noch in der Nacht zusammen. Der Steuermann Gonzalo wurde vom Profosen Ochoa gefoltert. Ochoa, der auf die Matrosen und Steuerleute eine heimliche Wut hatte, weil sie sich seiner Strafgewalt für gewöhnliche Fälle entziehen konnten und nur von den Obersteuerleuten bestraft werden durften, richtete den schweren Mann im Umsehn so zu, daß ihm der Kopf haltlos auf die Brust fiel. Er bekannte sofort die Namen der Verschworenen, gab aber außerdem noch viele angesehene Leute als beteiligt an. Cortes machte dem Profos ein Zeichen, ihn loszulassen, und erklärte, er wünsche, daß nur die unmittelbar Schuldigen im Protokoll genannt würden.

Pedro Escudero, der Büttel, und der Matrose Penate wurden zum Strang verurteilt, dem Steuermann Gonzalo sollten beide Füße abgehauen werden, die übrigen, meist Matrosen, bekamen zweihundert Rutenhiebe. Den Bruder Diaz ließ man aus Rücksicht darauf, daß er Geistlicher war, mit dem Schrecken davonkommen, daß der Profos Ochoa ihn angriff.

Die Urteile wurden sogleich ausgefertigt und Cortes zur Unterschrift vorgelegt. Er zögerte und fragte, weshalb das Kriegsgericht denn nicht seine Namen daruntersetze. Man bedeutete ihm aber, daß er ja ausdrücklich zum Oberrichter mit der Befugnis, an Leib und Leben zu strafen, ernannt worden sei; jetzt müsse er sie auch ausüben. Seufzend nahm er die Feder zur Hand: es sei doch ein kurioses Ding, solch ein Todesurteil zu unterschreiben. Wahrhaftig, man fühle sich wie ein Henker selber dabei, und er wollte, er hätte nie schreiben gelernt.

Der Büttel Escudero lachte fortwährend vor Angst; man sah die Lücke in seinen Vorderzähnen. Er glaubte zunächst noch, man werde ihn begnadigen. Als aber der schwer blutende Steuermann Gonzalo vorbeigetragen wurde und er sah, wie Meister Ochoa in seiner bedächtigen, sicheren Weise die Stricke zur Hand nahm und prüfend durch die Finger laufen ließ, brach er in wildes Geheul aus. Er schimpfte, das Ganze sei eine gemeine Rache des Cortes, der ihm nicht vergessen könne, daß er ihn seinerzeit aus der Freistatt in die Kirche gelockt und dem Gouverneur ausgeliefert habe. Warum man denn gerade ihn, gerade ihn hängen wolle? Es seien doch ganz andere Herren, und große Kavaliere, an der Verschwörung beteiligt, ihn habe man nur vorgestoßen; er habe nicht einmal etwas davon gehabt.

Der Matrose Penate rieb seine Kolbennase und fuhr ihn an, er solle das Maul halten. Das wisse doch schließlich ein jeder, daß die Kleinen dann herhalten müßten, wenn den Großen etwas schiefginge.

Der Profos Ochoa nickte ihm zu und fragte ihn, ob er der Matrose Penate sei, von dem es hieße, er könne das Land auf hundert Seemeilen riechen?

Ja, das sei er wohl, antwortete Penate, und sah weit über den Profos hinweg auf das Meer.

Ochoa meinte, das habe er aber mit seiner feinen Nase wohl nicht gerochen, daß er so sterben werde, hm? Und dabei schlug er die glattgelegten Stricke leicht über den Schenkel, winkte der Wache herrisch mit dem Kopf anzutreten, und ging mit den beiden davon.

Cortes ließ, während der größte Teil der Mannschaft im Morgengrauen vor dem Galgen stand, durch seine Leute die Schiffe räumen. Anker, Taue, Segel und alles Eisen wurden an Land geschafft. Als die anderen mit Trommeln und Pfeifen wieder ins Lager rückten, stand hinter den Zelten am Ufer eine helle Brunst. Viele glaubten zunächst, es sei die aufgehende Sonne. Die Schiffe brannten. Sie stürzten auf das Ufer zu. Eine dicke Rauchwolke, schwer nach dem geteerten Holz schmeckend, schwalchte herüber und trieb sie zurück.

Zweites Buch

Erstes Kapitel

Nach der Morgenmesse trat die gesamte Mannschaft auf dem Platz an. Cortes erschien, umgeben von seinem Anhang, und hielt eine Rede. Er hatte wieder, wie bei der Ausfahrt von Havanna, seinen Panzer angelegt, dessen Brünierung wie Öl in allen Regenbogenfarben schimmerte. Auf der Spitze des schwarzen Helmes spielte das Federwerk von roten Straußenfedern, die eine Feder war geknickt und hing schief und etwas ruppig rücklings herunter.

Er sprach lange und eindringlich, mit lebhaften Kopfbewegungen und anmutigen Gesten seine Worte begleitend. Der Würfel sei gefallen, wie die Lateiner sagten. Zurück könne man nicht mehr, man müsse wohl oder übel vorwärts. Der bevorstehende Feldzug sei schwer, und man werde ihn wohl nur mit dem gnädigen Beistand Jesu Christi und seiner gnadenreichen Mutter glücklich bestehen. Im übrigen dürfe man sich nicht allzusehr auf die Hilfe des Himmels verlassen, sondern habe selbst kräftig die Arme zu rühren und zu zeigen, was spanische Tapferkeit leisten könne. Der Lohn werde dann auch nicht ausbleiben, und er schwöre ihnen, sie sollten allesamt so mit Ruhm und Schätzen beladen in die Heimat zurückkehren, wie die Soldaten und Hidalgos weiland Alexanders des Großen nach der Eroberung jenes anderen Indiens.

Sorgfältig beobachtete er den Beifall, der nun aufbrauste. Er war zufrieden. Auch die Velasquez-Leute schienen sich in die Situation zu fügen. Sogar Ordaz und Leon, die er am Morgen wieder freigegeben hatte, schrien eifrig mit.

Noch am Vormittag brach das Heer auf. Die Reiter streiften voran, dann kam das Fußvolk und zum Schluß das Geschütz und

Gepäck. Ganz am Ende des Zuges wurde in einer Sänfte der Steuermann Gonzalo aus Umbria getragen. Die Celestina und der Apotheker Garai gingen neben ihm. Sie hatten ihn verbunden, und Garai redete dem Stöhnenden gut zu: er werde schon durchkommen mit Gottes Hilfe; er selbst habe auch damals, als ihm die Hand abgeschnitten worden sei, geglaubt, er müsse daran krepieren, und jetzt spüre er es kaum noch. Wahrhaftig, er solle sich doch nichts daraus machen. Und dann könne er ja auch später einmal einen hübschen Schadenersatz von Cortes fordern, wenn man erst wieder in Spanien wäre.

Die Celestina blickte von der Düne noch einmal zurück auf das Lager. Da lag der Strand, zerzaust und zerrauft und überall mit Stangen und Zweigen bedeckt wie nach einem Sturm, dort liefen noch die eingetretenen Lagergassen, und überall fleckten die schwarzen Aschengruben der Kochstellen. In einem Winkel kauerte das kleine Depot mit dem Schiffsgerät und der Wache, die Cortes dabei zurückgelassen hatte. Und schwarz gegen die Sonne stand der stelzbeinige Galgen mit den beiden Schächern.

Der Marsch ging an der Küste entlang.

Mißmutig wateten die Soldaten durch den aschenheißen Sand. Sie mußten ihr Gepäck selber tragen und schwitzten unter den schweren Bündeln, die sie sich erhandelt hatten. Vielen war das Gesicht so zerstochen und zernagt, daß es aussah, als hätten sie die Krätze. Die Luft war trächtig von dumpfer, schwüler Nässe wie in einem Badehause; nach ein paar Schritten klebten ihnen die Hemden am Leib.

Bei jedem Halt fielen sie besinnungslos irgendwohin, ohne sich nur etwas Schatten zu suchen.

Gegen Abend lagerten sie am Eingang eines kleinen Tales. Ehe die Zelte aufgeschlagen waren, stürzte das Dunkel herunter. Sie lagen noch betäubt von der schrillen Sonne da; jetzt fiel der Lärm der tropischen Nacht über sie her. In der Schlucht toste fern ein Wasser; es klang, als wenn Blöcke aus hartem, glasigem Gestein geworfen würden. Aus den Wiesen hob sich ein Zirpen und Feilen, schwoll in Wellen heran und ebbte wieder ab. Die Zeltwände waren im Nu übersät von Käfern und Faltern; ein ständiges irres Klammern, Stoßen und Taumeln trommelte leise gegen die Leinwand. Über den Lagerfeuern flackerte das Geschwirr der großen

Nachtschmetterlinge wie hastiger Atem. Zuweilen fiel samtig und schwer eine Fledermaus ein. Die Leute warfen sich unruhig auf dem Lager hin und her. Überall im Dunkel standen welche, die nicht schlafen konnten.

Übermüdet und zerschlagen schleppten sie sich am andern Morgen weiter. Sie kamen nur drei Stunden weit, dann stand die Hitze wie eine Wand vor ihnen, und sie warfen sich mutlos hin. Die meisten waren selbst zu schwach zum Schimpfen; nur kraftlos murrten einige vor sich hin. Man meldete Cortes, es seien fünf Indianer von den Reitern gesichtet worden, sie schienen auf das Lager zuzugehen. Er wehrte mit der Hand ab und erhob sich erst langsam, als die Eingeborenen vor ihm standen. Marina versuchte auf sie einzureden. Cortes verstand ihre Worte nicht. Er hatte ein Gefühl, als ob seine Ohren voll Wasser wären. Die Augen versagten ihm, er sah nur ein paar bunte Flecken ohne Umrisse. Marina beugte sich dicht zu ihm und flüsterte ihm beharrlich und ohne Ungeduld immer wieder denselben Satz vor. Er verstand nun, daß es Abgesandte aus der nahe gelegenen Stadt Cempoalla wären. Sie brächten dem Generalkapitän die Grüße ihres Kaziken.

Cortes betrachtete sie genauer. Sie schienen von kleinerem und derberem Wuchs als die Mexikaner, die er bisher gesehen hatte. Ihr Gesicht starrte von Steinen; sie trugen faustgroße Türkisplatten in den Ohren, dicke grüne Steine in den durchbohrten Nasenlöchern und Lippenflöcke, die fast das ganze Kinn bedeckten. Er schüttelte sich, zwinkerte heftig und war nun ganz wach. Energisch fragte er sie durch Marina aus. Er erfuhr, daß ihr Volk bisher mit den Mexikanern in Feindschaft gelebt hätte und erst jüngst durch den mächtigen Montezuma unterworfen worden sei. Sie trügen diese Herrschaft nur widerwillig und hofften bei ihm auf Schutz und Hilfe. Ihr Herr bitte um Entschuldigung, daß er wegen seiner schweren Körperbeschaffenheit nicht selbst den Fremden habe entgegenkommen können. Er schicke aus seiner Armut als bescheidene Gabe einige Hühner und getrocknete Fische.

Sehr früh am Morgen trat das Heer an. Cortes hatte eine Patrouille mit den Eingeborenen vorausgeschickt. Der eine Reiter kam während der Mittagsrast mit verhängtem Zügel zurückgesprengt. Er hieß Moron und galt für etwas närrisch, weil er es streng ablehnte, sich mit irgendwelchem Gold zu befassen. Dafür sammelte er eifrig Silber; er hatte sich eine fromme Theorie zurechtgemacht, wonach er hoffte, den Teufel zu prellen, wenn er sich mit dem bescheideneren Metall begnügte. Er war im übrigen ein sehr armer Teufel und sein Gaul der erbärmlichste Klepper des Heeres, eine Schindmähre mit messerscharfem Rist und zahllosen wunden Stellen, an denen die Fliegen klebten. Große Aufregung entstand, als er auf diesem Tier, das, wie bekannt, sonst eben im Schritt oder allenfalls einem leichten Trab sich auf den Beinen hielt, so rasend dahergesprengt kam. Er stieß ihm immer wieder die handlangen, dreikantigen Sporen in die Flanken und prügelte es klatschend mit der Degenscheide. Der Helm war ihm in den Nacken gerutscht und hing nur am Sturmriemen. Die schaumig-weiße Zunge lag dem Gaul wie ein Stück Muschelfleisch vor den Lippen, die Nüstern waren mit scharfen Rändern übergroß und angstvoll aufgestellt, und aus der Kehle röhrte mit Pumpenstößen ein heiseres Hacheln. Moron konnte ihn kaum mit beiden Fäusten zum Halten bringen, er rasselte aus dem Sattel und suchte mir irren Augen nach dem Generalkapitän. Mühsam und immer wieder grundlos auflachend stotterte er dann seine Meldung heraus: die Stadt... die Stadt... es sei nicht zu glauben... er habe auch seinen Augen nicht trauen wollen... wahrhaftig, aber das wären Mauern aus purem Silber, ganze Häuser aus purem Silber, das glänze und funkele wie die ewige Seligkeit... man halte ihn wohl für verrückt... immer zu, immer zu.

Er konnte vor Lachen nicht weitersprechen. Der Dolmetscher erklärte zwar, man werde die Wände mit frischem Kalk oder Stuck getüncht haben, der von diesen Völkern sehr fein zubereitet werde und in der Sonne tatsächlich wie Silber leuchten könne, aber viele wollten davon nichts hören. Ehe noch der Befehl gekommen war, begannen sie aufzupacken und zum Aufbruch zu drängen; vorwärts, vorwärts! In der steilsten Mittagshitze marschierten sie ab. Eine Wegstunde vor der Stadt kamen ihnen zwanzig Eingeborene entgegen. Sie brachten Körbe mit Blumen, Kaktusfeigen und Ananas und lächelten freundlich zwischen den vielen Steinen hervor, die ihnen das ganze Gesicht starr machten.

Blendend weiß wie die Zinnen eines maurischen Schlosses

funkelten die ersten Häuser der Stadt. Erschüttert staunten sie die Wände hinauf. Das war eine Stadt, wahrhaftig ein anderes Sevilla oder Granada, nirgends hatte man in der Neuen Welt bisher etwas Ähnliches gesehen, und auch in der Alten mochte es nicht viele geben, die ihr das Wasser reichten. Man lachte noch nachträglich über Moron, den Silbernarren, aber ganz so unbegreiflich war es nicht, daß dieser Anblick ihm den Kopf verwirrt hatte. Da quollen Gärten mit fleischigem, üppigem Grün zwischen den Häusern hervor, schön gehegt mit Bambusgittern, da standen gemetzte Steintröge, in die klingend das Wasser fiel, man sah in Höfe voll Gerät, blickte durch die Fenster in Werkstätten, in denen unermeßliche Schätze von Metallen und Stoffen zu lokken schienen. Hinter den Häusern und Palästen aber treppte sich mächtig wie eine Burg der Tempel oder die Moschee empor, breit an der Basis und verbaut mit Priesterhäusern und Kapellen, die bis zu der Pyramidenspitze überall auf den riesigen stockwerkshohen Absätzen klebten wie die Vogelnester. Nur in der Mitte rann in breitem Guß tausendstufig die große Treppe herunter. Die Spanier schüttelten sich gegenseitig, sie schlugen sich verwundert auf den Mund, sie heulten fast vor Begeisterung.

Man führte sie auf den Hof eines Palastes, der mühelos das ganze Heer umfing. Sie warfen ihr Gepäck ab. Viele stießen verächtlich gegen das Bündel: war das nicht alles Dreck, was man sich da bisher zusammengescharrt hatte? In einer solchen Stadt, in einem solchen Land, da mußte es wohl noch andere Dinge zu erbeuten geben als das kümmerliche Blech und die Halbedelsteine, die einem ohnehin von der Celestina nicht abgenommen wurden. Die Indios wichen vor diesen harten und gierigen Blikken zurück. Leise unterhielten sie sich über die seltsamen Sitten der Fremden, die sich nun über die Früchte hermachten, mit ihren Dolchen sich dicke Stücke aus den Ananasköpfen schnitten, daß der Saft ihnen über die Finger lief, die ausgekauten Fasern laut auf den Boden spuckten und sich mit den Fäusten die erstarrenden Bärte wischten.

Mit großem Gefolge erschien jetzt der Kazike. Er war größer als die anderen Eingeborenen und so fett, daß er nur, gestützt auf zwei Diener, langsam sich heranwälzen konnte. Seine weibisch volle Brust fiel gegen den Gürtel, der dreifach und vierfach gewunden den ungeheuren Bauch zusammenhielt. Das Gesicht starrte wie bei den anderen von grünem Schmuck; die vollen Backen schwankten bei jedem Schritt.

Das Gelächter der Spanier verstummte aber, als er zu reden begann. Man sah nun seine Augen, die er beim Gehen ängstlich auf seine Füße gerichtet hielt, lebhaft funkeln, die ganze ungeschlachte Masse bekam etwas nervig Angespanntes, und mit den sehr zarten Händen, die immer noch über dem Hals der Diener hingen, begleitete er ausdrucksvoll seine Ansprache. Er hieß Cortes willkommen und überbrachte ein Geschenk. Es waren feine baumwollene Stoffe und einige Schmucksachen von nicht sehr erheblichem Wert, wie sogleich festgestellt wurde. Er entschuldigte sich auch höflich wegen der Geringfügigkeit der Gabe; man würde gern mehr Gold mitteilen, wenn man es hätte. Es sei ihm wohl zu Ohren gekommen, daß die Fremden dieses Metall so sehr schätzten und für eine Art Medizin hielten. Leider habe der König Montezuma ihm seine sämtlichen Schätze und Schmucksachen abnehmen lassen. Die Hand dieses gewaltigen Monarchen laste überhaupt schwer auf seinem Volke; man müsse allmonatlich einen schweren Tribut zahlen und außerdem zu den großen Festen in der Hauptstadt Hunderte von Opfern für die Tempel liefern.

Cortes ließ durch Marina erwidern, er sei eigens zu dem Zwecke, solche Ungerechtigkeiten abzustellen und dem Greuel der höllischen Menschenopfer zu wehren, von seinem erhabenen Gebieter Kaiser Karl abgesandt.

Noch während sie sprachen, entstand unter den Indianern am Eingang des Hofes eine Bewegung. Viele stürzten davon; auch der Kazike wurde unruhig und verabschiedete sich hastig. Cortes schickte Marina und einige Leute hinaus, die nachsehen sollten, was dort vor sich ging. Sie meldeten, daß fünf mexikanische Steuereintreiber angelangt seien; das Volk laufe demütig vor ihnen her und bezeige ihnen die größte Ergebenheit. Auch der dicke Kazike sei ihnen so schnell wie möglich nachgewankt und scheine sich bei ihnen zu entschuldigen. Von der Anwesenheit der Spanier nähmen die Mexikaner in ihrem unsinnigen Hochmut offenbar gar keine Notiz. Sie stolzierten auch wie die Pfauen über die Straße, in bunten, gestickten Mänteln, Rosen im Haar und mit langen, oben gebogenen Stöcken in der Hand. Hinter jedem liefe ein Sklave mit einem Fliegenwedel aus Papageienfedern.

Cortes befahl zunächst, in die Quartiere zu rücken und Wachen auszustellen. Die Indianer würden sich schon wieder melden. Als aber bis zum Abend niemand erschien, ließ er durch Marina den Kaziken rufen. Er kam, aber offensichtlich scheu und ungern. Durch vieles Befragen bekam man aus ihm heraus, daß die Steuereintreiber ihn wegen der Aufnahme der Spanier in der Stadt heftig zur Rede gestellt hätten; sie seien außerdem mit einer neuen Forderung von zwanzig Mädchen und Knaben gekommen, die dem Kriegsgott geopfert werden sollten, damit er den Mexikanern den Sieg in ihrem bevorstehenden Kampf gegen die Fremden verleihe.

Cortes redete ihm zu, er solle diese Steuereintreiber doch einfach gefangensetzen.

Der Kazike schien fassungslos. Wie, die Beamten des großen Montezuma...

Nun ja?

...geheiligte Vertreter des Herrschers?

Darüber solle er sich nur nicht den Kopf zerbrechen. Man nehme ihm ja die Verantwortung ab.

Der Kazike dachte nach. Es arbeitete heftig in seinem riesigen Gesicht. Plötzlich wandte er sich um, hastig, als fürchtete er, in seinem Entschluß noch einmal wankend zu werden, und schwankte hinaus auf die Straße. Seine Leute zerrten die Steuereintreiber aus dem Hause, wo sie soeben mit kalter Schokolade und Früchten bewirtet wurden. Der eine wehrte sich wütend. Man schlug ihm seinen Hakenstock gegen den Kopf, bis er zerbrach. Dann schleppten sie lange Balken heran, an deren Enden Halsbänder hingen, und machten die Gefangenen fest. Sie wurden so durch die Straßen geführt. Die Balken, die sehr schwer waren, drückten ihnen die Schultern herunter und den Kopf schief in die Höhe. Die Bevölkerung, ängstlich und wie gelähmt zunächst durch das Ungeheuerliche des Vorgangs, huschte nun keck heran, riß den Beamten den Schmuck herunter und beschimpfte sie.

Cortes ließ dem Kaziken jetzt nahelegen, der Stadt bekanntzumachen, daß von nun ab jede Tributzahlung und Gehorsamsleistung an Montezuma aufgehört habe. Er solle ferner den benachbarten Völkerschaften die Ereignisse mitteilen und sie auffordern, ebenso die Vögte und Zwingherren Montezumas gefangenzunehmen und gefesselt nach Cempoalla zu bringen.

Während die Boten des Kaziken durch die Stadt liefen, schickte Cortes eine Wache, die ihm die Gefangenen abfordern sollte, unter dem Vorwand, es sei dem Generalkapitän zu Ohren gekommen, daß man die Mexikaner opfern wolle. Sie wurden ihm vorgeführt; er ließ ihnen die Balken abnehmen und bot ihnen Essen an. Dann fragte er durch Marina freundlich, warum man sie denn gefangengesetzt hätte?

Der Älteste von ihnen, den Kopf und die Augen noch ganz verschwollen von den Schlägen, blickte ihn von unten her an und ließ sagen, man wisse recht wohl, daß der Kazike von Cempoalla auf Anstiften der Fremden diesen Gewaltstreich begangen hätte. Montezuma würde ihnen freilich nicht viel Zeit lassen, sich darüber zu freuen.

Cortes erklärte das für eine unerhörte Lüge des Kaziken, der ihn anscheinend mit Montezuma verfeinden wolle. Dieser saubere Anschlag solle ihm nicht gelingen, und um einen Beweis seiner Gesinnung zu geben, werde er zwei von ihnen sogleich freilassen.

Er ließ den beiden Mexikanern spanische Mäntel überwerfen, gab ihnen sechs Mann zur Begleitung mit und befahl ihnen, die Nacht durch zu marschieren, bis sie aus dem Gebiet der Stadt gekommen seien. Als der Kazike am andern Morgen erschien, stellte man fest, daß zwei der Gefangenen verschwunden seien. Cortes schrie seine Leute an. Eine Untersuchung wurde angestellt. Man brachte Ketten und schlug die übrigen drei in Eisen.

Der Kazike war in großer Aufregung. Seine riesigen Backen zitterten, und die faustgroßen grünen Ohrplatten schlugen ihm auf die Schultern. Montezuma würde über ihn herfallen. Er sehe schon, daß man ihn und seine ganze Stadt bis auf den letzten Mann ausrotten werde.

Cortes beruhigte ihn; Cempoalla stünde ja nun in seinem Schutz. Dann fragte er vorsichtig, wie groß denn wohl die Kriegsmacht des Montezuma wäre?

Der Kazike hob mühsam die Arme, die auf dem Nacken der beiden Träger wuchteten, und machte eine weitausgreifende Gebärde. Dann bewegte er lange zählend die fleischigen, zarten Hände. Marina spannte ihr Gesicht vor Anstrengung an, daß die lang ausgezogenen Augenbrauen zuckten: zwanzigtausend, oder vielmehr zweihunderttausend; ja, zweihunderttausend, das sei es.

Der Kazike machte sich wieder bemerklich, und Marina fügte hinzu, es sei dies nur die eigentliche Streitmacht der Mexikaner, die aus den adligen Kriegersippen der Azteken und der ständig unter den Waffen stehenden Mannschaft der Hauptstadt zusammengesetzt sei. Montezuma könne aber für große Heereszüge außerdem über zahllose Hilfsvölker aus den unterworfenen Gegenden gebieten, die allerdings unzuverlässig seien und nur widerwillig solche Kriegsdienste leisteten.

Cortes warf den Bart hoch, drückte den Degen nach hinten und schrie, dieser Montezuma könne seinetwegen noch doppelt so viele Leute kommandieren, und wenn er ein Heer zusammenbrächte wie der Großtürke selber, er wollte sich doch getrauen, mit ihm anzubinden.

Um sich und seine Leute, die auch bereits bedenkliche Gesichter zu ziehen begannen, etwas zu beruhigen, schlug er dem Kaziken vor, man wolle sogleich einen förmlichen Freundschafts- und Unterwerfungspakt miteinander abschließen. Der Notar Godoy wurde geholt; er setzte ein umfängliches Schriftstück auf, in dem die Stadt und Landschaft Cempoalla sich feierlich von Montezuma lossagte und unter die Herrschaft des Kaisers stellte.

Cortes unterschrieb als Generalkapitän, Adelantado, Statthalter des Kaisers und Vizekönig dieser neuspanischen Gebiete, wie er sie kurzerhand taufte. Der Kazike strahlte über das ganze riesige Gesicht, als ihm der Vertrag durch Marina erklärt wurde. Er äußerte, daß auf die Nachricht hiervon wohl noch manche der benachbarten Stämme und Völkerschaften, die alle unter der tyrannischen Faust Montezumas fast zusammenbrächen, sich ihnen anschließen würden.

Man fand nun, es sei nötig, daß auch der Kazike in irgendeiner Form den Vertrag bekräftige. Einige schlugen vor, ihn bei seinen

Göttern schwören zu lassen, aber Cortes meinte zornig, ein Eid bei diesen widerwärtigen Aftergötzen Vitzliputzli oder wie sie hießen sei ja schließlich gerade so gut, als wenn man Beelzebub oder Belial anrufen wollte. Der Notar Godoy sagte, man solle ihn doch wie alle Leute, die nicht schreiben könnten, ein Kreuz machen lassen. Auch das erweckte Bedenken; man könne doch nicht wohl dulden, daß ein Heide das heilige Zeichen ungläubigerweise führe. Cortes stimmte aber Godoy zu; wenn der Kazike noch kein Christ sei, so könne man ja dafür sorgen, daß er es schleunigst würde. Er habe ohnehin vor, den großen Baalstempel, der sich so frech über der Stadt emporrecke, einmal zu untersuchen und das schändliche und lasterhafte Treiben, das zweifellos darin umginge, abzustellen. Man müsse alsbald tatkräftig mit dem Bekehrungswerk beginnen.

Der Pater Las Casas hob bedenklich die dicken Brauen in dem vollen Bischofsgesicht und warnte vor Übereilung. Es sei Gott und der Kirche mit bloßem Lippenbekenntnis nicht gedient, und er würde es für Sünde halten, diese Leute zu taufen, ehe sie die Heilswahrheiten der christlichen Lehre wenigstens einigermaßen in sich aufgenommen hätten.

Cortes erklärte ungeduldig, das sei seine Angelegenheit, die er halten könne, wie er wolle. Aber der Kazike müsse jetzt, vorwärts, zunächst einmal unterschreiben!

Marina suchte dem Indianer zu bedeuten, was man von ihm verlangte. Der Kazike nahm die Feder mit den äußersten Fingerspitzen und wagte nicht recht, sich dem Dokument zu nähern. Der Notar zeigte fortwährend die Stelle, griff endlich zu, umklammerte ihm die Hand und führte ihm so die Feder. Entsetzt starrte der Indianer auf die dürren Finger des Spaniers. Er schwenkte seine Hand vorsichtig, nachdem er sie wieder frei bekommen hatte, und ließ die Finger spielen.

Cortes äußerte nun seinen Wunsch, den Tempel zu besichtigen. Sie stiegen die riesige Treppe empor; mit jedem Schritt kam ihnen der Bau mächtiger und überwältigender entgegen. Auf der ersten der drei Terrassen ruhten sie aus und warteten auf den Kaziken, den eine ganze Schar von Dienern mit Tüchern und Stricken in die Höhe zog. Sie sahen hier eben auf die Dächer der umstehenden Häuser; mit Bewunderung betrachteten sie das hochrote feine Ziegelwerk und die sorgfältige Art des Verputzes, der schneeweiß wie Gips in den Fugen leuchtete. Vom nächsten Absatz aus öffnete sich bereits der Blick über die ganze Stadt. Da schimmerten Plätze; auf dem einen schien eine Art Markt abgehalten zu werden, man hörte das Summen der Menschenmenge bis hier herauf; es gab an den Stadteingängen Mauthäuser mit Zollbeamten, die den Passanten Zoll abforderten; eine Wasserleitung sprang auf schlanken Bogen in die Stadt. Aus den Höfen scholl der Lärm der Handwerker empor; sie hörten das harte, klickernde Geräusch eines Steinhauers, der Werkzeuge aus Obsidian auf einem Porphyrblock zuhieb, das Poltern von Webstühlen, am Wasser hingen Gerber ihre Häute ein, und auf einem Hof ging ein Federarbeiter vor einem aufgespannten, prachtvoll funkelnden Mantel hin und her, hielt ab und zu eine Feder prüfend ins Licht und fügte sie dann mit einer schwungvollen, schnellen Bewegung ein. Die Spanier waren etwas enttäuscht, daß dieses Leben und Treiben so weiterwebte, als wenn sich inzwischen nichts Sonderliches ereignet hätte; trotzdem stimmte sie der Anblick froh, und einige äußerten, man müsse doch auf der Stelle niederknien und Gott danken, daß er einen diese reichen Länder habe entdecken lassen.

Cortes meinte aber, er wolle zunächst einmal sehen, was es denn nun mit dem Inneren dieser Moschee auf sich habe. Damit lief er die Treppen zu der Spitze der Pyramide hinauf. Es war dort alles verbaut mit Erkern, Zellen und kleinen Türmen, auf denen riesige Geier mit blutig nackten, wie geschundenen Hälsen fußten. Einige erhoben sich und strichen mit klatschendem Flügelschlag ab; die meisten blieben unbeweglich sitzen und äugten still auf die Ankömmlinge herunter. Aus der Tür in der Mitte, die sehr breit und niedrig war und in stumpfer Reliefzeichnung ein Schlangenmuster zeigte, traten erschreckt einige Priester. Sie trugen schwarze, lange Mäntel mit Kapuzen. Die Haare, ganz mit geronnenem Blut verklebt, starrten wie schmutzige Vogelnester. Auch die Hände mit den spannenlangen Nägeln waren schwarz verkrustet, und aus den Falten ihrer Kutten brach ein fauliger Gestank. Der Kazike winkte, und sie traten zur Seite.

Das Innere des Tempelraumes war dunkel und bis zum Rand

gefüllt von einem so beizenden Aasgeruch, daß einige Spanier sogleich wieder ins Freie stürzten. Selbst die dichten Wolken von Kopalrauch, die aus den Becken vor den Altären stiegen und in blassen Schwaden durch das Dämmer schwammen, konnten diesen lauten Geruch nicht übertönen. In der Mitte glänzte der polierte Buckel des Opfersteins auf. Allmählich gewannen die Augen den Wänden das Bild der großen Göttergestalten ab. Es waren riesige Schnitzereien aus dunklem Holz; die Figuren hatten schrille und eckige Konturen und sahen wie verrenkt aus. Überall, auf dem Holz, den steinernen Stufen, an den Wänden, sah man die Spuren des Blutes, zuweilen noch mit den Malen der Finger, die es opfernd dort angestrichen hatten; altes Blut, das verkrustet war und bröcklig wurde wie rissiges Leder, dicke Haufen von Blut wie eine dunkle Gallerte, und quellend frisches Rot, das fast noch zu dampfen schien. Es weckte eine geheimnisvoll dumpfe Wut in den Spaniern, die zuerst in den Blicken schwelte, noch durch die Schauer des ersten Entsetzens niedergehalten, und schließlich lodernd hervorbrach: ins Feuer mit diesen gottverfluchten Baalsgötzen!

Der Kazike war inzwischen oben angelangt. Laut stöhnend von der Anstrengung schwankte er auf Cortes zu. Der ließ ihm durch Marina erklären, sein erhabener Monarch, der Kaiser Karl, könne in seinem Herrschaftsbereich solche teuflische Abgötterei nicht dulden; er befehle ihm, diese Lügengötzen auf der Stelle abzuschaffen und statt dessen hier ein Kreuz aufzustellen.

Der Kazike erwiderte mit großer Würde, es seien dies die alten Götter seines Volkes, die seit Jahrhunderten die Saaten wachsen und gedeihen ließen. Die neuen Götter der Fremden möchten wohl auch ihr Gutes haben; immerhin wären sie nicht erprobt.

Die Spanier, toll von dem beizenden Geruch, schrien, man sollte doch nicht lange mit dem verstockten Hund verhandeln; die Bilder müßten noch heute herunter, und wenn ihnen die ganze Stadt über den Hals käme. Damit sprangen schon die ersten auf die Stufen und rissen mit ihren Piken die Idole herab. Der Kazike und die Priester bedeckten sich jammernd die Gesichter. Aus allen Winkeln und Kapellen des Baues kamen schwarze Kutten hervorgeflattert. Tief im Innern begann dumpf eine heisere Pauke zu summen. Das Geschrei lief die Stufen herunter in die Stadt; am Fuße der Pyramide sammelten sich in Haufen die Eingeborenen. Pfeile flogen herauf. Als aber nun die Spanier die Bildwerke die Treppe hinunterwarfen, daß das alte morsche Holzwerk polternd zerschellte, fielen die Indianer auf die Knie.

Die Leute des Cortes brachen in alle Räume des Tempels ein; einige sahen sich bereits nach Beute um. Außer sich kam der junge Bernal Diaz zum Generalkapitän gerannt. Der knappe Waffenrock sprang ihm über der prallen Brust zwischen den Knöpfen auf. Seine braunen Augen blitzten heftig: man sei nun den Heiden auf ihre teuflischen Schliche gekommen. In einem Winkel der Galerie habe man die unglückseligen Menschen gefunden, die dort in Käfigen für den Opferschmaus gemästet würden wie die Kapaune.

Cortes folgte ihm. Ganz am Rande des äußersten Umgangs, fast frei über der Tiefe schwebend, standen die geflochtenen Bauer aus Bambusstäben. Die Menschen darin waren völlig nackt. Sie saßen zusammengekauert und schienen niemand zu bemerken. Der eine hustete. Ein anderer hatte den Blick über die Stadt hinweg in den Himmel gerichtet und summte leise vor sich hin. Die Spanier hielten den Atem an und lauschten. Es mochte eine Art Gesang sein; die Töne glitten auf eine unendlich traurig stimmende Weise die Skala hinab, nahmen einen Anlauf und fielen von neuem.

Man zog die Käfige vorsichtig mit Stangen heran und öffnete sie. Die Gefangenen begriffen nicht, daß man sie befreite, obwohl Marina, bebend vor Eifer, es ihnen unaufhörlich zu erklären suchte. Einige waren so schwach und feist, daß sie sich nicht erheben konnten. Viele fanden sich mit ihrem Blick, ganz an die unendliche Weite gewöhnt, in der Nähe nicht mehr zurecht und schlossen die Augen. Man lud sie sorgfältig auf die Mäntel, faßte die Zipfel an und trug sie so die Treppen hinunter.

Zweites Kapitel

Es dauerte einige Tage, bis die Stadt sich beruhigt hatte. Cortes ließ durch Maurer den Tempel reinigen und tünchen. Ein Altar wurde errichtet und mit den von Montezuma geschenkten feinen Baumwollstoffen bedeckt. Der Schiffszimmermeister Martin Lopez verfertigte ein Kreuz. Die Indianer mußten Körbe mit Rosen bringen, die in Kränzen um den Altar gehängt wurden. Nur die Räucherbecken mit dem Kopalharz behielt man anstatt des Weihrauchs bei. Die indianischen Priester wurden geschoren, man zog ihnen ihre Kutten ab und hing ihnen weiße Mäntel über. Cortes hatte den Pater Las Casas gebeten, sie zu unterweisen, wie sie in Zukunft den Altar zu bedienen hätten. Las Casas war entrüstet über das voreilige Verfahren; er verweigerte jede Mitwirkung. Cortes ernannte nun einen alten Soldaten, der lahm geworden war, zum Aufseher über die Priester und Hüter beim Heiligtum.

Las Casas las am nächsten Morgen eine feierliche Messe und weihte den Altar. Man taufte die befreiten Opfergefangenen und besprengte die Wände mit geweihtem Wasser. Der Kazike und die Vornehmsten der Stadt wohnten der Handlung bei. Cortes bewirtete sie nach dem Gottesdienst in seinem Quartier. Der Kazike machte ihm dabei den Vorschlag, die Spanier sollten doch unter den Töchtern des Landes wählen. Man werde sich glücklich schätzen, die Kinder so hoher Götter oder Helden aufzuziehen. Cortes lachte, bot ihm einen Becher mit spanischem Wein und bog sich zurück, um die hinter ihm stehende Marina am Kinn zu fassen: er habe ja schon ein indianisches Weib, das ihm gar nicht schlecht gefalle, ganz zu schweigen von seiner rechtmäßigen Frau und Gemahlin zu Hause. Auch verbiete ihm seine Religion, mehrere Weiber anzunehmen wie ein Maure oder Türke.

Marina stutzte vor dem letzten Satz und übertrug ihn nicht sogleich. Sie suchte Cortes begreiflich zu machen, daß er den Kaziken durch eine Ablehnung schwer kränken würde.

Nun gut; dann könne sie ihm ja sagen, er solle nur einmal die Mädchen kommen lassen. Man wolle sie doch wenigstens zuvor besichtigen.

Während Marina übersetzte, wandte er sich zu den Kameraden und prahlte: he, ob einer von ihnen schon eine solche Indianerin gesehen hätte? Sie spräche nicht nur schon Spanisch, als ob sie drei Jahre auf Kuba gelebt hätte, sie dächte sogar nach, ja sie ersetzte ihm fast einen Sekretär, von ihren sonstigen Vorzügen, die keineswegs gering wären – dabei lachte er laut und selbstgefällig –, gar nicht zu reden.

Marina zuckte vor der für die Begriffe ihres Landes unbeschreiblich taktlosen Berührung, mit der er sie großmütig bedachte, zurück.

Die andern lachten. Man sprach bereits seit längerer Zeit im Lager über das Verhältnis des Generalkapitäns zu der Indianerin. Sie sei völlig seine Favoritin; einige wollten sogar wissen, daß sie sich ganz ungebührliche Befugnisse angemaßt hätte. Der Bergwerksbesitzer Sedeño erzählte, er sei von ihr einmal an der Tür abgewiesen worden mit der Erklärung, der Generalkapitän schlafe und bedürfe dringend der Ruhe, sie werde ihn um keinen Preis wecken. Ja, wahrhaftig, so habe sie gesagt und das Wort »Preis« ganz sauber und richtig ausgesprochen.

»Sie wird es bei Euch gelernt haben«, warf der dicke Franz von Lujo ein, der wie viele andere bei Sedeño schwere Schulden hatte. Gines Nortes stichelte weiter und fragte Cortes, was denn wohl Donna Katalina sagen würde, wenn er ihr dies braune Mensch nach Hause brächte? Und da er spürte, wie Marina ihm gespannt auf die Lippen sah, wandte er sich zu ihr um und erklärte ihr: Donna Katalina sei die eigentliche Ehefrau des Generalkapitäns, eine Dame aus sehr vornehmem Hause, eine Nichte des allgewaltigen Gouverneurs Velasquez.

Cortes verbat sich das Geschwätz. Man werde ihm wohl zutrauen, daß er zwischen seiner angetrauten christlichen Gemahlin und einer indianischen Sklavin unterscheiden könne; es erscheine ihm ungebührlich, wenn die beiden in einem Atemzug genannt würden. Zu Marina sagte er dann, der Kazike solle nur die Mädchen kommen lassen, und zwar sogleich.

Der Häuptling schwankte, auf seine Diener gestützt, eilig davon und kam nach einer Stunde mit acht Indianerinnen zurück. Sie hatten kostbare Hemden und Mäntel an und klirrten vor dünnem, getriebenem Goldschmuck. Hinter jeder standen Dienerinnen mit Fächern und Tüchern. Der Kazike stelle Cortes die Mädchen vor. Es seien Töchter aus den vornehmsten Familien und für seine Hauptleute bestimmt. Diese seine Nichte – dabei wies er auf ein fettes Mädchen – wäre ihm selber zugedacht.

Cortes verbeugte sich vor dem Mädchen, das trotz seiner unbehilflichen Gestalt mit Anstand und Würde auf ihn zutrat. Er verwies zornig den Herren ihr Gelächter und ließ die Indianerin neben sich am Tisch Platz nehmen. Sie schüttelte die goldnen Ringe von ihren Handgelenken und brach zierlich das Brot. Ihr ganzes schweres Gesicht war erschüttert von der Anstrengung, den maßlos erregten Atem nicht zu laut werden zu lassen.

Cortes ließ ihr bei der Taufe, die einige Tage darauf stattfand, den Namen seiner legitimen Ehefrau, Katalina, geben, um allen Spöttereien zu begegnen.

Die Mannschaft wurde unruhig und liederlich. Täglich kamen Klagen aus der Bevölkerung über geraubte Lebensmittel, Diebstahl von Schmucksachen und Belästigungen von Frauen und Mädchen. Cortes gab Befehl, die Wache vor dem Palast zu verschärfen und niemand aus dem Quartier zu lassen, aber sie stiegen aus den Fenstern und über die Mauer. Er beschloß, eine eigne Stadt zu gründen, die zugleich als Rückhalt für den kommenden Feldzug dienen sollte. Eine halbe Stunde von Cempoalla entfernt, nahe der Küste, die hier einen leidlichen Hafen zu bieten schien, wurde auf einer Wiese der Platz für eine Siedlung abgesteckt.

Die Spanier warfen sich anfangs mit Feuereifer in diese Arbeit. Sie waren stolz, den Eingeborenen zu zeigen, was sie mit ihren mächtigen eisernen Äxten ausrichten könnten. Staunend betrachteten die Indianer das unbekannte Gerät, das mit kurzem Bellen sich handbreit in die Stämme einbiß und die weißen Splitter wie Schaum herauswarf. Auch die breiten Spaten, die knirschend in den Boden fuhren und mannslastige Plocken mit einem Male herauswuchteten, erweckten ihre Bewunderung. Sehr schnell ließen aber die Soldaten nach. Cortes faßte zwar selber zu, huckte sich einen Korb mit Steinen auf den Rücken und buckelte eine Wassertrage, aber bald standen die Soldaten nur noch stelzbeinig da, die Hände auf dem Rücken und beaufsichtigten die indianischen Arbeiter. Sie lachten über das Summen und Singen, mit dem die Eingeborenen, von ihren Vorarbeitern im Takt gehalten, ihre Steinbeile gegen die Bäume klöppelten oder mit ihren kurzen Holzschaufeln die Erde aufscharrten. Allmählich wurden sie aber still, wie nun die Mauern und Schanzen aus der Wiese wuchsen. Manche meinten, das sei doch ein anderes Volk als die faulen und schläfrigen Kariben auf Kuba und den andern Inseln, die man halb totprügeln müsse, ehe sie einen Schlag täten. Wer hier eine Farm besäße und einen tüchtigen Haufen dieser emsigen Leute, der könne wohl in ein paar Jahren als reicher Mann nach Hause fahren und den Rest seines Lebens in Sevilla vor einem kühlen Keller sitzen und mit seinen Dukaten klimpern.

Cortes wartete ungeduldig auf Nachricht von Montezuma. Die freigelassenen Steuerbeamten mußten inzwischen längst in der Hauptstadt angelangt sein. Marina berichtete ihm, in der Stadt liefen bedenkliche Gerüchte um. Es hieße, Montezuma habe einer seiner Armeen Befehl gegeben, gegen Cempoalla zu marschieren.

Einer seiner Armeen?

Nun ja; es sei bekannt, daß er über drei große Heere verfüge. Er scheine in seinem Hochmut anzunehmen, daß bereits eines davon genüge, um mit den Spaniern und ihren neuen Verbündeten fertig zu werden. Gleichzeitig solle er aber auch schon Vorkehrungen getroffen haben, um seinen großen Heerbann mit dem gesamten Adel der Azteken an der Spitze aufzubieten.

Am andern Tage erschien eine mexikanische Gesandtschaft. Sie war angeführt von zwei jungen Leuten, die leuchtend blaue Federmäntel und eine dreifach gewundene Hauptbinde trugen und sich sehr neugierig bei den Spaniern umsahen. Sie gaben sich als Neffen des Königs Montezuma zu erkennen und überbrachten ein Geschenk von feinen baumwollenen Stoffen und Gold. Der Notar Godoy nahm sogleich ein Protokoll auf und schätzte den Wert der Sachen auf etwa zweitausend Dukaten.

Sie richteten den Dank des Königs für die Losgabe der Steuereintreiber aus. Gleichzeitig teilten sie aber mit, der Monarch habe mit großem Mißfallen von dem Abfall der Stadt Cempoalla vernommen. Nur die Rücksicht auf die Fremden halte ihn ab, seine treulosen Untertanen wie verdient zu bestrafen. Er werde sie aber nach der Abreise der Fremden schon zu finden wissen und wie Fliegen mit einem Wedel schlagen und von der reichbesetzten Tafel seines Reiches in den Kehrichteimer wischen.

Cortes warf den Bart auf, drückte seinen Degen nach hinten und erklärte, er könne eine solche Sprache gegenüber den Cempoallanern, die unter seinem Schutz stünden, nicht dulden. Er werde aber in kurzem Montezuma selber aufsuchen, um diese ganzen Streitfragen zu besprechen, die sich so aus der Entfernung unmöglich ersprießlich behandeln ließen.

Damit führte er sie hinaus auf die Wiese mit den Neubauten. Das Fort mit seinen Gräben und Spitzwällen lag schwer und massig da. Die Geschütze waren schon in die Stände eingebracht, und der schulmeisterhafte, hagere Stückmeister Mesa ließ sie auf ein Zeichen des Generalkapitäns spielen. Die Blaubemäntelten fielen zu Boden, rafften sich mühsam wieder auf und richteten zitternd ihre Kleidung. Wahrhaftig, dieses Haus, das auf feurige Säulen gegründet zu sein schien, mit Zinnen und Mauern aus Blitzen und ganz schwebend in Wolken von schwefeligem Dampf, mochte wohl die Wohnung von grausamen und gefährlichen Göttern sein. Sie blickten Cortes scheu und gespannt an, als erwarteten sie, er werde nun in irgendeiner erschreckenden Weise diese gewöhnliche Gestalt abwerfen und in seiner wahren, überirdischen erscheinen. Sie starrten ihm so heftig auf die Lippen, aus denen ihrer Meinung nach die riesige Schlangenzunge des Gottes Quetzalcoatl hervorbrechen mußte, daß er sich unbehaglich über den Bart fuhr. Er ließ ihnen ein paar blaue und grüne Glasperlen geben und verabschiedete sie mit dem Bemerken, er werde sich freuen, sie bei seinem Besuch in Mexiko an der Seite ihres Oheims zu begrüßen. Sie wagten nicht recht zu widersprechen.

Auf die Kunde von dieser Gesandtschaft hin erschienen in den nächsten Tagen fortdauernd Abgesandte der benachbarten Städte und Stämme, die ihre Unterwerfung anboten. Der Notar Godoy setzte einen Vertrag nach dem andern auf. Er ließ bereits durch den Schiffszimmermeister Martin Lopez eine eigne Kiste zur Aufbewahrung dieser Dokumente bauen. Einige behaupteten, er werde in seiner Aufgeblasenheit jetzt ganz unleidlich und runzele die Stirn so sorgenvoll, als ob er mit den dreißig Wischen da in seiner Lade wie ein Kanzler die Last eines großen Reiches zu tragen hätte.

Cortes befahl jetzt den Aufbruch. Die Cempoallaner stellten ihm vierzig Krieger aus den vornehmsten Familien als Führer und Begleiter, sowie zweihundert Lastträger zum Fortschaffen des Geschützes und Gepäcks. Es waren breitschultrige, kurzbeinige Männer, mit stapfendem, vorsichtigem Gang, der jeden Muskelschub sorgfältig ausnutzte. Sie führten hölzerne Rückenkraxen, deren Tragband wie ein Joch am Kopf zog. Die Älteren hatten verhornte Schwielen auf der Stirn von dem langen Dienst. Sie gehörten sämtlich zu einer besonderen Zunft und trugen das Gildenzeichen sauber mit Ocker auf die Wangen gemalt. Der dicke Kazike wollte Cortes zeigen, was sie leisten könnten, trat an einen der Träger heran, ließ sich auf die Kraxe laden und von ihm im Trab umherschleppen. Sein riesiger Körper stand wie ein Bett überall vor, die oberschenkeldicken Arme hingen dem Mann über die Brust. Ruhig setzte der ihn wieder ab, ohne den Blick zu erheben. Sein Atem schien sich nicht einmal verändert zu haben. Er griff nur still in einen kleinen Beutel, den er am Hüfttuch trug, nahm ein paar Kokablätter heraus und steckte sie in den Mund.

Cortes wünschte nun, man solle ihm die kräftigsten aussuchen; er wollte ihnen die Geschütze aufladen, obwohl es ihm etwas unglaubwürdig erschien, daß ein Mann ein ganzes Rohr tragen könnte. Zu seiner Verwunderung waren es meist ältere Männer mit ergrauenden Wimpern und faltig einbrechenden Mündern. Der Kazike erklärte ihm auf seine Frage, daß die jüngeren Leute für ganz schwere Lasten nicht zu brauchen seien; nur diese Veteranen wären noch von früher her an solche Anforderungen gewöhnt. Die Leistungen der Gilde gingen ständig zurück; das Amt sei in den Familien erblich, und die Zunft wache streng darüber, daß keine fremden Elemente von außen hereinkämen.

Die Träger betrachteten die Rohre aufmerksam, drehten sie prüfend an den Zapfen durch den Sand, banden sie sehr umständlich an den Kraxen fest, ließen sich die Last aufladen und schritten vorsichtig stapfend dahin, angespannt auf die Verteilung der Last achtend. Einige legten noch einmal ab und änderten die Lage der Stücke auf der Kraxe. Dann erschien der Obmann und meldete dem Kaziken, sie getrauten sich wohl, den Transport zu übernehmen, auch wenn es durch die Berge ginge.

Man stellte nun die Besatzung des Forts und der zukünftigen Stadt, die Vera Kruz genannt wurde, zusammen. Etwa 150 Mann sollten zurückbleiben, meist Kranke und Verwundete, aber auch einige Matrosen und Seeleute, die sich durchaus in den Fußdienst nicht schicken wollten. Cortes ernannte den Juan von Escalante zum Kommandanten.

Mitte August marschierten sie ab. Man hatte vorher einen Kriegsrat abgehalten und auf Vorschlag des Kaziken von Cempoalla den Weg durch die Provinz Ilaskalla für den Anmarsch gewählt. Diese Völkerschaft sei seit undenklichen Zeiten mit den Mexikanern wütend verfeindet und werde daher keine Schwierigkeiten machen, sondern im Gegenteil wohl den Spaniern auf ihrem Zuge beistehen.

Der Kazike gab in einer Sänfte dem Zug das Geleit bis an die Grenze des Stadtgebietes. Die Soldaten lachten, als er dort umständlich ausstieg, die Arme über den Nacken seiner Diener legte und auf Cortes zuschwankte, um sich zu verabschieden. Der Generalkapitän stieg vom Pferde, nahm die Mütze ab und umarmte ihn. Er gab ihm einen Gruß an die neugetaufte Donna Katalina mit und sah sich mehrere Male nach dem dicken Manne um. Der Kazike bewegte grüßend die zarten fleischigen Hände, bis die Spanier verschwunden waren.

Drei Tage ging der Marsch durch sumpfiges Gebiet. Der Boden schmatzte unter den Füßen, die Luft roch brackig und trübe nach verfaultem Schilf. Die Kleider waren schwer von der Nässe, wenn sie des Morgens aufstanden. Oft schritten sie stundenlang durch weichen, warmen Regen. Die Baumwollpanzer der Fußknechte zogen auf den Schultern, als wären sie mit Sand gefüllt; man lud sie den indianischen Lastträgern mit auf.

Cortes schlief schlecht des Nachts. Die gewalttätige Üppigkeit des Landes bedrängte ihn und machte ihn unruhig. Man schlug mit den Äxten kleine Lichtungen in das strotzende Grün, um Platz für das Lager zu bekommen, aber es kam ihm vor, als wüchsen sie schon während der Nacht wieder zu. Die Schnittstellen an den Stämmen waren am Morgen verheilt, die abgehauenen Äste hatten bereits Wurzel geschlagen und frisch getrieben. Zuweilen schoß ihnen aus den angeschlagenen Bäumen oder Stauden der Saft in dicken Strömen entgegen, schüttete wie Milch über die Hände und gerann klebrig zwischen den Fingern. Es war eng und heiß zwischen diesem Grün, das schilfig starrte, die wammig schweren, hängenden Blätter träge aneinanderrieb, die Dolden und Rispen unter einem Fall von lastigen Schlingpflanzen begrub und jedes aufstrebende Gebilde mit tausend klammernden und schmeichelnden Armen zu Boden zu ziehen schien. Nur gegen das klare und tröstliche Blau des Himmels, das schon von den nahen Schneebergen gekühlt wurde, standen lanzettenscharf die Spitzen der Palmwedel.

Er stand häufig auf und revidierte die Posten. Die hielten wie in Gras versponnen zwischen den Bäumen und nickten schläfrig, wenn er sie anrief. Die Pferde schwankten bis an den Bauch im Grün; sie wagten kaum zu stampfen. In das Wachtfeuer, das mühsam mit dem feuchten Holz unterhalten wurde und oft erlosch, hingen tief die Lianen herein. Man riß sie herunter, sie kohlten ab und fielen immer von neuem nach.

Am vierten Tage hob sich das Gelände. Sie lagerten gegen Abend am Eingang eines Tales. Die Luft war diesig und floß in der Ferne wie Milch von den Hügeln. Eine Schutthalde, über die ein Sturzbach von Nelken in breiten Kaskaden fiel, schickte unaufhörlich Wellen von stürmischem, erregendem Duft herüber. Im Tal sprühte und zuckte es von Lichtern. Sie flossen in Schleiern, traten in Gruppen zusammen und sternten das ganze Dunkel aus, als wäre das Firmament mit allen Himmelsbildern herabgesunken. Die Wachen winkten und riefen: ein breiter Strom von schmetternd goldenem Licht brach hinter einem Hügel hervor und wälzte sich auf das Lager zu; unaufhörlich rieselte es nach wie aus einem unerschöpflichen Füllhorn. Die Soldaten streckten unwillkürlich die Hände aus, wie der funkelnde Segen an ihnen vorüberfloß. Viele knieten nieder und weinten vor Dankbarkeit über das herrliche Vorzeichen, das Gott nun schon zum zweiten Male sandte.

Der Weg wurde nun steil. Sie zogen durch Zedern- und Eichenwälder; des Nachts brannten die Feuer zwischen hohen Stämmen schlank empor. Die Eingeborenen der kleinen Dörfer und Städte empfingen sie scheu und ängstlich. Sie hatten ärmliche kleine Mais- und Agavenpflanzungen dicht um ihre Siedlungen herum. Man bot den Soldaten keine Früchte, Blumen, Hühner und Gemüse in überquellenden Körben, wie sie es von der Küste her gewohnt waren, sondern nur harte, salzlose Fladen aus gebackenem Mais und etwas milchiges Agavenbier.

Sie stiegen in einem Paß weiter aufwärts. Es regnete wieder, aber spitz und hart wie mit Hagelkörnern. Der Wind schnitt mit Messern in die Haut. Des Nachts stob die Kälte von den Schneebergen über die Schlafenden her. Sie wachten mit Reif in den Bärten und duff beschlagenen Waffen auf. Der Boden klirrte von glasigen Schlackensteinen. Viele humpelten; sie hatten nur mühselig geflickte Strickschuhe, die auf der kantigen Lava nun völlig in Stücke fielen. Man schnitt aus ledernen Wämsern Bundschuhe zurecht. Großes Gemurr erhob sich über Sedeño, der einige lange Schäfte zerschneiden ließ und die Stücke zu wucherischen Bedingungen als Sohlen verkaufte. Das weiche Leder ging im Umsehn in Fetzen, und die Geprellten verlangten ihr Geld zurück. Die Pferde husteten. Die aus Kuba mitgebrachten indianischen Diener, an die Kälte nicht gewöhnt, wurden mit jedem Tage blasser und schwächer. Anfangs prügelte man sie, wenn sie nicht mitkamen, dann wurde ihnen das Gepäck abgenommen und den Lastträgern aufgeladen. Sie wollten des Morgens nicht mehr aufstehen; ganz in sich verkrümmt und die Hände vor den schmerzenden Bauch gepreßt, lagen sie da und starrten mit glanzlosen Augen vor sich hin. Etwa die Hälfte von ihnen starb.

Am Ausgang des Passes standen einige Häuser um einen steinernen Tempel. Stöße von schön bearbeitetem Bauholz waren davor aufgeschichtet. Der Schiffszimmermeister Martin Lopez betrachtete es aufmerksam, klopfte die Balken mit dem Dolchknauf ab – sie gaben einen hohen, singenden Ton – und äußerte begeistert, er wolle sich wohl getrauen, mit diesem Vorrat eine ganze Flotte zu bauen; es sei das schönste Plankenholz, das er in seinem Leben gesehen hätte, eisenhart, elastisch und fast ohne Astlöcher. Die Eingeborenen erklärten, es sei für den Bau eines Lustschlosses in der Sommerresidenz des Königs Montezuma bestimmt.

Man marschierte nun in gedrängter Ordnung; die Reiter ritten voran, und die Musketiere ließen ihre Lunten brennen. Kristallisch funkelnd hoben sich die weißen Würfel einer Stadt aus dem violetten Braun der Lavawände. Der Kazike kam kurz vor den Toren den Spaniern entgegen. Er grüßte sparsam und wies ihnen Quartiere ganz am Rande des Ortes an. Man brachte Maisfladen und überreichte Cortes einen Packen Baumwollstoffe und einige goldene Tiere, von schlechtem Metallgehalt, wie der Notar Godoy alsbald feststellte. Cortes fragte den Häuptling, ob er ein Untertan des Königs Montezuma wäre?

Der Indianer stellte erstaunt die Gegenfrage: wie, es gebe überhaupt Menschen auf der Welt, die nicht unter der Herrschaft des allmächtigen und allgewaltigen mexikanischen Reiches stünden?

Cortes warf den Kopf in den Nacken und schlug auf sein Degengefäß: allerdings, wahrhaftig; er sei zum Beispiel der Diener eines Kaisers, der Dutzende solcher Herren wie Montezuma zu seinen Vasallen zählte.

Der Kazike bemühte sich, ein Lächeln zu unterdrücken. Er fragte, ob die Fremden denn auch nur eine ungefähre Vorstellung von der Macht seines Königs hätten? Von seiner Hauptstadt, die mitten im See liege, seinen beispiellosen Schätzen an Gold, Silber, Stoffen und Federarbeiten? Den zweihundert großen Städten seiner Länder, in denen seine Garnisonen stünden? Seinen drei feldbereiten Armeen?

Cortes winkte abschätzig mit der Hand: schön, schön!

Zwanzigtausend Menschen würden jährlich von seinen Soldaten bei den Feldzügen aufgebracht und in Mexiko zu Ehren des Gottes Huitzilopochtli geopfert.

Cortes erklärte mit hochfahrender Miene, er habe den Auftrag, im Namen seines erhabenen Monarchen Kaiser Karl den König Montezuma aufzusuchen, um ihn zur Rechenschaft zu ziehen. Welches denn nun der beste Weg nach der Hauptstadt wäre?

Der Häuptling nannte den über die Stadt Cholula; er warnte vor der Straße durch das Gebiet von Tlaskalla, das in dauerndem Krieg mit Montezuma liege.

Cortes schickte noch in der Nacht vier Gesandte aus seiner indianischen Hilfsmannschaft nach Tlaskalla. Sie wurden mit den kostbarsten, von Montezuma geschenkten Mänteln ausgestattet, am Arm trugen sie den muschelbesetzten Schild und in der rechten Hand den weißbefiederten Pfeil der Parlamentäre. Sie kamen Cortes drei Tage später auf dem Marsch entgegen, beschmutzt und halbnackt. Die Tlaskallaner hätten sie mit Drohungen empfangen und gefangengesetzt; sie glaubten, die Fremden kämen im Bunde mit Montezuma und seien durch keine Vorstellungen von dieser falschen Meinung abzubringen gewesen. Während des Trubels der Kriegsrüstungen hätten sie sich losreißen und entfliehen können.

Die Marschordnung, die sich schon gelockert hatte, wurde wieder verschärft. Der Fähnrich Corral wickelte die Standarte aus; die Musketiere ließen ihre Lunten brennen. Man stieß an der Grenze des Landes auf eine haushohe Mauer. Sie war flach geböscht, aus klastergroßen, sorgfältig gequaderten Steinen gebaut, die Fugen mit Pech verstrichen. Über einem schmalen Eingang, der eben einen Mann durchließ, wuchteten zwei schwere Türme. Keine Spur einer Besatzung war zu sehen; trotzdem machte das Heer respektvoll in einiger Entfernung halt. Man staunte das Bauwerk an; es schien unbegreiflich, wie die Eingeborenen ohne Eisen die Blöcke zugehauen, wie sie bei ihrem völligen Mangel an Tragtieren die ungeheuren Lasten fortbewegt hatten. Eine Büchse wurde auf den Eingang abgeschossen. Der Stein spritzte weiß auf. Nichts regte sich. Vorsichtig tappten die ersten hinein. Der Gang zog sich zwanzig Schritte durch den Stein und war doppelt gebrochen. Die Schritte hallten an den Wänden; die Luft roch stockig. Der Boden fiel plötzlich ab. Die Vordersten schrien auf und drängten zurück. Sie fühlten sich in einer Falle. Langsam beruhigten sie sich, tasteten den Grund mit den Piken ab und schritten hindurch. Es dauerte einige Stunden, bis die gesamte Mannschaft auf der anderen Seite stand. Die Geschütze, die Gäule und das Gepäck mußten an Seilen über die Mauer gewunden werden.

Cortes war sehr nachdenklich geworden. Er ritt mit den Reitern voraus. Das Tal war eng und steinig; die Pferde stolperten häufig, es strengte an, ständig auf die Zügel zu achten. Hinter einer Wegbiegung stieß man auf die ersten Indianer. Sie standen ruhig abwartend da, die Hände auf ihre breiten, an beiden Seiten mit Reihen von Obsidiansplittern besetzten Zweihänder gestützt. Es waren große, knochige Gestalten mit kurzen bäurischen Gesichtern. Ihr Federschmuck hing ruppig und verblichen in den Nacken; die Schilde aus Weidengeflecht sahen vertragen aus und waren flüchtig mit ein paar frischen Ockerzeichen überstrichen. Die Spanier winkten. Langsam zogen sich die Indianer zurück. Cortes sprengte ihnen nach. Sie fielen schreiend die Reiter an, hoben ihre Schilde und schlugen nach den Pferden. Das Tal füllte sich mit Kriegern. Die Luft wurde laut, und im Umsehen hatte jeder der Reiter ein paar Schrammen. Cortes fühlte, wie seine Lanze schwer wurde, er blickte in ein braunes Gesicht mit verkniffenem, hartem Mund und sah zwei Fäuste mit kurzen, knotigen Fingern den Schaft umklammern. Er faßte sie fester und stieß zu. Der Getroffene verzog das Gesicht, als ob er lachte.

Die Indianer warfen mit den Händen Staub und Erde auf, faßten kräftig zu, um die Gefallenen aufzunehmen, und liefen in kurzem, gleichmäßigem Schritt davon.

Auf dem Platz lagen fünf Tote. Die Spanier drehten sie um und zogen sie aus. Sie hatten nichts von Wert an sich; die Hüfttücher waren aus grobem, brettartigem Leinen. Enttäuscht warf man sie in den Bach. Viele bluteten; die Gäule waren unruhig von den zahlreichen kleinen Wunden. Cortes brachte die Leute mit Mühe dazu, sofort weiterzumarschieren. Gegen Abend kam man aus dem engen Tal heraus. Pflanzungen von Mais und Agaven dehnten sich mit willigem Grün unter dem Abendlicht. Man fand ein paar verlassene Hütten, in denen noch die Töpfe auf den Herden standen.

Zwei Verwundete starben; Cortes gab Befehl, sie sehr sorgfältig und tief zu bestatten und Blöcke über die Gräber zu wälzen, damit die Eingeborenen nicht erführen, daß die Fremden sterblich seien.

Fast jeden Tag gab es nun ein Gefecht. Die Indianer rückten in geordneten Trupps mit Feldzeichen an. Man erfuhr durch Gefangene den Namen ihres Anführers Xicotencatl. Sie gewöhnten sich schon nach den ersten Zusammenstößen an das Geschütz und die Pferde, ja es schien ihr Hauptbestreben, einen der Gäule in ihre Hände zu bekommen. Der Reiter Moron prellte bei einem der Scharmützel zu weit vor. Sie warfen seinem Klepper ihre Lanzen zwischen die Beine und brachten ihn zum Stolpern. Ein baumlanger Indianer hieb mit seinem Zweihänder dem Gaul in den Hals. Die Schneide fraß sich handbreit hinein. Eine schwarze Blutlache lag auf der Erde. Die Indianer trennten ihm, mit den Händen in die Mähne gekrallt, den Kopf ab, während Moron, heulend vor Ingrimm, immer wieder über sie herfiel. Er hatte den Helm verloren und blutete über das ganze Gesicht; mit dem Ärmel wischte er sich die Augen. Die andern riefen ihm zu, man müsse zurück; er warf sich vor dem Gaul nieder, schnitt mit dem Dolch die Gurte durch und riß den Sattel herunter. Er bekam dabei noch einmal einen Hieb über den Kopf. Trunken von den Schlägen, schwankte er mit den Genossen fort, eigensinnig den Sattel mit sich schleifend.

Cortes tobte über den Verlust. Man bemerkte wohl, wie die Indianer triumphierend das Pferd zerhackten, das bald aussah, als hätten es die Geier zerludert. Sie schleppten den Kopf davon und trugen die Beine mit den blitzenden Hufeisen nach oben bei allen Gruppen herum. Überall schwirrte ein Freudengeschrei auf. Die Spanier schlossen sich dicht zusammen; die Hauptleute brüllten wie rasend ihr: Her! Her! an den Stellen, wo eine Lücke war. Die ganze Ordnung schwankte, zog sich in die Länge und drohte zu reißen, als die Indianer nun in hellen Haufen dagegen anrannten. Da die Eingeborenen aber jeden Verwundeten sofort aus dem Gefecht schleppten, entstanden immer wieder Pausen, in denen die Spanier sich erholen konnten. Die Musketiere hatten auch inzwischen wieder geladen und brannten ihre Gewehre los. Etwa ein Dutzend Indianer fiel, und die anderen gingen in guter Ordnung zurück.

Die Spanier lagerten des Nachts auf einigen kleinen Tempelpyramiden. Sie fielen hin, wo sie eben standen. Fast alle hatten ein paar Schrammen oder Beulen, die nun, da die Aufregung vorüber war, zu schmerzen anfingen. Man hatte kein Öl und keine Lappen, um die Wunden zu verbinden. Manche legten sich feuchte Erde auf, andere saßen einfach dämmernd da, hielten die Schnittränder mit den Fingern zusammen und warteten, daß sich ein Schorf bilden sollte. Marina ging suchend die halbe Nacht in den Gärten umher und sammelte Kräuter, aus denen sie Packungen machte. Die Pflanzen wurden von ihr in warmem Wasser eingeweicht und in Bauschen gedrückt, bis sie einen feinen, sanften Schleim hergaben, der sich wohltätig auf das schmerzende Fleisch legte. Die Celestina stand neben ihr und sah zu. Sie schnaufte laut aus ihren Negernüstern. Mißtrauisch wandten sich die Soldaten zu ihr auf: wie, ob das wohl etwas helfen könne, dieses Gemüse?

Die Celestina erklärte, sie sei mehr für das Besprechen der Wunden, und jeder im Heer wisse ja, was sie für Erfolge damit erzielt hätte. Immerhin könne doch etwas an der Sache sein; diese Indianerinnen verstünden sich ja häufig auf geheime Künste und Praktiken. Dann fragte sie Marina leise, ob sie ihr die Kenntnis dieser Kräuter mitteilen würde?

Gewiß.

Aber nur ihr.

Ihr und jedem, der sie darum bitten würde.

Die Celestina schüttelte ärgerlich den Kopf, daß die riesigen silbernen Ohrringe auf den Schultern tanzten: Nein, dann hätte es doch gar keinen Zweck, wenn alle darum wüßten; ihr, ihr allein sollte sie es anvertrauen, sie würde sich schon dafür erkenntlich zeigen.

Marina hob die Brauen. Ihr Gesicht sah streng aus, als sie sagte, das seien keine Dinge, mit denen man Handel oder Schacher triebe. Jeder müsse sie wissen, und wer sich besser darauf verstünde, sollte dem anderen damit helfen.

Schön, aber die müßten auch dafür zahlen. Ohne Geld keine Kur.

Marina wehrte entsetzt ab: Bezahlung für eine Arznei?

Ja; warum nicht? Sie könnte sich ein Vermögen machen mit ihren Kenntnissen. Aber wenn sie selbst schon nichts dafür nehmen wollte, könne sie es doch wenigstens ihr, und ihr allein überlassen!

Der Ton der Alten war so dringlich und beinahe drohend, daß Marina ängstlich wurde. Sie suchte abzulenken: bei ihrem Volke sei es nun einmal Sitte, daß jede Frau sich mit den Kräutern und Heilpflanzen beschäftige. – Die Celestina blieb hartnäckig bei ihrer Forderung und ging schließlich erbittert und gekränkt fort.

Drittes Kapitel

Am Morgen erschienen vierzig Indianer mit Hühnern, Maisbrot und Kaktusfeigen. Sie erklärten, sie kämen im Auftrage des Feldherrn Xicotencatl, der nicht wünsche, daß man ihm nachsage, er hätte die Fremden durch Hunger bezwungen. Er sende ihnen diese Lebensmittel, damit sie sich für den bevorstehenden Kampf stärken und als ebenbürtige Gegner ihm gegenübertreten könnten.

Cortes ließ ihnen Glasperlen geben. Die Mannschaft murrte über das anmaßliche Geschenk. Einige meinten, die Heiden wollten sie mit diesem Proviant wohl nur mästen, damit sie nicht zu sehr vom Fleisch gefallen wären, wenn man sie zum Opfer schlachten würde. Andere behaupteten, die Indianer wären zweifellos Spione. Man lief zum Generalkapitän und forderte strenge Untersuchung und Bestrafung dieser Verbrecher. Cortes ließ sie greifen und übergab sie dem Profosen Ochoa. Der folterte sie und brachte das Geständnis aus ihnen heraus, der Feldherr Xicotencatl warte nur auf ihren genauen Bericht, um die Spanier mit seiner ganzen Macht zu überfallen. Ochoa schlug ihnen die rechten Hände ab, und man sandte sie so nach Tlaskalla zurück.

Gegen Mittag setzte sich das Heer in Bewegung. Cortes ließ den Zug an sich vorbeipassieren. Er spielte unruhig an den Zügeln, zog sich die hohen, weichen Stiefelschäfte immer wieder über die Knie und rückte an seinen Schenkelplatten. In dem kalkweißen, harten Licht der Hochebene, das alle Konturen wie mit dem Messer herausschnitt, sah die kleine Schar doppelt kümmerlich aus. Er bemerkte erst jetzt, wie viele der Leute humpelten. Manche schwankten, auf ihre Lanzen gestützt, so mühselig dahin, daß die ganze Marschordnung, die auf sie Rücksicht nehmen mußte, immer wieder stockte. Die wenigsten hatten Schuhwerk, das hielt; bei vielen starrten die Zehen blau zerfroren und verbeult aus den offenen Spitzen hervor. Die Baumwollpanzer der Fußknechte waren grau und mürbe geworden und zerfetzt und zerschlissen; wie Hede hing in schmutzigen Zotteln die weiche Einlage über die Nähte. Überall leuchteten die weißen Leinenstreifen der Verbände um Köpfe und Handgelenke. Auch die

Pferde gingen steif und stöckrig. Zwei von ihnen zitterten und hatten Durchfall.

Überall aus den Feldern stieg nun das hohle, trockene Pauken der indianischen Trommeln und der schwankende und zuweilen grell ausfahrende Ton der Muschelhörner. Die Spanier konnten die Feinde zwischen den dichten Maispflanzungen nicht sehen; sie spürten aber, wie die Trupps, immer laut blasend und trommelnd, sich zu Gruppen zusammenschlossen und im Kreis auf sie zurückten. Die Reiter hielten an einer Wegbiegung an und wiesen mit den Lanzen hinunter in die Ebene. Da zogen von allen Seiten die Scharen der Tlaskallaner heran; manche gingen sorgfältig Mann hinter Mann auf den schmalen Wegen zwischen den Pflanzungen, und es sah aus, als ob die Furchen eine Saat von Bewaffneten aufwarfen. Es dauerte lange, bis sie herankamen. Die Spanier stellten sich um den Hügel herum zurecht, brachten das Geschütz in Stellung und warteten. Sie knieten nieder und sprachen ein Gebet, zogen die Riemen an den Wehrgehängen nach oder glätteten mit den Handballen die Pikenschäfte. Manche gähnten vor Angst.

Das Pauken und Blasen stieg nun auf den Gipfel; es klang wie ein rasendes, schrilles Gezeter, untermalt mit rollenden, dumpfen Rufen. Aber plötzlich verschwand es völlig unter einer schäumenden Brandung von Geschrei. Die Spanier hoben ihre Schilde. Der erste Guß von Pfeilen und Speeren prasselte herunter. Der Boden war mit Pfeilstöcken und Obsidianspitzen bestreut; man trat knirschend auf Stein oder Holz, wenn man sich bewegte. Einige waren getroffen und schrien wütend auf. Auch Cortes bekam einen Schleuderstein gegen den Backenknochen, der ihm den Kopf schief in die Höhe schlug. Der Schreck durchriß ihn vom Wirbel bis in die Zehen wie eine heftig angespannte Saite. Eine ungeheure sinnlose Wut schwang zitternd nach. Er brüllte unaufhörlich durch den Lärm auf den Stückmeister Mesa ein, er solle das Geschütz lösen, vorwärts, alle Stücke auf einmal! Mesa, der wußte, daß er erst in einer halben Stunde wieder schußfertig sein konnte, nickte, kratzte sich seinen fuchsigen, zerfressenen Bart und befolgte den Befehl nicht. Er hantierte aber mit seinen Lunten und gab seinen Leuten Anweisungen, um nicht geradezu renitent zu erscheinen.

Cortes blickte auf in den Himmel. Er rauhte sich am Horizont dunkel auf. An den Berghängen wuchsen Nebel. Mesa hatte bereits fünfmal das Geschütz gelöst; sie mußten nun seit drei Stunden kämpfen. Die Bewegungen waren träge geworden. Viele lehnten sich schnell einmal an ihre Piken, um auszuruhen. Die meisten hatten sich heiser gebrüllt; man hörte selten noch einen rufen. Einige schwankten und schlossen die Augen vor Müdigkeit. Auch die Feinde ließen nach. Sie zogen ziellos mit ihren Trupps hin und her. An einer Stelle erhob sich unter ihnen wütendes Geschrei. Marina, die Cortes in den Sattel hob, erklärte, sie seien wohl untereinander uneinig geworden. Allmählich rückten sie ab. Cortes befahl Alvarado, sie mit der Reiterei zu verfolgen. Das Dunkel fraß um sich.

Hatte es geregnet? Alle waren naß wie nach einem schweren Guß. Die Hände glänzten feucht; sie schüttelten die Finger und wischten sich mit den Ellbogen die Stirn. Die Gesichter glühten. Der Abendwind, der nun kühl von den Schneebergen her einfiel, spannte die Haut noch schärfer; sie juckte und brannte. Ein heiseres Rufen nach Wasser hob an.

Der junge Bernal Diaz hatte sich rücklings auf dem Weg niedergeworfen und starrte in das Dunkel. Sein Degen lag neben ihm; die Finger klebten noch lose an dem geriffelten Drahtgeflecht des Griffes, der Zeigefinger hing verkrümmt in der Führungsöse neben der Parierstange. Das schäbige Wams, das eben an zwei Knöpfen über der prallen Brust zusammenhielt, war aufgesprungen. Ein feiner, weißer Hauch dampfte auf der blanken Haut. Er hörte einen kurzen, hackenden Atem neben sich. Nach einer Weile begriff er, daß es sein eigner war. Seine Augen waren übergroß und fast schmerzend aufgerissen. Der ungeheure Nachthimmel kreiste über ihnen. Noch war viel Rot am Horizont; es schwamm in feurigen Fußstapfen, schimmerte wie ein großes Flußufer, zerstampft von den Hufen und Füßen einer flüchtenden Armee. Zuweilen blitzte es auf wie von glänzenden Sohlen. Dann dunkelten die Spuren, verschwammen an den Rändern und wurden wie im Regen zerfressen von dem gierig einströmenden Grau und Violett. Mächtige Wirbel sogen die letzte Helligkeit herauf, schleuderten sie umher und mahlten sie in feinen Streifen aus. Und nun brachen die schwarzen Schollen des Dunkels herein, stürzten, schoben sich übereinander, verschwammen und füllten in einer unaufhaltsamen Strömung das ganze Rund. Dem Soldaten war, als läge er am Boden eines Flusses, er fühlte sich mit den Kieseln treiben, und es wurde nun sehr kühl unter seinem Nacken. Er wollte sich erheben, aber der Boden ließ ihn nicht los. Eine furchtbare Angst stieß ihm ans Herz. Diese fremde Erde war wie ein Grab. Er roch ihren dumpfen und bitteren Hauch.

Mühsam wälzte er sich auf die Seite, stützte sich mit der linken Hand auf und richtete sich empor. Kreuz und Hals waren steif und schmerzten, der Hals beschlagen. Er sah sich um. Da stand immer noch die Truppe im Dunkel. Er hörte die weiche, einschmeichelnde Stimme des Generalkapitäns, das kurze Kläffen des Stückmeisters Mesa, der nun den Lastträgern wieder die Geschütze auflud. Der Hauptmann Olid, tief den Helm ins Gesicht gezogen, ging um seinen Gaul herum und tastete ihn sorglich mit der Hand ab. Das Tier wieherte. Diaz fuhr sich über die Augen. Dann lief er auf die anderen zu, drängte sich in den dicksten Haufen, preßte sich an die Kameraden an. Sie fluchten und schimpften und stießen ihn, aber er stieß zurück und lachte.

Eine fiebernde, fahrige Lustigkeit brach jetzt aus bei den Soldaten. Während sie zurückmarschierten zu den kleinen Tempelpyramiden, erzählten sie sich gegenseitig ihre Erlebnisse. Auch die Verschlossensten wurden geschwätzig. Der finstere Hauptmann Olid ging neben seinem Gaul, um ihn zu schonen, und redete laut auf den Fähnrich Corral ein. Corral wandte ihm bewundernd sein Hammelprofil zu. Die beiden früheren Landsknechte Tuvilla und das »Milchkind« Alonso stritten miteinander. Tuvilla wollte die Stiche, die er mit seiner Pike gemacht hatte, gezählt haben; es sollten hunderteinunddreißig sein. Alonso lachte ihn aus. Sogar der Kavalier Sandoval mühte sich stotternd, dem Generalkapitän einen Bericht zu geben.

Cortes fieberte heftig. Die Zähne schlugen ihm aneinander. Er überließ es Alvarado, die Posten auszustellen und für die Beerdigung der beiden Toten, die man gehabt hatte, zu sorgen. Unruhig lag er in seinem Mantel neben dem Feuer. Das laute Plappern der Leute, die zum Teil übermüdet waren und nicht schlafen konnten, störte ihn. Heftig fuhr er sie an. Man rückte an eine andere Stelle und ließ ihn allein. Marina kniete sich neben ihm hin und suchte die schmerzende Stelle vorsichtig abzutasten. Er stieß ihre Hand fort und schrie unfreundlich, sie solle ihn in Frieden lassen. Das Mädchen erschrak wieder über seine nach den Begriffen ihres Volkes geradezu verächtliche Unbeherrschtheit. Sie erklärte, sie werde in den Gärten etwas Chal-Ché oder Harzblatt suchen und im Augenblick wieder zurück sein.

Nein; sie habe dazubleiben.

Aber es seien doch viele verletzt und jammerten.

Hier solle sie sitzen bleiben, in Satans Namen, hier bei ihm. Was die andern sie angingen.

Sie schwiegen eine Weile. Dann meinte er, sie könne ihm die Hand auf die Stirn legen, das täte ihm gut. Das Mädchen gehorchte. Ihre Finger waren kalt und zitterten.

Viertes Kapitel

Gegen vier Uhr morgens riefen die Wachen Alarm. Die Soldaten fuhren aus dem trüben und flackrigen Schlummer, in den sie eben gesunken waren. Einige Indianer standen schon mitten im Lager; sie wurden bald niedergestoßen. Die Musketiere schlugen wütend Feuer, um ihre Lunten anzuzünden. Der Mond schien sehr hell; es sah aus, als ob die Flüchtenden über glasklares Eis liefen. Die blauen Schatten sprangen zappelnd vor ihnen her.

Sie hatten große Verluste. Die Spanier stießen rabiat zu. In der Nachtkühle fühlten sie sich wieder frisch und kräftig. Manche liefen bis weit in die Ebene hinein den Indianern nach. Cortes ließ blasen. Etwa ein Dutzend Gefangene wurden eingebracht. Sie gestanden, von ihren Priestern zu dem nächtlichen Überfall angestiftet zu sein. In der Stadt Tlaskalla wäre nach der Niederlage des Tages allgemein die Stimmung für einen Friedensschluß mit den Fremden, die man für Teules oder Götter hielte, gewesen. Nur der Feldherr Xicotencatl hätte sich widersetzt wie bisher. Es sei ihm gelungen, sich hinter die Priester zu stecken, und die hätten das Volk noch einmal dazu vermocht, diesen letzten Versuch zu wagen. Sie hätten dies nur dadurch erreicht, daß sie bei Quetzalcoatl und Huitzilopochtli schworen, die Fremden seien sterbliche Halbgötter oder Dämonen, allerdings mit übernatürlichen Kräften begabt, die sie aber nur aus dem Anblick der Sonne zögen. Mit Einbruch der Dämmerung müßten sie dahinwelken wie Gras, ihre furchtbaren, eisglänzenden Waffen wären dann spröde und brüchig wie Rohr, die Blitze in ihrer Faust zündeten nicht, die Ungeheuer, auf denen sie wie auf riesigen Hirschen ritten, zerfielen wie ein Haufen Mulm oder Asche. Ein Kind könnte sie so während der Nacht mit einem Stabe erschlagen. Der Oberpriester hätte sich sogar mit seinem Leben für die Gefahrlosigkeit des Unternehmens verbürgt.

Cortes ließ die Gefangenen fragen, wer denn eigentlich an der Spitze dieses Gemeinwesens stünde und mit wem man zu verhandeln hätte? Ob die Tlaskallaner einen König oder Alkalden und Regidoren hätten?

Marina berichtete, sie würden von einem Rat der Ältesten regiert. Das größte Ansehen unter ihnen genösse der alte, fast hundertjährige Xicotencatl, der Vater des Feldherrn. Er wäre mit dem hochfahrenden und kriegsstolzen Wesen seines Sohnes durchaus nicht einverstanden und dränge seit langem darauf, Frieden mit den fremden Göttern zu machen. Es werde sogar behauptet, er habe seinen Sohn mit Gewalt aus einer Sitzung des Hohen Rates werfen lassen. Auch sonst hätte der Feldherr viele Feinde. Einer seiner Befehlshaber hätte ihm während der Schlacht mit den Spaniern den Gehorsam aufgesagt und sei mit seinen Truppen abgezogen.

Cortes erinnerte sich an das Geschrei gegen Ende des Kampfes.

Ja; die beiden Führer hätten sich sogar vor ihren Leuten zum Zweikampf gefordert, der nur mit Mühe verhindert worden sei. Nicht zum wenigsten dadurch wäre das Treffen so unglücklich für die Tlaskallaner ausgelaufen.

Cortes warf den Bart auf: so? nun, er meinte, man hätte sie auch ohne das in die Pfanne gehauen. Jedenfalls könne man die Gefangenen jetzt an den alten Xicotencatl absenden. Er stelle aber die Forderung, daß der Sohn selber erschiene und die Bitte um Frieden überbrächte. Selbstverständlich hätten die Tlaskallaner sich bedingungslos zu unterwerfen.

Einige rieten ab, den Feldherrn, der offenbar doch ein gewaltiger und gefährlicher Mann wäre, so zu reizen und womöglich zum äußersten zu treiben.

Cortes hackte eigensinnig in dieselbe Kerbe: nein, er hätte selbst zu kommen. Man solle ihn nicht lehren, wie solche Leute behandelt werden müßten. Wer selber auf Gewalt gestellt sei in seiner Natur, der respektiere auch beim andern nur die Faust.

Xicotencatl erschien. Er war ein starkschultriger, hochgewachsener Mann mit einem langgezogenen, fleischigen Gesicht, das von Narben strotzte. Sein Federmantel lohte zur Hälfte in purem Weiß, die andere spielte in blauen, grünen und orangen Farben. Er ließ hinter sich das Feldzeichen mit dem goldnen Reiher tragen und bemerkte mit Genugtuung, welchen Eindruck dieser Aufzug bei den Spaniern machte. Sein Gefolge, das etwa fünfzig Mann stark sein mochte, warf sich vor Cortes nieder, nahm mit den Fingern Erde auf und steckte sie in den Mund. Er beugte die Knie nur ganz wenig und deutete mit einer kurzen, fast schroffen Handbewegung die Gebärde an. Voll und scharf sah er dem Generalkapitän ins Gesicht; Cortes erinnerte sich nicht, daß ein Indianer je so selbstbewußt ihn angeblickt hätte. Er trat auf ihn zu, um ihn, wie er es gewohnt war, zu umarmen. Xicotencatl wich ihm geschickt aus und wies auf die Geschenke, die er mitgebracht hatte. Es waren einige Lasten Hühner, Kaktusfeigen und Maisfladen, sowie ein Ballen ziemlich grobes und hartes Tuch aus Agavenfasern. Er entschuldigte sich wegen der Geringfügigkeit der Gabe. Die Tlaskallaner wären ein armes Volk. Ihre geringen Vorräte an Schmuck und Steinen hätten sie an Montezuma abgeliefert, um sich ihre Unabhängigkeit zu bewahren. Sie wüßten gern, womit sie die Fremden zum Abzug bewegen könnten. Freilich – damit blickte er unter den Spaniern in die Runde, und mancher von den Herren hatte das ärgerliche und unbehagliche Gefühl, als ob der Indianer ihn durchschaute –, Gold könnten sie nicht bieten.

Cortes beeilte sich zu versichern, daß ihm der Wert des Geschenkes völlig gleichgültig wäre; es käme ihm nur auf die Gesinnung an, aus der heraus es gegeben würde, und die sei doch wohl ehrlich?

Xicotencatl kniff die Augenlider etwas zusammen und antwortete nicht auf diese Frage. Er wiederholte nur eigensinnig noch einmal, daß die Tlaskallaner arm wären; so arm, daß sie nicht einmal das nötige Salz zum Brot hätten. Montezuma enthielte ihnen das räuberischerweise vor; er glaubte, sie damit mürbe machen zu können, was ihm ebensowenig wie jemand anders, er sei wer er wolle, gelingen werde.

Der Generalkapitän erklärte nun, daß er eben, um solche Mißstände abzustellen, von seinem erhabenen Monarchen Kaiser Karl ausgesandt sei. Es wären ihm schon manche Klagen über Montezuma vorgekommen, und er werde darüber ernstlich mit ihm verhandeln, sobald er ihn in seiner Hauptstadt aufgesucht hätte. Keine der bisherigen Beschwerden zeuge aber von so offenkundiger und bösartiger Bedrückung, Pressung, Tyrannei...

Er wurde unter dem irgendwie spöttischen Blick des Indianers unsicher und konnte den Satz nicht recht beenden.

Xicotencatl sah jetzt Marina, die den Satz übertrug, ins Gesicht. Sie verstand den Blick, der von einer unsäglichen Bitterkeit gebeizt war und höhnisch fragte, wieso sie sich den Fremden für solche Dienste ausliefern könnte. Sie strich mit der Hand über ihre weitgeschwungenen Augenbrauen, stützte eine Wange und erwiderte den Blick, fest und freimütig. Sie fragte den Feldherrn, was er sich nur von seinem hartnäckigen Widerstand verspräche? Er müsse doch einsehen, daß diese fremden Götter unüberwindlich wären.

Xicotencatl schüttelte den Kopf. Götter wären das nicht; die sähen wohl anders aus. Die hier äßen Brot und Fleisch, und das Blut fiele ihnen aus dem Leibe, wenn man sie mit dem Schwerte träfe. Götter blickten auch wohl nicht mit solchen hastigen und gierigen Augen um sich und rafften so eilfertig die Geschenke an sich, die man ihnen darbrächte. Es sei ihm ja sogar berichtet worden, daß diese Fremden überall wie Krämer nach dem Gold, diesem Dreck und Mist der wahren Himmlischen, fragten, daß sie wie die Affen über das ganze Gesicht lachten, wenn sie es zwischen die Finger bekämen, daß sie wie die Schweine mit der Nase am Boden schnupperten, um diesen Kot aufzuspüren. Er hätte es gut beobachtet, wie sie nach der Schlacht über die Gefallenen hergestürzt wären, sie um und um gedreht hätten, wie sie vor Enttäuschung gebellt hätten, als sie nur grobe Leinentücher und weidengeflochtene Schilde bei ihnen fanden.

Aber die Ungeheuer, auf denen sie ritten?

Nun, was es mit denen auf sich hätte, das sei ja auch zu Tage gekommen. Er selbst wäre dabeigewesen, als man eines dieser Tiere auseinandergehauen hätte wie ein Stück Wild. Schwarzes und stinkendes Blut flösse in ihren dicken Adern, und über dem Hals waberte eine dicke Mähne, aber im übrigen hielte er sie für nichts anderes als eine Art von großen und starken Hirschen. Sie wären ja auch am ganzen Leibe mit kräftigen Riemen und Stricken gefesselt, und die Fremden schienen ihnen selbst nicht ganz zu trauen.

Und die Blitze, die aus ihren Rohren schössen?

Auch der Feuerstein gebe Funken, wenn man ihn schlüge. Man hätte wohl erkennen können, wie die Fremden eine Art zahmer Schlangen in der Faust hielten, die bissen in das Rohr, spritzten ihr Gift aus, und dann führe der Strahl heraus. Es dauere aber dann eine geraume Zeit, bis diese Schlangen wieder ihr Gift gesammelt hätten; er habe seine Leute angewiesen, wohl auf die Pausen zu achten und währenddessen unverzagt anzugreifen.

Cortes fragte verwundert, was dieser aufgeblasene Kerl denn da fortwährend für Widerworte machte? Der Frieden sei doch beschlossen; wozu noch das Geplapper?

Marina erklärte, und der besorgte und fast hilflose Ton ihrer Stimme machte ihn doch stutzig, daß dieser Mann offenbar von einem sinnlosen Haß gegen die Spanier verzehrt werde. Man müsse auf alle Fälle versuchen, ihn zu überzeugen und gewinnen; es sei sonst zu befürchten, daß er ihnen im Rücken das Volk aufwiegelte und sie überfiele.

Gewinnen? Gut; der Mann müsse doch für irgendeinen Entgelt zu haben sein. Vielleicht wäre er nach einem Sitz in jenem Hohen Rat oder Senat der Tlaskallaner gierig? Man könne ja seinen Vater, den Hundertjährigen, zum Teufel jagen und ihm die Stelle geben.

Nein; das werde ihn nicht bestimmen.

Oder ihm einen Teil von den Schätzen Montezumas versprechen?

Marina schüttelte vorsichtig den Kopf. Sie nahm aber den Gedanken auf und suchte Xicotencatl zu erklären, wie das wahre Interesse seines Volkes es doch fordere, sich den Spaniern gegen Montezuma, den alten Feind und Bedränger des Landes, anzuschließen.

Der Feldherr erwiderte, niemand könne die Mexikaner ingrimmiger hassen als er, der seit dreißig Jahren gegen sie in den Waffen stünde und ein Gesicht voll Narben dafür als Zeugen aufrufen dürfe. Montezuma sei ihm widerlich, und besonders die letzten Nachrichten, nach denen er seit Ankunft der Fremden völlig kopflos geworden sei, von einem Tempel in den anderen zöge, jeden Morgen ein Dutzend Kinder opfere, fortwährend mit den Priestern über den Wahrzeichen hocke und vor Angst sogar aus einem eigenen Königspalast in das Quartier seines verstorbenen Vaters gezogen sei, hätten ihn in seinen Augen ganz verächtlich gemacht. Es zeige sich da die unheilvolle Wirkung der Tempelerziehung bei dem Monarchen. Ein König vom alten Schlage der großen aztekischen Herrscher hätte sich längst an die Spitze seines Heeres gestellt und diese Fremden in das Meer gefegt, aus dem sie zum ewigen Unheil hervorgestiegen wären. Und trotzdem würde er nicht einen Augenblick zögern, sich Montezuma und den Mexikanern anzuschließen, wenn es gegen die Fremden ginge. Ja, sie solle das nur dem Anführer sagen; es wäre ihm gleich, wenn der ihn dann niederhauen ließe.

Marina wehrte ab: sie werde sich hüten, das zu übersetzen. Er kenne den Herrn der Weißen Götter nicht. Im Zorn wäre er furchtbar wie Quetzalcoatl selber.

Xicotencatl lachte in den Augenwinkeln: der ein Quetzalcoatl? Er käme ihm eher wie der Versucher Titlacahua vor, jener bösartige und tückische Zauberer, der den göttlichen Helden mit seinem Trank vergiftet und irre gemacht hätte. Damals sei das goldene Zeitalter des Überflusses, da der Mais mannslastige Kolben schleppte und eine Kakaobohne eine Familie satt machte, zu Ende gegangen, und es wolle ihm fast scheinen, als ob jetzt wieder eine solche Unheilswende gekommen wäre. Wie damals würden nur Unfruchtbarkeit und Tränen aus der Berührung entspringen, und alle die Menschen, die heute so sinnlos sich diesen Fremden anvertrauten, würden sich in ihrem steinigen Jammer nach den bescheidenen Maisfeldern, in denen sie jetzt ihr Leben gewännen, zurücklehnen wie nach dem Paradies.

Und dichter an sie herantretend, fügte er hinzu, er verstünde nicht, wie sie bei solchem Werk ihre Hand bieten könnte. Das Unglück sei freilich noch abzuwenden, und er fühle sich, all den Greisen und Weibern zu Hause zum Trotz, als den Mann dazu. Ob sie ihm nicht zutraute, daß er dem da – er wies mit den Wimpern auf Cortes – gewachsen wäre?

Nein.

Und warum nicht?

Marina schloß die Augen ein wenig. Leise, als wollte sie den Feldherrn schonen, sagte sie dann: »Du hast kein Glück, Xicotencatl.«

Sie sah im Bruch seiner Augenwinkel, wie er erschrak. Doch als wollte sie ein für alle Male den Funken, der in ihm glomm, ausdrücken, fuhr sie fort: »Er mag vielleicht nicht stärker sein als du, Xicotencatl, aber das Glück steht hinter ihm. Du« – sie hauchte die Worte – »hast das Gesicht eines, dem es mißlingt.«

Die Narben traten weiß auf dem langen, fleischigen Gesicht des Feldherrn hervor. Er senkte den Kopf etwas in der Betäubung des Schlages und sagte mit schwerer Zunge, sie möge recht haben... ja... Und trotzdem, trotzdem werde er bei seiner Meinung bleiben bis zum Ende.

Cortes hatte bei aller Ungeduld geschwiegen. Er verstand kein Wort der Unterredung, die ohne Handbewegungen, ohne Erregung der Stimme immer in den gleichen silbernen Zwitscherlauten geführt wurde, aber doch ergriff ihn unwillkürlich die Gewalt des Kampfes zwischen den beiden. Jetzt beendete er das Gespräch, indem er Xicotencatl erklären ließ, er gedächte in zwei Tagen in Tlaskalla einzuziehen. Im übrigen bäte er den Feldherrn zu einem Imbiß.

Während ein paar Gläser mit süßem Wein und etwas Schiffsbrot aufgetragen wurden, traten einige Musketiere auf Cortes' Befehl heran und luden ihre Gewehre. Er sah, mit wie scharfen Blicken der Indianer jede Bewegung verfolgte. Um ihn zu erschrecken oder beschämen, nahm er einem der Leute die brennende Lunte fort und hielt sie Xicotencatl unter die Augen. Es war eine derbe, alte Zündschnur, gewunden wie ein krummer

Ast und mit dicker Pulverlitze, die zuweilen aufzischte und Funken blies. Der Indianer blinzelte, dann packte er plötzlich zu und hielt die Lunte in der Hand. Er sprang auf und schwenkte sie. Der Luftzug fachte die Spitze kräftiger an. Xicotencatl ließ nicht los, er tanzte wie in einem Rausch auf dem Platz umher. Dann schlug er die Schnur mit dem Kopf gegen die Erde. Eine Faust voll Funken stob hoch. Er stellte den Fuß auf das Ende.

Fünftes Kapitel

Kurz vor dem Einzug in Tlaskalla traf eine Gesandtschaft von Montezuma bei Cortes ein. Sie brachte Geschenke in Gold, Steinen und feinen Baumwollstoffen. Der Notar Godoy nahm ein Protokoll auf und schätzte den Wert der Sachen auf etwa tausend bis zwölfhundert Dukaten. Die Gesandten brachten Grüße von Montezuma, der mit Befriedigung gehört habe, daß die ewig aufsässigen Tlaskallaner von den Fremden gezüchtigt worden seien. Er freue sich, die Weißen Götter so nahe bei seiner Hauptstadt zu wissen; im übrigen möchten sie sich doch nicht weiter in das Land bemühen. Der Weg führe durch felsige und so gut wie unzugängliche Gegenden – damit wiesen sie auf die mächtige Bergbarriere mit dem kristallisch blitzenden Gipfel des Popocatepetl –, und der Monarch sei unglücklich, daß er diese Hindernisse nicht beseitigen könne.

Cortes faßte den weißen Berg, der eine dünne und blasse Rauchfahne schwenkte, ins Auge, umschrieb ihn mit dem Finger, machte eine Faust und erklärte, eine solche Kuppe hielte ihn und seine Leute wohl schwerlich auf. In seiner Heimat gebe es Dutzende solcher Zuckerhüte.

Die Mexikaner meinten, der Berg sehe allerdings jetzt friedlich und ungefährlich aus. Er sei aber von Dämonen und finsteren Geistern angefüllt wie ein Korb mit Schlangen. Man höre sie oft des Nachts arbeiten und die Steine zusammenschleppen, mit denen sie die Menschen zu zerschmettern gedächten, und zuweilen brächen sie mit Flammen und flüssigem Schwefel hervor, alles in der Umgegend vernichtend.

Schön, erwiderte der Spanier. Eben dieses Feuer wäre es ja

auch, das er in seinen Rohren mit sich führe, die gewissermaßen einen solchen flammenspeienden Berg im kleinen vorstellten. Und kurz und gut – er wandte sich mit einer Handbewegung an seine Umgebung –, er getraue sich wohl, diesen Gipfel eines Tages zu besteigen und von seiner Spitze aus einen Blick auf die vielgerühmte Hauptstadt des Herrn Montezuma zu werfen, wie?

Man stimmte ihm laut zu. Der dicke Franz von Lujo fuhr sich bedenklich mit dem Finger durch den Halskragen und brachte heraus, das wäre wohl doch kein Kinderspiel. Er hätte auf den Feldzügen in Italien jenen berühmten Gipfel in der Nähe von Neapel gesehen, der die Werkstätte des Vulkan genannt werde, und auch noch einen anderen auf Sizilien, an dessen Namen er sich nicht mehr recht erinnere. Die erschienen ihm aber wie Küken gegen die Henne im Vergleich mit diesem da.

Der Hauptmann Ordaz stieß den Helm aus der Stirn und bat Cortes, ihm die Patrouille zu übertragen. Er stamme zwar nicht aus den Bergen, wie manche der anderen Herren, aber mit ein paar tüchtigen Gesellen ließe sich dieser stolzen Spitze wohl zu Leibe rücken und der Kranz abgewinnen.

Alle blickten hinüber. In der höhenklaren Luft rückte der Berg nah heran, als stünde man an seinem Fuße. Sie sahen den grünen Mantel der Wälder, weit und lose um das Massiv geschlagen, die Runnen, die den Baumbestand teilten und durchschnitten. Es schien wenig mehr als ein paar Stunden Weges zu sein bis da hinauf, wo nun die braunen Grate ansetzten. Schotterhalden blinkten wie grob geschabter Graphit. Dann brach steil die beschneite Kuppe in die Höhe, mündend in einem scharfen und engen Kraterrand, der wie ein Schornstein den Rauch abblies.

Cortes sagte verwundert dem Hauptmann, den er bisher nur als einen seiner heftigsten Widersacher gekannt hatte, den Auftrag zu und ließ sogleich durch Marina den Mexikanern eröffnen, sie hätten Führer und Begleitmannschaften für das Unternehmen zu stellen.

Sie weigerten sich entsetzt. Keinen Menschen könne man dazu bringen, auch nur bis zu halber Höhe des Berges emporzusteigen.

Gut, dann werde man sich von den Tlaskallanern die Leute ausbitten.

Die Mexikaner rieten auch davon eifrig ab. Sie kamen nun auf den eigentlichen Zweck ihrer Mission. Montezuma sei es zu Ohren gekommen, daß die Fremden in Tlaskalla einziehen wollten. Er warne sie auf das freundschaftlichste, sich mit diesem hinterhältigen Volk näher einzulassen. Ohne Zweifel wolle man ihn nur in die Stadt locken, um ihn dort hinterrücks zu überfallen und mit seiner ganzen Mannschaft niederzuschlagen.

Cortes nickte. Eben um die Gesinnung der Tlaskallaner ernstlich auf die Probe zu stellen, wolle er in die Stadt.

Die Gesandten baten ihn, er möge wenigstens noch einige Tage hier im Lager warten, bis sie neue Befehle von Montezuma eingeholt hätten.

Cortes überlegte. Die Feindseligkeit der Mexikaner gegen die Tlaskalteken hatte ihn beruhigt; vielleicht konnte man aber diese Spannung noch straffer anziehen und daraus Nutzen schöpfen. Mochte dieser hartmäulige und widerborstige Xicotencatl erst noch ein wenig auf die Stange beißen; er ging dann um so frommer unter dem Zügel.

Er sagte den Gesandten zu: ja, er werde noch warten. Man solle aber gleichzeitig Montezuma bestellen, er bäte nun dringend um Mitteilung, wann sein Besuch in der Hauptstadt willkommen wäre. Daß die Schwierigkeiten des Weges die Spanier nicht abschrecken könnten, sei ihnen wohl nun genugsam deutlich geworden. Der Hauptmann Ordaz werde bis an den Fuß dieses Berges Popocatemba oder wie er hieße mit ihnen ziehen und von dort aus den Aufstieg unternehmen.

Die Gesandten baten dringlich, man solle ihnen wenigstens nicht die Schmach antun, Tlaskallaner mitzuschicken.

Nun, dann sollten sie selbst die Begleitmannschaft stellen. Er wolle durchaus jetzt einmal bis in das Herz der Stadt Mexiko sehen, und wenn es nur durch das Auge eines seiner Diener oder vielmehr – er verbesserte sich schnell – Kameraden wäre.

Sie willigten ein. Ordaz, dem sich der Fähnrich Corall und der einfältige Bauernbursche Santa Clara angeschlossen hatten, brach mit ihnen auf.

Cortes legte sich in seinem Zelt nieder. Nun, da er Zeit hatte und unruhige Tage des Wartens bevorstanden, brach das Fieber wieder über ihn herein. Er glaubte zuerst, es wäre jene Erregung des Blutes, die er immer bei großen Entscheidungen spürte, heiß, jagend und wie das Klopfen eines feinen Giftes oder Eiters in den Adern. Dann fegte plötzlich ein breiter Schauer ihm wie ein Windstoß durch die Glieder. Er ließ sich fallen. Fast wohlig, ja mit einer gewissen Schadenfreude lieferte er sich der Krankheit aus. Er spürte das Rieseln der Hitze, das Wühlen und Arbeiten in seinem Körper, als ob eine unbekannte Geschäftigkeit ihn langsam und ameisenhaft eingrübe. Dann lag er mit trockener Kehle und brennenden Augenlidern da und stöhnte.

Die Krankheit gab ihm einen willkommenen Vorwand, sich völlig gehenzulassen. Die Gespräche und Verhandlungen waren ihm anstrengender gewesen, als er sich zugeben mochte; während der Gefechte hatte er vor den Soldaten Gesicht und Haltung wahren müssen. Jetzt tat es ihm gut, einmal ohne Hemmung seinen Launen die Zügel freizugeben. Er ächzte laut und warf sich umher. Den teilnahmsvoll Herzutretenden erklärte er, es sei nichts, man solle ihn in Frieden krepieren lassen. Seine Befehle waren widerspruchsvoll und traten einander auf die Hacken. Bald bestimmte er, die Hälfte der Wachen solle eingezogen werden; man sei jetzt sicher, und den Wachmannschaften wäre die Erholung wohl zu gönnen. Dann setzte er eine neue Reihenfolge fest, die jedem einzelnen mehr Stunden aufpackte als bisher. Wechselweise beklagte er sich bei dem einen der Offiziere über den anderen. Mit dem Pater Las Casas stritt er lange und erbittert über die Bekehrungsfrage.

Mit jedem Tag steigerte sich die Tollheit. Die Tlaskallaner sandten einige ihrer vornehmsten Ratsmitglieder, um zu fragen, warum die Weißen Götter noch zögerten, in die Stadt einzuziehen. Er ließ sie gar nicht vor und gab nur die schroffe Erklärung, man sei noch nicht genügend von ihrem guten Willen überzeugt. Wie ein Alp drückte seine üble Laune auf das ganze Heer. Es gab Händel an allen Ecken und Enden. Der Profos Ochoa richtete einen Schandpfahl auf. Der dicke Franz von Lujo schlug sich mit dem Hauptmann Leon; beide wurden verwundet. Ein gereiztes Streiten, Brüllen und An-den-Degen-Fahren hob an, daß die indianischen Verbündeten fassungslos auf die Spanier blickten.

Cortes bemerkte das wohl. Er schien dem allen wie unbeteiligt zuzusehen, als würfe er Kiesel in einen Teich und starrte auf die Kreise, die sie zögen. Auch Marina hatte zu leiden. Er forderte, daß sie Tag und Nacht um ihn sein müsse. Zuweilen schickte er ihr einen Diener nach und ließ sie zurückholen, wenn sie sich nur für kurze Zeit entfernte, um in der Umgegend Kräuter zu suchen. Sie gab ihm geriebene Macanna-Rinde ein und machte ihm kühlende Umschläge auf die Stirn aus angefeuchtetem Lianensamen. Cortes warf sie beiseite und befahl ihr, das Zelt zu verlassen. Sie blieb und setzte sich still in einem Winkel hin, die Stirn in die Hand gestützt.

Die Celestina und der Apotheker Garai zogen nun ein. Obwohl er ihren Künsten völlig mißtraute, überließ er sich ihnen doch eine Weile. Die Celestina besprach ihn, heftig durch die dicken Negernüstern schnaufend und voll heimlicher Angst nach Marina schielend. Der Apotheker beklebte ihm den Rükken mit seinen Pflastern und gab ihm eine stinkende Latwerge ein. Die fette Flämin Magdalene Kerrincx kam und brachte ein Pulver, das von einem geweihten Knochen stammen sollte. Man zeigte ihm Amulette, pries Hausmittel an, die mit Blut und Kot angemengt waren. Er nahm alles an, wie um sich an der Ratlosigkeit der andern zu weiden, wenn er immer wieder erklären konnte, es hülfe ihm nichts.

Marina erhob sich gegen Abend und wies mit einer festen Handbewegung die andern zum Zelt hinaus. Sie gingen. Sie nahm die Mittel und Pulver zusammen und wickelte sie in eine dünne Matte. Dann zog sie Cortes die Pflaster ab. Mit einem Bausch von feinen grünen Kräutern, die nach Minze rochen, wusch sie ihm vorsichtig das Gesicht. Er ließ alles erstaunt geschehen. Sie setzte sich neben das Lager und nahm seine Hand zwischen ihre Finger. Er schlummerte ein.

Nach einer halben Stunde erwachte er. Sie saß in der gleichen Haltung vor dem Lager. Das Fieber war nicht fort, es brannte im Gegenteil schärfer als bisher, aber trotzdem fühlte er sich wunderbar gestärkt. Er blinzelte, schämte sich dieses Blinzelns und sah ihr voll ins Gesicht. Wieder schien es ihm mürbe und erschöpft hinter der Maske der unbewegten schönen Linien, aber es war ihm, als hätte sie ihre Kraft an ihn verausgabt und hätte ein Recht, müde zu sein. Er spannte sich, spürte, wie sein Körper den Kampf aufnahm. Das Blut jagte heiß und klar durch die Adern; alle Trübungen verbrannten. Schon löste sich die Haut in einem wohltätigen Gewitter von Schweiß. Dankbar bewegte er die Lippen. Marina nahm behutsam ihre Hände an sich. Sie stand auf, leise schwankend und ging wie trunken auf ihre Matte im anderen Winkel des Zeltes zu. Sie legte sich. Sie schlief.

Sechstes Kapitel

Die Tlaskallaner schickten Botschaft über Botschaft. Endlich kündigten sie an, der hundertjährige Xicotencatl mit den anderen Mitgliedern des Rates werde selber erscheinen und die Weißen Götter bitten, doch in die Stadt einzuziehen.

Ein langer Zug mit Sänften und Tragbahren schwankte heran. Cortes, noch sehr blaß, trat aus dem Zelt. Er hatte den Degen aus dem Gehänge gelöst und vor sich hingestellt, um sich etwas darauf zu stützen. Die Indianer schwenkten die Becken mit Kopalharz und räucherten; der ganze Platz roch scharf nach dem aromatischen Harz. Ohne Hast stiegen die Vornehmen aus den Sänften. Der Hundertjährige wurde herangeführt. Er war völlig blind. Sein Gesicht bestand nur aus Haut. Es mochte ebenso lang und fleischig gewesen sein wie das seines Sohnes; nun war es eingetrocknet, und die Falten stürzten übereinander. Die Augenhöhlen waren ganz erfüllt mit zerknittertem Pergament, der bartlose Mund verschwand fast unter den verkrümpelten Lippen. An den Schläfen und Backen stachen die Knochen hervor, auch das ursprünglich wohl mächtige Kinn machte sich in dem Gewirr noch geltend. Die wenigen Haare der Brauen und des Halsansatzes, ganz dünn und mauserig wie bei einem ehrwürdigen Geier, hatten das frische und schon wieder kindlich flaumige Weiß des allerhöchsten Alters. Er trug in der Hand einen langen Stab aus einem teerschwarzen, wundervollen Holz. Der Splint hatte sich ausgerieft, und nur die dichtgedrängten feinen Rippen des Kernholzes traten nervig heraus. Seine Hände umklammerten ihn fest; die Haut hing wie in überweiten Handschuhen lose an den Fingern; sie folgte den Bewegungen der Muskeln nicht mehr und blieb oft in Kniffen und Graten schief und blaß stehen.

Der Hundertjährige schritt auf Cortes zu. Eigensinnig wies er nun seine Begleiter zurück, als er die Richtung erkannt hatte, ja er schlug nach einem, der ihn nicht loslassen wollte, mit seinem Stabe. Sorgfältig und ohne Zittern führte er die Geste der Devotion in einer leichten Andeutung aus. Dann begann er zu sprechen, leicht und fließend, mit erstaunlicher Kraft der Stimme. Er redete den Generalkapitän direkt an und nannte den Namen, den er von den anderen Eingeborenen gehört hatte: Malintzi! Malintzi!

Cortes fuhr sich verwundert in den Bart; er hatte sich nie so unmittelbar angesprochen gefühlt. Der Hundertjährige entwikkelte nun in kurzen und klaren Sätzen, warum die Tlaskallaner so lange Widerstand geleistet hätten. Man sei in dem Glauben befangen gewesen, die Fremden kämen im Einverständnis und Bunde mit Montezuma. Wenn man gewußt hätte, daß sie ebenfalls Feinde der Mexikaner wären, so hätte er sie bereits von der Küste her abholen und begleiten lassen. Jetzt sollten sie aber auch alles Mißtrauen ablegen und in die Stadt kommen. Man werde sie gut aufnehmen. Seine einzige Besorgnis wäre, daß die Mexikaner noch zwischen ihnen Unheil stiften könnten. Die Abgesandten Montezumas hätten Malintzi wohl auch mit ihren tückischen Einflüsterungen bisher vom Einmarsch in Tlaskalla abgehalten. Nun dürfte er aber nicht länger zögern, Malintzi.

Cortes erklärte gerührt: nein, er werde sogleich das Heer aufbrechen lassen. Er umarmte den Alten. Der gab seinen Stab mit einer herrischen Bewegung einem Diener, hob die Hände und betastete ohne Furcht das Gesicht des Spaniers. Cortes schauderte vor der Berührung der faltigen, vor Trockenheit fast raschelnden Haut, aber er hielt doch still. Die Hände des Hundertjährigen umklammerten ihn zäh und beharrlich. Was den Fingern an Gefühl abgehen mochte, ersetzten sie durch viele Umwege. Der Alte fuhr ihm über die Brauen und die Stirn, er strich am Helmrand entlang, er maß die Nase und die Wangen und schien sich aus dem Bart kaum lösen zu können. Nachdenklich trat er zurück; man sah, wie er sich mühte, die Eindrücke zusammenzusetzen und zu verarbeiten.

Dann fragte er, ob Malintzi noch irgendwelche Wünsche hätte?

Cortes sagte, nur um ihm Gelegenheit zu geben, seinen guten Willen zu bewähren, es fehle ihm an Lastträgern für die Geschütze.

Der Hundertjährige wandte sich um und gab Befehle. Läufer setzten sich in Bewegung. Der Alte stieß ungeduldig und eigensinnig den Stab auf die Erde: schnell! schnell! in einer halben Stunde hätten die Träger dazusein!

Cortes bewirtete ihn inzwischen mit süßem Wein und Schiffsbrot. Der Alte aß und trank sorgfältig und mit Genuß. Es schien sogar, als ob er einen Teil seiner Zähne noch hätte; er kaute langsam und mahlend das harte Schiffsbrot auf und äußerte, es schmecke ihm kräftig und süß. Auch spüre er mit Befriedigung darin das Salz, das seinem Volk durch die Niedertracht der Mexikaner so entzogen werde, daß die jüngeren Leute kaum noch recht seinen Geschmack kennten.

Cortes erkundigte sich nach seinem Sohn, dem Feldherrn, den er zu seinem Bedauern unter der Begleitung vermißt hätte.

Der Hundertjährige stieß erbost mit seinem Stab auf: der Sohn wäre zu Hause geblieben, obwohl er gewünscht hätte, daß er mit erschiene. Es sei das ein Zeichen der Zuchtlosigkeit, die in Mexiko und anderwärts schon längst eingerissen wäre, aber nun auch in Tlaskalla alles unterwühle. Zu seiner Zeit hätte man wohl nicht gewagt, seinem Vater auch nur ein Widerwort zu sagen. Damals hätten die Eltern freilich auch noch das Recht gehabt, ihre Kinder zu opfern oder als Sklaven zu verkaufen, wenn es ihnen beliebte. In all diesen Dingen ließen die Sitten in ihrer heiligen Strenge nach, und es sei kein Wunder, wenn man dann bis zu offener Auflehnung und dem frechsten Ungehorsam käme.

Er hatte rote Flecken auf der Kopfhaut und im Nacken und stieß unaufhörlich den Stab gegen den Boden. Cortes suchte ihn zu beruhigen; er verstünde wohl, daß es dem Feldherrn, der sich so tapfer geschlagen hätte, schmerzlich sein müßte, vor dem Sieger zu erscheinen.

Der Alte kam aus seinem Zorn nicht heraus. Eben das wäre ja das Zeichen der Unbeherrschtheit, daß man diese Gefühle nicht unterdrücken könne. Es sei gar kein Wunder, daß solche Krieger mit ihren Feinden nicht mehr fertig würden. Früher hätte man die Gefangenen mit harzigen Splittern besteckt und diese angezündet; wenn einer gezuckt hätte, wäre man außer sich gewesen vor Verachtung. Heute kämen ja schon die Opfertänze mit dem Holzschwert ab. Es hätte ihn mit hoher Befriedigung erfüllt, was ihm von der Kampfesweise und den Taten der Weißen Götter zu Ohren gekommen sei. Er hoffe, daß die bittere Lehre, die sein Volk bei diesen Gefechten bekommen habe, es endlich heilsam aufrütteln werde.

Die Träger kamen. Man teilte das Gepäck zwischen ihnen und den Cempoallanern und marschierte ab. Die Sänften mit dem Hundertjährigen und den anderen Vornehmen zogen voran. Cortes ritt aus Courtoisie zur Linken des alten Xicotencatl. Die Bevölkerung kam ihnen mit Körben voll Blumen entgegen. Sie trugen Blumen im Haar, Männer und Frauen, Blumen in den Händen, Blumen im Gürtel, und manche hatten in die Riemen der Sandalen kleine Knospen mit eingebunden. Man reichte den Reitern klastergroße Sträuße, sorgfältig nach alten Mustern in bestimmten bunten Farben gebunden und nach Gerüchen abgestimmt, aufs Pferd, Bambuskörbe, die sich buchteten vor Rosen, und kleine Netze aus Nelken und Geißblatt, die wie Prozessionsfahnen an schön geschnitzten und bemalten Stäben hingen. Die Soldaten waren taumelig und verwirrt von den lauten Gerüchen und Farben, sie griffen lachend und talpschend nach allen Seiten und beluden sich über und über mit Sträußen und Kränzen. Viele warfen die ersten Geschenke wieder fort und griffen nach neuen, die ihnen schöner schienen; andere steckten sich bedächtig den Gürtel und das Koller bis zum Halse zwischen allen Nesteln voll. Der Landsknecht Tuvilla spießte einen Strauß nach dem anderen auf seine Pike, bis sie aussah wie eine Mandelstange vom Jahrmarkt. Die Hunde des Gines Nortes ließen ihre riesigen schlabbernden Zungen aus Kränzen von Rosen und Gardenien heraushängen. Die Geschütze waren bis zu den hochstehenden Henkelgriffen eingeschneit von Mimosen und Floripondien, aus denen der Geruch dick wie brauner Honig über die Rohre floß.

Man führte sie auf einige geräumige, aneinanderstoßende Höfe. Die Häuser waren niedriger und ärmlicher als in Cempoalla; die Wände waren aus Ziegeln und mit grobem Kalk beworfen. In den Quartieren lagen feingeflochtene, gebleichte Matten; flache Betten, mit Spartgras gefüllt, standen bereit. Für jeden Soldaten hatte man einen Mantel aus Leinwand zurechtgelegt. Vor jedem Bett stand auf einer Unterlage von Maisfladen ein

Krug mit Agavenbier, ein Haufen Obst und eine tönerne Schale mit aromatischem Wasser zur Handwaschung.

Die Spanier standen staunend an den Türen. Sie wagten nicht recht, auf die glänzend reinen Matten zu treten. Viele schüttelten den Kopf. Der Landsknecht Tuvilla stapfte als erster drauf zu, stellte seine Pike in die Ecke und warf sich auf das Bett, die langen Beine weit über den Rand streckend. Sie begannen zu essen und zu trinken. Einige schütteten zuerst das Handwasser herunter. Die Zufriedenheit ließ bald nach. Die Maisfladen schmeckten salzlos und laff, das milchige Agavenbier bitter wie aus der Apotheke.

Während Cortes noch auf dem Hofe hielt, um sich von Xicotencatl zu verabschieden, kam atemlos die Gesandtschaft Montezumas. Sie sah sich unruhig nach der Straße um; offenbar nahm die Bevölkerung eine drohende Miene an. Auch der Hundertjährige geriet in Erregung, als er hörte, daß Mexikaner angelangt seien. Er stieß seinen Stock auf die Erde und erklärte, er könne die Anwesenheit dieser Erzfeinde des Landes in seiner Stadt nicht dulden.

Cortes nahm sie in Schutz; man müsse doch zuerst einmal hören, was sie wünschten. Er bitte den Senat von Tlaskalla um die Erlaubnis, die Gesandten vorläufig mit in seinem Quartier unterbringen zu dürfen. Er werde ihm alsbald Kenntnis von seinen Verhandlungen mit Montezuma geben; es sei selbstverständlich, daß sie jetzt, da man befreundet und hoffentlich bald auch verbündet wäre, keine Geheimnisse mehr voreinander haben könnten.

Der Alte stimmte zu, etwas unruhig über so viel Höflichkeit, und zog sich zurück. Cortes ließ in aller Eile seinen Sessel abladen und aufstellen und erteilte den Gesandten Audienz. Er nahm, ehe er sich setzte, mit einem schnellen Griff den weiß und bunten tlaskallanischen Federmantel, der für ihn auf dem Bett bereit lag, und warf ihn sich um die Schultern.

Die Mexikaner erklärten, mißtrauisch auf den Mantel blikkend, sie wüßten nicht recht, wie sie unter diesen Umständen die Botschaft Montezumas ausrichten sollten. Der Monarch hätte sie mit reichen Geschenken abgesandt, die draußen warteten.

Nun, vorwärts, man solle sie nur hereinbringen.

Ja... sie seien vom König ursprünglich als Zeichen seines guten Willens für die Fremden bestimmt. Er verharre nach wie vor in der freundschaftlichsten Gesinnung...

Schön, schön; und weiter?

...bäte aber doch dringend, nicht in die Stadt Tlaskalla einzuziehen.

Das wär ja jetzt gegenstandslos.

Die Tlaskallaner seien ein verstocktes und hinterhältiges Volk, außerdem arm, blutarm; sie hätten nicht für fünf Kakaobohnen Gold, an dem den Weißen Göttern doch so sehr gelegen, sie trügen erbärmliches, hartes Leinen auf dem Leibe, nicht einmal die Vornehmen besäßen Baumwollkleider, ja, es fehle ihnen sogar das Salz zum Brot.

Cortes reckte sich und sagte heftig, er habe eben über diesen Punkt mit Montezuma zu reden. Es sei ihm zu Ohren gekommen, daß die Mexikaner diesen bescheidenen und arbeitsamen Bergbewohnern das unentbehrliche Nahrungsmittel vorenthielten. Solche Zustände könne er nicht mit ansehen. Um all diese Streitfragen zu regeln, sei es aber unbedingt notwendig, daß endlich die Zusammenkunft mit Montezuma zustande käme, und er sei gesonnen, in wenigen Tagen nach Mexiko aufzubrechen.

Die Gesandten schwiegen eine Weile. Dann eröffneten sie dem Generalkapitän, daß Montezuma bereit wäre, sich unter die Oberherrschaft seines Monarchen zu stellen und einen jährlichen Tribut in Gold und Schmucksachen zu zahlen, wenn man von dem geplanten Besuch in seiner Hauptstadt absehen wolle. Außerdem...

Cortes unterbrach sie und erklärte dem Notar Godoy, er solle augenblicklich ein Protokoll über diese hochwichtigen Zugeständnisse aufnehmen. Während der Notar, die Stirn verzerrt vor Eifer, schrieb, sprang Cortes von seinem Sessel auf, ging hin und her, mit dem Degen seine Waden pritschend und murmelte, diese grundsätzliche Anerkennung der Souveränität des Kaisers müsse doch auf der Stelle festgehalten werden, ganz gleich, was sonst noch käme.

Die Gesandten machten sich wieder bemerklich.

Ach so. Nun?

...außer diesem Tribut wolle Montezuma dem Malintzi und

seinen Hauptleuten persönlich acht Mannslasten mit Gold senden, wenn sie umkehrten.

Cortes dankte für die freundliche Gesinnung. Eine Umkehr komme, wie nun ja zur Genüge betont, nicht in Frage. In einigen Tagen werde er abmarschieren.

Die Gesandten, ratlos und verwirrt, sahen sich nach dem Ausgang um. Cortes erinnerte an die Geschenke Montezumas. Sie wurden gebracht; der Notar machte das Verzeichnis und taxierte sie. Cortes gab den Mexikanern eine Wache mit bis vor die Stadt. Einsilbig und zögernd schritten sie dahin, als fürchteten sie sich vor der Heimkehr.

Der Generalkapitän ging nun durch die Quartiere. Die Hälfte der Mannschaft war bereits ausgeflogen und hatte sich in der Stadt zerstreut. Er ließ blasen und bekannt machen, kein Soldat dürfe ohne schriftliche Erlaubnis den Hof verlassen. Vor den Eingang kam eine Doppelwache. Der Profos Ochoa stellte seinen Schandpfahl auf.

Ein Altar wurde errichtet und Messe gelesen.

Cortes wandte sich an den Pater Las Casas und fragte ihn, ob es nun nicht an der Zeit wäre, bei Tlaskallanern die Sündhaftigkeit ihres widerwärtigen Götzendienstes vorzustellen?

Las Casas hob die Brauen in dem vollen Bischofsgesicht und meinte, man müsse die Leute doch erst sorgfältig mit den christlichen Heilswahrheiten bekannt machen und belehren, man könne sie nicht so Hals über Kopf in die Kirche hineintreiben wie die Hammel in die Pferch. Es liege ihm nach wie vor schwer auf der Seele, daß man in Cempoalla so voreilig verfahren wäre.

Cortes schlug mit dem Degen gegen die Stiefel. Belehren! Belehren! Was brauche es da wohl großer Kenntnisse, um festzustellen, daß diese teuflischen Menschenopfer und Baalsanbetereien aufhören müßten? Er könne es nun einmal nicht ertragen, daß hier in der Stadt noch täglich Menschen geschlachtet, die Treppen hinuntergeworfen und aufgefressen würden.

Noch am Nachmittag ging Cortes mit einer Wache durch die Straßen, drang in einige der Tempel ein und ließ die Käfige der Opfergefangenen aufbrechen. Es entstand Unruhe in der Stadt. Er schrie die Ältesten, die herbeistürzten, an, diese Greuel könnten auf gar keinen Fall mehr gestattet werden, wenn man schon ihnen ihren übrigen Teufelsdienst nachsähe. Die Gefangenen wären freizulassen, und keiner solle sich unterstehen, sie wieder aufzugreifen.

Die meisten der Unglücklichen waren so feist, daß man sie auf den Mänteln ins spanische Quartier tragen mußte. Manche klammerten sich dicht an ihre Befreier an. Viele ließen sich blöde und gleichmäßig fortschleppen; sie begriffen nicht, was man mit ihnen vorhatte, obwohl Marina sich mühte, es ihnen zu erklären.

In der Mitte der Woche kam der Hauptmann Ordaz von seiner Bergbesteigung zurück. Er brachte zwei mächtige Eisstufen mit, die blitzend vor dem Quartier aufgestellt wurden. Die Bevölkerung drängte in Scharen herzu, man betastete das Eis, maß seinen Umfang mit den Fingern, probierte den Geschmack und schwatzte aufgeregt und zwitschernd. Ordaz berichtete, er sei schon am Fuße des Berges von den Eingeborenen im Stich gelassen worden. Man habe aber in Gottes Namen weiter den Weg verfolgt und sei auch glücklich bis fast auf den Gipfel gekommen. Auf halber Höhe wäre ein Ausbruch des Berges erfolgt, sie hätten sich niedergeworfen und den Regen von Asche und glühenden Steinen über sich ergehen lassen. Noch jetzt, obwohl es doch über drei Tage her sei, könne er die Asche zwischen den Zähnen nicht loswerden.

Cortes fragte, was es denn nun mit der Aussicht auf die Stadt Mexiko gewesen sei?

Ja, da wäre ein See, sehr groß und mittendrin wie eine Spinne die Stadt. Auch am Ufer gebe es eine Menge Städte; man habe sich nicht sehr lange umsehen können, da der Berg wieder unruhig geworden sei. Jedenfalls schiene ihm dieses Mexiko größer und schöner als Rom, Madrid und Konstantinopel zusammen.

Cortes umarmte ihn und schenkte ihm ein schwarzes Wams. Begeistert wandte er sich an die Umstehenden: ob nun noch einer umkehren wollte, ehe man diese Wunderstadt gesehen?

Nein. Vorwärts, man wolle nun endlich dem Herrn Montezuma in seinem Bau zu Leibe rücken!

Cortes befahl für Ende der Woche den Abmarsch. Ordaz, bereits mit den andern aus der Tür gehend, hielt plötzlich inne, rückte den Helm aus dem Gesicht und schlug sich vor die Stirn: Beinahe hätte er das Beste vergessen, wahrhaftig! Er förderte aus der Tasche ein faustgroßes Stück reinen Schwefel zutage: Da, den fände man oben auf dem feuerspeienden Berge, und in solchen Mengen, daß der größte Monarch wohl für ein paar Jahre seinen Pulvervorrat damit herstellen könnte.

Der Stückmeister Mesa wurde gerufen. Er kratzte seinen fuchsigen, immer vom Ausschlag zerfressenen Bart, brach den Schwefel, zerrieb ihn auf der Hand und erklärte, er getraue sich, damit das feinste Schießpulver zu mahlen. Vorläufig sei aber noch kein Mangel; er habe seinen Bestand gut zu Rate gehalten.

Cortes meinte, er solle auf alle Fälle die Sache im Auge behalten. Jedenfalls könne man – damit entließ er die Herren – auch hier wieder dankbar erkennen, wie die Vorsehung ihr Unternehmen sichtbarlich begünstige und gleichsam alles, was sie nur irgendwie benötigten, am Wege bereitstelle.

Bei der Mannschaft erregte die Ankündigung des Abmarsches großen Jubel. Man war bereits unversehens in eine sehr verdrossene Stimmung hineingeraten. Das ungesalzene Essen, so reichlich es von den Eingeborenen herangeschleppt wurde, schmeckte auf die Dauer widerwärtig. Man hatte sich immer wieder darüber beklagt; die Tlaskallaner erklärten, sie besäßen selber von dem kostbaren Stoff so wenig, daß sie allenfalls für den Generalkapitän ein Schälchen voll auftreiben könnten. Das machte erst recht böses Blut. Der baumlange, dürre Reiter Vacua mit dem ewig feixenden Gesicht und dem Spitzbauch schlurfte von einem Quartier zum andern und sammelte Stimmen für eine Beschwerde. Es wäre unerhört, wie Cortes und die anderen Hauptleute lebten; sein Landsmann, der Koch des Generalkapitäns, hätte ihm erzählt, wie es da täglich die feinsten Truthähne und Fischpasteten gäbe. Dazu söffen sie den puren Abendmahlswein, und ihre indianischen Huren hielten noch dazu mit, während sie hier diesen labbrigen Kinderpapp von Maisfladen würgen müßten und ein Bier vorgesetzt bekämen, das man in Spanien wohl allenfalls dazu benutzen würde, um Handschuhleder damit zu gerben.

Viele hatten Beifall gebrüllt. Man fräße schier nur noch Gurken und Melonen; wie sie sich da erholen sollten von den gewaltigen Schlachten und Märschen, geschweige denn Kräfte anbauen für einen neuen Feldzug, das möchte man ihnen doch sagen. Am lautesten schimpfte der Steuermann Gonzalo aus Umbria. Alle lachten, wenn er auf den Krücken, die ihm der Schiffszimmermann Martin Lopez geschnitzt hatte, in Sprüngen über den Hof stelzte. Er hatte sich bereits völlig von der Exekution erholt, und sein schwarzer, wie mit Pulver eingeriebener Kopf begann, wammig und fett zu werden.

Der Bergwerksbesitzer Sedeño hatte sich unter der Hand erkundigt, welches denn der nächste Ort wäre, in dem Salz zu haben sei. Es schien ihm kein schlechter Handel, heimlich durch seine Diener von dort ein paar Säcke holen zu lassen und diese dann unzenweise an die Bevölkerung und die Soldaten zu verkaufen. Man nannte ihm die Stadt Cholula. Sie sei aber so verfeindet mit Tlaskalla, daß man nicht eine Handvoll Salz von dort bekommen könnte, obwohl die Cholulaner sonst als die gierigsten und härtesten Kaufleute des ganzen Landes bekannt wären. Ja, sie griffen jeden Tlaskallaner, den sie beim Handeln beträfen, ohne weiteres auf und opferten ihn. – Sedeño schien das denn doch zu gefährlich, um seine Diener daranzuwagen, und er gab den Plan auf.

Jetzt spannte der Wind der Erwartung alle Gemüter und blies den Mißmut fort. Man fegte die Harnische, stickte die Baumwollpanzer und besserte das zerlumpte Schuhzeug aus. Die Armbruster schnitzten Bolzen, und die Musketiere gossen Kugeln. Überall wurde gesungen. Der Buckel Naxera dichtete eine lange Romanze und trug sie mit schallender Stimme vor. Da war von den sieben großen Schlachten und Gefechten die Rede, die man bisher bestanden habe – »wahrhaftig, sieben?«; viele begannen erst jetzt zu fühlen, was sie geleistet hätten –, von der Marina, die des Nachts die Kräuter sammelte, vom Hauptmann Ordaz und seinen beiden Eisstufen und endlich vom Fuchs Montezuma. Der säße in seinem Bau mit den drei Röhren und dünkte sich wohl sicher, aber man würde ihn bald mit den Hunden herausstöbern! Auch Cortes ließ den Buckel kommen und sich bei Tisch das Stück vortragen. Er wurde aber unzufrieden, als er hörte, daß er selber nicht darin vorkam, und gab Naxera nur ein paar Maravedi als Trinkgeld.

Die Stuben schwirrten von Gerüchten. Einige wollten wissen, daß die gesamte Kriegsmacht der Tlaskallaner unter dem Feldherrn Xicotencatl mit gegen Mexiko ziehen werde. Andere behaupteten, es ginge zunächst gegen Cholula. Dann hieß es, Montezuma rücke bereits mit seinen Armeen heran, und es werde noch hier auf der Hochebene ein schweres Treffen geben. Endlich wurde viel darüber geredet, daß die Tlaskallaner den Hauptleuten einige vornehme Töchter aus den ersten Familien der Stadt als Frauen angeboten hätten. Der Pater Las Casas unterrichte sie schon eifrig und bereite sie auf die heilige Taufe vor. Es sollten sehr schöne Mädchen darunter sein; besonders die Tochter des alten Xicotencatl hätte ein Ansehen fast wie ein kastilianisches Edelfräulein. Cortes habe sie aber für seine Person abgelehnt und dem Alvarado bestimmt; vermutlich aus Rücksicht auf die Marina, die ja jetzt völlig seine Favoritin sei.

Am Tage vor dem Abmarsch fand nach einer feierlichen Messe die Taufe statt. Auch der Feldherr Xicotencatl war erschienen. Er hatte sich bereit erklärt, da es zunächst gegen die Stadt Cholula gehen sollte, den Befehl über die tlaskallanischen Hilfstruppen zu übernehmen. Cortes hatte ihm einen spanischen Dolch zum Geschenk gemacht, den er an einem bunt geflochtenen Strick um den Hals trug wie einen Orden. Der Generalkapitän war sehr geflissentlich um ihn bemüht. Der Indianer blickte abwehrend vor sich hin; die Muskeln spielten unter seinen narbenstrotzenden, langen Backen.

Cortes ließ sich in seinem Ärger hinreißen, noch einmal einen Vorstoß gegen den infernalischen Götzendienst der Tlaskallaner zu machen. Er redete hastig und mit zerrenden Handbewegungen auf den Hundertjährigen und die anderen Vornehmen der Stadt ein. Marina übersetzte zaghaft. Der Alte blieb unbewegt, und auch die anderen gaben zu erkennen, daß sie den unpassenden Ausfall mit Takt übersehen wollten. Der Pater Las Casas trat mit zuckenden Augenbrauen auf Cortes zu und bat ihn, um Christi willen doch den Fortgang der Feier nicht aufzuhalten und damit das so hoffnungsvoll begonnene Bekehrungswerk zu stören. Man habe mit diesen Täuflingen bereits wirklich fromme Lämmer der Kirche zugeführt; für das Weitere müßten Gott und die Zeit sorgen. Cortes nickte ungnädig.

Siebentes Kapitel

Die Bevölkerung von Tlaskalla gab dem Heer eine Stunde weit das Geleit. Der Weg war noch lange bunt bestreut von den Sträußen und Kränzen, die die Soldaten fortgeworfen hatten. Die Marschordnung zog sich sehr in die Länge. Fast jeder hatte nun einen indianischen Träger, der ihm sein Gepäck schleppen mußte. Viele hatten alles mitgenommen, was sie in ihrem Quartier gefunden, Matten, Mäntel, die Tonkrüge und die Fingerschalen. Einige waren bereits dabeigewesen, die Betten zusammenzuschlagen und samt den Matratzen mit aufzuladen; Cortes hatte es aber untersagt. Der Obmann der Träger war ohnehin bei ihm erschienen und hatte sich beschwert, daß seinen Leuten Ungebührliches zugemutet werde. Sie seien gehalten, alle Arten von Lasten zu tragen und würden dies auch immer willig tun; dazu gehörte aber nicht solch Hausgerät und Plunder; er könne es seinen Leuten nicht zumuten, derlei Zeug auf ihre Karren zu nehmen.

Am Ende des Zuges marschierte Xicotencatl mit einer Mannschaft von zweitausend Tlaskallanern. Die Indianer schritten leicht und sauber dahin; der Staub, den die Spanier mit ihren schlurfenden Stiefeln aufrührten, erschien ihnen widerwärtig.

Gegen Abend lagerte man eine Stunde vor der Stadt an einem Bach. Das Land schimmerte in blitzenden Würfeln; überall zwischen den Maisfeldern liefen die Wassergräben. Die Pflanzungen standen hoch und dicht und wohlgepflegt wie in einem Garten. Eine Patrouille brachte Arme voll Weintrauben; die Beeren waren klein und violettschwarz und schmeckten sehr süß.

Noch vor Einbruch der Dunkelheit erschienen Abgesandte des Rates von Cholula. Sie brachten Lebensmittel und kündigten für den folgenden Morgen einen Empfang durch die Vornehmen der Stadt an.

Man wartete am andern Tage bis gegen Mittag. Als niemand erschien, befahl Cortes mißvergnügt den Aufbruch. Die Tlaskallaner blieben im Lager. Die Spanier marschierten durch grünblaue Maispflanzungen und Kaktusfelder, die von Cochenille wie mit Mehl bestreut waren. Die Reiter fühlten sich zwischen den vielen Wassergräben sehr unbehaglich. Die Wege waren schmal, und das Heer zog sich fast eine halbe Stunde in die Länge. Jeden Augenblick war man auf einen Überfall gefaßt. Ein Windstoß fiel in die Maisfelder ein; das Blattwerk brauste leise auf wie von vielen Tritten. Ein Musketier brannte sein Gewehr los. Es war aber nichts, und der Mann wurde ausgelacht.

Unversehens kam man in die Stadt hinein. Die Bevölkerung verstopfte sogleich die Straße. Sie starrte fassungslos die Spanier an. Einige Frauen warfen Blumen und winkten; die Männer standen stumm an die Mauern gedrückt. Cortes wußte nicht, wohin man in den engen und hohen Straßen marschieren sollte. Die Stadt schien riesenhaft. Überall schimmerten über den Dächern die Türme und Pyramidenspitzen der großen Tempel. Vom Pferde aus sah er in ein Gewirr von Straßen und Gassen hinein, die von Menschen überschwollen. Vor ihm funkelte es mitten in der Stadt wie die Kuppe eines Schneeberges auf, blitzend in weißer Tünche und Stuck und überrieselt von Türmchen und Kapellen.

Einige Abgesandte machten sich bemerklich; sie baten um Entschuldigung, daß der Rat noch nicht zur Begrüßung erschienen sei; er werde durch die Botschafter Montezumas, die soeben in der Stadt eingetroffen wären, aufgehalten. Die Spanier möchten aber vorläufig in dem Quartier, das für sie vorgesehen sei, ausruhen.

Sie führten die Truppen auf den Hof eines Tempels. Cortes blickte an den hohen, weißgetünchten Mauern bedenklich hinauf.

In den Quartieren war nichts vorbereitet. Mißmutig trieben sich die Soldaten in den großen, leeren Räumen, die für gewöhnlich zur Unterbringung von Pilgern dienten, umher. Viele murrten, sie hätten doch recht gehabt, als sie ihre Betten und Matratzen von Tlaskalla mitnehmen wollten; jetzt säßen sie hier auf den nackten Fliesen und könnten sich mit kalter Luft zudecken. Kein Agavenbier! Keine Früchte! Keine Maisfladen!

Erst spät am Tage erschien der Rat der Stadt zur Begrüßung. Es waren glatzköpfige und fette Männer, sehr reich in seidenweiche, prachtvoll fließende Stoffe gekleidet und mit Schmuck überladen. Sie trugen goldene Ohrringe, Nasen- und Lippenpflöcke aus Türkis, dick mit Steinen besetzte Armbänder; einige hatten auch über den Waden Kniebänder aus Marderfell, mit kleinen goldenen Schellen besetzt, die blechern rasselten. Sie stiegen sehr langsam aus ihren Sänften und ließen sich bei jedem Schritt von ihren Dienern helfen. Die Spanier, ohnehin durch das lange Warten erbost, murrten laut, man sollte diesen hochanmaßlichen Burschen doch einmal einen brennenden Strohwisch unter den Hintern halten, damit sie das Laufen lernten.

Cortes hatte sich in seinen Sessel geworfen. Er machte die Schultern steif und reckte den Bart fast waagerecht in die Höhe. Der Rat der Stadt ging auf ihn zu, ließ die Räucherbecken aufstellen und begrüßte ihn. Die beleibten Männer bückten sich nur wenig und deuteten die Gesten der Devotion eben mit den gespreizten Fingern an. Sie erhoben sogleich Klage: trotz ihrer dringenden Bitte habe man doch eine ganze Anzahl der ihnen nun einmal widerwärtigen Tlaskallaner in die Stadt gebracht.

Cortes fuhr heraus: wo sie die Geschenke hätten?

Der Älteste der Glatzköpfe wandte sich und gab den Dienern ein Zeichen. Sie legten eine Matte vor den Sessel und stellten fünf tönerne, bemalte Schalen darauf, die bis zum Rand mit Goldstaub gefüllt waren. Der Notar Godoy nahm sogleich ein Protokoll auf und schätzte den Wert der Gabe auf etwa achttausend Dukaten.

Die Cholulaner erklärten, sie hofften mit diesem Geschenk die Fremden zufriedenzustellen. Für die Verpflegung werde ebenfalls gesorgt; man habe den Verwaltern der großen Magazine, die für gewöhnlich die Pilger versorgten, die entsprechenden Anweisungen gegeben. Man wolle nur mitteilen, welche Lebensmittel und wieviel für den Kopf und Tag man benötige; sie würden dann ordnungsgemäß zugewiesen werden. Im übrigen erwarte man, daß der Besuch nicht allzulange in den Mauern der Stadt verweilen werde; es werde in den nächsten Tagen das Fest des Gottes Xipetotec, »Unseres Herrn des Geschundenen«, gefeiert, und man erwarte zu dieser Gelegenheit eine große Menge von Wallfahrern und Büßern. Alle vorhandenen Unterbringungsmöglichkeiten wären schon bis auf den letzten Platz belegt, und man brauche dringend die Räumlichkeiten, in denen zur Zeit die Spanier einquartiert seien.

So, stieß Cortes den Atem durch die Nase. Das ginge ja hier

sehr geschäftsmäßig und genau zu. Diese feisten Herren wögen einem ja alles zu, als ob sie hinter dem Ladentisch stünden und mit Muskat oder Pfeffer handelten. Und das Gold stellten sie einem da in Näpfen hin, als ob es Hafer wäre und man es fressen sollte. – Dabei wies er wütend mit der Hand auf die Matte.

Die Cholulaner verstanden die Bewegung falsch. Sie ließen durch Marina erklären, daß noch zehn weitere solcher Schalen voll Goldstaub zur Verfügung der Spanier stünden, wenn sie sogleich abziehen wollten.

Cortes sprang auf und schlug auf den Degen. Diese glatzköpfigen Krämer verhöhnten ihn wohl! Als ob er mit sich schachern ließe wie ein Jude! Es habe ihn überhaupt höchlichst verdrossen, daß man ihm nur das bare Gold da hingeworfen und keine Stoffe, Mäntel, Federspiele und Schmucksachen gebracht habe, wie alle die Völker bisher. Man behandele ihn ja wahrhaftig wie einen Korsaren, dem man flugs ein Geleitgeld zahle, um ihn loszuwerden.

Der Älteste wandte sich an einen der Diener und gab ihm Auftrag, noch weitere Geschenke zu holen. Marina teilte Cortes das mit, und er setzte sich. Inzwischen erhoben die Cholulaner wieder ihre Beschwerden gegen die Tlaskallaner. Überall in der Stadt trieben sich plötzlich Trupps dieser ihrer Feinde umher. Sie reizten das Volk schon durch ihre bloße Gegenwart auf, und es müsse über kurz oder lang zu blutigen Zusammenstößen kommen.

Cortes erklärte, er habe seine Bundesgenossen – denen sie im übrigen ebenso höflich und dienstwillig zu begegnen hätten wie ihm selbst – doch eine Stunde weit vor der Stadt zurückgelassen.

Trotzdem wären an den verschiedensten Stellen der Stadt Tlaskallaner gesehen worden. Manche sollten sich sogar ganz tückischerweise auf cholulanische Manier verkleidet haben. Sie spionierten überall umher; einige habe man vor dem Eingang zum großen Tempel festgenommen, als sie bei den Bettlern nach der Stärke der mexikanischen Besatzung in der Stadt gefragt hätten.

Cortes fuhr wieder in die Höhe. Wie, es gab eine mexikanische Besatzung hier in der Stadt, Truppen Montezumas?

Allerdings.

Cortes wandte sich an seine Umgebung und äußerte, es schiene ihm hier etwas nicht geheuer. Dieser hinterhältige König wolle sie womöglich in dieser unübersehbaren Stadt wie in einer Falle abfangen.

Alvarado warf seine rotblonden Haare mit einem Ruck aus der Stirn und rief, man solle doch nicht lange fackeln, die Glatzköpfe auf der Stelle festnehmen und ein wenig durch den Profosen befragen lassen. Da würden sie schon ihre sauberen Anschläge herausschwitzen. Ihm sei auch zwischen diesen Teufelsmauern und Türmen nicht recht wohl zumute.

Der Pater Las Casas legte sich ins Mittel. Man müsse doch nicht immer gleich das Schlimmste von den Leuten denken. Sie schienen doch bisher recht gutwillig...

So, gutwillig! lachte Cortes.

...und gäben sich offensichtlich alle Mühe, einen zufriedenzustellen.

Cortes meinte, der Pater sei zwar für das Seelenheil des Heeres verantwortlich, die Sorge um die Sicherheit der Truppen müsse er aber wohl ihm überlassen.

Nein! rief Las Casas, er werde sich niemals in einer Sache, die sein Gewissen anginge, den Mund verbieten lassen. Es sei widersinnig, gottlos, abscheulich, was man da allem Anschein nach vorhabe.

Cortes wurde unter dem Blick des Paters unsicher. Er murrte, man werde ja sehen, wer recht behalte. Seiner Überzeugung nach wären diese Cholulaner meineidige, verräterische Schufte. Dann wandte er sich wieder an die Eingeborenen und fragte, wie stark die mexikanische Besatzung in der Stadt sei?

Sie berieten sich ängstlich untereinander und brachten erst auf eine energische weitere Aufforderung heraus, es möchten wohl zweitausend Mann sein.

Wie, nicht mehr? Es schiene ihm alles verlogen, was diese Glatzköpfe von sich gäben.

Las Casas spürte plötzlich eine würgende Müdigkeit. Er verabschiedete sich und ging in sein Quartier. Von der Schwelle aus sah er noch, wie die Diener der Stadtältesten Packe von Stoffen und Federarbeiten heranschleppten und vor Cortes ausbreiteten. Der Pater sank vor dem Winkel, in dem das Gnadenbild aufgestellt war, in die Knie und betete.

Gegen Abend stürmte Cortes zu ihm herein und schrie, da

habe man ja jetzt den Lohn für seine Gutmütigkeit. Zum zweiten Male kämen jetzt vom Feldherrn Xicotencatl Boten, die ihn vor den Cholulanern warnen sollten. Es gingen bedenkliche Dinge in der Stadt vor. Die tlaskallanischen Späher hätten mexikanische Truppen einmarschieren sehen; auf den Söllern der Häuser rüste man Balken und Steine zu. Ja, es hieße sogar, daß auf den Herden die Töpfe bereitgestellt würden, in denen man das Fleisch der Spanier und ihrer Verbündeten kochen wollte!

Noch einmal, schloß er klagend, bekäme man diese Ältesten nicht so glatt und fest in die Hand wie heute nachmittag. Er habe sich leider durch die Reden des Hochwürdigen Herrn weichmachen lassen und sie verabschiedet. Jetzt könne man sehen, wie man sie wieder herbrächte!

Las Casas betrachtete verwundert den aufgeregten Mann, der offenbar selbst nicht recht an das glaubte, was er sagte. Er suchte ihn zu beruhigen; das Ganze werde eine Machenschaft der Tlaskallaner sein, die wohl die günstige Gelegenheit benutzen wollten, sich an ihren Erbfeinden zu rächen. Gefallen habe ihm der Ausdruck auf den Gesichtern der Ältesten auch nicht, aber wie hartnäckige und kühne Krieger, die einen Überfall wagen würden, hätten sie doch eben nicht ausgesehen.

Cortes erklärte, ohne auf den Einwand einzugehen, die Stadt Cholula sei, nach allem, was ihm durch Marina und die Tlaskallaner zu Ohren gekommen, im ganzen Lande verhaßt. Sie müsse wohl etwas Ähnliches bedeuten, wie der Ort Mekka in Arabien für die Anhänger des Lügenpropheten Mahomet. Aus den entferntesten Ländern kämen die Pilger und Wallfahrer hierher, um vor einem der teuflischen Götzenbilder ihre Andacht zu halten. Es gebe sogar eigene Tempel und Unterkunftshäuser für Montezuma und die anderen Großen, von diesen errichtet und unterhalten für den Fall eines Besuches.

Nun eben, das deute doch alles nicht auf eine sehr kriegerische Bevölkerung.

Der Ort wimmele von Priestern. Man sauge diese Pilger und Wallfahrer auf das Empörendste aus. Die Baalspfaffen mästeten sich an den frommen Gaben. Bis zur Küste hin herrsche die größte Erbitterung unter den Eingeborenen über diese Mißwirtschaft.

Schön, aber...

Cortes ließ ihn nicht ausreden. Das Schlimmste wäre, daß er die Mannschaft nicht zusammenhalten könnte. Die Stadt habe, wie das ja wohl immer in solchen großen Wallfahrtsorten sei, die größten Bordelle des Landes. Das hätte sich sogleich herumgesprochen, und nun sei über ein Drittel der Leute auf und davon.

Las Casas wurde mißtrauisch. Er spürte hinter diesen Klagen eine Absicht und fragte den Generalkapitän geradeheraus, was er denn unternehmen wolle?

Cortes senkte den Kopf. Nichts; er wünsche, die Beichte abzulegen.

Der Pater seufzte. Während er den Feldherrn befragte, sah er durch das Fenster hinaus auf den Platz. Der schulmeisterhafte, hagere Stückmeister Mesa stelzte dort auf und ab; er kratzte sich seinen fuchsigen, stets von einem Ausschlag zerfressenen Bart und ließ die Geschütze in Stellung bringen. Sie wurden auf den Söllern der umliegenden niedrigen Gebäude postiert und richteten die Mündungen nach der Mitte des Hofes zu. Las Casas erteilte die Absolution. Seine Stimme klang so seltsam, daß Cortes sich so schnell, als es irgend schicklicherweise ging, empfahl.

Die Nacht war voll Unruhe. Auf dem Hofe klirrten die gesattelten Pferde und stampften an den Ketten. Die Mannschaft lag angezogen und mit den Waffen im Arm. Manche wurden wie vom Fieber geschüttelt; sie standen auf, liefen durch die Gänge und starrten aus den Fenstern in das Dunkel.

Alle Augenblicke entstand bei der Wache vor dem Tor ein Auflauf, wenn einer der Leute, die sich in der Stadt zerstreut hatten, zurückkam. Einige wankten laut und lärmend daher, untergehakt und den Refrain einer Romanze zwischen den Zähnen. Sie störten in den Quartieren alles auf und prahlten noch im Einschlafen mit ihren Erlebnissen. Andere schlichen still und vorsichtig heran und suchten flüsternd mit dem Posten zu verhandeln, der jeden, wie sie wohl wußten, zur Bestrafung zu melden hatte. Manche taumelten, ganz benommen von der Ungeheuerlichkeit der Stadt. Das wäre ein neues Babel; man habe sie über Brücken geführt, durch Gärten; alles wimmelnd von Menschen wie von Läusen. Die Leute seien dienstwillig und verständig; man habe sofort begriffen, wohin sie wollten; kleine Jungen, aber auch ältere Männer und Frauen hätten ihnen den Weg gezeigt. Die Häuser stünden frei und offen auf den Plätzen hinter den Tempeln; man höre fortwährend das verfluchte Pauken und Trommeln der Teufelspfaffen dort oben in ihren Moscheen. Durch einen einfachen, mit Kupferplatten besetzten Vorhang ginge man hinein; es gebe keine Türen, keine Wächter und kein Klopfen. Die Räume wären freilich sehr kahl, und die Mädchen hockten an der Wand auf der Erde. Eine Art Pfaffe führe die Aufsicht. Lärm und Krakeel gebe es nirgends, es ginge alles ganz still und säuberlich zu. Die Mädchen wären gutmütig und gar nicht geizig, aber nicht sehr feurig. Aber diese Straßen! Diese Plätze! Diese Brücken! Man könne sich verlaufen und müde rennen in einer solchen Stadt.

Gegen Morgen kamen, völlig verstört und beschmutzt, die beiden Reiter Vacua und Moron an. Ihre hohen Stiefel waren bis zu den Krempen mit Staub bemehlt, die Helme hingen ihnen im Nacken und die Haare in die Stirn. Vacua stützte mühselig seinen Spitzbauch; das ewig feixende Gesicht schlappte in trübseligen Falten. Sie hatten beide alle Begleitung abgelehnt und waren daher in die Irre gegangen. Vacua setzte sich auf eine Treppenstufe und schimpfte laut über den Hof, als er sich endlich in Sicherheit fühlte. Vier Stunden seien sie auf und ab getrabt wie in einer Tretmühle. Der Satan solle den Cortes holen, der einen in solche hinterhältigen und vertrackten Gegenden geführt habe. Die Leute seien hier ein boshaftes Volk; alle Augenblicke hätten sie einen vom Wege locken wollen. Dabei steckten die Straßen und Winkel voll von Bewaffneten, und wenn er und Moron nicht schließlich ins Laufen gekommen wären, hätte man sie wohl gefangen und abgekehlt. Einige Male hätte er durch die offenen Türen in die Häuser hineinsehen können; da brannten überall schon die Feuer und rückten die Weiber die Töpfe zurecht, in denen man zweifellos die Spanier kochen wollte. Dazu paukten fortwährend die Teufelspfaffen in ihren Tempeln oder Moscheen, daß man völlig rasend werden müßte. Wie sie hier so ruhig schlafen könnten! He, man solle ihn zum Generalkapitän führen, er habe eine Meldung zu machen!

Der Hof stand bereits voll von Menschen. Cortes kam. Vacua wiederholte seinen Bericht. Die Unruhe riß allen durch die Glieder. Man weckte die Schlafenden. Wilde Gerüchte sprangen auf. Der Buckel Naxera erzählte mit schallender Stimme auf einem der Gänge, man habe einen völligen Beweis für die Verräterei der Cholulaner: eine alte Frau sei zu Marina gekommen und habe ihr in dunklen Worten angedeutet, es stünde ein gräßliches Blutbad bevor; sie solle sich schleunigst von den Fremden lossagen und zu ihren Landsleuten retten. Andere wollten wissen, es seien ganze Regimenter der Mexikaner in der Stadt gesehen worden. Vacua schilderte unaufhörlich allen, die es hören wollten, wie er die Töpfe auf dem Herde habe stehen sehen. Was die verfluchten Heiden, die doch sonst nur Gurken und Melonen fräßen, wohl sonst mitten in der Nacht zu kochen haben sollten, wie?

Zwei Boten der Tlaskallaner vor der Stadt kamen gelaufen, und der Lärm kochte in Blasen über. Trupps stellten sich in Waffen auf und schrien, die Kanoniere sollten sich an die Geschütze scheren; jeden Augenblick wären die Indianer da! Andere lachten wieder dazwischen und erklärten, dieser ganze Aufruhr, angestiftet von ein paar übernächtigten und versoffenen Herumtreibern, die von Rechts wegen vom Profosen anstatt vom Generalkapitän vernommen werden müßten, sei doch eine Haupthetze. Dann hieß es wieder, die Tlaskallaner und Xicotencatl seien bereits niedergemacht; die beiden Boten wären die einzigen, die sich hätten retten können. Man schrie nach Cortes und den Hauptleuten. Es müsse etwas geschehen!

Ein dichter Haufen drängte sich herzu, während Cortes mit den Boten sprach. Marina blickte erstaunt in die erhitzten und verzerrten Gesichter der Spanier. Sie schrien sinnlos auf den Generalkapitän ein: vorwärts, er solle sie führen, man müsse einen Streich wagen, etwas unternehmen, nur nicht hier so still hocken in dieser verfluchten Rattenfalle zwischen den Mauern! Sie würden hier noch allesamt jämmerlich zugrunde gehen! Warum er nur gestern die Ältesten und Vornehmen vom Platz gelassen habe! Die hätte man festsetzen sollen, wie auch der Hauptmann Alvarado geraten. Wenn man dem gefolgt hätte, brauchte man jetzt nicht so in Angst und Not zu schwitzen.

Die Furcht der Mannschaften griff auf ihn über. Er fühlte, wie die Leute ihm entglitten. Man stieß ihn an. Einige begannen zu schreien, man müssen Alvarado zum Führer ausrufen, der sei der einzige, der das Heer in dieser verzweifelten Lage retten könne. Außer sich vor Wut sprang er auf den Platz und rief nach dem Trompeter. Es wurde geblasen, laut und hastig, daß die Töne von den Mauern in Stücken herunterprasselten. Dann erklärte Cortes, er habe soeben von den Tlaskallanern eine erneute Botschaft erhalten, die den Verrat der Cholulaner bestätige. Er sei gesonnen, die Exempel zu statuieren. Zur Ausführung des Planes sei aber völlige Ruhe und Disziplin erforderlich; jeder habe sich stillschweigend auf seinen Posten zu begeben.

Der Pater Las Casas war in seinem Quartier geblieben. Er spürte, daß es zwecklos war, dem Geschehen, das dort abrollte, in die Speichen zu greifen. Die Sinnlosigkeit des Ganzen empörte ihn und machte ihn fast krank. Was war jetzt dieser Cortes, der sich sonst ein so mächtiger Befehlshaber dünkte? Trieben ihn die Soldaten nicht atemlos vor sich her? Und was hetzte diese Leute und machte sie so blind und toll? – Er kniete nieder.

Stunden später hörte er, wie der Hof sich mit Indianern füllte. Die glatzköpfigen Ältesten erschienen wieder. Sie waren ängstlich und hatten sich noch prunkvoller gekleidet als am vorigen Tage. Der enge Raum glitzerte von Farben. Große Fächer in zeternd bunten Papageienfedern schwankten über der Menge. Cortes begann zu sprechen. Ehe Marina seine Anklage übersetzen konnte, fiel der erste Schuß aus einer Feldschlange.

Las Casas krallte sich zitternd die Finger in die Ohren und warf sich gegen die Wand. Er wollte von dem Grauenvollen, das nun dort draußen über die zusammengepferchte Menge herniederging, nichts hören. Er stieß keuchend den Atem durch die Nase, um mit dem kleinen Geräusch wenigstens etwas den entsetzlichen Lauten zu begegnen. Die Mauer, an die er seine Stirn preßte, zuckte auf; ein kleiner Guß von Kalk stob ihm von der Decke in den Nacken. Dann barst das Gewitter der Geschütze an den engen Wänden des Hofes und schüttelte einen Steinschlag von rasselndem, staubigem Lärm herunter. Die Musketen knatterten, als zerbräche man trockene Latten.

Nein! Nein! er wollte es nicht hören, dieses schrille, wahnwitzige Geschrei, das sich überschlug und fortwährend erstarb in schnarchendem Röcheln, das wieder aufsprang und hühnerängstlich flatterte und langgezogen dörrte wie ein gräßlich lautes, trockenes Gähnen; diese schrecklichen Hiebe auf die nackten Leiber, klatschend, als wenn man mit einem Ruder auf das Wasser schlüge; diese hetzenden Zurufe der Hauptleute und Soldaten, die fortwährend ihr: »Her, Her!« und »Gottes Macht!« und »Blutruhr!« brüllten; nein! dieses heisere Gelächter!

Und nun kroch dick und schwer der stinkende Geruch der aufgebrochenen Leiber zu ihm herein, legte sich in das Fenster und beschlug die Wände. Las Casas rieb sich in seiner Verzweiflung die Hände, als wollte er sie waschen.

Allmählich wurde es stiller, und der Pater konnte der Versuchung nicht widerstehen, hinauszuschauen. Da lag in der Mitte des Hofes der riesige Haufen der Geschlagenen. Viele Soldaten zogen sich angewidert von der Metzelei an die Wände zurück; einige wischten mit zitternden Fingern an einem Mantelfetzen ihre Degen ab. Andere aber gingen immer noch mit den Piken wie um eine Brandstätte herum, rissen die Leichen heraus und schlugen zu, wo sich ein Funken Leben regte. Der spitzbäuchige, dürre Reiter Vacua tanzte wie ein Besessener. Er hatte einem der Indianer eine kleine rote Feder aus der Krone gerissen und ließ sie im Mundwinkel zwischen den Zähnen spielen.

Inzwischen erhob sich an der Pforte nach der Stadt zu ein Geschrei. Pfeile und Speere flogen in den Hof. Auf all den Tempeln und Türmen der Stadt begannen die Pauken und Trommeln zu scheppern und zu gunken. Die Spanier stellten das Geschütz um. Die Hauptleute riefen ihre Kompagnien zusammen. Ein paar Wellen brandeten gegen den Eingang und fluteten zurück. Die Reiter stiegen auf ihre Gäule und stießen nach. Dann stürzten die Truppen hinaus auf die Straße.

Tlaskallaner erschienen einen Augenblick auf dem Hofe. Las Casas sah den Feldherrn Xicotencatl. Sein langes und fleischiges, narbenstrotzendes Gesicht leuchtete vor Freude, als er die Erschlagenen sah; er zog gierig den Geruch durch die Nase.

Gegen Mittag rauchte der riesige Tempelberg wie ein Vulkan. Überall in der Stadt brannte es. Cortes ließ andauernd blasen, aber die Signale verhallten in dem brausenden Lärm. Er trat vor Las Casas hin, zog einen Brief aus dem Koller und überreichte ihn dem Pater. Da, er möge das lesen und ihm dann sagen, ob er übereilt gehandelt habe.

Es war ein Schreiben aus Vera Kruz, in dem es hieß, der Kommandant Escalante sei auf einer Strafexpedition gegen die nördlich von Cempoalla wohnenden Völkerschaften, zu der ihn der dicke Kazike angestiftet habe, meuchlings von mexikanischen Truppen überfallen worden. Sechs Mann seien dabei so schwer verwundet worden, daß sie einige Tage darauf gestorben wären. Den Escalante selbst hätten die Mexikaner gefangengenommen; man habe ihm den Kopf abgeschnitten und nach Mexiko an Montezuma gesandt.

Las Casas drehte unschlüssig den Brief in den Händen und sagte, Gott möge der Seele des armen Escalante gnädig sein, der freilich ein sehr sündhafter und gewalttätiger Herr gewesen, den er oft genug wegen seiner rauhen Behandlung der Indios habe ermahnen müssen.

Cortes wandte sich und stieg zu Pferde, um durch die Stadt zu reiten, in der noch an verschiedenen Stellen gekämpft wurde. Er winkte dem jungen Bernal Diaz, der sich müde einen Augenblick auf der Schwelle vor seinem Quartier niedergelassen hatte, ihn zu begleiten. Diaz sprang bereitwillig heran. Er hatte die beiden Daumen in den Gürtel seines schäbigen alten Wamses eingehängt, das über der prallen Brust nur eben an den Knöpfen zusammenhing. Die Straßen waren leer. Nur zuweilen stießen sie auf Flüchtende, die Packen von eilig zusammengerafftem Zeug auf dem Kopfe trugen. Trupps von Tlaskallanern durchsuchten die Häuser. Sie zeigten Cortes triumphierend die Säcke und Körbe mit Salz, die sie aufgestöbert hatten. Auf dem Platz vor dem großen Tempelberg kam Cortes eine Abordnung der Priester entgegen. Trotz der schweflig stinkenden und verklebten schwarzen Gewänder und der schmutzstarrenden Haare machten die Männer auf den Generalkapitän Eindruck. Sie bewegten sich würdevoll und energisch; ihr Führer deutete an, daß er mit Cortes sprechen wollte und beschwerte sich mit sprechenden Handbewegungen über die Zerstörung der Gotteshäuser und der ganzen Stadt. Cortes gab Diaz den Befehl, sogleich auf den Tempel zu steigen und dem Feuer Einhalt zu tun.

Diaz stieg die riesige Tempeltreppe hinauf. Der Rauch schwalchte ihm dick und ölig entgegen. In den Priesterhäusern auf der Höhe des ersten Absatzes traf er ein paar Kameraden, die dort noch nach Beute stöberten. Jeder hatte einen großen Packen bei sich, in den sie alles stopften, was ihnen wertvoll schien. Nach einer Weile warfen sie die Stücke wieder fort und ersetzten sie durch neue und bessere. Fast alle waren von dem ziellosen Herumlaufen und Zerstören müde und verdrossen. Der Befehl, das Feuer zu löschen, munterte sie auf. Sie stiegen von der Windseite hinauf zu der Spitze, wo der hölzerne Tempel brannte, verteilten sich und rissen mit den Piken die Giebel ein. Die Funken prasselten auf. Man stieß die glosenden Balken über die Treppe hinunter. Bald glänzten allen die Gesichter und Hände rußschwarz und fettig. Die Arbeit machte ihnen Freude. Sie riefen sich Scherzworte zu, packten zu mehreren an einem Balkenhebel an und wuchteten mit Gesang eine neue Lage des schwelenden Gestühls herunter. Der Boden knirschte unter ihren Füßen von Kohlebrocken.

Bernal Diaz stieg die Treppe wieder hinunter. Er legte einen Unterarm vor die Stirn. Sein Gesicht brannte. Er verspürte einen rasenden Durst. Im Schatten des Tempelberges lag ein Stück Garten zwischen den Mauern der Priesterhäuser. Diaz warf sich in das üppige Gras. Er wischte die rußfleckigen Hände an den Halmen ab und griff in die Tasche. Sorglich hatte er sich noch von Kuba her eine Orange in seinem Gepäck mitgeführt bis hierher; er war eben im Quartier dabeigewesen, sie hervorzuholen und zu essen, als Cortes ihn abrief. Jetzt zog er sie aus der Tasche. Zärtlich betastete er die fein genarbte Kugel, beroch die Haut und preßte sie, daß das aromatische Öl in Flecken hervortrat. Dann biß er in die Spitze, zerrte sie mit einem Kopfschütteln herunter und begann zu trinken, tief und mit wollüstigen Schlucken. Sein ganzer Körper spannte sich dabei, er zog die Schultern an und krümmte die Zehen. Er melkte und preßte die Frucht, bis kein Tropfen mehr darin war. Dann nahm er den Dolch, schnitt sie auf und kratzte das Fruchtfleisch heraus. Die blanken Kerne fielen auf die Erde. Diaz beugte sich satt und zufrieden zur Seite. Er sah die hellen Kerne auf dem Gras schimmern und sammelte sie gedankenlos zurück in die Schalen. Wie er sich so räkelte, überkam ihn ein Gefühl der Dankbarkeit. Das Gras umfing ihn weich, die Luft schmeichelte ihm; dieses ganze Land schien ihm schön und gut. Er beschloß, ihm ein Geschenk zu machen. Sorgfältig prüfte er mit den Fingern die Erde, schöpfte eine Handvoll hervor und ließ nachdenklich die schweren Körner zu Boden rinnen. Dann lockerte er mit seinem Dolch eine Stelle auf, machte eine Grube und pflanzte seine Orangenkerne. Er kniete sich hin dabei und senkte andächtig die Stirn. Dann schüttete er wieder zu. Er legte den Dolch beiseite und nahm nur noch die Hände. Zärtlich drückte er den Boden fest, tief mit den Fingern nachfühlend, um den Samen recht einzuhüllen und gut zu betten. Er klopfte die Erde zu einem weichen, runden Hügel, ging lind und fast spielerisch mit den Fingern um ihn herum und ließ endlich mit einem Seufzer ab. Er konnte sich noch immer nicht entschließen aufzustehen und stützte sich wieder auf den Boden, breit und schwer mit beiden Händen. Das warme Gefühl des Erdreichs stieg ihm die Arme hinauf, er spürte es in den Ellenbogen, den Schultern, bis in den Kopf hinein. Langsam stand er auf, hing seinen Dolch ein und ging mit satten, ruhigen Schritten zurück in sein Quartier.

Achtes Kapitel

Am andern Tage erschien eine Gesandtschaft Montezumas bei Cortes. Der König ließ ihm Glück wünschen zu dem Sieg über die Stadt Cholula. Er habe mit Befriedigung vernommen, daß die lügenhafte und tückische Bevölkerung so gezüchtigt worden sei. Wäre ihm doch zu Ohren gekommen, daß man sogar ihn selbst verdächtigt habe, er sei mit den Cholulanern gegen die Fremden verschworen. Ja, er solle eine Besatzung in die Stadt gelegt haben – was gar nicht zuträfe – und Truppen im Hinterhalt stehen gehabt haben...

Nun? wandte sich Cortes an den Pater Las Casas: Ob er immer noch an die Unschuld der Mexikaner glaube? Wer sich verteidige, klage sich doch bekanntlich an.

Las Casas erwiderte still, er könne diese Dinge nicht entscheiden. Er habe aber nachher noch dem Generalkapitän etwas Wichtiges vorzutragen.

Cortes ließ nun den Gesandten erklären, er danke dem König

für seine freundschaftliche Gesinnung. Leider vermisse er immer wieder die Einladung nach Mexiko.

Die Gesandten erwiderten, Montezuma wünsche nach wie vor keinen Besuch in der Hauptstadt. Er werde auch dort eine so gewaltige Menge von Fremden gar nicht nach Gebühr verpflegen und unterbringen können.

So? Ob denn die Stadt so klein und arm wäre und die Macht des Herrn Montezuma so gering, daß er nicht einmal diese kleine Schar von kaum fünfhundert Mann beherbergen könnte?

Fünfhundert Mann kämen wohl in einem der großen Säle des Königs unter, dessen Hofstaat ja allein aus achttausend Menschen bestünde.

Cortes biß sich auf die Lippen über seine Unvorsichtigkeit. Er schlug an den Degen und schrie, wie Montezuma es denn wagen könnte, die Abgesandten eines so gewaltigen Monarchen, gegen den er nur für einen Dorfschulzen zu achten wäre, fortwährend abzuweisen und mit den läppischsten Ausreden aufzuhalten? Er werde in Mexiko einziehen, und zwar in den nächsten Tagen. Es würden dann auch die Beschwerden, die ihm fortwährend aus den verschiedensten Teilen des Landes über Montezumas Regiment zugingen, zur Sprache gebracht werden.

Die Gesandten gingen. Las Casas eröffnete nun dem Generalkapitän, es hätten sich vier Soldaten, offensichtlich erschüttert durch die furchtbaren Erlebnisse der letzten Tage, an ihn gewandt mit dem frommen Wunsche, als Einsiedler in die benachbarten Berge zu gehen. Sie wären der Bluttaten und aller Waffen müde und hegten nur noch den Wunsch, an einer stillen Stelle ein Kreuz aufzurichten und sich völlig von dieser sündigen, lasterbefleckten Welt abzukehren. Da sie aber nicht wagten, selbst dem Generalkapitän ihren Wunsch vorzutragen, so hätten sie ihn gebeten, für sie zu sprechen.

Cortes ließ sie kommen und sagte gerührt, er werde es niemals wagen, jemand von einem so gottgefälligen Vorhaben abzureden, so ungern er bei dem bevorstehenden Zuge gleich vier der tüchtigsten Leute vermisse. Übrigens würden sie ja wohl auch dort in der Einsamkeit für das Seelenheil ihrer Kameraden mit beten?

Die Soldaten nickten. Es waren große, schwere Menschen;

Bauernsöhne aus den Bergen. Der eine war ein Baske; die andern drei stammten aus Usturien und hatten als Landsleute stets eng zusammengehalten.

Eine allgemeine bußfertige Stimmung riß im Heere ein, als der Entschluß der Vier bekannt wurde. Man half ihnen ihre Ausrüstung zu beschaffen; der Schiffszimmermann Martin Lopez baute ihnen die Kreuze, sie ließen sich härene Hemden und Kutten machen, und man nahm es dem Bergwerksbesitzer Sedeño allgemein übel, daß er den Stoff dafür nicht umsonst aus seinem Vorrat hergab, sondern wartete, bis andere das Geld gesammelt hatten. Sie verfertigten sich Geißeln; jeder hatte einen kleinen Topf mit Sämereien und einen Totenkopf. Nachdem sie am Abend die Generalbeichte bei Las Casas abgelegt hatten, zogen sie den nächsten Vormittag davon. Das ganze Heer gab ihnen das Geleit. Sie schritten auf der Straße nach Tlaskalla dahin. Eine halbe Stunde lang sah man die hochgestellten weißen Kreuze blinken. Viele waren niedergekniet und beteten.

Noch am Nachmittag brach das Heer auf. Die Stadt Cholula hatte vierhundert weitere Lastträger gestellt, und der Zug war um ein gutes Drittel länger als bei dem Einmarsch.

Der Marsch stieß über die Hochfläche gegen die zweite Bergbarriere vor. Die Schneeberge traten ganz nahe heran; des Nachts wurde es eisig kalt. Der Hauptmann Ordaz zeigte den Kameraden mit der Hand die Halden und Runnen, durch die er den Aufstieg auf den Vulkan genommen hatte. Sie staunten. Man marschierte nun schon mehrere Tage, und die Berge schienen ständig zu wachsen. Des Abends hielten sie noch eine Stunde lang das Licht, wenn das ganze Land rings vom Sturz des Dunkels begraben lag. Es rollte unter den Felsen wie von fahrenden Geschützen. Die Tlaskallaner begannen ängstlich zu werden. Cortes lachte und erklärte, er nehme den Lärm für ein gutes Vorzeichen: die Schutzgeister der Mexikaner seien wohl mit ihrem gesamten Gepäck vor ihm auf der Flucht. Zuweilen schüttelte sich der Berg und warf Asche aus. Der Weg war schwarz überschneit und knirschte.

Fast jeden Tag trafen Abgesandte von Dörfern und Städten bei Cortes ein. Der Häuptling von Tezkuko, ein Neffe Montezumas, ließ ankündigen, daß er die Weißen Götter hinter der Paßhöhe erwarte; er habe wichtige Klagen gegen seinen Oheim vorzubringen. Cortes verbreitete diese Nachrichten durch die Celestina und den Apotheker Garai eifrig unter der Mannschaft, die bei den immer anschwellenden Gerüchten von der unermeßlichen Macht Montezumas schwierig zu werden begann. Man murrte auch über die Kälte. Es hagelte einige Male und schneite des Nachts. Die Baumwollpanzer sogen sich voll Nässe und wurden schwer auf den Schultern. Die Riesenhaftigkeit der Berge lastete auf den Gemütern. Viele fuhren des Nachts erschreckt aus dem Schlaf und starrten auf die Schneekuppen, die blaß und ungeheuer aus dem Dunkel ragten. Der Buckel Naxera erzählte mit schallender Stimme am Morgen einen Traum: Er habe daheim in Granada in einem hohen, weiß getünchten Haus in einer Kneipe gesessen, unten im Keller, gemütlich beim Schoppen; plötzlich sei ihm mit einem Satz der Wein aus dem Becher gesprungen, der Kalk sei von der Decke gestürzt, daß man das Binsengeflecht gesehen habe, das ganze Haus habe gebebt und sei über ihm zusammengebrochen. Klatschnaß am ganzen Leibe sei er erwacht.

Auf der Paßhöhe stießen die Reiter der Vorhut auf ein wunderliches Hindernis. Der Weg war durch einen kleinen, kaum fußtiefen Graben gekreuzt, in dem aufrecht Agavenspitzen steckten. Sie stiegen ab; einige wollten die Dornen kurzerhand mit den Händen ausreißen und beiseite werfen, damit die Pferde sich nicht etwa verletzten. Man warnte sie aber; irgendeine Tücke müsse hinter der Sache stecken, vielleicht wären die Spitzen vergiftet. Sie stießen mit den Lanzen in den Boden, um festzustellen, ob eine Fallgrube hinter dem kleinen Gitter wäre. Der spitzbäuchige, dürre Reiter Vacua feixte über das ganze Gesicht und schrie, er ließe sich nicht zum Narren halten. Er trat mit dem Stiefel gegen die Spitzen, stampfte sie zusammen und schob sie mit dem Absatz über den Hang hinunter. Auch die andern polterten nun über den Graben her. Hinter der Wegbiegung klirrten die Steine; man sah ein paar Mexikaner flüchten. Ein Musketier schoß ihnen nach, und der Hall warf sich endlos an den Bergen entlang.

Marina erklärte Cortes, die Spitzen seien wahrscheinlich von den Priestern Montezumas als Zauber gepflanzt; man habe wohl gehofft, damit das ganze Heer aufzuhalten. Gewaltiges Gelächter erhob sich jedesmal, wenn ein Trupp über die kleine, zerstampfte Rinne schritt. Vorsichtig zog man weiter. Die Gruppen wurden enger zusammengenommen; die Musketiere ließen ihre Lunten brennen.

In der nächsten Ortschaft hielt eine bunte Gruppe von Mexikanern. Sie hatten Becken mit Kopal aufgestellt und räucherten. Dann trat der Häuptling vor, berührte mit dem spitzen Zeigefinger den Boden und strich sich über die Lippen. Es war ein junger, sehr heller Mann mit stark zurückfliehender Stirn, winzigem Kinn und einer unverhältnismäßig mächtigen Nase. Er hatte unruhige Augen und einen unscharfen Mund, der sogleich eine Flut von zwitschernden Lauten hervorsprudelte. Marina konnte seinen Reden nur unvollkommen folgen; es handelte sich im wesentlichen darum, daß er sich von seinem Oheim Montezuma in seinem Erbe benachteiligt glaubte und daher an die Gerechtigkeit des Malintzi, dessen Ruf schon durch ganz Mexiko erschollen sei, appelliere. Er berichtete dann, wie Montezuma in der letzten Zeit völlig rastlos geworden sei; er opfere täglich in einem anderen Tempel und habe auch bereits mehrere Male seine Wohnung gewechselt. Aus dem Königspalast sei er bereits bei der ersten Nachricht von der Ankunft der Weißen Götter in die Bäume geflüchtet, die er vor seiner Thronbesteigung bewohnt habe, dann in das alte Haus seines Vaters; eine Weile solle er sogar bei den Priestern des Quetzalcoatl-Tempels in einer Zelle geschlafen haben. Überhaupt wäre er gänzlich dem Einfluß der Priester verfallen. Daher sei auch, gegen die Meinung der Feldherrn und der meisten Prinzen, die sofortige Einberufung aller Mannschaften und einen energischen Feldzug gegen die Fremden forderten, beschlossen worden, nichts zu unternehmen. Die Priester hätten sich mit ihrem Leben dafür verbürgt, daß keiner der Fremden gegen den Willen der Götter die Stadt betreten würde.

Cortes warf den Bart auf und lachte. So, mit ihrem Leben! Nun, da würden sie wohl bald daran glauben müssen. Freilich wüßte man aus der Geschichte, daß solche Ohrenbläser und Ratgeber der Könige sich fast stets aus der Schlinge zögen, wenn sie noch so gewaltiges Unheil angerichtet hätten.

Der Prinz schilderte nun die Versuche, die von den Priestern unternommen worden waren, die Spanier aufzuhalten: den Zauber mit den Speisen bei der Ankunft der Weißen Götter – er hatte nichts geholfen; das Pflanzen der Agavenspitzen auf der Paßhöhe – sie waren von den Fremden mit dem Fuß über den Abhang gestoßen worden. Das schlimmste Vorzeichen aber sei gewesen, daß die Wahrsager und Zauberer das letzte Mal überhaupt nicht selbst bis auf die Paßhöhe gelangt wären. Völlig verwirrt und mit beschmutzten Gesichtern hatte man sie unten am See aufgefunden, nachdem sie stolz ausgezogen waren, um die Spanier zu vernichten. Sie erzählten, als sie endlich zu sich kamen, es sei ihnen auf dem Weg ein Betrunkener begegnet, ungefähr wie ein Mann aus Chalco gekleidet, acht Grasstricke um die Brust gewunden; er habe sie angerempelt und berauscht gelallt: es sei aus mit Mexiko, ein für allemal aus! Dabei habe er sich umgedreht und die Hand ausgereckt. Da hätten sie die Stadt gesehen, ganz in Flammen getaucht, die Tempel brannten, die Priesterhäuser brannten, aus den Palästen Montezumas schlug die klare Lohe. Der Betrunkene, zweifellos der Gott Tezcatlipoca, sei danach plötzlich verschwunden gewesen.

Der Prinz plapperte geschwätzig noch eine Weile fort und sprach in einem quengelnden Ton von seinen Beschwerden gegen Montezuma, aber Cortes hörte nicht recht hin. Er versprach zwar Abhilfe, mußte aber währenddessen vielmehr an Montezuma und das, was er über ihn vernommen hatte, denken. Je näher er der Hauptstadt kam, um so seltsamer und geheimnisvoller wurde ihm der König. Er hatte jetzt beinahe Furcht, ihm zu begegnen. Die sonderbare, abwartende Haltung des Monarchen verwirrte und ängstigte ihn; es schien ihm etwas Unberechenbares in dieser Gottergebenheit zu liegen.

Das Herr stieg nun hinab in das Tal. Einige Stunden marschierten sie durch milchig trüben Nebel, dann schnitt die Sonne wie mit einem Schwert die Schleier auseinander. In dem dreieckigen Ausschnitt blitzte metallisch das ferne Wasser des Sees auf. Das bläuliche, üppige Grün der Maisfelder füllte den Grund. Die Soldaten begannen zu drängen. Die Vorhut ließ sich nicht halten, sie stürzte vorauf. Viele liefen, die Gewehre und Piken in der Hand, atemlos und blind darauf zu. Die Zurückbleibenden schrien und schimpften, sie stießen die Träger, die gleichmäßig ihre Füße setzten, ohne vom Boden aufzublicken. Die flinksten der Fußknechte stiegen seitlich den Hang hinauf, sie wiesen mit den Händen hinunter in das Tal und lachten und jubelten. Man rief zu ihnen hinauf, sie sollten doch sagen, was sie sähen. Sie schüttelten den Kopf, deuteten auf den Weg, der sich bald wenden mußte, und sprangen weiter. Hinter einer mächtigen braunen Bergwelle öffnete sich der Blick über die ganze Ebene. Alle hielten. Der Lärm erlosch. Viele knieten nieder und beteten. Manche fuhren sich mit den Fäusten ins Gesicht. Andere schnauften wild und packten in der Erregung die Kameraden an. Der Hauptmann Olid, der die schwarzen Haare tief in das Gesicht trug, um seinen Brandstempel zu verbergen, umarmte den Fähnrich Corral. Cortes kaute an seinem Bart, warf die Zügel von einer Hand in die andere und zog die Riemen seines Wehrgehänges nach, um seine Rührung zu bemeistern.

Ein Murmeln, Rufen und Zeigen hob nun an. Wahrhaftig, das war das gelobte Land, in dem Milch und Honig floß! Wie auf einer Schale bot sich die reiche Ebene zwischen den Bergen dar. Sie schien von Fruchtbarkeit zu dampfen. Das war der See, man hatte schon von ihm gehört, aber er glänzte nun riesig wie ein Meer; keiner konnte sich erinnern, je einen solchen See gesehen zu haben. Und die Städte, die Städte! Da war nicht ein Mexiko, das ganze Ufer lag bekränzt mit Ortschaften; breite und helle Straßen, auf denen es sich gut marschieren lassen mußte, liefen dazwischen hin. Die Hänge waren schwer von Dörfern und Weilern, auch der See trug Inseln, funkelnd von weißen Häusern, er wimmelte von Booten. Welches war nun die Hauptstadt? Dort im Wasser, wie auf einer goldenen Wolke, dieses ungeheure, weiße Blitzen, das sich im Wasser brach und mit tausend Spitzen und Zinnen in die Luft brüllte? Der Landsknecht Tuvilla hob den Daumen und verkündete nach einer Weile, er habe hundertundzwanzig Moscheen gezählt.

Bis gegen Mittag starrten sie. Viele waren so müde davon, daß sie sich hinlegten und schliefen. Cortes beschloß, Alvarado und den Hauptmann Ordaz vorauszuschicken. Sie ritten ab, aber ein wildes Gemurr erhob sich unter der Mannschaft. Die Soldaten liefen zum Generalkapitän und schrien, es sei Wahnsinn, diese

Leute der Gefahr auszusetzen. Montezuma werde sie womöglich abfangen und niederhauen lassen. Außerdem gehöre es sich nicht, daß einige der Kameraden eher in die Stadt kämen als die andern. – Cortes ließ die beiden zurückrufen.

Wie im Traum schritten die Spanier nun durch die Dörfer und Städte am See. Sie behielten nicht die Namen der Ortschaften; zuweilen schien es ihnen, als übernachteten sie nur am anderen Ende der Stadt, die sie am Morgen betreten hatten. Die Straßen wurden breit und waren gepflastert; sie hallten unter den Schritten. Die Häuser, in denen sie schliefen, waren aus Quadern gebaut, mit Höfen und Gärten umgeben. Sie fühlten sich wie verloren in den riesigen Räumen; oft lag das ganze Heer in einem Saale, und man mußte fast die Hälfte der Mannschaft abteilen, um die zahllosen Türen und Ausgänge der Paläste zu besetzen. Die Bevölkerung drängte sich neugierig heran und machte die Wege eng. Auch des Nachts standen dichte Massen auf den Plätzen vor den Quartieren, und einige Male schossen die Posten, übermüdet von den vielen Wachen und erschreckt durch den Andrang, blindlings in die Menge hinein.

In der Stadt Itzapalapan hielten sie die letzte Rast vor dem Einzug. Cortes ritt am Abend ein Stück auf der Straße nach Mexiko hinaus und betrachtete den Dammweg über das Wasser. Der riesige Deich mochte etwa zwei Lanzenlängen breit sein. Er war flach geböscht und mit wohlbehauenen Steinen ausgemauert; die Fugen waren mit feinem, stuckartigem Mörtel verstrichen. An vier Stellen hatte man schmale Durchlässe eingebaut. Cortes blickte mit bedenklicher Miene auf die dünnen Holzbrücken. Zweifellos konnte man sie in wenigen Minuten abwerfen und damit den Weg sperren. War man einmal in der Stadt, so saß man wie in einer Falle fest. Vielleicht hatte dieser rätselhafte Montezuma recht gehabt mit seinem Zögern und Zuwarten? In dieser ungeheuren Stadt mußten sich das Häuflein der Spanier verlieren wie ein Fischerboot auf dem Ozean. Die Reiter würden in den engen Straßen, die noch dazu häufig von Kanälen durchschnitten waren, nicht vorstoßen können. Man brauchte nur die hohen Söller der Häuser mit Balken und Steinen zu belegen, und die Einmarschierenden wurden zerquetscht wie eine Handvoll Wanzen.

Marina, die neben ihm ging, spürte, wie es in ihm arbeitete. Sie hörte, wie sein Atem zuweilen aussetzte, sie sah die Unruhe seiner Hände. Das Lederzeug der Hügel knirschte zwischen seinen Fingern. Auch ihr wurde bänglich zumute. Sie wies auf die Boote, die nun überall, mit Neugierigen besetzt, aus den Kanälen und zwischen den Durchlässen hervorwimmelten. Man hörte das hastige, leise Pritschen der Ruder auf dem Wasser; es war wie ein unaufhörlicher feiner Regen. Rufe hallten herüber. In einem Kahn saß ein fetter, vornehmer Mexikaner in rotem Federmantel, der mit dem Stock auf seine Ruderer losschlug. Cortes krümmte sich fast; er nahm die Füße am Bauch des Gaules hoch und ließ die Steigbügel baumeln; die Hände stemmten sich auf den Sattelbogen. Es wurde dunkel, und Marina schien es, als sänke die Stadt wie ein herunterbrennendes Feuer in sich zusammen. Die Sonne glühte noch auf den Spitzen der Tempel und Paläste, dann tauchten die Gebäude ganz in fahlem Aschgrau unter. Eine Kälte kam über den See her. Vor den Inseln dunsteten leichte Nebel. Furcht erfaßte sie, wenn sie an Montezuma dachte; alle Kindervorstellungen von dem gewaltigen Herrscher wachten in ihr auf, dem Sohn der Götter, der dort drüben auf seinem »Felsenthron«, wie es hieß, residierte, allem gewöhnlichen Volk entrückt, heilig, unantastbar. Sie erinnerte sich an die Erzählungen, wie selbst die höchsten Beamten, ja die Prinzen nur in schlechten und zerrissenen Bettlermänteln vor ihm erscheinen dürften, wie niemand auch nur je gewagt habe, den Blick zu ihm zu erheben, und wie jeder, der gegen diese Gebote fehlte, sofort der Todesstrafe verfiel. Wußte man überhaupt, wie er aussah? Auch die Beamten seines Hofstaates hatten ihn doch kaum je gesehen, und bei der Mittagstafel wurde ein Schirm vor seinen Tisch gestellt. Es hieß, daß er sehr launisch wäre, sehr grausam, und ohne weitere Untersuchung jeden, der wegen eines Verstoßes oder unvorsichtigen Wortes angegeben wurde, dem Henker übergab. Schreckliche Strafen gab es da, man zerschnitt dem Verurteilten das Gesicht und stieß gemahlenen Pfeffer in die Wunden, anderen wurde die Haut über den Händen heruntergezogen, und nur die Vornehmsten hatten das Privileg, daß man sie mit einer Schlinge aus Rosen erwürgte.

Sie blickte wieder auf Cortes. Sie sah seinen verwilderten und struppigen Bart, das schäbige, geflickte Wams, die Stiefel, deren Krempe schlappte und die vom Schnee und der Nässe rot und rauh geworden waren. Und doch erschien er ihr nun ungeheuer stark und kräftig, wie er da schwarz auf dem knochigen, großen Gaul gegen die blasse Stadt und den Abendhimmel stand. Es war, als spannte er sich unter diesem Blick; er stellte sich in den Steigbügeln auf, die Schultern dehnten sich, und die Ellbogen stachen scharf und breit in die Luft. Er lachte.

Neuntes Kapitel

Cortes ließ sehr früh am Morgen das ganze Heer antreten und musterte die Leute. Er gab Befehl, daß der Bergwerksbesitzer Sedeño, Gines Nortes und die anderen, die noch Vorräte an Kleidungsstücken besaßen, diese für den Tag des Einzuges den Soldaten, die allzu heruntergekommen aussahen, unentgeltlich zur Verfügung stellen müßten. Er selbst gab aus seinem Gepäck heraus, was er besaß. Trotzdem sah das Heer erbärmlich genug aus. Viele liefen immer noch mit Lumpen um die Füße; die Baumwollpanzer ließen sich nicht mehr recht flicken und waren durch den Schnee grau geworden. Manche hatten sich ganz mit tlaskallanischen bunten Mänteln ausstaffiert. Einige hatten auch im Rausch und Taumel der letzten Tage ihre Harnische vernachlässigt und blind werden lassen; sie wurden angehalten, sie schleunigst zu fegen, da man mit dem blanken Eisen wenigstens einigen Eindruck auf die Mexikaner machen könnte. Der Fähnrich Corral erhielt ein breites Stück seidene Schärpe, das von der Flämin Magdalene Kerrincx an die Standarte angesetzt wurde.

Am Vormittag erschienen endlich Abgesandte Montezumas und kündigten an, der König erwarte die Weißen Götter am Eingang der Stadt. Cortes fragte unzufrieden, warum er denn nicht bis über den Damm ihnen entgegenkäme?

Die Höflinge schienen entsetzt. Es sei ohnehin seit Menschengedenken das erstemal, daß ein aztekischer Herrscher sich öffentlich vor dem Volke zeige. Der Zulauf aus der ganzen Umgegend und das Gedränge habe schon in der Stadt die gefährlichsten Tumulte verursacht, und die Truppen vermöchten nur mit Mühe die Straßen für den Aufzug des Herrschers in der gehörigen Breite freizuhalten.

Cortes hob die Brauen und erklärte seinen Leuten, es könne wohl nichts schaden, wenn die Musketiere und Artilleristen ihre Lunten brennen ließen. Auch solle man nicht dulden, daß die Neugierigen sich zu nahe herandrängten, und auf gar keinen Fall dürfe der Zug auseinanderreißen. Die Vordersten hätten deshalb sehr kurz zu treten und auf die Nachhut und besonders die Geschütze, die nun einmal immer sehr langsam vorwärts kämen, Rücksicht zu nehmen.

Gegen Mittag rückten sie ab. Vor dem Quartier summte bereits eine riesige Menschenmenge. Der Damm war zu beiden Seiten dicht besetzt; in der Mitte blieb eben eine schmale Gasse. Die Eingeborenen warteten seit dem frühesten Morgen; viele hatten Weiber und Kinder mitgebracht und lagerten auf den Böschungen. Der See wimmelte von Booten. Wasserverkäufer fuhren an den Seiten des Deiches entlang und riefen das Wasser aus. Kakaohändler boten kalten, gewürzten Kakao in tönernen Krügen feil. Andere verkauften Kaktusfeigen. Zuweilen schrak die Menge zusammen, der Lärm stob auf und trillerte in der höchsten Höhe: es hieß, die Weißen Götter kämen. Dann sank er wieder zusammen und sott nur leise fort. Endlich strichen scharf und hell die Trompetentöne der Spanier herüber, das harte Getrommel rückte näher, das Rollen der Geschütze und aufbrausend wie in Vogelflügen die Rufe der Leute zu beiden Seiten des Weges. Hofbeamte Montezumas kamen gelaufen, schweißglänzend und mit irren Augen, und hieben rücksichtslos mit ihren Kiefernstäben eine Gasse in die Menge. Und jetzt zogen sie selbst heran, die Weißen Götter, man konnte sie sehen, weiß und glänzend wie in Eis gepanzert, vier ritten vorauf auf ihren Hirschungeheuern, man konnte sie hören, sie machten ein ungeheures Getrampel, ein Getöse, als wenn jemand Steine zerklopft, man konnte sie riechen, sie rochen streng. In großer Ordnung rücken sie heran, zu zwei und zwei, und die Führer an der Spitze wenden sich immer wieder um und warten. Und jetzt kommt der Bannerträger, er geht allein, er setzt die Beine breit auseinander, er schwenkt das Tuch nach beiden Seiten, und das Tuch spricht laut und hastig, und er schwingt es und brüstet sich und spielt sich auf wie ein Held. Er hat keinen Bart, aber die andern haben Bärte, schwarze Bärte, mit Haaren wie aus Draht und Dornen. Und die Hunde, die Hunde laufen voran, groß wie Schweine, nackt und gesprenkelt, jaguarfleckig, schlappohrig und immer keuchend, sie keuchen entsetzlich, und der Geifer tropft ihnen von den blutigen Schnauzen wie Seifenschaum. Und nun kommen sie in Massen, immer in großer Ordnung, einige tragen Wattepanzer, und andere tragen riesige Keulen auf der Schulter und andere Lanzen, mit Spitzen wie Fledermausflügel. Und nun erscheint er selbst, der Herr der Weißen Götter, er hat einen schwarzen Panzer und einen Helm mit Federn, die wie Farnwedel aussehen, er ist bleich, sehr bleich und hat einen starken Bart; neben ihm geht eine Frau, eine mexikanische Frau, mit offenen Haaren und in einem weißen Mantel, sie stützt ihre Hand auf den Rücken des Hirschungeheuers, als hätte sie nicht die mindeste Furcht vor dem Tier. Und nun kommen Wagen mit langen Röhren, das sind die Röhren, aus denen der Blitz fährt, und Lastträger, und die Leute von Tlaskalla, in Kriegerrüstung, mit Schild und Bogen, sie haben sich frech geschminkt, als zögen sie in eine eroberte Stadt ein, und ihr Führer geht voran, in einem weiß und bunten Federmantel, er hat ein langes Gesicht ganz voller Narben.

Der Marsch dauerte über eine Stunde. Häufig mußte man halten, weil die Menge völlig den Damm versperrte. Die Soldaten lehnten sich an ihre Piken und wischten sich mit dem Handballen den Schweiß von der Stirn. Sie waren ganz betäubt von dem vielen Rufen. Der Anblick der Stadt, die sich immer gewaltiger aus dem Wasser reckte, machte sie völlig verwirrt. Manche verzerrten so heftig und lange das Gesicht in einfältigem, lächelndem Staunen, daß ihnen die Backenmuskeln weh taten. Andere murrten über die Hitze und die ewigen Aufenthalte.

Am Eingang der Stadt hielten sie etwa eine Viertelstunde lang. Einige hundert Diener Montezumas stürzten sich auf die Menge und schlugen mit ihren Kiefernstäben darauf los, bis ein freier Platz entstand. Hofbeamte schritten nun in Reihen über die Fläche und kehrten sie sorgfältig ab; zuerst mit Palmzweigen und dann mit feinen Wedeln aus Papageienfedern. Ein offenbar sehr hoher Würdenträger, schnaufend vor Fett und mit einer riesigen grünen Federkrone, inspizierte den Platz; er ließ sich ächzend auf ein Knie nieder und fuhr mit den Fingern prüfend über die Steine. Dann verstummte plötzlich aller Lärm. Die Mexikaner senkten die Köpfe; ja es schien, als hielten sie den Atem an. Man hörte in der Stille das leise Klatschen der Sandalen von Montezumas Sänftenträgern.

Cortes sprang vom Pferde. Sein Panzer dröhnte kurz auf. Er rückte das Degengehänge zurecht, drehte die von den Zügeln verschobenen Finger der Handschuhe gerade und schritt Montezuma entgegen. Er bewegte sich nun frei und anmutig, und seine Leute bewunderten ihn.

Montezuma saß unter einem Baldachin. Cortes konnte ihn zunächst nicht erkennen. Das Geflimmer der vielen grünen, blauen und roten Federn, der massiv goldenen Pfosten, der grünen und blauen Edelsteine blendete. Der Thronhimmel war mit leuchtenden grünen Federn besetzt und tauchte den König ganz in grüne Schatten. Zu beiden Seiten des Baldachins standen die höchsten Würdenträger des Reiches. Sie hielten der Menge goldene Stäbe entgegen, damit niemand wagen sollte, den Herrscher anzusehen und die Majestät wie durch ein goldenes Gitter geschützt wäre, falls doch einer aufblickte. Montezuma erhob sich und trat unter dem Thronhimmel hervor. Sein aquamarinblauer Federmantel brannte in der Sonne auf. Er ging langsam und etwas vorgeneigt, seine Hände hingen über den Nacken zweier Neffen. Cortes musterte ihn unverfroren; es erfüllte ihn mit gewaltigem Stolz, als er sah, wie der König vor diesem Blick erschrak. Montezuma hatte große und arglose braune Augen, die, gewohnt, nie einen Widerstand zu finden, lässig über die Dinge und Menschen hinglitten. Sein Gesicht war sehr schmal und ganz beherrscht von der schnabelscharfen, dünnen Nase. Die Stirn floh stark zurück, das Kinn trat spitz hervor. Es wurde zur Hälfte verdeckt durch einen daumengroßen Lippenpflock aus Smaragd. Seine Haut war ziemlich hell, mit einem etwas wächsernen Schein; sie lag scharf gespannt über den Knochen. Die Hände waren sehr klein und zart, er hielt sie weit von sich ab, ohne Furcht, mit den Fingern irgendwo anzustoßen. Alles an seinem Körper war auf das Äußerste zugespitzt; die Schultern stachen unter dem blauen Mantel hervor, die Beine, an denen er wie ein römischer Imperator halbhohe, mit goldenen Schellen besetzte Stiefel trug, zeigten ihren Grat, und die Füße hatten einen hohen Rist. Cortes blieb mit den Augen an diesen Stiefeln hängen; sie schienen ihm unermeßlich kostbar. Die Sohle bestand aus einer fingerdicken Goldplatte; die Hacken waren in Rot abgesetzt; über dem Spann lag ein Schlangenmuster von grünen Edelsteinen, und von den Waden tropften zu beiden Seiten Perlenketten herab. Sein Mund verzog sich, wie er so starrte; er krümmte den Rücken. Er erschrak plötzlich, wischte den Bart und reckte sich auf.

Montezuma hatte sich gefaßt und begann, die Worte der Begrüßung zu sprechen. Er bewegte den Mund kaum und hob nur etwas die Oberlippe auf der einen Seite an. Aber nun beugte er sich, zum namenlosen Entsetzen seiner Neffen, die seine Bewegung zunächst gar nicht verstanden, er beugte sich zur Erde, tief, der blaue Mantel schleifte rechts und links auf dem Boden. Er nahm den rechten Arm vom Nacken seines Begleiters und berührte mit der äußersten Fingerspitze die Straße. Sorgfältig strich er über die Steine, hob die Hand und berührte mit dem Finger den Mund. Ein feiner weißer Staubfleck saß auf der Unterlippe. Der Neffe, der verstohlen zu ihm aufsah, zitterte und bedeckte sich die Augen, als ertrüge er den Anblick nicht.

Cortes gab Marina seinen Helm. Er trat dicht auf den König zu, um ihn zu umarmen. Die beiden Neffen stürzten hoch und hielten ihm die Hände fest, außer sich über diese Verwegenheit. Der Spanier schüttelte sie ab. Montezuma gab ihnen mißbilligend einen Wink mit dem Finger, sich zurückzuziehen. Cortes umfaßte den Herrscher. Montezuma schauderte vor dem bäurisch groben Geruch des Mannes; er sah mit Grauen den dichten, großen Bart so nahe vor seinem Gesicht. Cortes spürte nur den blauen Federmantel leicht und nachgiebig unter den Händen; es war ihm, als entzöge sich die Gestalt des Königs unter der losen Hülle jeder Berührung. Dann mußte er denken, wie leicht wohl dieser ganze Indianer wäre; sicherlich konnte man ihn mit einem Arme aufheben wie ein Kind. Zögernd ließ er ihn los.

Montezuma legte wieder die Hände auf den Nacken der beiden Neffen und schritt zurück unter den Baldachin. Er tauchte in den grünen Schatten des Thronhimmels ein, als würde er den Blicken der Spanier entrückt. Noch immer hielten die Großen ihre Stäbe gegen das Volk. Nun ließen sie, während die Träger mit dem Sessel Montezumas sich in Bewegung setzten, das goldene Gitter sinken, und das Geschrei der Menge brach wie über ein geöffnetes Wehr ein und überschwemmte den ganzen Platz.

Langsam rückte das Heer durch die Straßen vorwärts. Sie wateten über Blumen, und der Einzug in Tlaskalla erschien ihnen ärmlich in der Erinnerung. Man brachte ihnen große bemalte Kürbisschalen mit Nelken gefüllt, Sonnenblumen, Magnolien, gelbe Tabakblumen, Kakaoblumen; man setzte ihnen Kränze auf das Haupt, tat ihnen Halsketten aus Wasserrosen an und legte ihnen Blumengewinde um die Schultern. Manche bekamen Kopfschmerzen von den lauten und verwirrenden Gerüchen. Der Weg war fußhoch ganz in Rot und Weiß bestreut. Die Pferde stolperten. Die Soldaten wurden nun sehr müde. Es schien ihnen, als marschierten sie schon den ganzen Tag so über diesen ungeheuren Damm und durch die endlose Stadt. Viele ließen den Kopf hängen und trotteten nur eben in der Reihe mit.

Der Zug schwenkte in den Hof eines großen Palastes ein. Das schwirrende Gewoge der silbernen mexikanischen Stimmen blieb draußen; man hörte nur noch die schweren Schritte der Soldaten, das spattelnde Lärmen der Pferdehufe auf den Fliesen und das leichte Dröhnen der Panzer, die zusammenrasselten, als man nun hielt. Erleichtert warfen die Leute die Blumengewinde von sich. Sie drängten in die Quartiere, stapften über die schneeweißen Binsenmatten und warfen sich auf die niedrigen, mit Spartgras gefüllten Betten. Das Gebäude schien alt. Die Wände waren mit schweren, nachgedunkelten Hölzern getäfelt; schmale Fenster schnitten wie Schießscharten in die dicken Mauern. Vor den Betten standen nur Tonkrüge und bemalte Schalen mit parfümiertem Wasser, auf dem kleine Blumen schwammen. Daneben lagen, sorgfältig in spitzen Mustern gefaltet, Handtücher aus sehr feiner, seidenglänzender Baumwolle. Die Soldaten blickten sich mißvergnügt um. War das alles? Keine Mäntel, kein Obst, kein Agavenbier? In Tlaskalla hatte man sie besser empfangen.

Cortes schritt mit den Hauptleuten das Quartier ab. Der Palast bildete ein längliches Viereck; zwischen den Gebäuden liefen Mauern und schlossen den ganzen Raum ab wie eine Festung. Neben dem Eingang wuchteten zwei schwere Türme aus grauem Tuffstein in die Höhe. Der Generalkapitän winkte dem Stückmeister Mesa und stieg mit ihm hinauf. Es roch staubig nach altem Holzmehl auf der Treppe. Marina, die mit einem hohen Hofbeamten Montezumas folgte, erklärte Cortes, der Palast sei das alte Königsschloß der aztekischen Herrscher, das seit Menschengedenken wie ein Heiligtüm leer stünde; man habe es erst in den letzten Tagen für den Besuch der Weißen Götter hergerichtet. Das Gebäude stamme noch aus der Zeit, da die Azteken eben erst die Stadt Mexiko unterworfen hätten; deshalb sei es gegen einen etwaigen Überfall der Bevölkerung so stark mit Mauern und Türmen bewehrt.

Cortes machte auf einem Treppenabsatz halt. Wie, es gebe hier zweierlei Bevölkerung in der Stadt, und dieses Herrschergeschlecht sei eigentlich gar nicht die altangestammte Königsfamilie des Landes?

Nein; es gehöre zum Stamme der Azteken, und die hätten vor etwa zweihundert Jahren in einem gewaltigen Feldzug, von Norden her einbrechend, die Stadt unterworfen, das ursprüngliche Fürstenhaus mit seiner ganzen Sippe ausgerottet und ihre Herrschaft allmählich über das ganze Land ausgebreitet.

Um so besser. – Cortes fühlte sich irgendwie erleichtert durch den Gedanken, daß dieses Königs Majestät einen so sichtbarlichen und irdischen Ursprung hatte. Die Hoheit, mit der Montezuma ihm entgegengetreten war, und der ganze gewaltige Pomp seines Aufzuges hatten ihn bedrückt. Es war ihm gewesen, als ob der Kaiser selbst vor diesem Glanz zurückstehen müßte. Nun konnte er sich an der Vorstellung, daß diese Montezuma doch nur eine Art Usurpator war, aufrichten.

Sie traten hinaus auf den Altan. Die Menge, die immer noch in dichten Massen den Platz und die Straßen vor dem Palast besetzt hielt, jubelte und warf Blumen herauf. Cortes winkte. Dann besprach er mit dem Stückmeister Mesa, der nachdenklich seinen fuchsigen, immer von einem Ausschlag zerfressenen Bart kratzte, die Aufstellung der Geschütze. Die Lage der Gebäude war günstig; man konnte von den Türmen her weithin die Zugänge bestreichen. Cortes wies auf der Brüstung die Richtungen an, in die Mesa die Stücke einbringen sollte. Jedesmal, wenn seine Hand über der Mauer erschien, brauste der Jubel der Bevölkerung herauf.

Die Geschütze wurden mit Stricken über die Mauern heraufgewunden und in Stellung gebracht. Man stellte die Wachen vor das Tor und einen zweiten kleineren Eingang. Dann wurde Cortes gemeldet, das Mahl sei angerichtet. In einem niedrigen, ungeheuer langen Raum des Hauptgebäudes waren die Tafeln aufgestellt. An den Wänden hingen uralte gewebte Tapeten mit Darstellungen aus der Göttergeschichte, in schrillen und spitzen Zeichnungen und mit stumpfen und verblaßten Farben. Die Balken der Decke und die Türpfosten starrten von schwerem, flächigem Schnitzwerk. Die Sessel waren aus einem Block eisenschwarzen Holzes gefertigt und so schwer, daß erst zwei Mann sie rücken konnten. Der Saal wimmelte von Dienern Montezumas, die jeden auf seinen Platz geleiteten. Ein Haushofmeister mit einem Stab von Unterbeamten leitete das Ganze.

Die Speisen wurden in schwarzem, bunt bemaltem Tongerät aus Cholula aufgetragen. Die Gerichte für Cortes und die Hauptleute standen auf kleinen tönernen Dreifüßen, unter denen ein leichtes Feuer aus Holzkohle brannte. Es gab etwa dreißig Gänge; zunächst eine Art feiner Eierkrapfen, die mit Gemüse und Kräutern gefüllt waren, dann Wachteln, Fasanen, Kaninchen, Truthähne, Schweine und Hunde. Dazu wurde in silbernen Bechern kalte, mit Vanille und Ingwer gewürzte Schokolade gereicht, auf deren Schaum Wickenblüten schwammen. Einige Gerichte wurden freilich mit lebhaftem Mißtrauen von den Spaniern betrachtet. Da reichte man ihnen Eidechsen, abgezogene und in Stücken geschnittene Schlangen, die wie Aale aussahen, seltsam geformte Fische und eine schwammartige Art von Algen, die nach Käse schmeckten. In einem Winkel des Saales entstand ein Aufruhr; der riesige Landsknecht Alonso, »das Milchkind« genannt, sprang von seinem Stuhl auf und würgte sich an der Kehle, sein bartloser Kopf mit den zierlichen durchscheinenden Ohren war blutrot. Er schrie, mit dem Messer auf den Teller deutend, diese hinterlistigen Heiden, Gott strafe sie, hätten ihm da eine Speise vorgesetzt, ein viehisches, lästerliches Gericht... er wolle sich vierteilen lassen, wenn das nicht ein Stück von einem Menschen sei. Ein ungeheures Gebrüll schlug auf. Alle liefen durcheinander, hieben auf die Tische und packten die mexikanischen Diener an. Cortes stillte mit Mühe den Aufruhr, nachdem er durch Marina den Haushofmeister hatte befragen lassen, der zitternd beschwor, es sei kein Menschenfleisch unter den Gerichten; man habe sich doch sorgfältig nach dem Geschmack der Weißen Götter erkundigt und von ihrer Abneigung gegen diese Speise erfahren.

Aber Montezuma äße davon?

Allerdings; aber nicht sehr häufig, er bevorzuge im allgemeinen feine Gemüse und Obst.

Also er beteilige sich aber doch an den Greueln. Und wo nähme man diese teuflische Nahrung her?

Nun, man kaufe die Kinder wie die anderen Vorräte auf dem großen Markte. Zuweilen würden die Speisen auch von den Opfertempeln geliefert; Montezuma habe aber eine Abneigung gegen alles, was nicht in seiner eigenen Küche hergestellt sei und genösse nur an den ganz großen Festen etwas von diesen Gerichten.

Cortes schob seinen Teller zurück. Man werde schon mit diesem teuflischen Unwesen aufräumen. Für heute sei ihm das Essen verleidet, und man möge abtragen.

Auch die anderen hatten die Lust verloren und winkten, man solle ihnen die Teller fortnehmen. Nur der dicke Franz von Lujo schmatzte an einer Truthahnkeule weiter und erklärte mit vollem Munde, er dächte nicht daran, sich durch solches Gewäsch in der Mahlzeit stören zu lassen. Die Diener, die nicht begriffen, daß noch jemand weiterzuessen wagte, nachdem der Herr der Weißen Götter aufgehört hatte, suchten ihm vorsichtig den Teller fortzunehmen. Lujo brüllte sie an: was, ob sie des Teufels wären? Scheu zogen sie sich zurück.

Noch vor Dunkelwerden erschien Montezuma in dem Quartier der Spanier, um ihnen das Gastgeschenk zu überreichen. Er war wieder von seinen beiden Neffen begleitet; Läufer, nacktbrüstig und unbeschuht, kündigten ihn an, und zwei Reihen von Hofbeamten, in weißen Federmänteln und mit grünen Federkronen, bildeten mit ihren goldenen Stäben Spalier. Der König trug jetzt einen schwarzen Priestermantel über der von Steinen und Muscheln starrenden Kleidung. Er trat dicht vor Cortes hin, nahm die Hände vom Nacken seiner Begleitung, hob sie gegen den Spanier und begrüßte ihn feierlich mit fast schwärmerischen Worten:

»Du bist angelangt, Herr, in deiner Stadt, deiner Stadt Mexiko, du bist gekommen, auf deiner Matte zu sitzen und deinen Stuhl einzunehmen, den ich nur eine kurze Zeit für dich gehütet habe. Meine Väter, deine Knechte sind dahingegangen, die Könige Itzcouatl, Montezuma der Alte, Titzocic, Avitzotl und Axayacatl; sie haben deinen Sitz gehütet und das Volk in Zucht und Strenge gehalten. Möchten sie doch sehen, wie es jetzt über mich gekommen ist, daß ich dich begrüßen darf in deiner Stadt. Denn das haben sie gesagt, die Könige meiner Vorfahren, und uns überliefert, daß du eines Tages kommen würdest, von Osten her, aus dem fremden Lande, aus den Wolken, aus den Nebeln her. Und jetzt ist das wahr geworden; ich träume nicht, ich fahre nicht trunken vom Schlafe auf, ich sehe dich leibhaftig, ich berühre dich, ich spüre deinen Atem vor mir. Ruhe dich aus, Herr, von der beschwerlichen, langen Reise, sei willkommen in diesem Palast, der dir gehört, und in deiner Stadt Mexiko.«

Der ältere der beiden Neffen blickte zum König auf. Er hatte einen angespannten Ausdruck im Gesicht, als fürchtete er, Montezuma möchte jeden Augenblick zuviel sagen. Die Begrüßung schien ihm übertrieben; er teilte Montezumas Glauben an die alte Überlieferung von der Wiederkehr des Gottes Quetzalcoatl nicht. Außerdem war ihm des Oheims priesterliches Wesen, das ihm nur eine gefährliche Folge seiner Tempelerziehung schien, zuwider. Aufmerksam beobachtete er die Spanier, während Montezuma nun seine Geschenke übergab.

Montezuma hatte für Cortes ein Halsband bestimmt, das aus einer Kette von goldenen Krebsen bestand. Er hängte es ihm selbst um. Der Generalkapitän überreichte als Gegengabe eine Glasperlenschnur. Es war die letzte aus seinem Vorrat, und man hatte sie bereits aus verschiedenen Farben zusammenflicken müssen. Um sie wenigstens etwas eindrucksvoller zu machen, hatte man sie dick mit Bisam parfümiert. Montezuma, an unendlich feine und zarte Düfte gewöhnt, empfand den Geruch als Gestank; er ließ sich aber nichts anmerken, schlug die

Augen ein und streifte das Geschenk über den Kopf. Er verteilte dann noch an die anderen Hauptleute goldene Ketten und Armringe. Sie verneigten sich respektvoll, den Helm im linken Arm; einige machten aufgeregte und ungeschickte Kratzfüße. Montezuma betrachtete sie sehr herablassend. Nur Alvarado, der keck herantrat und mit einem Ruck die rotblonden Haare aus der Stirn warf, machte ihm Eindruck mit seiner hellen, frischen Haut, den blauen, unruhigen Augen und der goldglänzenden Mähne. Er erkundigte sich bei Marina, wer der Mann sei, und meinte dann, man müsse ihm wahrhaftig den Namen Tonatiu, »Sohn der Sonne«, geben.

Alvarado fuhr sich geschmeichelt in den Bart. Montezuma erschrak ein wenig, als er die mächtigen, roten Hände mit den stumpfen, an den Spitzen wie abgehackten Fingern des Spaniers sah. Er verabschiedete sich nun, nachdem er Cortes noch kurz seine beiden Neffen als die Prinzen Guatemotzin und Cacamatzin vorgestellt hatte. Beide zeigten die gleiche zarte und fast gebrechliche Statur wie der König, die gleichen stark zurückfliehenden Stirnen und schnabelscharf vorspringenden Nasen. Cortes fragte Montezuma, ob er denn keine Söhne hätte?

Der König, der die Frage als unschicklich empfand, erwiderte abwehrend: doch, allerdings; sie seien aber zur Erziehung in die Tempel geschickt und dürften sich nach der Sitte seines Hauses vor ihrer Volljährigkeit nicht öffentlich zeigen.

Cortes, hitzig und unbedacht zudringend, meinte, die Prinzen würden doch hoffentlich nicht von den Priestern in den teuflischen Greueln ihres widerwärtigen Götzendienstes unterrichtet?

Montezuma begriff nicht.

Nun, er meine die viehischen Menschenopfer. Es sei ihm zu Ohren gekommen, daß auch der König an diesen unleidlichen Dingen teilhabe. Er hoffe sehr, ihn alsbald von seinen Fliegen- und Höllengöttern zum wahren Glauben zu bekehren.

Montezuma legte die Hände wieder auf die Nacken seiner Neffen und trat zurück. Er hob nur ganz leicht die Oberlippe und sagte, man spräche über Gegenstände des Glaubens doch nicht auf offenem Platze vor allen Leuten.

Cortes sprang ihm nach und hob die Fäuste: doch, doch! Er

fordere, daß während seiner Anwesenheit in der Stadt keine Menschenopfer stattfänden.

Montezuma, der seine Augenlider sinken ließ und sich immer mehr in sich zurückzog, erwiderte, das stünde gar nicht in seiner Macht. Die Priesterschaften seien selbständig, und so unbegrenzt sonst seine Gewalt wäre – dabei hob er den Kopf wieder etwas –, in diesen Dingen habe auch er nichts zu befehlen oder zu verbieten.

Cortes verlangte, er solle dann wenigstens selber kein Menschenfleisch zu sich nehmen während dieser Zeit.

Montezuma nickte leise und gab mit dem spitzen Finger das Zeichen, daß er die Unterredung für beendet ansehe. Cortes begleitete ihn barhaupt bis vor das Tor des Palastes. Die Menge fiel nieder, als die Stabträger des Königs erschienen, und blieb noch lange, nachdem die Sänfte bereits verschwunden war, mit dem Kopf am Boden.

Am späten Abend erschien der Offizier der Wache und berichtete, die Plätze und Straßen vor dem Quartier seien noch immer vom Volk belagert, das offenbar gar keine Anstalten mache, sich zurückzuziehen. Den Posten werde unbehaglich in dem fortwährenden Gedränge. Man betaste ihre Piken und Harnische, und ganz Vorwitzige versuchten, in dem fortwährenden Tumult durch das Tor zu schlüpfen. Auch könne er die spanische Mannschaft nicht wie befohlen kontrollieren; man habe ihm erzählt, daß schon zwei Matrosen in die Stadt entwichen seien.

Cortes ließ durch den Profosen Ochoa den Schandphahl aufrichten und bei Trommelschlag bekanntmachen, daß jeder, der ohne schriftliche Erlaubnis das Quartier verließe, unnachsichtlich mit Ruten zu Tode gestrichen würde. Dann befahl er dem Stückmeister Mesa, das Geschütz mit doppelten Ladungen blind abzufeuern. Die Menge auf dem Platz jubelte wieder auf, als sie die Männer oben auf den Türmen hantieren sah. Schwatzend zeigte man sich die Zündschnuren, deren Enden in der Dunkelheit wie Glühwürmchen flimmerten. Dann bebte der Boden, über den Türmen ballten sich dicke Wolken, es blitzte, und der Donner krachte über den Platz herunter, brach sich an den Häusern und schlug zurück. Eine rasende, stumme Flucht begann. Manche rannten durch die ganze Stadt bis auf die Dammstraßen hinaus. Andere stürzten in den Häusern die Treppen empor, bis ihnen die

Füße versagten. Erst nach Stunden wagten sich besonders Mutige zurück, um die Niedergetretenen, von denen einige noch stöhnten, abzuholen. Sie schlichen sich an den Mauern entlang und hielten die Nasen zu aus Furcht vor dem Schwefelgeruch, der über dem Platze lagerte.

Zehntes Kapitel

Cortes meldete für den nächsten Mittag seinen Besuch bei Montezuma an. Er nahm die Hauptleute Alvarado, den Kavalier Sandoval, Ordaz und Leon sowie fünf Soldaten mit. Der Weg durch den Palast des Königs dauerte lange. Sie gingen an den beiden großen, einförmig gebauten Zeughäusern vorbei und kamen in eine Art Tiergarten. Aus den Vogelhäusern fiel ein bunter Regen von Gezwitscher und Gekreisch über den Weg. In schön gefaßten, steinernen Becken stelzten Reiher; hinter kräftigen Bambusgittern liefen Jaguare und Schakale auf und ab. In den Büschen wurden Nester von Kolibris gehegt, und zwischen den Zweigen flirrten die bunten Funken der kleinen Vögel. Diener, die das Zeichen der Tierwärter in Ocker auf die Wangen gemalt trugen, besorgten die Käfige. Die Spanier schritten über einen Hof, der von Springbrunnen hallte. Scharen von Bittstellern und Abgesandten aus allen Teilen des Reiches saßen auf den Bänken und lagerten im Rasen. Die Stabträger erschienen vor dem Eingang des zweistöckigen Hauptgebäudes, um die Weißen Götter zu geleiten. Der Hauptmann Leon äußerte unmutig, man hätte sie wohl schon vor dem Gartentor so empfangen sollen; es schiene ihm, als ließen die Mexikaner in ihrer Höflichkeit bereits nach.

Über eine Viertelstunde gingen sie durch die Räume und Korridore des Palastes. Der Hauptmann Leon strich wütend mit seiner Degenscheide an der Mauer entlang. Auch die anderen waren von den vielen Zimmern und Gängen ganz betäubt. Sie murrten, Montezuma ließe sie wohl absichtlich der Länge nach durch seine sämtlichen Räume jagen, um ihnen einen Begriff von seiner Macht und seinem Reichtum zu geben.

Cortes meinte, es scheine ihm eher, als hätte der König sich gewissermaßen in den äußersten Winkel geflüchtet, man solle das für ein erfreuliches Zeichen nehmen, wie sehr er sich fürchte. Sie kamen durch Säle, die mit einer Art durchsichtigem Alabaster ausgelegt waren; andere hatten Bände und Decken aus schwarzem Porphyr, der die Gestalten der Schreitenden spiegelnd zurückwarf; wieder andere glänzten in knochenweißem, hartem Palmholz. Die Räume kamen den Spaniern sehr kahl und leer vor; sie enthielten nur zuweilen einen schweren, geschnitzten Sessel oder einen Baldachin, da in Gegenwart des Königs niemand sich niederlassen durfte. Fast jedes zweite Zimmer hatte ein tief in den Boden eingelassenes, mit schön gemeißeltem Steinwerk eingefaßtes Rad. Cortes mußte, während er über die schimmernden, in bunten Hölzern eingelegten Füßböden ging, an das Parkett im Schlosse des Grafen von Medellin denken; er sah das lächelnde Gesicht der Gräfin und ihrer Tochter vor sich, die amüsiert den stolpernden, ungeschickten Knaben betrachteten. Seine Schritte wurden unsicher, und er stützte sich auf den Degen.

Es roch nach frischem Kalk; die Wände dieses Gebäudeteiles, der sonst nicht bewohnt wurde, waren neu hergerichtet worden. Die Stabträger hielten vor einem dick mit silbernen Platten besetzten Vorhang. Cortes, der das Zeremoniell, wonach jeder Besuch des Königs etwa eine Stunde vor der Tür zu warten hatte, nicht kannte, griff ohne weiteres in den Vorhang. Das Silber klirrte.

Montezuma saß in dem riesigen, niedrigen Raum ganz allein auf einem schweren Sessel vor dem Kamin und hielt seine gebrechlich schmalen Hände gegen die linde Glut. Trotz der Hitze, die draußen flirrte, hatte er sich Feuer anmachen lassen. Die aus Baumrinde gebrannten Kohlen glosten mit rauchloser, klarer Flamme; das Ambra, das in kleinen Kugeln hineingeworfen war, gab einen feinen, weichen Geruch. Der König wandte sich um, als er die Spanier eintreten hörte, und stand langsam auf. Er war mit allem Pomp gekleidet und konnte sich unter der ungeheuren Last des Schmuckes nur mühsam bewegen. Auf dem Haupte trug er eine spitze, goldene Blechmütze, die seine fliehende Stirn und die dünne Nase noch schärfer erscheinen ließ. Neben dem Sessel lehnte ein mächtiger, ganz mit Türkis besetzter Schild. In der Hand hatte er eine Art Lorgnon, einen langen, goldenen Stiel mit einem komplizierten, aus kleinen roten Muscheln und feinen Baumbusgittern gebildeten Kopfstück, das in der Mitte einen großen, flachgeschliffenen Smaragd enthielt. Er hob das Sehwerkzeug, das er in seiner Eigenschaft als Priester des Feuergottes Ixotzauqui tragen durfte, vor die Augen und betrachtete die Spanier. Cortes stand ratlos mit den anderen mitten im Saale. Unwillkürlich tastete er nach Marina. Sie war, die Hände an den Schläfen, niedergesunken; ihre offenen schwarzen Haare fielen über das Gesicht.

Der Hauptmann Leon räusperte sich einige Male schallend, aber Montezuma verharrte in seiner Haltung, bis seine Neffen herbeigeeilt waren. Sie hatten nicht vermutet, daß die Spanier so ungebührlich direkt in das Zimmer des Königs hineinstürzen würden, und waren noch damit beschäftigt, sich umzukleiden. Cortes sah durch den aufgeschlagenen Vorhang, wie sie hastig die Sandalen abstreiften und grobe, an den Kanten künstlich zerschlissene Mäntel über ihre schimmernde Kleidung warfen. Barfuß liefen sie nun herein; ihre nackten Füße klatschten in der Stille auf dem blanken Boden. Montezuma ließ das Lorgnon sinken; er legte die Hände um die Nacken der beiden Neffen und ging den Spaniern einige Schritte entgegen.

Cortes begann zu sprechen. Er erschrak, wie laut seine Stimme an den leeren Wänden hallte, und dämpfte sie bis zum Flüstern. Marina übersetzte leise die Begrüßungsworte.

Montezuma ließ nun für Cortes und die anderen Hauptleute kleine, sehr niedrige Hocker bringen. Die Spanier ließen sich, die Degen zwischen den hoch aufragenden Knien, nieder. Ordaz und Alvarado schwitzten vor Befangenheit und Unbehagen. Auch der König nahm wieder in seinem Sessel Platz. Cortes mußte von neuem auf seine juwelenbesetzten Stiefel starren. Dann hob er den Blick etwas und sah, daß die schmalen Arme des Indianers frische Wundmale aufwiesen. Er begriff, daß dies von den nächtlichen Kasteiungen herrührte; Marina hatte ihm erzählt, wie man sich mit dem Obsidianmesser Schnitte beibrächte und feine Bambushalme durch die Wunden zöge, damit sie nicht sogleich zuheilten. Der König erschien ihm mit einem Male als ein armer, bedauernswerter Heide, ganz verloren in dem barbarischen Wust seiner Teufelsbräuche. Gefaßt und laut begann er nun zu sprechen.

Er hob mit der Erschaffung der Welt und unser aller Ureltern Adam und Eva an. Alle Menschen, und sogar die schwärzesten Wilden, stammten doch im Grunde von diesem einen Paar ab; freilich hätten sie sich dann getrennt, und manche Völkerschaften, ja ganze Kontinente, seien allmählich in die Nacht des finstersten Unglaubens wie in einen höllischen Sumpf versunken. Sein erhabener Herr, der Kaiser Karl, als der wahre und legitime Nachkomme jener Stammeltern und als Schutz- und Schirmherr des alleinseligmachenden christlichen Glaubens, habe nun den Gedanken, daß all diese Menschenseelen auf ewig verloren sein sollten, nicht ertragen können und ihn mit seiner Mannschaft ausgeschickt, um dem Jammer ein Ende zu machen. Sie hätten daher als erste und vordringlichste Aufgabe dafür zu sorgen, daß der Baals- und Götzendienst abgeschafft würde und daß vor allem die viehischen Menschenopfer aufhörten.

Montezuma erwiderte, er habe bereits seit langem von der Ankunft der Weißen Götter erfahren, auch sei ihm berichtet worden, wie überall an der Küste, in Tlaskalla und Cholula die Götterbilder gestürzt und Kreuze aufgerichtet worden seien. Er habe sich dazu still und abwartend verhalten, in der Überzeugung, daß die Fremden jene von alters her prophezeiten Nachkommen des Gottes Quetzalcoatl seien, die eines Tages von Sonnenaufgang kommen würden. Auch die Götter der Fremden, und namentlich jenes Bild einer himmlischen Frau mit dem Knaben auf dem Arme, von dem ihm seine Zeichner genaue Nachricht gegeben hätten, möchten wohl segensvolle und gute Gottheiten sein; man könne aber nicht von heute auf morgen die einheimischen, seit Urzeiten her verehrten Väter und Mütter der Welt aus ihren alten Wohnungen verjagen.

Cortes wurde ungeduldig: ob er denn immer noch nicht begriffe, daß diese Götzen Blendwerk und Verführung des Teufels seien, der ihn und sein Volk auf ewig ins Unheil stürzen wollte?

Montezuma meinte, daß unter dem Schutz Huitzilopochtlis sein Reich groß und mächtig geworden sei; der Regengott Tlaloc habe die Saaten gedeihen lassen und die Kanäle auf dem Hochland bis zum Rand gefüllt; unter der gütigen Hand der

Mutter Chicomecouatl stünde der Mais in so dicken und straffen Kolben wie nur je, und die Kakao- und Agavenernten wüchsen mit jedem Jahr. Es gebe freilich auch böse und gefährliche Gottheiten, wie jener Tezcatlipoca, der überall Unheil zwischen den Menschen stifte, oder Xipetotec, »Unser Herr der Geschundene«, von dem die Krankheiten der Augen und des Geschlechtes geschickt würden; man könne sie aber doch durch Opfer besänftigen.

Ja, und eben diese Opfer müßten auf der Stelle aufhören. Es sei doch unerhört, daß gewissermaßen mit dem Blut dieser unschuldigen Menschen der Boden gedüngt werde.

Montezuma erklärte mit einer entschiedenen Bewegung seines Zeigefingers, man wolle nun hierüber nicht mehr sprechen.

Cortes wollte weiter auf ihn eindringen, aber die andern, beunruhigt durch die strenge und abweisende Miene des Herrschers, hielten ihn zurück. Er solle diese religiösen Dinge doch dem Pater Las Casas überlassen, der wohl eher mit dem König darin einig werden würde, und endlich auf den eigentlichen Zweck ihrer Unternehmung kommen.

Cortes fuhr nun fort, zu erläutern, wie seinem allmächtigen Monarchen, dem Kaiser Karl, dessen Stammbaum bekanntlich über Aeneas, König David und die Helden des Alten Testamentes unmittelbar auf das erste Elternpaar zurückführe, zugleich mit der Schutzherrschaft über den christlichen Glauben auch die weltliche Gewalt über den ganzen Erdkreis von Rechts und Gottes wegen zustünde. Montezuma habe ja auch bereits in seinen Gesandtschaften diese Oberherrschaft des Kaisers anerkannt und sich als seinen Vasallen bezeichnet, der bereit sei, einen jährlichen Tribut zu zahlen. Man werde nun darüber zu verhandeln haben, wie hoch dieser Tribut sein und worin er bestehen sollte. Man habe seinerzeit schon dem Statthalter Teutlile an der Küste angedeutet, daß die Spanier häufig an gewissen Herzkrankheiten litten und als Gegenmittel dafür das Gold benutzten. Auch Seine Majestät der Kaiser werde zuweilen von diesem Übel befallen; es sei daher angebracht, daß ein möglichst großer Teil des Tributes aus diesem Metall, auf das man ja übrigens in Mexiko keinen besonderen Wert lege, bestünde.

Montezuma erklärte steif und sehr hoheitsvoll, er habe sich

selbstverständlich beeilt, den Fremden Geschenke für ihren Herrn zu übermitteln. Er sei auch erfreut, sie in der Stadt Mexiko zu sehen, obwohl er ja oft genug habe sagen lassen, es sei ihm willkommener, wenn sie nicht kämen. Das habe er aus Sorge für seine Untertanen getan, die durchaus nicht dulden wollten, daß er die Fremden bei sich aufnähme. Man habe ihn bestürmt, doch die Grenzen des Landes mit aller Kriegsmacht zu verteidigen, und er habe nur mit Mühe seine Feldherrn und Verwandten von diesen Plänen abgebracht.

Cortes wandte sich an seine Kameraden: ob das etwa eine Drohung bedeuten solle?

Montezuma fuhr fort: wenn aber nur bekannt würde, daß die Fremden so ungeheuerliche Bedingungen wie dauernde Tributzahlungen und Anerkennung der Oberherrschaft eines fremden Königs stellten, so werde er die größten Schwierigkeiten haben, die Bevölkerung von Gewalttaten zurückzuhalten.

Cortes erklärte, daß diese Anerkennung ja schon längst ausgesprochen wäre, man habe sie schwarz auf weiß im Protokoll des Notars Godoy stehen, und es könne sich nur noch darum handeln, in welcher Form der König öffentlich die Huldigung vor dem Kaiser zu leisten habe. Im übrigen sei die Mittagsstunde vorüber, und man fürchte, durch allzu langes Bleiben den Monarchen zu ermüden. Er bitte um die Erlaubnis, sich zurückziehen zu dürfen.

Montezuma ließ Geschenke bringen; er erkundigte sich bei Marina sorgfältig nach dem Stand der Gäste und verteilte sie danach. Cortes selbst erhielt einen geflochtenen Kasten, der bis zum Rande mit massiv goldenen, gegossenen Tieren gefüllt war. Er konnte sich nicht enthalten, ihn sogleich zu öffnen und hineinzufassen. Jeder der Hauptleute bekam ein goldenes Halsband mit Muscheln und Perlen; für die Soldaten hatte man goldene Ohrringe und gesteppte Mäntel bestimmt.

Nachdenklich kehrte Cortes in das Quartier zurück. Er war nicht sehr zufrieden mit der Rolle, die er vor dem König gespielt hatte. Man führte ihm die beiden Matrosen vor, die am Abend zuvor in die Stadt gelaufen waren. Er verurteilte sie zu zweihundert Rutenhieben. Alvarado trat herzu, warf die rotblonde Mähne aus der Stirn und meinte, die Strafe sei zu streng; bei zweihundert Rutenstreichen würden die beiden ja krepieren.

Nun? Er habe das ja bekanntmachen lassen.

Die beiden wären aber schon vor der Bekanntmachung davongewischt. Außerdem seien sie Matrosen und wüßten mit den Kriegsgesetzen nicht so recht Bescheid. Dann hätten sie sich auch bisher tüchtig gehalten.

Gut; dann sollte Ochoa ihnen zweihundert Stockhiebe geben.

Auch das würden sie wohl nicht gut überstehen.

Dann könne er es in zwei Raten abmachen und eine Pause von einigen Tagen dazwischenlegen.

Vor dem Turm, in dem der Machthabende die beiden Matrosen eingesperrt hatte, standen in dichten Haufen die Soldaten. Sie brüllten durch die schmalen Fenster hinein, die Gefangenen sollten ihnen doch erzählen, wie es in der Stadt aussähe. Die weiter hinten Stehenden drängten und stießen die vorderen; sie rissen ihnen die Fetzen des Berichtes vom Munde und fragten immer wieder über die Schultern hinweg: was? der große Markt? vierzigtausend Menschen gäbe es da? alle Waren der Welt? die Goldkörner hätten sie in Federposen eingeschlossen? manche handelten sogar mit Läusen, und andere mit Dreck, wahrhaftig, mit Hundedreck, mit Taubenmist, mit Menschendreck? Rasierläden gäbe es wie zu Hause, man könne sich rasieren lassen, sie barbierten einen mit einem haarscharfen Steinmesser!

Der Profos Ochoa schritt mit langsamen, in den Knien wiegenden Schritten über den Platz, die Hände mit den Stricken auf dem Rücken. Die Menge machte eine breite Gasse. Nur ein junger Bursche hing noch, mit beiden Händen an die Bambusstangen des Gitters geklammert, vor dem Fenster und schrie hinein. Ochoa stellte sich hinter ihn. Die Stille auf dem Platz machte den Burschen stutzig. Er blickte sich, noch an einem Arm hängend, um. Vor Schreck fiel er herunter, sank in die Knie, rappelte sich auf und rannte unter dem Gelächter der anderen über den Hof bis in sein Quartier, ohne sich umzusehen.

Ochoa holte die beiden Matrosen heraus. Sie waren glattrasiert und fuhren sich grinsend ums Kinn. Der Profos verkündete ihnen die Strafe. Sie nickten. Der eine von den beiden, ein grauhaariger Bootsmann, ließ von selber die Hosen herunter. Zunächst heulten sie laut, als Ochoa zuschlug; dann wurden sie stiller und hingen schließlich nur noch schwer und schlaff an dem Pfahl. Der Profos mußte zuweilen pausieren; er wischte den Stock mit einem Lappen ab und schimpfte: Cortes hätte diesen Strolchen ebensogut nur zwanzig Hiebe zudiktieren können; nach dem zehnten Schlag fühlten sie doch nichts mehr. Wenn man sie mit Ruten striche, wie es ihnen von Rechts wegen gebührte, so würden sie wohl anders tanzen. – Der Bootsmann nieste und leckte sich den Mund, während Ochoa weiterhieb.

Montezuma sandte am Morgen Botschaft, er erwarte Cortes auf der Plattform des großen Tempels. Der General-Kapitän brach mit den Offizieren, dem Pater Las Casas und einem Teil der Mannschaft, der durchs Los bestimmt worden war, sogleich auf. Alvarado und die anderen drängten ihn, man solle doch einen Umweg über den großen Markt machen, von dem die beiden Matrosen solche Fabeldinge berichtet hätten. Die Straßen waren eng, und Cortes blickte mit Mißbehagen vom Pferd an den steilen Wänden hinauf. Die Seiten der wenigen festen Wege waren von den Palästen der mexikanischen Großen besetzt; es gab zwei- und mehrstöckige Häuser darunter, und alle waren mit festen Söllern mit Zinnen und Türmen bewehrt. Jeder solcher Block, mit drei Fronten an den Kanälen im Wasser stehend, mußte sich im Umsehen in ein festes Kastell umwandeln lassen. Der Weg wurde fortwährend durch die Buckel und Stufen der vielen Brücken unterbrochen; die Reiter stiegen schließlich ab und ließen die Gäule führen. Das Pflaster war durch die wasserfeuchte Luft beschlagen und glitschig. Cortes überlegte, daß nur auf der Hauptstraße, durch die man eingezogen war, an eine Attacke gedacht werden konnte.

Schon von weitem brauste der Lärm des Marktes wie ein riesiges Wehr. Die Diener Montezumas liefen vor den Spaniern her und prügelten mit ihren Kiefernstäben die Menge auseinander. Der Platz war so groß, daß die Aufregung über die Ankunft der Weißen Götter nur allmählich bis in alle Winkel wellte. Zunächst besichtigten die Spanier die Plätze der Goldarbeiter. Sie saßen am Rande in Hallen. Da waren die Tische der Goldhändler, die das pure Metall verkauften; sie hatten es in Gänsekiele eingeschlossen, die sorgfältig nach der Länge aufgereiht lagen. Matt schimmerten die dünnen Fäden durch das milchige Grau der Federposen. Die Schmiede arbeiteten an kupfernen kleinen Ambossen mit kupfernen Hämmern; sie trieben goldene Schildkröten, Eidechsen, Vögel und Schlangen aus dem dünnen Blech. Andere hielten gegossene Stücke feil, daneben waren die Stände, an denen die feine Kohle für die Formen, Wachs und Alaun für die Bäder nach dem Guß gehandelt wurde. Der Zwerg Gines Nortes nahm einen herrlich gearbeiteten goldenen Fisch auf und betastete ihn mit gierigen Händen. Die Schuppen waren auf dem gegossenen Leib in feinem, gestanztem Goldblech angesetzt; er kratzte mit dem scharfen Daumen daran, bis einige der blitzenden Plättchen auf den Boden sprühten. Hastig bückte er sich und klaubte sie auf, um sie in die Tasche zu stecken. Der Händler blickte ihm fassungslos nach.

Daneben sirrten die Schleifsteine der Steinschneider. Sie brachen die Amethyste, Grünsteine, Bergkristalle und Heliotrope mit kupfernen Werkzeugen aus dem Muttergestein, setzten sie in gespaltene Bambusrohre und fazettierten sie auf kreisenden Scheiben mit feinem Seesand und Schmirgel. Marina machte Cortes auf einen Stein aufmerksam, den sie Kolibri-Feuerstein nannte. Er wurde rund und bohnenartig zugeschliffen und sah olivenbraun aus. Unter der duffen Oberfläche brach wie ein innerliches Feuer in allen Regenbogenfarben der Glanz hervor, sobald man ihn in der Hand wandte. Die Celestina, die hinter ihr ging, nahm ihn schnaufend in die fetten Finger, führte ihn an ihre Negerlippen und erklärte, es sei wohl eine Art Opal, von mäßigem Werte. Überhaupt schienen die Mexikaner die wahren und teueren Edelsteine nicht zu kennen; von Diamanten und Rubinen hätte sie nichts bemerkt; das Beste wären noch einige Smaragde.

Die Stände der Federarbeiter brannten auf. Da schnitten sie auf dem roten Zuschneidebrett die Feder zurecht, malten die Muster mit dem Pinsel auf die Unterlage aus Rindenpapier, trugen die Federn mit Kleister auf und glätteten sie mit dem Falzbein aus Knochen. Mäntel aus den rosa Federn des Löffelreihers, grüne Mäntel aus Quetzalfedern, für die großen Feste des Huitzilopochtli bestimmt, Kolibrimäntel und Mäntel aus Türkisvogelfedern lagen über den Tischen. Marina rührte Cortes begeistert an: er solle doch nur die geschmackvolle Arbeit sehen, wie wundervoll die Farben abgestimmt, wie sorgfältig die feinen Federn der Oberfläche mit geringeren aus der gleichen Art unterlegt seien. Hier, dieser Umhang aus blauen Ararafedern zum Beispiel, oder der mit braunen und weißen Kuckucksfedern! Cortes nickte gleichgültig. Ihn beschäftigte viel mehr der Aufbau und die Ordnung des Platzes. Von allen Seiten liefen nach der Mitte strahlenförmig Gänge; im Zentrum saßen auf einem überdachten Turm die Marktrichter und kontrollierten das Ganze. Alles ging trotz des lebhaften, silbern schwirrenden Geschreis mit einer gewissen Behutsamkeit und wie nach strengen Bestimmungen vor sich.

Die Spanier gingen nachlässig an den Ständen mit den Federarbeiten vorbei. Nur die kleinen Bilder mit Federmosaik auf Maisstengelpapier zogen sie an. Lachend wiesen sie auf eine Darstellung: was, da malte einer bereits ihren Einzug ab, die Pferde, schwarz und riesig groß, daß sie mit den Mäulern über die Zinnen der Häuser hinwegsahen, die Reiter mit den glänzenden Harnischen, und hier die Hunde, gefleckt und gesprenkelt in Sperberfedern gemacht und mit riesigen, schlabbernden roten Zungen!

Der Sklavenmarkt! nun, der konnte sich neben dem Markt für die Neger der Portugiesen aus Guinea sehen lassen. Der Blumenmarkt! Der Töpfermarkt! Der Naschmarkt! Es gab Kuchenbäkker mit Krapfen, feinen, gezuckerten Oblaten und Honigkuchen. Cortes trieb zum Aufbruch; man könne doch unmöglich den König oben auf dem Tempel so lange warten lassen! Die andern waren noch nicht fortzubringen. Den Fischmarkt müßten sie noch sehen! Den Fleischmarkt! Der Kavalier Sandoval kam blaß herangestürzt und stammelte, er habe da in einem Korb, einem Korb, beim Heiligen Jakob von Compostella...

Er konnte nicht weitersprechen und wies nur mit abgewandtem Gesicht auf den Stand hin. Cortes trat herzu und blickte die Körbe an, die aus feinem Bambus geflochten und mit Maisblättern ausgelegt waren. Er bog das Grün auseinander und sah einen blassen Menschenarm, sauber aus dem Gelenk gelöst und mit verkrümmten, an den Spitzen schon wächsernen Fingern. Rasend fuhr er den Degen und wollte auf die Verkäuferin, ein dürres, ältliches Weib mit verhärmten Gesichtszügen, losgehen. Marina fiel ihm in den Arm. Es werde den größten Aufruhr auf dem dichtbesetzten Markt geben; die Leute könnten doch auch nichts dafür, sie wären es nun einmal nicht besser gewohnt. Er solle sich nur umsehen: dort hinten am Rande des Sklavenmarktes stünden die Mütter, die ihre Kinder für die Opfer verkauften. Es wären freilich nur die Leute aus den ärmsten Klassen der Bevölkerung; Cuitlapilli – »Die Kot- oder Dreckbrüder« – nennten sie sich selbst. Sie seien so mit Abgaben geplagt, daß sie oft den Steuerbeamten einen Teil ihrer Kinder für die Opfer auslieferten. Manche verhandelten sie aber auch freiwillig, und einige trieben wohl regelrecht damit ein Geschäft. Auch die Sklaven würden häufig geschlachtet, wenn man nicht genügend Kriegsgefangene aus den Feldzügen einbrächte.

Cortes winkte ab. Er habe nun genug gehört. Vorwärts, auf der Stelle wolle man jetzt zum Tempel! Er werde den Herrn Montezuma schon zur Rede stellen wegen dieser Greuel! Und nun zu denken, daß man den armen Juan von Escalante und die anderen sechs Kameraden, die bei den Scharmützeln an der Küste gefangengenommen worden seien, womöglich ebenso in Stücke gehauen wie ein Vieh hier auf den Schlachtbänken feilgeboten habe!

Voll Ingrimm stiegen sie die riesige Treppe des großen Tempels hinan. Die Stufen ware kurz und steil, und Montezuma sandte ihnen von oben herab Priester und Tempeldiener, die beim Aufstieg behilflich sein sollten, entgegen. Cortes schob sie zur Seite. Er sah nur den grauen, löcherigen Tuffstein der Treppe vor sich; in der Mitte lief eine schmale, gemauerte Rinne, in der man das Opferblut herunterfließen ließ. Nach den ersten achtzig Stufen begannen ihm die Waden zu zittern. Er nahm den Degen aus dem Gehänge und stützte sich darauf. Von der Mitte aus blickte er hinunter. Der Platz vor dem Tempel glänzte wie ein See von glatten marmorartigen Fliesen. Cortes überlegte, daß die Gäule wohl auf solchem Pflaster stürzen würden. Ringsumher drängten sich die Zinnen und Dächer der Priesterhäuser. Sie waren schwarz von Menschen, die dem Aufstieg zusahen. Das ganze Tempelquartier war wie eine Stadt für sich; es mochten wohl ein paar Tausend Leute da wohnen. Wenn eine solche Pyramide von einigen entschlossenen Soldaten verteidigt wurde, so war sie eine völlig uneinnehmbare Festung. Man mußte schon so die Muskeln kräftig spannen, um hinaufzukommen…

Etwas atemlos taumelte er auf die Plattform. Es war kühl hier oben; man spürte den Wind der Hochebene. In der Mitte des Absatzes stieg in drei Stockwerken riesenhaft der eigentliche Tempelturm empor; er hatte von unten winzig ausgesehen. Auf seiner obersten Spitze saß eine kleine Kapelle. Montezuma trat aus dem Eingang hervor. Er trug wieder die schwarze Kutte des Priesters über der blitzenden Kleidung. Eine Schar von Priestern, alle in schwarzen Mänteln und mit wirren, verklebten Haaren begleitete ihn. Die Mäntel waren mit Blut verschmiert; an manchen Stellen näßten noch die frischen Fingerspuren. Montezuma bewegte sich freier und natürlicher als in seinem Palaste; es schien, als ob er sich hier oben erst eigentlich zu Hause fühlte. Er fragte Cortes, ob der Aufstieg ihn nicht ermüdet habe?

Der Spanier warf den Bart auf und erklärte, es gebe keine Anstrengung, die ihn oder seine Leute angreifen könnte. Er getraue sich wohl in voller Rüstung und mit dem Schild über dem Arm in einem Anlauf diese Treppe zu stürmen, wenn es nötig sein sollte.

Marina milderte den Ausfall etwas; der König spürte aber doch die Drohung. Seine arglos vorgeneigte Haltung wurde steifer; er schritt an den Rand der Plattform, wies mit seiner schmalen und spitzen Hand hinunter und meinte, die Weißen Götter möchten sich doch durch einen Blick überzeugen, eine wie mächtige und wohlbefestigte Stadt sein Mexiko wäre.

Einige der Spanier wurden schwindlig, als sie an die geländerlose Kante traten; der dicke Franz von Lujo mußte sich setzen. Steil wie von einer Bergschroffe stürzte der Blick hinunter auf die Stadt. Das Wasser der vielen Kanäle funkelte mächtig unter der Sonne auf; sie schnitten die Häuserblocks in unzählige, winzige Stücke. An den weißen, gepflasterten Hauptstraßen standen die bezinnten und mit Türmen bewehrten Kastelle der großen Adelspaläste. Dann kamen nach dem Rande der Stadt zu niedrige Viertel mit Lehmhütten; die schilfgedeckten Dächer waren duffgrau wie Heuhaufen eng aneinandergeschichtet. Der Lärm des großen Marktes brauste verweht herauf; erst von hier oben übersah man seinen ganzen Umfang. An den Mündungen der Kanäle klebten wie die Bienen vor dem Stock ganze Schwärme von Kanus. Cortes blickte hinaus auf den See, und es schien ihm, als triebe er auf einer schwimmenden Insel lose über das Wasser. Die Stadt wurde winzig und dunkel vor der ungeheuren hellen Weite des Sees, und nur die schmalen Bänder der langen Dammstraßen hielten sie eben an den Ufern fest.

Er verfolgte den Weg, den das Heer genommen hatte, am Ufer entlang zurück bis in die Berge. Immer mehr Bilder strömten in den Blick hinein, mit fast schmerzender Gewalt: die weißen Steinbrüche der Seestädte, das satte, fleischige Grün der Maisfelder, die bis hoch gegen die braunen Berge anbrandeten, die riesigen umgrenzenden Massen der dunklen Berge. Montezuma empfand in der kühlen und klaren Luft sehr wohl, wie hoch dieses ganze Land lag; man stand wahrhaftig auf dem Dach der Welt.

Montezuma beobachtete voll ängstlicher Bewunderung den Spanier. Fraß er nicht förmlich mit den Augen das ganze Land, trank er es nicht mit dem Odem in sich hinein wie die lebendige Luft? Nie hatte er eine solche Kraft und Gier des Aufnehmens gesehen, und wenn er anfangs gedacht hatte, mit dem gewaltigen Anblick den Fremden zu erschrecken, so sah er nun, daß er ihn nur damit stärkte. Der Generalkapitän schien ihm zu wachsen; er stand schwarz und riesig gegen den hellen See, und Montezuma wäre nicht erstaunt gewesen, wenn er die Hand ausgestreckt und eine der Städte zu sich emporgehoben hätte wie ein Gott.

Cortes begann nun zu fragen; knappe, militärische Fragen: wie tief die Durchlässe in den Dammstraßen wären? Was die fortartigen Befestigungen an den Stadttoren bedeuten? Ob man die schmalen hölzernen Brücken zwischen den einzelnen Häuserblocks aufziehen könne? Die beiden dicken braunen Röhren auf dem dritten Damm seien wohl die Wasserleitungen? Wo die Quartiere der Königlichen Truppen lägen? Montezuma antwortete vorsichtig, immer mehr beunruhigt über die rastlose Geschäftigkeit des Spaniers. Cortes raffte eilig in sich hinein, was er von dem Bilde der Stadt begreifen konnte. Er schätzte die Entfernungen vom Quartier der Spanier bis zum Palast des Königs, er überdachte, wie lange man wohl auf der Hauptstraße bis zum Ausgang der Stadt zu marschieren hätte. Die Dämme schienen ihm endlos. Erst von hier oben aus ging ihm die ganze Verwegenheit seines Vorstoßes auf.

Montezuma bat, Malintzi möge doch in das Innere des Tempels eintreten. Cortes warf sich noch einmal mit den Blicken hinunter, schloß die Augen, um sich das Bild genauer einzuprägen, verglich es kurz, nickte und folgte dem König. Aus dem breiten und niedrigen Eingang des Tempels floß in dünnen Schleiern der Kopalrauch. Das Innere war dämmerig und von einem so beizenden Aasgeruch erfüllt, daß einige der Soldaten sogleich wieder ins Freie stürzten. Es stank wie in einem Schlachthause, und die Spanier konnten zunächst nichts sehen als das Rot des Blutes, das frisch über den Opfersteinen lag. Sie zitterten am ganzen Leibe, und Cortes mußte sie anschreien, daß sie nicht unbedacht wie in Cempoalla die Götzen von den Postamenten herunterrissen. Allmählich traten die Götzenbilder aus der Wand hervor. Sie erschienen wie ungeheure, wirre Haufen von funkelnden Steinen, Gold und Perlen; dazwischen brachen wie Äste und Wurzeln Stücke von dunklem Schnitzwerk hervor. Man erkannte die Hände des Gottes, die nach Herzen verlangend ausgestreckt waren, die kugelförmigen, blinden Augen, das Maul mit den mauersteingroßen Zähnen und der Zunge, die bis auf die juwelenbesetzte Brust herabhing. Um den Sockel wanden sich Knäuel aus Schlangen, prachtvoll in Goldmosaik gesetzt, die Augen blitzten von kleinen Smaragden.

Montezuma trat an eines der Kopalbecken und stieß mit einem goldenen Stab in die Glut. Der blasse, harzig schmeckende Rauch wölkte auf; Cortes erholte sich an ihm von dem fürchterlich dumpfen Blutgestank. Erst jetzt sah er die Wände. Sie waren ganz mit flachen, wie aus Bändern geflochtenen Reliefs geschmückt. Überall auf dem grauen Stein fleckten die schwarzen Blutspuren, und manche Stellen sahen aus wie eine alte, rissig gewordene Ledertapete. Er senkte den Kopf. Dieser ganze Tempel hatte etwas Trostloses, und das herzbeklemmende Gefühl der Traurigkeit, das ihn anwehte, war noch stärker als sein Ingrimm. Es war nicht zu begreifen, wie die Menschen unter der Last eines solchen widerwärtigen Teufelskultes überhaupt zu atmen vermochten. So wie hier mochte es wohl in den untersten Kammern der Hölle, wo Judas, Luzifer und die anderen Erzverräter sich wanden, aussehen.

Er wandte sich an den Vater Las Casas und meinte, man solle

doch einen Versuch machen, Montezuma von diesem abgöttischen Wesen zu bekehren. Vielleicht ließe er sich dazu bewegen, hier wenigstens eine kleine Kapelle einzurichten. Las Casas riet ab. Es sei noch zu früh dazu; die Heiden würden womöglich im geheimen ihren Spott mit dem Kreuz oder Muttergottesbilde treiben, und dazu dürfe man nicht die Hand bieten. Es erfülle ihn immer wieder mit Sorge, wenn er an das hastige und unzeitige Vorgehen in Cempoalla dächte.

Der Vater sah den Tempel mit anderen Augen an als die Soldaten. Die riesigen Höfe und Priesterhäuser und die reiche Ausstattung der Gebäude machten ihm großen Eindruck. Er wußte aus seinen Unterhaltungen mit Marina, daß es Mönchs- und Nonnenklöster gab, in denen der junge Adel des Landes erzogen wurde. Auch Montezuma sollte ja die Zeit bis zur Thronbesteigung in demütiger Besinnung hier zugebracht haben; es hieß, daß die Großen des Landes ihn mit dem Besen in der Hand beim Fegen des Tempels angetroffen hätten, als sie ihm die Nachricht von seiner Erhebung zum König brachten. Und noch jetzt schien er sich in der schwarzen Priesterkutte wohler zu fühlen als in seinem blauen Herrscherornat. Die Priester spielten auch ganz offensichtlich die erste Rolle in diesem Lande; Las Casas bemerkte wohl, wie sie die einzigen waren, die es wagten, gelegentlich zu dem König aufzusehen und das Wort an ihn zu richten. Gewiß hatte dieses ganze Opferunwesen etwas Widerwärtiges; aber mußte ein Volk, das solche Greuel und Grausamkeiten ertrug und trotzdem in seinem Eifer für den Glauben nicht irre wurde, nicht erst recht die treuesten Kinder der wahren und heiligen Kirche abgeben? Es schien dem Pater, als sei hier eine Provinz zu gewinnen, die nicht zu den schlechtesten Sprengeln Seiner Heiligkeit gehören würde. Dieses arme Volk war verführt, freilich, aber man hatte doch bereits eine gewisse, wenn auch falsche Ordnung vorbereitet, und es war nicht wie bei den nackten und völlig ungebildeten Heiden auf den Inseln, die nicht einmal den Begriff eines Gotteshauses kannten. Hier gab es Tempel, zahllose Tempel, in jedem Stadtviertel, schimmernd und kostbar gebaut, und manche christliche Stadt, die nur mit einer kümmerlich geflickten alten Kirche fast noch aus der Römerzeit sich behalf, konnte sich ein Beispiel nehmen an diesem frommen Eifer.

Man hatte Kapellen an allen Ecken und Wegen und schmückte sie mit Blumen. Die Priester bildeten einen mächtigen Stand, zweifellos mit mannigfacher Rangordnung. Diese ehrwürdigen, alten Herren, die dort neben Montezuma standen, mochten eine Art von Bischöfen und Erzbischöfen darstellen. Es war Wahnsinn, diese Leute sich durch einen Handstreich zu verfeinden; man mußte suchen, sie zu gewinnen und so von oben her dieses mächtige Gebäude zu beherrschen und allmählich mit dem wahren Glauben zu durchdringen. Und war denn auch in diesem höllischen Teufelsdienst nicht alles schon gleichsam bereit, um die christliche Lehre aufzunehmen?

Zunächst schien es ihm aber wichtig, sich sorgfältig mit den Vorstellungen dieser Mexikaner vertraut zu machen; nur, wer ihren Afterglauben recht kannte, vermochte sie doch dann sicher zum wahren hinüberzuführen. Er ließ sich von Marina den Sinn des großen Götzenbildes erklären, und auch Cortes hörte dabei zu. Also dieser Huitzilopochtli mit dem ganzen scheußlichen Kult seiner Blutopfer war eigentlich gar nicht der ursprüngliche Gott des Volkes? Erst die Azteken hatten ihn mit der Eroberung eingeführt? Man hielt ihn eigentlich nur für einen gewöhnlichen Menschen, einen Zauberer, ein böses Vorzeichen, eine Art Gaukler, der Unheil stiftete und den Krieg erzeugte? Um so eher konnte man dann hoffen, seinen Dienst abzuschaffen; es hieß ja sogar, daß man im Volk niemals recht an ihn geglaubt hätte. Er war gewissermaßen der Gott oder besser Teufel der Kriegerkaste, der Vornehmen? Und nun die alten Götter? Was hatte es mit jenem Quetzalcoatl auf sich, von dem die Mexikaner bei der Ankunft der Spanier so viel Wesens machten? Gehörte ihm dieses Bild neben dem Huitzilopochtli, das ganz mit geschliffenen, schwarzen Basaltspiegeln besetzt war?

Er erfuhr, es sei Tezcatlipoca, der Gott des Mondes und der Veränderlichkeit, der »nach Gutdünken Schaltende«, der überall wohne, in der Unterwelt, auf der Erde und im Himmel. Das Sklavenhalsband um seinen Nacken deute darauf hin, daß er nach Belieben erhöhen und erniedrigen könne; er verleihe Ämter und Würden, Fürstenrang und Königsstellung und nehme sie auch wieder. Deshalb behandle man auch an seinem Feste die Sklaven und Knechte wie Gäste und hohe Herren, man nehme ihnen die Fesseln ab, bade sie und bewirte sie mit den feinsten Speisen für zwei Tage, um sich vor Armut und Unglück zu bewahren.

Cortes rief, er habe nun genug von diesen Götzen gehört, die ja samt und sonders von niederträchtiger Natur seien und schon darin ganz offen ihren teuflischen Ursprung anzeigten. Wenn es nach ihm ginge, so packte man diese stinkenden Fratzen an ihren plumpen Füßen und würfe sie über die große Treppe hinunter, daß sie sich ihre fletschenden Zähne einschlügen. Las Casas riet wieder eindringlich ab; er bat sogar den König, man möge ihnen noch die anderen Stockwerke des Tempelturmes zeigen.

Auf einer kleinen, gewundenen Steintreppe stiegen sie hinauf. Das Gebäude war hier aus Holz. Cortes klopfte mit dem Dolchknauf gegen die schön geschnitzten Balken, die rötlichbraun schimmerten, und meinte zu Alvarado, daß dieses Gefühl wohl trefflich brennen würde, wenn man es mit einer tüchtigen Fackel aufweckte. Der Raum, in den sie traten, war heller. Er enthielt das Bildnis der Göttin Tzapotlatenan. Es war halb in Menschen- und halb in Eidechsengestalt gearbeitet und bestand aus einer grünlichen, mehligen Masse. Marina berichtete, daß es aus sämtlichen Arten Samen des Landes hergestellt werde: von allen Seiten des Landes kämen die Leute zu dem Fest nach der Stadt und brächten in kleinen geflochtenen Beuteln den Samen, die seltensten Sorten, Meldensamen, Akaziensamen, Wickensamen, Samen von Ackerpflanzen, Blumen, Bäumen. Man menge ihn zu einem Teig an mit... nun ja, mit Opferblut und forme daraus das Bild der Göttin. Das alte werde zerbrochen und unter das Volk verteilt, und man esse die Stücke mit solcher Andacht wie der gläubige Christ die Oblate.

Cortes schüttelte ärgerlich den Kopf. Wie man solche Dinge nur vergleichen könnte! Das mit dem Samen habe ihm wohl gefallen, es erinnere ihn etwa an die Gebräuche der heidnischen Göttin Ceres oder Demeter. Aber auch hier stinke es nach Blut, und wenn ihn nicht alles täusche, so sei dieser ausgestopfte Balg da eine geschundene Menschenhaut!

Auf einer hölzernen Leiter tappte man hinauf zu der obersten Spitze des Turmes. Es roch staubig nach sonnenheißem Gebälk; man hörte den Lärm der Vögel, die unter dem Dache nisteten. In der Mitte des breit vom Licht durchfluteten Raumes stand eine riesige, mannshohe hölzerne Trommel. Sie war bauchig geformt wie ein Faß und mit einem Netzwerk von feiner Schnitzerei überzogen: tanzende Jaguare, die fauchend ihre Zähne bleckten. Dicht über dem Boden war das dreieckige Schalloch ausgeschnitten. Auf einer Reihe von Stufen kletterte Cortes hinauf zu dem Sitz, von dem aus das Instrument gerührt wurde. Er hob den mit einem Kopf aus schwarzem Gummi versehenen Schlegel und ließ ihn auf die Schallhaut fallen. Ein mächtiger, dumpf hallender Ton löste sich aus dem Inneren der Pauke und schwang sich hinaus durch die Fenster. Es klang, als würde der Tempel weit hinab durch alle Stockwerke bis in das Fundament erschüttert.

Montezuma ließ den Generalkapitän bitten, das Instrument nicht weiter zu rühren. Es werde nur bei ganz außerordentlichen Gelegenheiten benutzt, und man höre es über eine Stunde weit bis zum Seeufer hin; es sei zu befürchten, daß die Bevölkerung unruhig würde, wenn sie den Ton hörte.

Beim Abstieg schlug Cortes wieder der Blutgeruch so nackt und schwer entgegen, daß er kaum zu atmen vermochte. Eine dumpfe Wut braute sich in ihm zusammen. Zornig stellte er Montezuma zur Rede: er könne nicht begreifen, wie ein so großer Monarch und erleuchteter Herrscher sich solchem Blendwerk der Hölle hingeben könne.

Der König geriet in große Aufregung. Der grüne Stein über seinem Kinn zuckte, und seine spitzen Hände flatterten unruhig, als er zurückgab, er hätte nicht erwartet, daß die Fremden hier in ihrem eigenen Hause die Götter schmähen würden. Seit urewigen Zeiten sei ihnen das Gebet und die Andacht seines Volkes gewidmet, und sie hätten sich dafür dankbar gezeigt; Huitzilopochtli habe ihm bisher noch stets den Sieg über alle Widersacher und Feinde, so mächtig sie sein wollten, verliehen!

Cortes wandte sich an die Kameraden und meinte, das wäre eine Drohung, die man wohl verstünde!

Montezuma hob die Oberlippe nur etwas an und bat, man möge sich zurückziehen; er müsse für seine Person noch hierbleiben und den Versuch machen, die Götter durch Gebet und Opfer zu versöhnen.

Er wolle doch nicht hoffen, daß dabei wieder Menschen geschlachtet würden? rief Cortes.

Der König antwortete nicht. Sein Gesicht verschloß sich ganz; es sah mit der fliehenden Stirn, der scharf vorspringenden dünnen Nase und dem spitzen, steinbedeckten Kinn so ehrfurchtgebietend aus, daß der Spanier sich gegen seinen Willen verneigte und um Verzeihung bat, wenn er Seine Majestät gekränkt habe.

Montezuma gab mit dem Zeigefinger ein Zeichen, daß er die Unterredung für beendet halte. Hastig stiegen die Spanier über die große Treppe hinab.

Sie besichtigten noch einige Stunden lang die übrigen Gebäude der Tempelstadt. Da war ein kleiner Turm mit einem Eingang in Gestalt eines mächtigen, mit Zähnen bewehrten Maules; einige meinten, er sehe aus wie der leibhaftige Höllenrachen aus dem Passionsspiel. Man kam durch Säle, in denen große Herde gemauert waren, Töpfe aus Ton und Gefäße aller Art standen herum, und ein Wasserbecken füllte sich durch eine Röhre aus der Leitung. Die Hauklötze mit den breiten Obsidianmessern und -beilen erweckten wieder das Mißtrauen der Spanier. Cortes erklärte ausdrücklich, er wünsche sämtliche Räume zu sehen; den Kameraden gab er auf, sorgfältig darauf zu achten, ob man irgendwo eine Spur von dem unglücklichen Escalante fände. Ein verschlossenes Gebäude, vor dem Tempelwächter hielten, war gefüllt mit den gefesselten Götterbildern der unterworfenen Völkerschaften. Die Spanier gingen durch Höfe, in denen Schule gehalten wurde. Mädchen saßen dort unter Leitung von älteren Frauen, die wie Nonnen aussahen, bei Stickarbeiten; Knaben beugten sich über Rollen von weiß mit Kalk überzogenem Agavenpapier und malten mit Rohrfeder und Pinsel die bunten Schriftbilder. Man stellte Cortes die beiden Söhne Montezumas vor. Sie hatten den gleichen zarten Körperbau, dieselben schnabelscharfen dünnen Nasen und stark fliehenden Stirnen; ihre Haut war sehr hell, mit einem wächsernen Schein, und lag gespannt über den spitzen Knochen. Cortes legte dem älteren der Knaben nachdenklich seine Hand auf den Nacken. Das Kind sah ihn arglos an. Alvarado warf lachend die rotblonden Haare aus der Stirn und meinte, man solle doch kurzerhand die beiden Prinzen ausheben und als Geiseln in das Quartier mitnehmen;

mit dem Herrn Montezuma sei ohnehin nicht mehr im Guten auszukommen, das werde ihn vielleicht wieder etwas kirre machen. – Cortes wehrte ab. Wenn man schon etwas Gewaltsames unternehmen wolle, so müsse gleich an der rechten Stelle angepackt werden. Über diese Dinge könne man aber nicht hier in aller Öffentlichkeit sprechen, denn wenn die Indios auch nicht die Sprache verstünden, so beobachteten sie doch genau alle Mienen und Gebärden und schlössen wohl schon daraus mehr, als einem lieb sei.

Sie gingen weiter; man zeigte ihnen die Vorratshäuser, die Kornkammer, die Schausäle, in denen die Geschenke der Gläubigen ausgestellt wurden. Der Vater Las Casas erfuhr, daß der Tempel mit großem eigenem Grundbesitz begabt war; man besichtigte die Rentmeisterei, in der offene Hürdenschränke mit zahllosen Rollen der Schenkungen, Kaufverträge und Rechnungen an den Wänden standen. Um einen schattigen Gartenplatz herum zogen sich die Gastquartiere für die Pilger. Sie wimmelten von Wallfahrern aus allen Teilen des Landes. Da waren Eingeborene von der Küste, deren Gesichter von grünen Steinen starrten wie bei den Bewohnern von Cempoalla; kräftige, bäurische Indios aus den Bergen, nur mit einem Schurz aus grober, starrhaltiger Leinwand bekleidet; sehr große und schlanke Indianer aus dem Norden, mit Narben vom Ohr zum Munde, die ihnen das Gesicht wie zu einem gräßlichen Gelächter verzogen; einige hatten die Brust von vorn nach hinten durchbohrt und trugen Bambusröhren quer durch den Leib; sanfte und feingliedrige Mayas von der Halbinsel Yucatan, in seidenglänzenden Stoffen aus Kaninchenhaaren und feingeflochtenen bunten Lederschuhen; Chichimeken aus der Steppe, mit gescheitelten, lang über den Rücken fallenden Haaren, mit sehr hartem und sehnigem Fleisch und ungemein klaren, weitsichtigen Augen.

Cortes fragte Marina, warum man so wenig Frauen sähe.

Die hielten die Strapazen der langen Reisen nicht gut aus. Viele dieser Pilger kämen doch von den äußersten Gegenden der Welt, oder vielmehr des Landes, und hätten Wochen und Monate lang zu wandern.

Und alle diese Völker glaubten an diesen teuflischen Vitzliputzli und die anderen Götzen und opferten ihnen?

Das nicht. Die meisten hätten wohl ihre eigenen Stammesgötter daheim. Man bringe aber jedesmal, wenn man bei Montezuma ein Anliegen habe, im Tempel seine Verehrung dar, weil es bekannt sei, daß der König sehr fromm sei und großen Wert auf dieses wenigstens äußerliche Zeichen der Devotion lege. Auch führten die Priester genaue Listen darüber, wer geopfert habe, und reichten sie Montezuma ein, der danach seine Entscheidung über die Bitten und Forderungen der Gesandtschaften träfe.

Die Riesenhaftigkeit des Reiches brach plötzlich über Cortes herein. Er suchte sich vorzustellen, wie groß wohl ein Land sein könne, in dem man einen oder gar zwei Monate von der Grenze her bis zur Mitte zu reisen hätte. Vier Wochen brauchte man von Madrid bis Paris oder Genua, und in sechzig Tagen kam man in den äußersten Norden Europas zu den Deutschen und jenen anderen Barbaren, deren Name ihm nicht einfiel. Es war kaum auszudenken, daß die Gebiete Montezumas so groß sein sollten wie die Hälfte der Alten Welt?

Er fragte, ob der König wohl eine Art Karte besäße, aus der man den Umfang des Landes erkennen könnte?

Sicherlich. Er solle ihn nur darum bitten. Es gebe auch ein Archiv, in dem die Steuerlisten sämtlicher unterworfenen Völker aufbewahrt würden.

Verwirrt und nachdenklich gab Cortes das Zeichen zum Aufbruch. Er ließ sogleich nach der Rückkehr ins Quartier die Wachen verstärken und besichtigte mit dem Schiffszimmermann Martin Lopez die Mauern zwischen den Gebäuden. Noch am Nachmittag begann man einen hölzernen Umgang zu bauen und Schießscharten zu brechen.

Elftes Kapitel

Montezuma sandte den Spaniern die gewünschten Weiber zum Maismahlen und Backen; für Cortes hatte er zwanzig Mädchen aus seinem Harem bestimmt. Die Spanierinnen lachten schadenfroh; jetzt würde es mit der angemaßten Herrschaft der Donna Marina vorbei sein!

Marina besichtigte die Mädchen genau. Sie machte dem begleitenden Haushofmeister des Königs Vorwürfe, daß manche nicht aus vornehmen Familien stammten.

Der Haushofmeister entschuldigte sich. Die Furcht vor den Fremden mache die Frauen schwierig. Einige der Verwandten Montezumas hätten gedroht, sie würden sich erdrosseln, wenn man sie zu den Weißen Göttern brächte.

Marina erklärte, sie wolle ihm nicht die Verlegenheit antun, die Mädchen zurückzusenden; man werde sie unter die Hauptleute verteilen. Sie erwarte aber, daß er ihr sogleich entsprechenden Ersatz, und zwar Frauen aus den ersten Familien des Landes, frühere Frauen Montezumas oder der königlichen Prinzen, Mädchen, die in der großen Tempelschule erzogen seien, senden werde.

Dann richtete sie die Zimmer ein. Sie war stolz darauf, daß sie nun, wie die Frau eines wahrhaft großen Herrn, über einen so stattlichen Haushalt gebieten konnte.

Cortes berief einen Kriegsrat. Die Stimmung war zunächst sehr gedrückt. Der Bergwerksbesitzer Sedeño machte rundheraus den Vorschlag, man solle auf der Stelle abrücken. Kein Mensch hätte von der ungeheuren Macht Montezumas eine Vorstellung gehabt; sonst wäre wohl auch schwerlich jemand dafür zu haben gewesen, seinen Kopf in die Löwengrube zu stecken.

Die Lage wäre höchst bedenklich: man säße hier in der Falle; die Mexikaner brauchten nur ihre Brücken aufzuziehen und ihnen die Lebensmittel zu sperren, und sie müßten allesamt jammervoll krepieren wie die Ratten im Loch.

Alvarado rief lachend, man habe ja doch in Cholula erprobt, wie heilsam ein tüchtiger Aderlaß wirke. Sein Vorschlag gehe dahin, die Häuptlinge der Mexikaner zusammenzurufen und niederzuhauen. Das werde dem Land ein für allemal einen tüchtigen Schreck einjagen und den Herrn Montezuma etwas weicher in den Knien machen.

Cortes hielt immer noch mit seiner Meinung zurück. Einige der Herren flüsterten, man sehe daran wieder seine Schlauheit; er wolle offenbar, daß ein anderer den Vorschlag mache, damit man ihm keine Schuld geben könne, wenn es mißlinge. Glücke die Sache aber, so trage er doch den ganzen Ruhm davon.

Zu aller Verwunderung trat der Hauptmann Olid, der selten

etwas sagte, vor. Er trug die Haare tief in die Stirn gekämmt, die Haut war über den mächtigen Knochen eingeschrumpft und hatte unter den Augen zerdrückte Faltennester gebildet. Er blickte zwischen den Beinen auf die Erde und schlug vor, man solle mit einer Handvoll tüchtiger Leute in den Palast des Königs gehen, sich zur Audienz melden und den Herrn Montezuma ausheben. Habe man ihn einmal als Gefangenen hier im spanischen Quartier, so ließe sich weitersehen. Vermutlich würden sich die Einwohner, die ja an sklavischen Gehorsam gewöhnt seien, sehr bald beruhigen. Und von Montezuma könne man dann fordern, was man wollte.

Alle stimmten zu; nur wegen der Auswahl der Teilnehmer aus dem Handstreich entstand einige Eifersucht. Cortes beruhigte die Zurückgesetzten damit, daß es von ebenso großer Wichtigkeit wäre, die Mannschaft unter Waffen zu halten für den Fall eines Angriffs. Im übrigen solle man sich den ganzen Ernst des Unternehmens recht vor Augen führen und Gott um gnädigen Beistand bei dem unerhörten Wagnis bitten. Er für seine Person werde die Nacht durch im Gebet verbringen.

Cortes ließ auch den Tlaskallanern und dem Feldherrn Xicotencatl Mitteilung von dem geplanten Unternehmen machen. Er legte sich den Nachmittag über zur Ruhe und stand gegen Abend auf, um in einem der großen Säle, der provisorisch zu einer Kapelle eingerichtet war, vor dem Kreuz niederzuknien. Auch die meisten der anderen Hauptleute und viele Soldaten fanden sich ein. Der Saal hallte wider von dem leise plätschernden Gemurmel der Stimmen. Der Buckel Naxera betete laut mit schallender Stimme.

Den Vormittag über besichtigte Cortes die Waffen. Gegen Mittag machte er sich mit den Hauptleuten und einer Wache von zwanzig Mann auf den Weg. Der Profos Ochoa war dabei; er trug in einem Lederbeutel an der Hüfte zwei Ketten, sorgfältig in leinene Tücher gewickelt, damit sie nicht klirrten.

Cortes ließ sich bei Montezuma erst anmelden, als er bereits vor dem Tore des Palastes stand, um ihm jede Möglichkeit zu nehmen, den Besuch abzuweisen. Wieder schritten sie durch den Tiergarten, die Höfe mit den Springbrunnen, in denen die Abgesandten und Bittsteller aus allen Teilen des Reiches warteten.

Mißtrauisch blickten sie sich um, und es schien ihnen, als ob die Palastgarden und Stabträger sich gegen das vorige Mal auf das Doppelte vermehrt hätten. Man führte sie durch die leeren, niedrigen Säle und Korridore. Cortes ließ von Zeit zu Zeit einen Posten zurück, unter dem Vorwand, es schicke sich nicht, mit so zahlreicher Mannschaft vor den König zu treten. Montezuma hatte sich inzwischen in einem anderen Flügel des Schlosses einquartiert. Es mochte der älteste Teil des riesigen Gebäudes sein; die Zimmer waren klein und dunkel, die Türen aus ungefügem, naturfarbigem Schnitzwerk; an den Wänden hingen schwere, verblichene Teppiche aus Agavenfasern, die dumpf rochen. Die Fußböden waren aus glattgeschliffenem schwarzem Basalt; verstohlen bückten sich die letzten der Soldaten, als die Spitze hielt, und betrachteten ihre blassen Gesichter in dem spiegelnden Stein. Keiner sprach, man hörte nur den Lärm der Stiefel auf dem Estrich und das leichte metallische Klirren der Waffen.

Vor dem mit silbernen Platten besetzten Vorhang zum Zimmer Montezumas standen schon die Diener bereit und hielten den Hofbeamten, die Cortes geleiteten, die zerrissenen Bettlergewänder hin. Andere halfen ihnen, die Sandalen abzulegen.

Montezuma stand aufrecht mitten im Zimmer, die Hände auf die Nacken seiner beiden Neffen gestützt. Er war wieder mit höchstem Prunk gekleidet; den horizontblauen Federmantel hatte er zurückgeschlagen, so daß die Brustplatte aus Türkis, die mit Perlen und Amethysten besetzten Binden seines Hüfttuches und die lang herunterhängenden Muschelketten verwirrend auffunkelten. Um den Hals trug er die Glasperlenkette, die Cortes ihm beim Einzug in die Stadt geschenkt hatte.

Der Generalkapitän trat dicht vor ihn hin und verbeugte sich, ohne den Helm abzunehmen. Der arglose Blick Montezumas verwirrte ihn, und er schlug die Augen nieder. Wieder blieb er mit den Blicken an den juwelenbesetzten halbhohen Stiefeln des Herrschers hängen; er sah die fingerdicken goldenen Sohlen, die roten Absätze, die feinen Perlenschnüre, die von den Waden herabtropften. Seine Lippen bewegten sich unter dem Bart. Er murmelte ein Stoßgebet, dann riß er den Kopf hoch und schlug an den Degen, daß ihm die Spitze fast gegen die Schulterblätter stieß.

Mit lauter und harter Stimme brachte er seine Klage vor. Er beschuldigte Montezuma der Teilnahme an dem Überfall auf die Truppen in Vera Kruz; zum wenigsten sei er für die Taten seiner Unterfeldherrn verantwortlich.

Montezuma hob die Lippen leicht an und erwiderte, er habe niemals Befehl erteilt, die Waffen gegen die Weißen Götter zu erheben. Wenn einer der Hauptleute dort unten an der Küste eigenmächtig vorgegangen sei, so werde er ihn nach Mexiko vorladen und zur Rechenschaft ziehen.

Damit löste er von seinem Handgelenk ein Armband mit seinem Siegelzeichen, übergab es dem älteren der beiden Neffen, der es wieder an einen der Stabträger weiterreichte, und erteilte Befehl, die Schuldigen damit sogleich vorzuladen.

Cortes war betroffen. Er faßte sich bald und erklärte, man erkenne dankbar die Bereitwilligkeit des Königs, den Frevel zu sühnen, an. Immerhin ginge aus ihr doch hervor, daß der Monarch sich seiner Schuld bewußt sei; er kenne ja auch offenbar die Namen der Hauptleute. Das alles spräche dafür, daß man auf seinen Befehl gehandelt habe. Nun, bei der Vernehmung dieser Leute werde sich das ja herausstellen, und er hoffe noch, Seine Majestät möge sich von dem schweren Verdacht reinigen können. Solange der Fall aber nicht entschieden sei, müsse man den Monarchen bitten, seine Wohnung in das Quartier der Spanier zu verlegen.

Montezuma begriff die Aufforderung nicht. Er habe den Weißen Göttern doch bereits einen Besuch abgestattet?

– Es handele sich um keinen Besuch, sondern um Haft.

Montezuma legte die spitzen Finger an die Schläfen, beugte den Kopf leicht und sann nach.

Cortes sprach weiter auf ihn ein. Er redete hastig, ohne Rücksicht darauf, ob Marina Zeit fand zum Übersetzen, und mehr, um sich selbst zu beruhigen, als um den König zu überzeugen. Ihm graute vor dem, was nun kommen sollte. Er mußte an das leichte Gefühl denken, das er unter den Händen gespürt hatte, als er den König beim Einzug in die Stadt umarmte. Wieder war es ihm, als entzöge sich der Herrscher jeder Berührung. Man konnte ihn auf den Arm nehmen wie ein Kind, so leicht war er zweifellos. Jetzt sollte ihm der Meister Ochoa Fußschellen anlegen. Cortes blickte auf die juwelenbedeckten Stiefel mit den feinen tropfenden Perlketten, die kleinen Füße mit dem hohen Rist.

Montezuma schwieg die ganze Zeit; er suchte den furchtbaren Eindruck, den die Ankündigung auf ihn gemacht hatte, zu verarbeiten, ohne nach außen hin ein Zeichen der Erregung zu geben. Nur die Neffen fühlten, wie seine Arme eiskalt wurden. Endlich hatte er sich so weit gesammelt, daß er antworten konnte. Niemals habe ein aztekischer Herrscher den Palast zu andern Zwekken verlassen, als um im Tempel zu opfern. Wenn man Geiseln wünsche, so sei er bereit, seine beiden Söhne holen zu lassen und den Weißen Göttern zu übergeben.

Cortes nahm den Gedanken sogleich auf und erklärte, auch die Anwesenheit seiner Söhne sei erforderlich. Im übrigen würde man ihn selbst mit aller Ehrfurcht behandeln, er könne sich die Zimmer im Palaste frei wählen und alle Dienerschaft, die er benötigte, mitbringen. Auch in den Regierungsgeschäften solle er keineswegs behindert sein, es sei vielmehr im Interesse seines erhabenen Monarchen Kaiser Karl, daß keine Störung in der Verwaltung des Reiches eintrete.

Montezuma äußerte verwirrt, man müsse die äußerste Unruhe unter den Großen des Landes befürchten, die ohnehin den Fremden zum Teil sehr mißgünstig und feindlich gesinnt wären.

Cortes schüttelte den Kopf. Er dächte doch, Montezuma wäre ein so gewaltiger Herrscher, daß jeder seiner Befehle ohne weiteres respektiert würde? Er habe nur zu erklären, daß es sein freier Wille sei, für eine Weile im Quartier der Weißen Götter zu wohnen, und niemand werde wagen zu widersprechen.

Aber das Volk! Es könnte Unruhen in der Stadt geben, wenn man höre, daß er dort gleichsam gefangengehalten werde.

Die Bevölkerung werde gar nichts von dem Wohnungswechsel merken; sie sei ja ohnehin gewohnt, daß der Herrscher in der letzten Zeit häufig sein Quartier verändere. Im übrigen müsse es ihn wundern, daß Seine Majestät auf den gewöhnlichen Pöbel, der, wie man ihm erzählt habe, doch nur »Dreck- oder Kotbrüder« genannt werde, irgendwelche Rücksicht nehme.

Die Offiziere ertrugen nun die Spannung nicht mehr und wurden unruhig. Leon trat vor Cortes hin und schrie, mit der Faust gegen den Harnisch schlagend, er verstünde nicht, wozu man soviel Worte machte. Der Indianer ginge entweder freiwillig mit, und das auf der Stelle, oder man stoße ihn nieder. Hier gelte es sich zu retten; käme man damit nicht durch, so sei man ohne Gnade verloren.

Montezuma zog die Arme zurück, bis seine Hände auf dem Nacken der Neffen lagen. Er schien sich an ihnen festzuhalten; sie richteten sich auf und verdeckten ihn fast. Leise fragte er Marina, was der Mann mit der widerwärtigen Stimme, die wie eine Rassel klinge, gesagt habe?

Marina wagte erst jetzt, zu ihm aufzusehen. Sie strich die Haare aus der Stirn und sagte: »Geht mit ihnen, Herr. Sie werden Euch behandeln, wie es Euch zukommt, sie werden sich vor Euch verbeugen, sie werden Erde essen vor Euch, wenn Ihr ihnen folgt. Dieser Mann« – damit wies sie auf Leon – »ist zornig auf den Herrn der Weißen Götter, auch die andern sind zornig, sie schelten ihn, daß er so lange mit Euch spricht, sie drohen, Euch zu ergreifen und mit ihren Messern niederzustoßen; Ihr seid in höchster Gefahr. Sie sind furchtbar in ihrem Zorn, und Ihr wißt, wie es den Einwohnern von Cholula ergangen ist, die sich ihnen widersetzten, wie sie niedergehauen wurden wie Schilf, wie sie dalagen, die Brust geöffnet wie eine Frucht, wie ihnen das Eingeweide aus dem Leibe floß. Ergebt Euch in das Schicksal, das die Götter über Euch verhängt haben.«

Montezuma blickte sie an, und Marina schien es, als ob seine Augen den gleichen vorwurfsvollen Ausdruck hatten wie die des tlaskallanischen Feldherrn Xicotencatl. Nur schimmerten sie weicher und wie erstaunt vor Ratlosigkeit. Und jetzt – sie ertrug den Anblick nicht und deckte die Hände vor das Gesicht – begann er zu weinen. Er hielt die dünnen Lippen fest geschlossen, auch sein Atem verriet sich nicht; nur die Flügel der schnabelscharfen Nase zitterten, und aus den Augen brachen unaufhaltsam die Tränen und stürzten über das unbewegte Gesicht.

Auch Cortes faßte sich verlegen an den Mund. Eine ganze Weile stand er zögernd da. Dann winkte er dem Profosen. Ochoa trat mit langsamen, nachdrücklich in den Knien wiegenden Schritten heran und packte umständlich sein Handwerkszeug aus. Man hörte in der Stille das leise plätschernde Klirren der Ketten auf dem Estrich. Montezuma drängte die Neffen von sich fort. Sie ballten die Fäuste und machten Miene, sich auf den Profosen zu stürzen. Der König hob den spitzen Finger und winkte ab. Mit gesenktem Kopf standen sie ächzend da; ihre Finger spreizten sich vor Entsetzen.

Ochoa legte dem König die Fußschellen um die juwelenbesetzten Stiefel. Die von den Waden heruntertropfenden Perlenkettchen verhäkelten sich dabei zwischen den Eisen; kurz entschlossen fetzte er sie ab. Weit und lose hingen die breiten Ringe um die schmalen Knöchel des Azteken; ihr Rand stieß gegen den hohen Rist seiner Füße. Montezuma rührte sich nicht. Er hielt nur starr die Arme vor sich hin, als erwarte er, man werde auch die fesseln.

Der Profos erhob sich und meldete Cortes, daß seine Arbeit beendigt sei. Sein Gesicht glühte vor Stolz über diesen größten Tag seines Lebens. Der Generalkapitän löste die Hand vom Degen, den er in der Spannung krampfhaft umklammert hatte, machte eine verbindliche Geste und bat den König, er möge die Ungelegenheiten, die man ihm leider machen müsse, entschuldigen. Auch Leon trat heran und verbeugte sich verlegen und ungeschickt.

Montezuma nickte leise. Cortes ersuchte ihn nun, seinen Wachen und Hofbeamten die nötigen Befehle zu geben. Es werde zweckmäßig sein, ihnen bekanntzumachen, daß er aus eigenem freiem Entschluß seine Wohnung wechsele.

Guatemotzin, der ältere der beiden Neffen, hob den Kopf zu seinem Oheim und fragte flüsternd, ob er nicht die Leibgarden alarmieren solle. Die Fremden würden es nicht wagen, sich an seiner geheiligten Majestät zu vergreifen.

Montezuma winkte ab. Er befahl seine Sänfte. Guatemotzin stieß hervor, er würde sich lieber von den Spaniern niederstoßen lassen, ehe er sich von der Stelle rührte.

Montezuma wiederholte eigensinnig den Befehl: die Sänfte, schnell, die Sänfte! Er blickte Guatemotzin zornig an: man halte es wohl nicht mehr für nötig, seinen Weisungen zu gehorchen? Noch sei er der König, geheiligt, unantastbar, allgewaltig, der Herrscher auf dem Bergthron; es beliebe ihm, diesen Männern zu folgen, und niemand habe sich darüber aufzuhalten. Die Sänfte!

Der jüngere Neffe lief. Einer der Spanier begleitete ihn. Die Sänfte wurde gebracht. Montezuma tat ein paar Schritte. Er stolperte: Erst jetzt spürte er die Eisen wirklich; sie taten ihm weh; seine starr gespannten Gesichtszüge brachen ein und fielen übereinander. Er schrie leise auf. Und mit einem Male schüttelte er sich, er stampfte auf, er begann zu toben. Cortes brüllte die Eskorte an, die Leute stießen ihre Piken auf den Boden, und die Offiziere klirrten vor Aufregung mit den Waffen. Der Saal hallte von Lärm.

Cortes riß die Vorhänge der Sänfte zur Seite: vorwärts, man solle den Indianer hineinheben, schnell, aufnehmen die Sänfte! abmarschieren!

Die Spanier drängten sich dicht um die Sänfte; sie hatten blank gezogen und blickten aufmerksam unter den Helmen vor nach rechts und links. Sie waren froh, daß die Sache endlich ein Ende nahm; sie lachten und riefen laut durch die stillen Säle die Verbindungsposten an. Vor dem Ausgang ließ Cortes noch einen Augenblick die Sänfte absetzen. Er bat Montezuma, die notwendigen Befehle an die Stabträger zu geben, die vor dem Zuge herlaufen sollten. Der König lag mit zurückgelehntem Kopf in den Kissen. Seine schnabelscharfe Nase stach blaß wie bei einem Kranken hervor. Der Führer der Leibwache wurde herangeführt. Montezuma flüsterte mit geschlossenen Augen, er wünsche die gewöhnliche Begleitung der dreihundert Stabträger.

Die Läufer rannten voraus und schlugen mit den Kiefernknüppeln auf die Menge ein. Die Stabträger gingen zu beiden Seiten des Zuges und hielten ihre goldenen Stäbe wie ein Gitter gegen das Volk, das zur Erde gebückt kaum die Füße der Vorbeieilenden sah. Dicht an die Sänfte gedrängt hasteten die Spanier vorwärts; sie trieben die Träger unaufhörlich an und blickten sich zuweilen um. Cortes ritt am Schluß hinter den beiden Neffen Montezumas.

Auf dem Hofe des spanischen Quartiers stand die gesamte Mannschaft in Waffen angetreten. Die Sänfte wurde abgesetzt. Cortes ließ dem König die Ketten abnehmen. Er bot ihm seinen Arm und geleitete ihn zu einem Sessel. Ehrerbietig machte er ihn darauf aufmerksam, daß Seine Majestät ihren Kopfschmuck doch zurechtrücken möge. Montezuma griff nach der spitzen goldenen Blechmütze, die schief im Nacken saß, und schob sie gerade.

Zwölftes Kapitel

Die Stadt blieb völlig ruhig. Man richtete einen Flügel des Hauptgebäudes für Montezuma ein; er ließ seine Köche, seine Botenläufer und einen Teil seiner Frauen kommen. Ein ganzer Trupp der Zwerge und Mißgeburten, mit denen er sich nach Tisch zu belustigen pflegte, traf ein; winzige Gnome mit fürchterlichen, bis auf die Brust hängenden Kielkröpfen, aneinandergewachsene Zwillinge, ein Vielfresser, der Kaninchen, Hunde und Hühner lebendig verschlang, Verwachsene mit fratzenhaft wuchernden Köpfen und ungeheuren Händen, weißhaarige Albinos mit leeren Augen und Brauen, die wie abgesengt aussahen. Ein Mädchen, das übrigens wohlgewachsen war, zeigte eine trockene und scharfe, haiartige Fischhaut.

Cortes ließ sich jeden Vormittag melden, um dem Monarchen seine Aufwartung zu machen. Respektvoll fragte er den König nach seinen Wünschen. Montezuma zeigte sich zufrieden; er bat nur, man möge den Posten aus seinem Zimmer vor die Tür verlegen. Er ertrüge den strengen und bitteren Geruch der Leute nicht und könne kein Auge zutun, wenn ein fremder Mensch im Zimmer wäre. Dann äußerte er seinen Widerwillen gegen Marina.

Sie lächelte, als sie Cortes mitteilte, dem König sei ihre Gegenwart peinlich; es betrübe ihn wohl, sie hier wie eine Herrin in dem Palast seiner Ahnen schalten zu sehen.

Cortes überlegte. Er verfiel auf den Bastard Juan von Alvarado, den Bruder des Hauptmanns. Der Jüngling hatte eine Zeitlang bei Cortes Dienst als Page getan und war mit seinen perlgelockten schwarzen Haaren, den topasfarbenen Augen und gazellenhaft schlanken Gliedern eine überaus anmutige Erscheinung. Es hieß, er habe sich bereits völlig mit der fremden Sprache vertraut gemacht. Cortes ließ ihn kommen und stellte ihn dem König vor.

Montezuma gefiel der schöne Jüngling, der mit Anstand vor

ihm das Knie bog. Er beschenkte ihn sogleich mit goldenen Ohrringen und einem Ballen feiner Stoffe. Der Bastard dankte auf mexikanisch.

Der König fragte ihn vorsichtig, in welchem Verhältnis denn Malintzi – auch er hatte diese Bezeichnung für Cortes übernommen – zu jenem mächtigen Kaiser Karl stünde, als dessen Statthalter er sich bezeichne?

Der Bastard wandte sich verlegen um. Sein braunes Gesicht war mit feinem Rot durchflammt. Was er denn dem König sagen solle?

Cortes warf den Bart auf: nun, daß er eine Art Bruder oder Verwandter Seiner Majestät sei und in höchster Gnade bei Hofe stünde!

Juan richtete die Lüge aus. Cortes begann ärgerlich zu werden und schickte sogleich die Frage hinterher, wie es denn nun mit dem schon lange fälligen Tribut Montezumas stünde?

Der König erklärte, daß die Einnahmen des mexikanischen Reiches nur spärlich flössen und eben zur Deckung der großen Ausgaben des Hofes und zur Unterhaltung des Heeres hinreichten. Die entfernteren Landschaften hätten zudem in der letzten Zeit die Tribute nicht eingesandt, ermutigt durch das Vorgehen der Fremden, die ja in Cempoalla und Tlaskalla verkündigt hätten, die Zahlungen brauchten nicht mehr geleistet zu werden. Über alles dieses werde ihm aber sein Schatzmeister genaue Auskunft erteilen.

Cortes stieß wütend die Luft durch die Nase. Da solle noch eine Schatzkammer vorhanden sein, gefüllt mit dem aufgehäuften Ertrag von Jahrzehnten.

Montezuma erwiderte, das Schatzhaus enthalte den Schmuck seiner Vorfahren. Es sei seit Menschengedenken vermauert; er erinnere sich nur, als Knabe einmal an der Seite seines Vaters den Raum besichtigt zu haben.

Gut; dann wäre es jetzt an der Zeit, dort wieder einmal nachzusehen. Er möge seinen Beamten die erforderlichen Befehle geben.

Noch am Nachmittage ging Cortes mit einer Wache von vierzig Mann hinüber in den Palast Montezumas. Der Schatzmeister empfing ihn und führte die Spanier durch die langgestreckten

Räume, in denen die Schreiber des Königs über den Rechnungen saßen. Er wies eine große, kartenartige Aufstellung, farbig auf geweißtem Hirschpergament gemalt, vor, in der bei jeder Stadt und Landschaft die Tributzahlungen in Bilderzeichen angegeben waren. Cortes ging durch die riesigen Magazinräume und besichtigte die Vorräte. Im Kornmagazin standen Arbeiter mit großen Holzschaufeln und schaufelten den Mais um. Ein anderer Raum enthielt auf hürdenartigen Gestellen Tausende von kleinen Säcken. Der dicke Franz von Lujo öffnete eines der Säckchen, voll Hoffnung, endlich etwas von dem vielberufenen Goldstaub zu finden. Johlend warf er ihn zurück: Läuse, Läuse! wahrhaftig, diese Mexikaner sammelten sogar das Ungeziefer!

Einige meinten, das sei wohl der Tribut, den man den Ärmsten der Armen, die sonst nichts zu zahlen vermöchten, abjage, und man könne daran erkennen, was für ein strenger Herr dieser Montezuma sei. Marina erklärte ihnen dann, daß es Cochenille-Läuse waren, aus denen man die prachtvolle rote Farbe für die Webereien und Lederarbeiten herstelle.

Cortes drängte: wo man die Goldvorräte aufbewahre!

Der Schatzmeister wurde ängstlich. Auch als einer der Hofbeamten Montezumas ihm den direkten Befehl des Königs überbrachte, zögerte er. Zwei Soldaten griffen ihn auf Cortes' Anordnung an den Schultern und schoben ihn vor sich her.

Man stand in einem altertümlichen Saal mit schwarzem Schnitzwerk vor der vermauerten Wand. Eine schwere, gewebte Tapete bedeckte den Eingang. Die Soldaten rissen sie herunter. Die schmale Pforte hatte man mit schweren, rechteckigen Basaltblöcken zugesetzt, die vermörtelt und außerdem mit kupfernen Klammern gesichert waren. Cortes rief, man solle einige Maurer holen. Den anderen dauerte die Zeit aber zu lange. Sie klopften die Wand neben dem Eingang ab, schlugen den dunklen Stuck herunter und stießen mit den Piken in die Mauer. Sie bestand aus Luftziegeln und bröckelte bald. Der polierte Boden wurde stumpf von Lehm und Kalk. Steine polterten herunter. Man brach einen der mächtigen geschnitzten Türpfosten aus und benutzte ihn als Rammbock. Unter lautem Rufen und Singen stießen sie die Wand neben der Füllung ein und wühlten sich seitlich gegen den Gang vor. Der Saal füllte sich mit Schutt wie eine Baustelle.

Manche, die bisher nur lachend zugesehen hatten, stürzten nun in das Gewühl, stießen und zerrten, um an die Spitze zu kommen. Ein Teil der Seitenwand des Ganges stürzte herunter. Der junge Bernal Diaz taumelte heraus, die Schultern dick mit Mörtel und Ziegelstaub bemehlt, den Kopf zerstoßen. Cortes und die Hauptleute schrien, man solle ihnen Platz machen. Keiner hörte auf sie. Zappelnd und fluchend würgten sich die ersten durch die Lücke. Sie rannten ein paar Schritte in den schmalen, stockdunklen Gang hinein, der Landsknecht Tuvilla mit seinen überlangen Beinen an der Spitze. Die Wände waren glatt wie Marmor. Verbrauchte, stockige Luft schlug ihnen entgegen. Der Gang senkte sich jäh; es war ihnen, als bräche der Boden plötzlich fort. Wie in jener Grenzmauer vor dem Gebiet von Tlaskalla hielten sie inne, von Furcht überwältigt.

Es dauerte lange, bis Licht kam, und inzwischen hatten die Vordersten wieder Mut gefaßt. Tuvilla klopfte mit dem Degen die Wände und den Boden vor sich ab. Der feste Klang gab ihm etwas Zuversicht, und langsam rückte er vor. Er stieß gegen einen Vorhang, der metallisch läutete. Hastig nahm er den Degen quer in den Mund und fühlte nach: es war Silber, wie an der Tür Montezumas. Er tastete an den Schnüren auf und ab und zählte unwillkürlich. Madonna, ein solcher Strang wog seine sieben bis acht Mark! Dann schlug er ihn beiseite und trat ein.

Der Raum roch wie das Innere eines alten Schrankes nach Stoffen und mürbem Holz. Tuvilla stieß mit der Degenspitze gegen Federmäntel. Staub flog auf und beizte ihm den Hals. Er stolperte über einen geflochtenen Korb. Ärgerlich trat er mit der Fußspitze hinein. Es klirrte dumpf und schwer. Tuvilla griff hinein. Das war Gold. Er sah sich trotz der völligen Dunkelheit um und horchte. Niemand war ihm gefolgt. Auf dem Gang summten die Stimmen der anderen. Hastig stopfte er sich die Taschen voll.

Ein paar Tropfen Licht sickerten nun durch den Gang herab, die Helligkeit schwoll an und stürzte wie ein Bach in den Raum. Tuvilla staunte über seine Kleinheit und Enge. In der Dunkelheit war er ihm ungeheuer erschienen. An den Wänden hingen Hunderte von Federmänteln, die nun unter dem Fackelschein rot und blau aufsprühten. Der Staub flirrte und ließ das Licht nur noch wie durch einen Nebel leuchten. Am Boden standen Kästen und Körbe, sorgfältig versiegelt und mit Ockerzeichen bemalt. Auf den niedrigen Tischen lagen, zierlich für die bestimmten Gelegenheiten und Feste geordnet, die türkis- und muschelbesetzten Schilde, Schwerter und Obsidianschneiden, Knochendolche und Brustplatten. Die Spanier tappten in dem niedrigen Raum umher und husteten.

Cortes erschien und kündigte an, daß vor dem Eingang jeder Mann sorgfältig kontrolliert würde; es habe keinen Zweck, sich heimlich etwas einzustecken. Tuvilla fuhr in die Taschen und zog fluchend die Schmuckstücke heraus. Die andern lachten.

Man brach die Koffer und geflochtenen Kästen auf. Immer mehr Gold kam zutage. Die Tische füllten sich mit Schmuck.

Anfangs faßten die Soldaten ehrfürchtig mit spitzen Fingern die kostbaren Dinge an, sie strichen scheu darüber und zeigten sich mit den Daumennägeln eine kunstvoll getriebene Arbeit. Manche lachten unaufhörlich, andere bekamen den Mund nicht zu vor Geschwätz. Hier, eine goldene Kröte, mit grünen Steinen in den Augen: für ein solches Vieh gab es wohl zu Hause in Estremadura einen ganzen Pachthof, wie? Ob diese grünlichblauen Edelsteine etwas wert waren? Die Mexikaner nannten sie Kalkutteln oder so ähnlich und schätzten sie so hoch wie Diamanten; die Celestina hatte aber geäußert, sie hielte nichts von dem Zeug.

Andere arbeiteten still und fleißig vor sich hin, als ob sie schanzten. Sie wurden immer gleichgültiger, packten mit allen Fingern zu, rissen rücksichtslos sperrige Stücke heraus und klatschten sie auf den Tisch. Sie blickten schließlich gar nicht mehr hin, sondern schaufelten nur mit vollen Händen die unerschöpflichen Vorräte heraus. Die Tische flossen über. Der Boden der Kammer blitzte von verstreutem Geschmeide. Man schob im Eifer des Hinundherlaufens die Stücke mit dem Fuß beiseite und trat schließlich hinein. Manche behängten sich spielerisch mit Ketten, stülpten sich einen der türkisbesetzten Schilde wie einen flachen Hut über den Kopf und wankten so durch den Gang hinaus. Andere begannen sich mit den Ohrringen und Sandalenknöpfen zu bewerfen. Der dürre spitzbäuchige Reiter Vacua kam von draußen herein. Sein ewig feixendes Gesicht wurde ernst, als er den ungeheuren Glanz sah. Eine ganze Weile stand er gelähmt vor dem Eingang; die andern schoben ihn unsanft fort: he, er solle doch gefälligst Platz machen, in Satans Namen! Seine Finger spreizten sich starr. Dann stürzte er hinein. Er tappte auf die Tische zu und tastete die Haufen an, er fuhr knurrend wie ein Hund mit dem Kopf in die Koffer, riß an den geflochtenen Körben und schüttelte den Inhalt auf den Boden, warf sinnlos die Stücke hin und her und zitterte vor rasender Ungeduld, alles zugleich anzupacken und zu befühlen mit seinen harten und gierigen Fingern. Er blies mit dem heißen Atem die Haufen auf den Tischen an, leckte und biß, und endlich warf er sich der Länge nach auf den nun handhoch mit Gold bedeckten Boden und wälzte sich mit dem ganzen Leibe darin herum. Seine langen Beine mit den schmutzigen, an den Kniekehlen runzlig ausgeweiteten Lederhosen starrten stakig in die Höhe wie bei einem krepierten Gaul. Er heulte, Schaum vor dem Munde. Man mußte ihn binden.

Vor dem Eingang draußen saß der Kaiserliche Notar Godoy an einem kleinen Tisch und schrieb mit fliegender Feder. Die Hauptleute Ordaz und Leon kontrollierten die Soldaten, die abgelöst wurden. Sie klopften ihnen die Taschen ab und faßten ihnen in den Mund. Der Profos Ochoa stand still und abwartend in einem Winkel des großen Saales, seine Stricke über dem Knie glättend.

Man schleppte den ganzen Tag über. Cortes kommandierte den Schmied Sebastian Rodriquez und einige geschickte Leute ab, das Gold von den Waffen und Schilden zu schlagen. Mit Entsetzen blickten die Beamten Montezumas auf die Verwüstung. Sie stellten dem Generalkapitän vor, daß dies alte Göttertrachten und Schmuck der aztekischen Herrscher seit Urzeiten seien und nur für die festlichsten Gelegenheiten aufbewahrt. Das Gold sei doch das Geringste an den kostbaren Arbeiten. Was man denn nur damit anstellen wolle?

Cortes erklärte, man werde es in Barren eingießen.

Und das übrige?

... werde verbrannt.

Der tlaskallanische Feldherr Xicotencatl erschien. Sein langes und fleischiges, von Narben strotzendes Gesicht zuckte vor

Freude. Er bat sich nur einen Teil der grünen Edelsteine, die für die Spanier doch wertlos seien, aus. Seinen Leuten möge man die Baumwollstoffe schenken; die Mexikaner hätten sie immer verspottet, daß sie so dürftig in Leinwand gekleidet gingen.

Gegen Abend brannten auf dem Hofe drei große Feuer. Das kostbare Federwerk knisterte und zischte in den Flammen. Der atembeklemmende, hornige Gestank wälzte sich durch die offenen Fenster in den Saal, in dem die Spanier noch bei Fackelschein die Beute aufluden. Spät in der Nacht ging Alvarado hinunter in die Kammer. Sie war völlig ausgeräumt. Umgestürzte und zerschlagene Koffer standen an den Wänden, und aufgefetztes Binsengeflecht war am Boden hin und her gestreut. In einem Winkel hatten die Soldaten ihr Wasser abgeschlagen. Alvarado warf die rotblonden Haare kurz aus der Stirn und blickte sich um. Er sah den mit Silberplatten besetzten Vorhang, den man vergessen hatte, riß ihn herunter und schlug ihn sich über die Schulter. Dann stieg er hinauf und gab das Zeichen zum Abrücken.

Dreizehntes Kapitel

Der Notar rechnete den ganzen folgenden Tag. Von Zeit zu Zeit kamen Leute, um ihn zu fragen, wie hoch die Summe sei. Er winkte ab und kratzte sich mit der Feder hinter dem Ohr. Der glotzäugige Bruder Juan Diaz flüsterte, man dürfe ihn nicht stören. Er habe bisher eine Summe von dreimal hunderttausend Goldpesos zusammen; es sei aber schwer, genau zu taxieren, weil man keine Waagen und Gewichte hätte. Vom Generalkapitän sei bereits die Anfertigung eines Stempels befohlen worden; mit dem werde man dann die Barren abstempeln.

Cortes hatte inzwischen eine Unterhaltung mit Montezuma. Der König beschwerte sich über den ungebührlichen Lärm, den die Mannschaft die ganze Nacht hindurch auf dem Hofe gemacht habe. Es sei gesungen, gegrölt und geschrien worden; einige hätten sogar etwas zu seinen Fenstern heraufgebrüllt. In einer Ecke habe man ganz ungeniert Bänke aufgestellt und Agavenbier ausgeschenkt, und viele Soldaten seien betrunken gewesen. Dann könne er es auch nicht mit ansehen, daß die Tlaskallaner ganz frech und übermütig, in die kostbaren Mäntel und Stoffe seiner Vorfahren gekleidet, über den Hof spazierten.

Cortes atmete erleichtert auf, daß der König keine anderen Klagen vorbrachte, und versprach Abhilfe. Die Schuldigen sollten zur Verantwortung gezogen und bestraft werden.

Montezuma dankte. Er hoffe, daß nun auch wohl bald der Zeitpunkt gekommen wäre, wo die Weißen Götter die Stadt verlassen und in ihre Heimat zurückkehren würden? Mit dem Goldschatz seiner Väter hätten sie doch einen hinlänglichen Gegenwert für den geforderten Tribut in Händen. Weitere Vorräte dieses Metalles besitze er nicht; er könne sich daher auch nicht denken, welchen Zweck ein längerer Aufenthalt für Malintzi und seine Leute haben sollte.

Cortes erwiderte, die Zusammenstellung des Notars habe leider eine erheblich geringere Summe ergeben, als man zunächst angenommen. Der meiste Schmuck sei aus dünnem Goldblech und werde beim Einschmelzen in Barren nicht viel ergeben. Er bitte daher den Monarchen ehrerbietigste, sogleich allen Ortschaften seiner Länder Befehl zu erteilen, daß der erforderliche Tribut in Gold abgeliefert werde.

Montezuma erklärte sich dazu bereit, warnte aber, den Ertrag zu überschätzen. Gold sei nur in wenigen Gegenden vorhanden; die andern könnten allenfalls einige alte Schmucksachen beibringen.

Cortes fragte, welches denn die Gegenden wären, in denen Gold gewonnen würde? Ob man Bergbau triebe oder es im Fluß wüsche? Er sei gern bereit, kundige Leute dorthin zu schicken.

Montezuma faßte sich nachdenklich an den grünen Lippenpflock, der das spitze Kinn halb bedeckte. Nach einer Weile sagte er zu dem Bastard Alvarado, er fühle sich sehr ermüdet und bäte darum, die Unterhaltung ein anderes Mal fortzusetzen. Selbstverständlich werde man alle Wünsche Malintzis erfüllen, erwarte aber auch, daß er dann das Land verließe. Schon jetzt falle es ihm schwer, die Großen des Landes vor gewalttätigen Maßnahmen zurückzuhalten; man liege ihm täglich in den Ohren, er solle nur das Zeichen zum Aufstand geben, das ganze Volk werde sich erheben und die Fremden – er gebrauchte zum ersten Male die abschätzige Bezeichnung – hinwegfegen wie

Kehricht von den Stufen der Tempeltreppe. Es widerstrebe ihm aber, sich in eine solche Verbindung mit dem gemeinen Pöbel einzulassen. Er gebe aber zu bedenken, daß die Mißstimmung im Lande wachse und möglicherweise die Leute zu unüberlegten Schritten treiben werde, die den Fremden gefährlich werden könnten. Man möge daher endlich bekanntgeben, wie hoch der Goldtribut sein sollte, bis zu welchem Tage er abgeliefert werden müsse und wann Malintzi danach das Land zu räumen gedächte.

Cortes warf den Bart auf und schlug an den Degen: Er könne unmöglich das Land verlassen, ehe der Mord an Escalante und den anderen Kameraden in Vera Kruz gesühnt und jener ganze Vorfall geklärt sei.

Montezuma erwiderte, daß die Schuldigen ja durch ihn vorgeladen und schon auf dem Wege nach Mexiko seien.

Cortes fühlte sich plötzlich wieder unsicher, wie jedesmal, wenn Montezuma ihm die Gewährung einer Bitte verkündigte. Seine Verlegenheit trieb ihn zu weiteren Forderungen: er müsse darauf bestehen, daß diese Verbrecher exemplarisch bestraft würden...

Montezuma nickte leise.

...man werde auch festzustellen haben, wer für die Befehle zum Überfall verantwortlich sei!

Der König schien zu lächeln vor Hochmut. Cortes schrie fast: die beiden Söhne des Herrschers müßten auf der Stelle aus der Klausur des Tempels hierher in den Palast übersiedeln! Die viehischen Menschenopfer und der ganze Teufelskult dort oben auf der Moschee seien noch immer nicht abgestellt! Auch habe man seiner Bitte, dort eine Kapelle zu weihen, bisher keine Folge geleistet! Er wünsche nun durchaus das Kreuz dort aufgerichtet zu sehen!

Montezuma sagte, er werde mit den Priestern darüber verhandeln.

Wie, verhandeln? Wäre er nicht König, der nur zu befehlen brauchte?

In diesen Dingen nicht. – Der König strich sich mit den spitzen Fingern über die Schläfen. Ängstlich flüsterte der Bastard dem Generalkapitän zu, Seine Majestät sei sichtlich erschöpft, und er bäte, Sie nicht weiter zu drängen, Sie schliefen dann des Nachts schlecht, und man müsse doch durchaus auf Ihre zarte Gesundheit Rücksicht nehmen.

Cortes blickte verwundert den Knaben an, dessen sanfte, topasfarbene Augen vor Eifer blitzten. Wie, der Bursche verteidigte den Montezuma, als ob er sein legitimer Herrscher wäre? Er stellte sich mit geballten Fäusten zur Verteidigung vor ihn hin?

Es sei auch notwendig, Seine Majestät bei guter Stimmung zu erhalten. Die Großen des Reiches fragten den König bei ihren Besuchen hauptsächlich, ob er sich denn wohl fühle, und er antworte stets, es ginge ihm ausgezeichnet. Mit der Zeit werde aber doch sein schwermütiges Wesen auffallen und die andern beunruhigen.

Cortes lachte und meinte, der Bastard wolle ihn wohl belehren, wie man mit einem solchen großen Herrn umzugehen habe? Es sei aber nicht so uneben, was er da sage.

Er verabschiedete sich mit einer tiefen Verbeugung von Montezuma. Der Jüngling kam ihm noch auf dem Gang nach und sagte, er habe vor der Majestät das Gespräch nicht weiter fortführen wollen, weil ihm das unschicklich erschienen sei. Er bitte aber den Generalkapitän dringend, doch für eine Ermunterung und Zerstreuung des Königs besorgt zu sein, der sonst ohne Zweifel bald in völligen Trübsinn verfallen werde. Er lasse bereits keine seiner Frauen mehr des Nachts zu sich kommen, finde an den Sprüngen und Gaukeleien seiner Zwerge und Mißgeburten kein Vergnügen und verabschiede sie schon vor dem Ende der Mahlzeit; des Morgens liege er stundenlang in seinem Bade und träume vor sich hin.

Cortes erwiderte, er werde sich und einige Hauptleute für morgen zum Essen bei Montezuma ansagen.

Der Bastard wehrte erschreckt ab: die Majestät ertrüge doch keinen Blick auf Ihrem Munde beim Essen. Sie nehme Ihre Mahlzeiten nach wie vor nur hinter dem goldenen Schirm zu sich; man dürfe Ihr die Speisen nur vorzeigen, Sie wähle dann aus und gebe an, welche man abzusetzen hätte.

Cortes lächelte und fuhr dem Jüngling durch die perlgelockten schwarzen Haare. Er sei ja schon völlig zum Indianer geworden in dieser halben Woche! Womit man den König denn nun ergötzen könne? Ob er den Musiker Ortiz mit seiner Gitarre kommen lassen solle? oder den Buckel Naxera mit seiner unverschämten, lauten Stimme? ob er Spaß daran hätte, wenn die schwarze, kleine Torvellina und das hochadlige Fräulein de Lasa oder die dicke Flämin vor ihm tanzten? vielleicht könne man ihm das Würfelspielen beibringen?

Der letzte Gedanke sagte ihm selbst am besten zu; er gab dem Bastard Befehl, von der Celestina Becher und Knöchel zu besorgen und den König mit den Regeln vertraut zu machen. Gegen Abend werde er sich erlauben, ihn zu besuchen.

Montezuma fand Gefallen an dem Spiel, ja er betrieb es bald mit einer gewissen Leidenschaft. Er spielte mit Cortes, mit den Hauptleuten, mit dem Bastard; zuweilen ließ er sogar die Wachen hereinrufen. Verlegen den Bart wischend, nahmen sie an dem Tisch ihm gegenüber Platz. Im Eifer des Spieles wurden sie dann freilich zutraulicher, und ein Matrose, der eben im Verlust stand, räusperte sich wütend und spuckte schallend in das Zimmer. Montezuma stand auf und trat an das Fenster. Der Bastard stieß den Matrosen an: wie er sich denn so wie ein Rülps und Bauer benehmen könne vor der Majestät!

Der Matrose hieb wütend den Becher auf den Tisch: was Majestät! Es sei ja eine Schande, daß man vor diesem gottverfluchten heidnischen Hunde buckeln müsse wie vor dem allerchristlichsten König selber!

Der Jüngling warf ihm einen drohenden Blick zu; er werde ihn dem Generalkapitän melden. Dann trat er vor den König und bat, die Hände leicht vor der Brust verschränkt, um Entschuldigung. Es gebe auch unter seinen Landsleuten grobe Flegel, der Mann sei gewissermaßen ein Tlaskallaner oder Otomi; er verstünde es nicht besser.

Montezuma wandte sich und sprach den Matrosen an. Er empfahl ihm freundlich, sich in Zukunft zu bessern, und gab ihm aus einem Korb, den er ständig neben dem Spieltisch stehen hatte, eine goldene Spange. Der Matrose grinste über das ganze Gesicht, machte einen Kratzfuß und zog mit dem Geschenk ab. Er erzählte seinen Kameraden den Vorfall und meinte, man könne auf diese Weise sich noch einen ganz hübschen Extraverdienst schaffen. Denn ohnehin bezahle dieser hochmütige Herr Montezuma ja auf alle Fälle, ob er gewönne oder verlöre.

Am nächsten Tage wiederholte er die Unfläterei. Montezuma zitterte am ganzen Leibe. Der Bastard holte den wachthabenden Offizier; es war sein Bruder. Alvarado schlug den Matrosen mit der Faust vor den Mund und brüllte über den Hof nach dem Profosen. Ochoa kam und sollte den Schuldigen auf der Stelle vor dem König fuchteln. Der Bastard machte aber seinen Bruder darauf aufmerksam, daß Montezuma den Anblick des Profosen, der ihn seinerzeit in Eisen geschlagen, nicht vertrüge. Ochoa zog mit dem Delinquenten hinunter auf den Hof und band ihn an den Schandpfahl. Montezuma blickte nicht hin; er hörte nur eine halbe Stunde lang das Geschrei des Geprügelten.

Besonders gern spielte er mit dem Hauptmann Alvarado. Er blickte förmlich verliebt auf den großen, schöngewachsenen Mann mit den rotblonden Locken und den unruhigen, blauen Wikingeraugen. Die Gier und Lust, mit der Alvarado den Becher packte, ihn hinstürzte und hastig wieder aufdeckte, seine völlig unbeherrschte Wut, wenn er verlor, schien ihn zu belustigen, und oft hingen seine Augen nachdenklich und fast mit einem Ausdruck des Neides an den großen roten Händen des Spaniers.

Cortes lag häufig des Nachts wach und starrte gegen die niedrige, schwergeschnitzte Decke. Die fratzenhaften schwarzen Gestalten beunruhigten ihn bis in seine Träume hinein, der ganze mächtige Pomp des Raumes war ihm zuwider. Marina hatte ihm aber klargemacht, daß er es seiner Stellung schuldig sei, diese Königszimmer zu bewohnen. In seiner Ruhelosigkeit stand er immer öfter auf und revidierte die Posten. Er spürte an ihren Antworten die dumpfe Wut, die in ihnen glomm. Zuweilen versuchte er ein Gespräch mit einem der Leute anzuknüpfen, aber sie gaben nur mürrisch Bescheid. Andere, die kecker waren, packten mit ihren Beschwerden aus. Er verwies sie an die zuständigen Stellen: für die Einteilung der Wachen sei Alvarado verantwortlich; die Verpflegung habe Franz von Lujo unter sich. Die Soldaten schimpften; ja, das sei es eben, früher hätte sich der Generalkapitän selber um diese Dinge gekümmert; jetzt müsse er den ganzen Tag mexikanische Gesandte empfangen oder mit den Baalspfaffen verhandeln, da bleibe ihm keine Zeit mehr, an seine Mannschaft zu denken.

Cortes redete ihnen gut zu: man solle nur noch eine kleine Zeit Geduld haben, bis die Städte und Landschaften Montezumas das Gold aufgebracht hätten, dann werde die große Verteilung vorgenommen.

Sie nickten, gläubig und zufrieden. Er schlich zurück auf sein Zimmer und lehnte sich in das Fenster. Die Nächte waren klar hier in dem Hochland. Mächtig treppten sich die Pyramiden der großen Tempel in die glasig kühle Luft. Oben auf den Spitzen brannten kleine Feuer. Die Funken weckten wieder in ihm den unbändigen Zorn auf das ganze Teufelsunwesen. Morgen würde er Montezuma zwingen, in die Errichtung des Kreuzes einzuwilligen. Aber was dann? Die Priesterschaft würde rebellieren und das Land in Aufruhr bringen. Die ganze Riesenhaftigkeit des Reiches, die er früher ja kaum geahnt hatte, brach erst jetzt über ihn herein. Was waren das für Städte, Landschaften, Völker, mit Sitten und Gebräuchen, die selbst Montezuma und den Mexikanern seltsam erschienen? Zänkisch schienen sie und sämtlich untereinander verfeindet, und vielleicht konnte nur deshalb der aztekische König so unbehindert seine Herrschaft ausüben, weil ohne die strenge Aufsicht Mexikos das ganze Reich in einen losen Haufen von Horden auseinanderfallen würde, die sich wütend befehdeten; Tlaskalla gegen Cholula, die Steppenvölker gegen die Bergstämme, die Ortschaften am See gegen die Hauptstadt.

Cortes beugte sich weit aus dem Fenster hinaus. Ein kühler Hauch wehte von der Barriere der großen Schneeberge her über den See. Der Spanier fühlte sich plötzlich grenzenlos ohnmächtig und verlassen; eine Schwäche zehrte ihm an den Schultern und Gelenken, dumpfe Schwere lastete ihm gegen den Magen wie bei einer großen Angst. Es war ihm, als hätte er dieses ganze ungeheure Land in sich aufgenommen, hätte es heruntergeschlungen, hastig und gierig, und könnte es nun nicht verdauen. Der Schweiß stand ihm auf der Stirn.

Er weckte Marina und plauderte mit ihr die halbe Nacht hindurch. Das beruhigte ihn, und bald begann er zu prahlen: er werde Montezuma demnächst absetzen.

Marina sagte, es ginge unter der Mannschaft das Gerücht, er wolle sich selbst zum König von Mexiko machen.

Erschrocken wehrte er ab: nicht König, um Gottes willen; aber freilich Vizekönig, Adelantado und Statthalter Seiner Majestät.

Marina schüttelte den Kopf und strich sich mit den Fingerspitzen über die langen, schöngeschwungenen Augenbrauen. Sie begriff die fast hündische Demut nicht, mit der er von seinem Monarchen sprach. War das derselbe Mann, der einen Montezuma hatte in Ketten legen lassen?

Cortes seufzte: und selbst das sei zweifelhaft, ob man ihn als Vizekönig bestätigen würde, er habe große Neider bei Hofe.

Marina meinte, bei seiner nahen Verwandtschaft zum Kaiser...

Er lachte ihr in den Satz hinein: ja, wahrhaftig, seine Verwandtschaft, eine saubere Verwandtschaft, man könne sich vor Protektion ja kaum retten. Vor Seiner Majestät getraue er sich seinen Anspruch zu vertreten; dann sei aber da noch der Rat von Indien und ein gewisser Bischof Fonseca, ob sie von dem schon etwas gehört habe?

Die Frau verstand nicht, was er sagte, sie hörte nur den Klang seiner Stimme, bitter und desperat. Von den Leuten waren ihr zuweilen Andeutungen über seine Herkunft gemacht worden, aber sie hatte das als Geschwätz an sich herunterlaufen lassen. Auch jetzt wollte sie das Bild, das sie sich von ihm aufgerichtet hatte, nicht zerstören. Sie glaubte an ihn, und alles, was diesen Glauben beeinflussen konnte, lehnte ihr Instinkt selbstsicher ab. Freilich, das Göttliche, das sie zuerst in Cortes gesehen hatte, war von ihm abgefallen wie ein Mantel. Sie wußte jetzt, daß er ein Mensch war, sie kannte seine nackte Gier, seine Roheit, sie durchschaute seine Lügen und Prahlereien. Trotzdem liebte sie ihn; sie liebte die Unbeherrschtheit seines Wesens, die ihr ein Zeichen seiner Kraft schien, sie liebte seine Habsucht, weil in ihr eine hohe Anerkennung des Begehrten und jeden Besitzes lag, sie liebte die jähen Ausbrüche der Freude und Verzweiflung und die selbstverständliche Art, mit der er sie an ihnen teilnehmen ließ. Wie unschicklich und peinlich war es nach den Begriffen ihres Volkes, sich so gehenzulassen; man hatte Kummer und Lust streng in sich zu verschließen, und nur an den festgesetzten hohen Feiertagen durfte man, angestachelt und besinnungslos gemacht durch die aufpeitschenden Gifte, sich berauschen und rasen, auch dann noch eingespannt in den festen Rahmen der Tänze und die Beschränkungen der Tempelsitten. Diese Spanier lebten ins Blaue hinein; sie lachten über den ganzen Leib, wenn sie Gold oder ein schönes Weib zwischen die Hände bekamen, sie jammerten und fluchten, wenn ihnen etwas weh tat, sie paukten mit den Fäusten gegen die Stirn und heulten laut auf bei einer Enttäuschung. Aber sie lebten doch, wirklich und aus dem vollen, und Marina schien es, wenn sie an ihr früheres Dasein dachte, als ob sie da wie ein Schatten in jener Unterwelt gewandelt wäre, von der es hieß, daß ewiger klirrender Steinregen die Luft erfüllte, wo der Boden in unfruchtbarer Lava starrte und die trübselig umherschleichenden Abgestorbenen bitteren Mohn und Eiter aus Hirnschalen tranken. Jetzt war sie hineingehoben in dieses gesteigerte Leben der Fremden wie in eine hellere und schärfere Luft, in der man sich freier bewegte und weiter um sich sah als im Tiefland; sie aß mit Genuß, sie umarmte den Mann mit Lust, und fast hatte sie schon jenes Lachen gelernt, für das ihrem Volke sogar das Wort fehlte. Mit einer gewissen Übertreibung wollte sie nun überhaupt alles Grübeln und Nachdenken abtun; es schien ihr, als könnte dies alles kein Ende nehmen, sondern müßte nur immer herrlicher und blühender sich entfalten. Es war ihr völlig selbstverständlich, daß Cortes den »Bergthron« Montezumas einnehmen und über das Land, das er ja tatsächlich schon regierte, herrschen würde. Und ebenso selbstverständlich, daß er sie dabei als seine Hauptfrau zur Seite hatte. Die Spanierinnen versuchten sie häufig damit zu schrecken, daß Cortes daheim auf Kuba jene Donna Katalina, Nichte des Gouverneurs und eine sehr strenge und eifersüchtige Gattin, hätte. Marina war völlig unbesorgt. Sollte er sie nur kommen lassen. Jeder Herrscher hatte zwei oder drei Frauen, außer dem Harem, der ja nicht mitzählte. Sie getraute sich wohl, ihren Platz zu behaupten; sie wußte voller Stolz, wie unentbehrlich sie dem Manne war, sie spürte, daß er sie liebte. Dann hatte sie auch gehört, daß er keine Kinder von jener Donna Katalina besaß, und das erfüllte sie mit einer besonderen Zuversicht.

Marina nahm sein Gesicht in ihre Hände, strich ihm langsam und fest über die Stirn, die noch kalt und naß vom Schweiß war und streng roch. Sie wusch ihn förmlich mit ihren Fingern; er spürte, wie die Haut wohlig kühl sich entspannte. Die Unruhe in seiner Kehle legte sich; langsam und voll floß der Atem über die Lippen. Marina nahm ihre Hände wieder an sich. Eine Weile saß sie so ganz still, um sich zu sammeln. Dann sagte sie dem Mann, daß sie schwanger sei.

Er stützte sich auf, dachte nach und schlug ehrfürchtig das Kreuz. Dann erklärte er, mit vor Stolz und Respekt schwankender Stimme, er werde diesen Sohn nach seinem Vater Martin nennen, er werde ihn mitnehmen nach Spanien, er werde in einer Immediateingabe an den Kaiser um die Erlaubnis einkommen, ihn wie ein eheliches Kind den Familiennamen Cortes von Monroy tragen zu lassen, ja, er wolle es durchsetzen, daß dieser Sohn in die Listen des kastilianischen Adels eingetragen würde.

Marina hörte nur undeutlich und wie hinter einem Schirm seine Stimme. Sie nickte und lächelte. Es schien ihr gut, was er da sagte, auch wenn sie es nicht verstand. Jetzt schlief er wohl schon? Sein Atem war satt und zufrieden. Sie beugte sich tief über ihren Leib und lauschte in sich hinein.

Vierzehntes Kapitel

Die mexikanischen Befehlshaber, die gegen Juan von Escalante und die Mannschaft von Vera Kruz kommandiert hatten, wurden jetzt gefangen eingebracht. Der Feldherr Xicotencatl erschien und warnte den Generalkapitän: in der Stadt stünden Unruhen bevor. Die aztekischen Großen gingen bereits mit dem Gedanken um, Montezuma abzusetzen und einen seiner Neffen als König auszurufen, was vorläufig nur durch den Widerstand der Priesterschaft verhindert würde.

Cortes erklärte, er sei gesonnen, ein Exempel zu statuieren, das die rebellischen Gemüter wohl bald zur Ruhe bringen würde. Auch Montezuma erscheine ihm in der letzten Zeit lau; es werde gut sein, wenn er etwas aufgerüttelt würde. Mit diesen Kapitalverbrechern, die am schändlichen Tode seines lieben Kameraden Escalante schuld seien, müsse man ohnehin kurzen Prozeß machen. Es frage sich nur, welche Strafe den nachhaltigsten Eindruck auf das Volk machen werde.

Xicotencatl spielte mit dem spanischen Dolch, den er wie einen Orden an einem buntgeflochtenen Lederband um den Hals trug. Der schimpflichste Tod für einen Mexikaner sei der durch den Strang; der ehrenvollste die Opferung auf dem Gladiatorenstein, mit dem Holzschwert in der Hand. Er empfehle nicht, die Delinquenten hängen zu lassen; das werde sie beim Volke zu Märtyrern machen. Man solle sie verbrennen und die Asche in die Kanäle der Stadt streuen... Cortes blickte erstaunt auf den Tlaskallaner, dessen Stimme heiser bellte. Er fragte ihn, ein wenig mißtrauisch, ob er mit seinen Leuten diese Exekution vollziehen würde?

Xicotencatl hielt mit der Hand still. Die Augenlider fielen ihm etwas herunter; er blickte Cortes gerade ins Gesicht und bewunderte ihn leidenschaftlich in diesem Augenblick. Dann machte er vorsichtig Ausflüchte: die Tlaskallaner seien bei den Einwohnern der Stadt so verhaßt, daß es unklug wäre, die Mexikaner noch mehr zu reizen; auch könne die Hinrichtung, wenn sie von seinen Leuten vollzogen würde, als eine Art Racheakt erscheinen.

Cortes nickte und befahl die Einsetzung eines Kriegsgerichtes. Die Gefangenen wurden vorgeführt und befragt. Sie behaupteten zunächst, ganz aus eigenem Antrieb gehandelt zu haben. Der Profos Ochoa brannte ihnen die Fußsohlen und Handflächen mit glühendem Eisen. Sie gestanden, aus Mexiko vom König selber den Befehl zum Angriff erhalten zu haben. Cortes gab Befehl, sogleich Montezuma wieder die Ketten anzulegen. Er ließ auch den anwesenden Guatemotzin fesseln. Dann befragte er die Gefangenen, wo der Kopf des Juan von Escalante, der, wie er wohl wisse, nach Mexiko geschickt worden sei, verborgen liege?

Sie gaben keine Antwort. Der Profos griff sie von neuem an. Sie nannten den Tempel des Gottes Paynal; ein kleines Gotteshaus in einer der Vorstädte.

Cortes brach sogleich mit der Wache dahin auf. Einer der Gefangenen wurde in eine Sänfte gesetzt und mitgeschleppt; man verband ihm die blutenden Hände und Füße eilig mit ein paar ölgetränkten Lappen. Er schlief während des Weges ein, die Soldaten rissen ihn an den Haaren, um ihn aufzuwecken.

Der Tempel war klein und schmutzig, das Dach mit Stroh gedeckt. Auf dem Vorhof pickten Hühner in dem dichten Gras, das zwischen den zersprungenen Fliesen wuchs. Sie stoben gakkernd auseinander, als der Zug der Spanier hereinbrauste. Auch die Priester flatterten ängstlich wie Dohlen aus den Winkeln des alten Baues heraus. Sie waren vollkommen überrascht. Die Spanier liefen die bröcklige Treppe empor; ihre Fußspitzen stießen auf den schmalen Stufen schmerzhaft gegen die Steine. Vor dem Altar des Gottes fanden sie in einer Schale aus grünem, geschliffenem Stein das Haupt ihres Kameraden. Es war geräuchert und eingetrocknet.

Cortes stützte nachdenklich die Hände gegen die Schale. Er spürte in diesem Augenblick nicht den eingedickten Aasgeruch des Raumes. Auch die Wut, die zuerst in ihm aufgeflackert war, brannte herunter. Er blickte auf den Schädel. Die Haare waren nach dem Tode noch ausgewachsen und hingen schwarz und filzig über die niedrige Stirn. Die Haut spannte sich stets wie Pergament über die Knochen. Der Mund war halb offen und ließ die Zähne sehen, feste und breite Zähne wie bei einem Pferd. Das war nun Juan von Escalante, der rohe Escalante, den man häufig hatte verwarnen müssen, weil er seine eingeborenen Arbeiter zu Tode prügelte. Jetzt hatte sein Haupt etwas unbeschreiblich Hoheitsvolles; die rohen und plumpen Züge waren durch den Schmerz geweiht, und fast schien es dem Generalkapitän, als schwebe um die halbgeöffneten Lippen ein Lächeln.

Verwirrt gab er die Schale zurück. Er wußte nicht recht, welche Befehle er geben sollte. Die Soldaten schrien auf ihn ein: man müsse den Tempel in Brand stecken und die gottverfluchten Baalspfaffen mit in das Feuer werfen. Cortes winkte ab. Sein Gesicht war so ernst, daß die Soldaten unwillkürlich zurücktraten. Er fühlte sich plötzlich grenzenlos schwach und hilfsbedürftig und fragte leise, warum der Pater Las Casas denn nicht mitgekommen sei? Es war ihm zumute, als müsse er beichten oder ein Gelübde ablegen.

Langsam kniete er nieder. Die andern folgten ihm verwundert. Manche begannen zu weinen.

Das Kriegsgericht verurteilte die gefangenen Häuptlinge zum Tode auf dem Scheiterhaufen. Cortes ließ Montezuma das Aktenstück vorlegen und verlangte, daß er es mit unterzeichne. Der König, der noch die Fesseln an den Füßen trug, willigte ein, mit einem Gleichmut, der fast wie Leichtsinn erschien. Cortes benutzte die Gelegenheit, ihm zu eröffnen, daß er in den nächsten Tagen die feierliche Ablegung des Huldigungseides erwarte. Ferner wünsche er, daß endlich auf der Spitze des großen Tempels das Kreuz aufgestellt werde.

Montezuma nickte gemessen. Er blickte Cortes nicht mehr an; seine Augen waren fast ganz geschlossen wie bei einem geblendeten Raubvogel. Der Generalkapitän erklärte ihm mit einiger Erbitterung in der Stimme, der König habe auch der Hinrichtung der Gefangenen beizuwohnen. Er werde dafür sorgen, daß von seinen eigenen Untertanen ihn niemand zu sehen bekomme.

Montezuma machte eine erledigende Bewegung mit der Spitze des Zeigefingers. Cortes schrie nun fast: er verlange, daß die Söhne des Herrschers aus ihrer Klausur im großen Tempel in das Quartier der Spanier überführt würden!

Der König stimmte zu. Cortes verabschiedete sich einigermaßen ratlos.

Die Hinrichtung wurde mit großem Pomp auf dem Platz vor dem spanischen Quartier vollzogen. Zahllose Menschen waren aus der Umgegend der Stadt nach Mexiko geströmt; die Besitzer der umliegenden Häuser zogen bedeutende Einnahmen aus der Vermietung ihrer Dächer. Schon am Abend vor der Exekution summten die Straßen und Plätze von den Scharen, die sich dort aufstellten und die Nacht durch kampierten, um einen guten Platz zu ergattern. Gegen Morgen drang ein Haufen von Bauern in den Vorhof des großen Tempels ein und begann die Stufen der riesigen Treppe zu besetzen. Die Tempeldiener fielen über sie her und prügelten sie hinunter. Sie kamen alsbald in größerer Anzahl wieder und rückten von neuem vor. Das Geschrei und der Lärm drang bis zu den Spaniern herüber. Cortes sandte eine Patrouille ab, die den Priestern den Befehl überbrachte, sie sollten die Treppe für diesen Tag den Schaulustigen freigeben. Die Bauern schickten eine Gesandtschaft zurück, die dem Generalkapitän einen Korb mit Früchten und Blumen einhändigte und sich höchlichst für seine Fürsorge bedankte. Cortes erlaubte den Leuten, in seiner unmittelbaren Nähe zu bleiben und so das Schauspiel anzusehen. Sie zogen ängstlich die Knoten ihrer grobleinenen Hüfttücher zurecht und hielten die Hände vor den Mund, um das verlegene Grinsen, das sie von Zeit zu Zeit befiel, zu verbergen.

Sie sahen, wie Montezuma, noch mit Ketten an den Füßen, aus dem Palast in einen der Türme neben dem Eingang geführt wurde. Verwundert hörten sie das Jubelgeschrei der Spanier; sie erkannten den König nicht. Der Hof füllte sich mit ohrenbetäubendem Lärm; das Poltern der Trommeln, das Prasseln der Pferdehufe brach sich an den Wänden. Das waren die gräßlichen Hirschungeheuer, von denen überall im Lande die Sage ging, sie zerfleischten und fräßen die Menschen, erbarmungsloser als Huitzilopochtli selber. Dort gingen hinter den Bannern der Weißen Götter die Verurteilten; sie hatten die Gesichter sorgfältig mit den Farben des Opfertodes bemalt und hielten sich gut und aufrecht.

Vor dem Gerüst verlas der Kaiserliche Notar Godoy das Urteil. Die Verurteilten wurden an die Pfähle gebunden, sie standen in einer Art Pyramide, sorgfältig ihrem Range nach geordnet. Die Menge hielt den Atem an, als nun der Profos Ochoa sich dem Holzstoß näherte. Man hörte in der Stille den Ruck, mit dem er die Fackeln in einen Haufen trocknen Schilfes stieß. Das Feuer schwelte einen Augenblick, dann knallte es unter dem Winde schräg über das ganze Gerüst hinweg, mit einem Laut, als ob ein langes Laken zerrissen würde. Die Verurteilten schüttelten die Köpfe. Dann begannen sie zu tanzen, um ihr Zittern zu verbergen. Sie brüllten und sangen, aber ihr Geschrei ging unter in dem rasenden Lärm der Menge, die vor Begeisterung überschäumte. Man rief ihnen zu, warf von den Dächern Blumen und Früchte, viele begannen wie berauscht ebenfalls zu singen und zu tanzen; die heiligen Tänze und Gesänge zu Ehren des Gottes Xiuhtecuhtli, des gelbgesichtigen, des Herrn der Flamme. Die Verurteilten sprangen an den Pfählen auf und nieder, und niemand konnte sehen, ob es ihr freier Wille war oder die Qual über das Feuer, die sie jagte. Sie hatten sich ein breites und grelles Gelächter mit Ockerfarben in das Gesicht geschminkt, das noch mitten durch das dumpfe, wabernde Brausen der Flammen über die Spanier triumphierte.

Das Volk in der Hauptstraße drängte nun völlig wahnwitzig vor gegen den Platz; die niedergetretenen Frauen und Kinder kreischten, Montezumas Beamte hieben mit ihren Kiefernknüppeln erbarmungslos auf die Reihen ein. An einigen Stellen wurde die Absperrung durchbrochen, und dunkle Schüsse von Menschen prallten bis zu den Spaniern vor. Cortes ließ die Reiter drohend gegen die Menge angehen. Ein wilder Kampf zwischen denen, die vorne standen und zurückwollten, und den blindlings Nachschiebenden hob an. Es dauerte über eine Stunde, bis die Straße geräumt war und man die Verletzten beiseite getragen hatte.

Der Profos stieß das Feuer, das bereits ganz heruntergebrannt war, mit einer Stange zusammen. Cortes verließ den Platz. Gegen Mittag war die Glut völlig erloschen. Man sammelte die Asche in Körbe und streute sie in die Kanäle. Die Soldaten beobachteten, wie die Mexikaner sorgfältig in Krügen etwas weiter unterhalb das Wasser mit den Resten der teuren Reliquien aufzufangen suchten. Auch auf dem Platz vor dem Quartier hockten mit Einbruch der Dunkelheit Hunderte von Menschen, die mit Spachteln und Messern den letzten schwarzen Brand der Feuerstätte abzukratzen suchten. Die Posten schossen mehrere Male, aber immer wieder kamen neue Sucher, bis man die Hunde über den Platz ließ.

Cortes ließ Montezuma und Guatemotzin die Ketten wieder abnehmen. Er betrieb nun hastig die Einrichtung der Kapelle auf der Spitze des großen Tempels. Werkleute stiegen hinauf und säuberten einen Raum im obersten Stockwerk neben dem aus Samen gebildeten Idol der Göttin Tzapotlatenan. Die Priester, von denen man sich erbitterter Gegenwehr versehen hatte, standen schweigend in einiger Entfernung und blickten zu. Der Raum wurde weiß getüncht; über einem kleinen Altar brachte man auf einer Holztafel einen Holzschnitt mit dem Bilde der Mutter Gottes an. Auf dem Dache neben dem ewigen Feuer errichtete der Schiffszimmermann Martin Lopez ein riesiges Kreuz aus roh zugehauenen Balken. Zwei invalide Soldaten wurden als Kapellenwächter bestimmt.

Eine feierliche Messe wurde gelesen und der Altar vom Pater Las Casas geweiht. Das gesamte Heer zog in großer Prozession um den Tempel. Die Soldaten schwenkten freudig lachend Palmzweige in der Rechten und hatten sich mit Blumen geschmückt; in der Linken behielten sie ihre Waffen, und die schwarzen Spitzen der Lanzen starrten drohend aus dem bunten Gewirr des Zuges hervor. Man befürchtete einen Überfall; aber alles blieb still. Montezuma schien von den Vorgängen überhaupt keine Notiz zu nehmen.

Der Bastard Alvarado berichtete Cortes mit ganz vom Weinen verschwollenem Gesicht, die Majestät rede in der letzten Zeit kaum noch mit ihm, so freundlich und liebevoll Sie in der ersten Zeit gewesen sei. Guatemotzin und die anderen Großen des Reiches besprächen sich täglich mit dem König; es sei Ihm aber unmöglich zu verstehen, wovon die Rede sei, obwohl man Ihn bei all diesen Unterredungen zugegen sein ließe. Nur einmal habe Er an dem Klang der Stimme des Prinzen Guatemotzin gespürt, daß man dem König drohe ... Ihn abzusetzen, wie?

Der Bastard nickte erschrocken: ja, so etwas müsse es wohl gewesen sein; man habe auch deutlich wahrnehmen können, wie verschiedene der großen Herren sich nach diesen Worten unwillig von Guatemotzin abgewandt hätten. Die Majestät selber sei vollkommen schweigsam gewesen und habe nur bald darauf mit einem Zeichen des spitzen Fingers die Unterredung für beendet erklärt.

Peter von Alvarado, der neben seinem Bruder stand, warf die rotblonde Mähne mit einem Ruck aus der Stirn und murrte, man solle nun endlich auf ihn hören und mit diesem Gesindel kurzen Prozeß machen. Die Sanftmut, mit der es dem Generalkapitän beliebe, solch hochverräterische Sippschaft zu behandeln, werde das ganze Heer noch in die größte Gefahr bringen. Das einfachste wäre, den ganzen hohen Adel der Azteken zu einem Gastmahl zu laden und dann niederzuhauen.

Cortes wehrte ab; so könne man allenfalls auf den Inseln mit den hilflosen Kanakenstämmen verfahren, aber nicht in einem so gewaltigen Reich wie diesem Mexiko.

Während er mit dem Bastard auf die Gemächer Montezumas zuschritt, flüsterte er leise, es könne nichts schaden, wenn der

König erführe, daß solche Stimmungen, wie sie eben der Bruder geäußert, unter den Offizieren und der Mannschaft um sich griffen. Er werde dann wohl um so eher einsehen, wie sehr er darauf angewiesen sei, sich völlig dem Generalkapitän anzuvertrauen, der es als einziger unter den Spaniern wahrhaft gut mit ihm meine.

Zu Cortes' Überraschung erklärte Montezuma sich ohne weiteres bereit, den Eid zu leisten. Die Großen des Reiches seien bereits seit längerer Zeit geladen und befänden sich schon sämtlich in Mexiko. Auch die Goldtribute der Städte und Länder lagerten in den Schatzhäusern und harrten nur der Übernahme durch die Weißen Götter.

Cortes suchte das Unbehagen, das er bei dieser übermäßigen Bereitwilligkeit verspürte, durch Lärm zu übertäuben. Er jagte die Mannschaft mit sich widersprechenden Befehlen hin und her, bestellte Montezuma zuerst gegen Mittag, dann auf den späten Nachmittag in den großen Speisesaal des Palastes und erschien schließlich selber mit erheblicher Verspätung zu dem angesetzten Zeitpunkt. Er hatte sich so prunkvoll wie möglich ausstaffiert: der schön brünierte Paradeharnisch zeigte an Stelle der schmalen Goldleiste einen doppelt so breiten Rand in reinem, weichem Dukatengold, der von den mexikanischen Goldarbeitern mit feinen Jaguar- und Wolfsmustern ziseliert war. Das Federspiel auf dem Helm tanzte neu und üppig in Grün und Blau. Um den Hals trug er die Kette Montezumas mit den goldenen Hummern. Den Bart hatte er sich stark parfümiert.

Montezuma war von etwa hundert Großen des Reiches umgeben. Alle trugen die künstlich zerfetzten Bettlermäntel und hielten die Blicke, streng von dem König abgewandt, auf den Boden gerichtet.

Montezuma trat nun in die Mitte des Saales, nahm die Arme von den Nacken seiner Neffen, raffte mit spitzen Fingern den blauen Federmantel vor der Brust etwas an und kniete langsam nieder. Der Page Alvarado hatte ihm die Bewegung vormachen müssen, und er kopierte sie, unbehilflich und rührend.

Cortes sprang auf den König zu, hob ihn auf und umarmte ihn. Wieder hatte er das seltsame Gefühl, als ob die zierliche Gestalt unter dem körperlosen Federmantel sich jeder Berührung entzöge. Der Spanier kaute auf dem Bart, um seiner Bewegung Herr zu werden.

Montezuma wandte Cortes abwehrend die Handflächen zu. Er flüsterte fast unhörbar, er wünsche nun das Dokument zu unterzeichnen und sich dann zurückzuziehen. Der Kaiserliche Notar Godoy legte ihm das Pergament vor. Der König machte mit flüchtigen Strichen sein Zeichen, das einem Adler mit einer Schlange glich. Die Neffen sprangen herzu und reichten ihm ihre Schultern. Er lehnte die Arme über ihre Nacken. Die Hände hingen erschöpft und wie ausgeleert herunter. Vorsichtig und als hätte er Angst, sich zu verschütten, schritt er mit ihnen davon, durch die Reihen der aztekischen Großen, die immer noch ehrfürchtig die Köpfe zu Boden gesenkt hielten.

Die Beute wurde verteilt. Auf den gewöhnlichen Soldaten kam ein Betrag von achtzig Pesos. Die meisten hielten das für eine vorläufige Abschlagszahlung, es war das Gerücht verbreitet worden, man wolle ihnen nicht sogleich alles auszahlen, damit nicht im ersten Rausch das ganze Geld verspielt und vertan würde. Allmählich sickerte aber die Wahrheit durch, daß es mehr nicht gäbe. Der alte Heredia war der erste, der den Notar mißtrauisch fragte, ob das sein ganzer Beuteanteil sei, ehe er auf der Liste mit einem Kreuz quittierte.

Selbstverständlich; vorwärts, er solle weitergehen und die Auszahlung nicht aufhalten, die anderen wollten auch drankommen.

Heredia stand schief da, das Ohr vorgeneigt. Die Falten zu beiden Seiten des Mundes kerbten sich tief ein; es sah aus, als schlürfte er seine Backen ein und kaute auf ihnen. Dann lachte er tückisch. Achtzig Pesos! Damit wollten die Herren ihn abspeisen? Er wolle doch hier keine Löhnung abholen, sondern seinen Beuteanteil.

Ganz recht, und der mache eben auf den Kopf so viel aus. Wer Lust habe, könne die Abrechnung nachsehen; es sei ja schließlich alles mit rechten Dingen zugegangen. Im übrigen stünde es ihm frei, auf den Betrag zu verzichten, wenn ihm die Summe zu gering erschiene.

Heredia begriff noch immer nicht ganz. Seine dumpfe Wut wußte keinen Ausweg. Man mußte protestieren, diesen Herren eine Schande, eine ungeheure Blamage antun. Was sagte dieser Advokat mit dem Altweibergesicht? Verzichten? Jawohl, er verzichtete, er warf den Herren diesen Bettel hin, da, unter den Tisch, auf die Erde; mochten sie ihn selber wieder aufheben!

Mit Befriedigung sah er zu, wie der Notar sich wandte und puterrot vor Zorn durch seinen Schreiber das Geld aufsammeln ließ. Heredia zeigte mit der Fußspitze: da, mein Junge, hier, noch ein Peso, bück dich!

Noch ganz benommen, schritt er stolz hinaus. Godoy ließ verkünden, daß die verweigerten Beträge zum Anteil des Generalkapitäns geschlagen würden. Das wirkte; die übrigen nahmen stillschweigend ihr Geld in Empfang.

Trotzdem gor die Unzufriedenheit fort, und aus manchen Quartieren scholl des Nachts ein Wutgeheul über den Hof. Die meisten freilich gaben sich zufrieden. Es wurde sehr hoch gespielt. Viele vertranken und verspielten im Handumdrehen ihren Beuteanteil, versetzten ihre Kleider, ihre indianischen Weiber, ihr Gepäck, ja ihre Waffen, obwohl das mit schweren Strafen bedroht war. Den schönen und eitlen Büchsenmeister Juan Benitez sah man schon am Morgen nach der großen Auszahlung ohne seinen Federhut und den Ring in einem schäbigen, geflickten Lederkoller über den Platz schleichen.

Die Dirnen wurden schnell reich. Die schöne weißblonde Elena Galvez, die wegen ihrer Kälte und Habgier berüchtigt war, legte sich einen förmlichen Hofstaat von Dienerinnen zu und ließ sich auch von den Hauptleuten nur nach umständlicher Anmeldung und unter großem Zeremoniell sprechen. Das amazonenhafte Fräulein de Lasa, das von adliger Herkunft sein wollte, gab bei den mexikanischen Goldarbeitern einen kostbaren silbernen Paradeharnisch in Auftrag. Die zigeunerbraune Teresa kaufte der Livia den letzten der aus Kuba mitgebrachten Neger ab und trug eine dreifache, dicke Goldkette um den Hals mit der immer ein wenig verdächtig unreinen Haut. Sogar die gutmütige, fette Flämin Magdalene Kerrincx brachte es zu einigem Geld, das sie freilich bald wieder ausborgte und nicht wiederbekam.

Der alte Heredia verfiel in eine Art lauten Trübsinn. Er paukte mit der Faust an die Tür des Generalkapitäns und brüllte wunderlich umständliche und hilflose Verwünschungen. Cortes hatte Befehl gegeben, ihn als Narren zu behandeln. Manche, die sich langweilten, machten sich einen Spaß daraus, ihn zu befragen. Er antwortete ausführlich und unermüdlich, mit schon heiserer und fast wunder Stimme. Der alte Mann hatte nie in seinem Leben mehr als ein paar kurze Losungsworte oder Kommandos herausgestoßen; jetzt war in ihm eine Hemmung gebrochen, und die Sätze fielen ihm haltlos unaufhörlich aus dem Munde.

»Warum bist du so unzufrieden, Heredia?« brauchte man nur zu fragen, und er plapperte sogleich drauflos, schimpfte auf Cortes, der seinen Fünften einstriche wie der Kaiser selbst, den Fünften, wahrhaftig – das Wort schien ihm etwas Ruchloses zu haben –, und außerdem noch Gelder für krepierte Pferde, für Schiffe und andere faule Fische, von dem, was er heimlich in seine Taschen gesackt hätte, gar nicht zu reden.

Jawohl, Tabasco! die Gefechte von Tlaskalla! in den Bergen! in Cholula! – Er hielt bei jedem Namen die hohle Hand hin und spuckte hinein: pfoi, pfoi, pfoi, das habe man davon.

Langsam schlich er über den Platz davon, drehte sich noch einmal um und krächzte zurück: so sei es gewesen und so werde es immer bleiben, der gemeine Mann müsse seinen Balg schinden und die ganze Last auf seinem breiten Buckel schleppen und trüge als Lohn am Ende nur Narben und Beulen davon, und das mit Recht. Verdienten sie es denn anders? Wenn er Cortes wäre: nicht die Hälfte hätte er ihnen auszahlen lassen; dreißig Pesos wären vollkommen genug gewesen. Was machten sie denn mit dem Gelde? Versoffen würde es, verspielt und verhurt. Aber er sehe noch manchen von denen, die jetzt die Beine unter den Tisch streckten und mit den Würfeln rappelten, seine Pike in die Hand nehmen und um das liebe Leben laufen, und viele gute Kameraden möchten wohl noch ins Gras beißen, ehe man aus diesem gottverfluchten Lande herauskäme. Spürten sie denn nicht, wie sie eigentlich Tag für Tag den Tod vor Augen hätten und in der größten Gefahr hingen? Diese gewaltige Stadt brauchte doch nur gegen sie aufzustehen, und sie würden allesamt hier in dem Palast zusammengestampft wie ein Rattennest. Darum sollten sie beizeiten an ihr ewiges Seelenheil denken...

Er fiel auf die Knie und begann zu beten.

Heredias Prophezeiungen, die man ihm Wort für Wort hinterbracht hatte, machten Cortes, der mit der Beuteverteilung nur seine eigene Unruhe hatte betäuben wollen, von neuem sehr nachdenklich. Der Bastard Alvarado berichtete, daß in der letzten Zeit viele Priester sich bei Montezuma hätten melden lassen. Der König habe sich auch seit einigen Tagen geweigert, weiterhin den Pater Las Casas zu empfangen. Vor allem stelle er fortwährend die empfindlichsten Fragen über die Herkunft des Generalkapitäns und seine Stellung am Hofe des Kaisers.

Cortes brütete über diesen unangenehmen Nachrichten in dumpfer Unentschlossenheit herum. Wie die Mattigkeit vor einem heraufziehenden Gewitter lag ihm eine Schwere in den Gliedern. Das laute Gebrüll und Gelächter der Soldaten peinigte ihn; er schrie sie oft an und verschärfte die Wachen derart, daß jeder Soldat einmal in der Nacht auf Posten stand. Seit Wochen hatte er keine Nachrichten mehr aus Vera Kruz. Waren die Abgesandten aus Spanien schon zurück? Vielleicht hatten sie einen unwillkommenen Bescheid mitgebracht? Wer stand ihm dafür, daß der Hohe Rat von Indien und sein Vorsitzender, der Bischof Fonseca, nicht den Befehl erteilten, ihn als Rebellen in Ketten zu legen? Oder war das Ganze nur eine Stimmung und Laune dieses rätselhaften Königs, der Cortes nie unnahbarer und stärker erschien, als wenn er sich demütig in alles ergab und jeden Wunsch erfüllte, den man ihm äußerte?

Montezuma ließ Cortes und seine Offiziere zu einer Besprechung bitten.

Er erklärte in kurzen Worten, es schiene ihm nun an der Zeit, daß die Weißen Götter an ihre Abreise dächten. Ihre Wünsche seien sämtlich erfüllt, man habe den Tribut gezahlt, den Huldigungseid geleistet, ja sogar in die Errichtung der Kapelle auf dem großen Tempel eingewilligt.

Cortes rieb verlegen die Handfläche am Degenknauf und blickte sich um. In den Gesichtern der Offiziere verzerrte sich das Lächeln über die längst gewohnten und den meisten langweiligen Erklärungen Montezumas zu einem bestürzten Grinsen. Der König fuhr mit Nachdruck fort: wofern die Weißen Götter jetzt noch Ausflüchte suchten, so könne er für ihre Sicherheit nicht mehr bürgen. Er dürfe ihnen nicht verhehlen, daß sie in äußerster Gefahr schwebten. Seit Wochen und Monaten werde er von den Priestern und seinen Ratgebern bestürmt, er solle den Krieg gegen die Fremden eröffnen...

Cortes raffte sich nun doch zusammen und schlug den Degen nach rückwärts in die Höhe: was, man drohe offenkundig mit den Waffen?

Montezuma verstand die Geste und nickte: ja; so sei jedenfalls die Stimmung im ganzen Lande. Er habe bisher nur mit Aufbietung seiner ganzen Autorität einen Ausbruch der Feindseligkeiten verhindert. Weiter könne er nun nicht gehen, wenn er nicht seine eigene Stellung gefährden wolle. Er hoffe, man zweifle nicht an seiner aufrichtigen Ergebenheit gegenüber Malintzi und seinem erhabenen Herrn, dem Kaiser...

Der Generalkapitän fuhr unwillig den Bastard, der übersetzte, an: seit wann denn Montezuma fortwährend den Namen Seiner Majestät so anzüglich im Munde führe?

...die mexikanischen Priester und Edlen dächten hierin anders. Er wolle auch nicht verschweigen, daß ihm Gerüchte zu Ohren gekommen seien, wonach Malintzi und seine Leute in Wahrheit gar nicht Abgesandte jenes großen Monarchen über dem Wasser, sondern auf eigene Faust gewissermaßen wie Räuber in das Land Mexiko eingefallen seien. Er glaube von solchem Geschwätz selbstverständlich kein Wort; immerhin habe es ihm einen üblen Eindruck gemacht, zu sehen, wie von den als Tribut für den Kaiser bestimmten Schätzen so große Mengen unter die Hauptleute und sogar die schmutzigen, gemeinen Soldaten verteilt worden seien, die davon doch nur den liederlichsten Gebrauch machten und alle Räume des Palastes mit ihrem trunkenen Gebrüll erfüllten. Kurzum: das ganze Volk sei grenzenlos erbittert und könne nur durch die sofortige Abreise der Weißen Götter beruhigt werden. Wann diese nun vor sich ginge?

Cortes stammelte zornig, er könne doch gar nicht abreisen, bevor er die nötigen Schiffe für die weite Seereise besäße. Wenn aus der Heimat keine geschickt würden, um ihn abzuholen... – er faßte sich nun etwas und betrachtete Montezuma mißtrauisch: es wundere ihn übrigens, daß er in der letzten Zeit keinerlei Nachricht von seiner Besatzung in Vera Kruz erhalten habe; vielleicht wisse der König da mehr als er selbst?

Montezuma ging auf diese Frage nicht ein, sondern erklärte

nur, er sei gern bereit, den Weißen Göttern alle erforderlichen Zimmerleute und Arbeiter zum Bau ihrer schwimmenden Häuser zur Verfügung zu stellen; auch das Holz werde er aus den Königlichen Forsten ohne Berechnung liefern lassen.

Cortes schien dies eine gute Gelegenheit, Zeit zu gewinnen, und er ging auf den Vorschlag ein. Man werde sogleich eine Abteilung spanischer Truppen mit dem Schiffszimmermann Martin Lopez an der Spitze zur Küste schicken und den Bau der Schiffe beginnen. Er wolle hoffen, daß mit dieser Ankündigung die Mexikaner sich beruhigten. Er schlage vor, daß zwei der Feldherrn des Hofes mit seinen Schiffsbaumeistern zur Küste gingen, um festzustellen, wie durchaus ernst es den Spaniern mit ihrer Abreise sei.

Montezuma stimmte zu und bezeichnete sogleich aus seiner Umgebung die Leute dafür. Sie nahmen kniend und mit zu Boden gesenktem Blick das Amt entgegen.

Montezuma hob den spitzen Finger und gab das Zeichen, daß er die Unterredung für beendigt ansehe. Die Spanier verabschiedeten sich mit vielen Verbeugungen.

Das seltsam veränderte Gebaren des Königs hatte Cortes unruhig gemacht. Er trat am andern Morgen unangemeldet bei ihm ein und fand Montezuma über einer Rolle aus Hirschpergament sitzen. Bestürzt und ohne jede Form, die er sonst peinlich beachtete, griff der Spanier nach der Zeichnung. Sie zeigte in den knappen Strichen der mexikanischen Bildschreiber eine Flotte von zwanzig spanischen Schiffen.

Der Schreck riß ihm durch die Glieder wie bei einem schweren Sturz; er verlor jedes Gefühl in den Beinen. Der Bastard sprang herzu und geleitete ihn zu einem Sessel. Cortes sank hinein und starrte abwesend auf das Pergament in seinen Händen. Schweiß wuchs ihm zwischen den Fingern und auf der Stirn. Er hob bäurisch und wie in einer ungeschickten Abwehr den Arm und wischte sich das Naß in die Haare.

Montezuma beobachtete ihn unter den hängenden Lidern hervor. Er sah mit einem Male die Züge des Emporkömmlings im Gesicht seines Gegners; es mochte schon stimmen, was ihm jene Fremden von der Küste her hatten mitteilen lassen: daß dieser Malintzi ein Rebell und Abenteurer sei, den man in Ketten legen werde. Seine spitze Vogelnase hackte in die Luft, als er Cortes die üble Botschaft mitteilte. Man habe ihn gebeten, Malintzi auszuliefern, gefesselt auszuliefern.

Der Generalkapitän nickte von unten her dem Bastard zu: Ja, mein Junge! So ginge es; mit Ketten bezahlte die Krone ihre treuesten Diener. Billig bekam Seine Majestät auf solche Manier dieses herrliche Land, wahrhaftig, spottbillig!

Er war nahe daran, in Weinen auszubrechen; er nieste und schüttelte sich vor ohnmächtiger Wut. Aber langsam zog er die Füße an sich, versammelte seinen Körper und richtete sich auf. Montezuma hatte die Augen vor Bewunderung voll aufgeschlagen. Er staunte über die unbezähmbare Kraft und Härte des Spaniers, der die Fäuste ballte und die Zähne zusammenbiß, daß die Knochen des Kinns durch den dünnen schwarzen Bart hervortraten. Eine seltsame Sympathie mit Cortes rührte ihn plötzlich an. Der stand jetzt, wie bei den Opferkämpfen der Gefangene, auf dem Gladiatorenstein und mußte sich mit dem Holzschwert gegen einen voll gerüsteten Gegner wehren. Es war feige und hinterlistig, wie diese anderen hinter dem Rücken ihres Landsmanns mit dem Feinde paktierten. Schon ihre zahlenmäßige Überlegenheit nahm ihn für den Schwächeren ein. Er fühlte sich fast versucht, wie bei einem der blutigen Schauspiele, dem Tapferen zu applaudieren.

Cortes hatte sich völlig gefaßt. Er stieß zornig hervor: der König habe sich hoffentlich nicht näher mit den Schuften eingelassen? Seit wann er denn von ihrer Ankunft wüßte?

Seit einigen Tagen.

Und ihm sei nichts davon mitgeteilt worden? Gleichviel; es handele sich um die längst erwarteten Hilfstruppen, deren Führer wohl nur – Cortes atmete auf, daß er endlich eine leidliche Erklärung gefunden hatte – aus persönlichem Haß versuchen wolle, ihn von seinem Posten zu verdrängen. Dabei scheue dieses Gesindel selbst vor solchen hochverräterischen Lügen nicht zurück. Das werde sie freilich den Kopf kosten.

Montezuma antwortete nicht.

Morgen werde er zur Küste aufbrechen! rief Cortes.

Der König warnte: die Ankömmlinge seien ihm fünffach überlegen!

Immerzu!

Sie hätten über hundert der gewaltigen Hirschungeheuer, von denen Malintzi nur ein Dutzend...

Was noch?

Montezuma bedachte sich einen Augenblick. Dann bot er Cortes fünftausend Mann seiner Palastwachen als Hilfstruppe an. Der Generalkapitän dankte gerührt und lehnte ab. Er umarmte den König zum Abschied.

Auf der Schwelle drehte er sich noch einmal um und fragte, welchen der Hauptleute sich Montezuma als Kommandanten der zurückbleibenden Wache wünsche?

Der König bezeichnete Peter von Alvarado, »Tonatiu«, den Sonnensohn, wie er ihn wegen seiner üppigen blonden Haare nannte. Cortes stutzte; sagte aber dann zu und stürzte hinaus.

Er ließ die gesamte Mannschaft auf dem Hofe antreten und schilderte offen die Lage. Sie sei durchaus verzweifelt. Man habe jetzt nach so unsagbaren Strapazen seine Ansprüche noch gegen die eigenen Landsleute zu verteidigen. Er nehme nicht an, daß sie als die wahren und echten Eroberer des Landes vor diesen hergelaufenen Strolchen kapitulieren wollten?

Ein Wutgebrüll sparte ihm alle weiteren Reden. Man wollte nur wissen, wann abmarschiert würde. Cortes teilte achtzig Soldaten als Wache für Montezuma ab und ernannte Alvarado zum Kommandanten. Für die andern erging der Befehl, die Weiber, Diener und alles Gepäck in der Stadt zurückzulassen. Man habe so leicht gegürtet wie möglich anzutreten.

Die Quartiere dröhnten von Geschrei. Niemand war im Zweifel, daß man diese Neuankömmlinge in die Pfanne hauen würde. Der Buckel Naxera dichtete eine Romanze und sang sie mit schallender Stimme vor, in der die Gegner als eine Horde armseliger nasser Buben tituliert wurden, räudige, grindschuppige Hungerleider, gewohnt, sich mit Eicheln oder Sägespänen den hungrigen Wanst zu füllen, duckmäusrige, eckschielige Sautreiber, Dreckfresser, Windhälse und Luftschnapper, die nun hier an Cortes und den echten alten Eroberern zum Ritter werden wollten, um sich einmal mit guten Brocken satt zu fressen. Man würde ihnen aber schon die Mahlzeit segnen, daß sie die Knie zum Maul zögen. Jeder fühlte sich plötzlich reich. Man prahlte mit seiner Beute, pries die indianischen Weiber, rühmte das gute Essen, und jene, die bereits alles verspielt hatten, rechneten mit glänzenden Augen und feuchten Lippen ihren Verlust auf wie einen teuren Besitz. Alle fühlten sich gegenüber der neuen Gefahr einig; es gab keine Partei Velasquez mehr, und gerührt erzählte man sich, wie sogar der Steuermann Gonzalo aus Umbria, dem Cortes die Füße hatte abhauen lassen, auf seinen Krücken vor das Quartier des Generalkapitäns gehumpelt war und flehentlich gebeten hatte, man solle ihn doch mitnehmen.

Cortes verabschiedete sich kurz vor dem Ausmarsch von Marina, die sehr ruhig blieb und nur ein wenig verwundert fragte, warum gerade Peter von Alvarado zum Kommandanten der Wache ernannt worden sei?

Montezuma habe es selber gewünscht. Es sei ja auch bekannt, wie gut er sich mit dem blonden Hauptmann beim Spiel unterhielte.

Wenn aber die Lage in der unruhigen Stadt schwierig würde?

Was schwierig! – Cortes zerrte an den Gurten seines Gaules. Er hatte jetzt nur Gedanken für die allernächsten Dinge, das Pferd, den Sattel und den Ritt. Die Vorstellung, daß hinter seinem Rücken noch weitere Schwierigkeiten entstehen sollten, warf er ungeduldig beiseite.

Marina strich nachdenklich über ihre Brauen. Ob der rabiate und beschränkte Hauptmann wohl die richtige Person für diesen verantwortungsvollen Posten wäre?

Cortes trat ärgerlich – Bestie! – dem Gaul, der sich aufblies, mit dem Knie gegen den Bauch und schnallte den Sattel nach. Der Mann habe seine Instruktionen und sei ja auch in Gottes Namen ein tüchtiger Soldat. Mehr könne er jetzt auch nicht tun.

Vorwärts! Er winkte den Soldaten, anzutreten.

Dann wandte er sich noch einmal zu der Frau um. Ihre Gestalt begann bereits schwer zu werden; auch ihre Füße hatten ihre schwebende Leichtigkeit verloren und schleppten träge und lastig über den Boden. Ihr Gesicht war leicht gedunsen und zeigte Flecke. Cortes verbeugte sich auf der Schwelle tief vor ihr. Die Soldaten sahen, welchen Respekt er ihr erwies, und sie selbst genoß mit innigem Behagen diese Bewunderung. Es erschien ihr sehr warm und hell hier vor der Tür – sie ging sonst nur noch selten ins Freie –; der Lärm des Aufbruchs flutete in breiten, blitzenden Wellen gegen die Tür. Marina lächelte mit gesenktem Kopf auf ihre Hände. Sie wußte, Cortes würde sich nicht mehr umsehen, und wollte sich die Enttäuschung ersparen, vergeblich zu ihm aufzublicken. Der Lärm schwoll an; in das Scharren der vielen Füße prasselte das Stampfen der Gäule, die nach der langen Ruhezeit unruhig und erschreckt von den eignen Tritten ihre Hufe erprobten. Die Tore des Palastes öffneten sich. Das Geräusch der vielen Schritte klang nur noch leise plätschernd wie ein vorüberhuschender Regenschauer. Marina blickte dem Zug nach. Wie klein, wie winzig klein er war; kaum füllte er den Raum von zwei Häuserlängen auf der riesigen Hauptstraße. Langsam schlossen sich die Flügel des Ausgangs.

Fünfzehntes Kapitel

Der Oberst Narvaez hatte sein Quartier an der Küste im Hause des dicken Kaziken von Cempoalla aufgeschlagen. Jeden Abend hielt er festliche Tafel. Man verlas lachend die Botschaften, die Cortes durch indianische Läufer sandte, zerriß sie und warf die Fetzen unter den Tisch. Was, verhandeln, mit diesem Meuterer und Rebellen verhandeln! Den Degen hatte er abzuliefern und seine zusammengestohlenen Schätze dazu. Auch die Parlamentäre, die Cortes schickte, wurden mit Hohn abgewiesen. Der Hauptmann Velasquez de Leon, der in Begleitung des Paters Olmedo erschien, wurde von Narvaez wegen seiner Verwandtschaft mit dem Gouverneur Velasquez zu Tisch geladen. Die Gesellschaft prahlte: man sei wohl gerade im rechten Augenblick gekommen, da Cortes durch seine Räubereien einen so unermeßlichen Haufen Gold zusammengescharrt habe, auf den man jetzt nur die Hand zu legen brauche.

Dabei blickten sie mit gierigen Augen auf den Hauptmann, der eine lange goldene Kette zweimal um den Hals und noch mit einigen Windungen über den Oberarm geschlungen trug. Auch solle ja die ganze Mannschaft höchst erbittert auf den »Generalkapitän« sein, wie er sich ja wohl nenne, wegen der Prellereien bei der Beuteverteilung?

Als Nachtisch ließ Narvaez zwei Schüsseln mit Ketten und Stricken auftragen und vor den beiden Parlamentären niedersetzen. Der Hauptmann Salvatierra, ein blasser und dicker Mann, dem der Bauch in Wülsten über den Gürtel schwoll, schrie, er wolle dem Lumpen und Erzverräter Cortes noch eigenhändig die Ohren vom Kopfe schneiden, in Öl braten und fressen, so wahr ihm Gott helfe!

Leon und Olmedo erhoben sich stillschweigend, gingen hinaus und bestiegen ihre Pferde. Sie trafen Cortes in Tlaskalla an und erstatteten Bericht. An eine Verständigung sei nicht zu denken; der Narvaez habe sogar einen Preis von 800 Piastern auf den Kopf des Generalkapitäns gesetzt.

Cortes fragte beunruhigt, ob die Gegner denn irgendwelche Vollmachten aus Spanien besäßen?

Nein; lediglich vom Gouverneur Velasquez auf Kuba.

Cortes atmete auf. Er entwarf sogleich ein Mandat: im Namen des Kaisers! Der Dienst Gottes und Seiner Majestät erfordere es, daß der Oberst Narvaez, der hochverräterisch Verbindungen mit dem Landesfeinde angeknüpft und so das ganze Werk der Eroberung aufs äußerste gefährdet habe, gefänglich eingebracht oder, falls er sich nicht ergeben wolle, niedergemacht werde. Jeder, der ihm Beistand leiste, verfalle in die gleiche Acht.

Durch tlaskallanische Läufer schickte er es den Gegnern zu. Dann brach er mit seiner Mannschaft in Eilmärschen auf. Er trieb die Leute immer wieder an: es komme alles darauf an, dem Narvaez, der sie wohl noch in Mexiko glaubte, völlig überraschend im Nacken zu sitzen.

Schweigend zog die kleine Schar über den Paßweg hinunter zur Küste. Die Luft wurde diesig. Es begann zu regnen, lau und unaufhörlich, mit einer schmeichlerischen Gewalt, die betäubte. Der brackige Boden schmatzte unter den Füßen; es roch nach verfaultem Schilf. Die Soldaten stapften todmüde dahin. Von einer Marschordnung war keine Rede, man lief in einzelnen Trupps, wie es eben kam, und am Abend humpelten noch stundenlang die Nachzügler ins Lager. Manche Abteilungen warfen sich einfach dort, wo sie haltmachten, in das dichte Grün, zu faul, auch nur ein Wachtfeuer anzuzünden. Cortes selbst und die anderen Hauptleute übernahmen die Posten. Auch sie schliefen häufig dabei ein.

Der Regen nahm zu, je näher sie Cempoalla und dem Lager der Gegner rückten. Die zerrissenen und geflickten Baumwollpanzer stanken in der Nässe. Viele liefen nur noch im Hemd, den Hals weit offen und mit schnappendem Munde. Am Rand des Flusses, den Velasquez de Leon bezeichnete, wurde ein Posten des Narvaez überrascht. Die Leute hockten unter einem kleinen Schilfdach, völlig blöde von dem tagelang trommelnden Regen. Sie sagten nach einigen Püffen bereitwillig aus, was sie wußten. Narvaez hatte sich mit dem Gros seiner Mannschaft in die Stadt Cempoalla zurückgezogen; nur das Geschütz und die Reiterei waren noch im Lager postiert.

In der Nacht watete man durch den Fluß. Er war durch den Regen angeschwollen, und das Wasser ging bis an den Hals. Zwei Leute fehlten, als man am andern Ufer sich wieder zusammenschloß. Der Wind fuhr in die nassen Lumpen, und allen klapperten die Zähne vor Frost. Sie begannen zu laufen. Auf der Höhe der Uferböschung stolperten sie in eine Feldwache hinein. Erbittert von den Anstrengungen des Übergangs schlugen sie mit den Piken und Degen auf die Gegner los. Ein junger Bursche entkam und lief laut schreiend davon. Man versuchte hinter ihm her zu schießen, aber die naßgewordenen Musketen versagten.

Cortes fuhr seine Leute heftig an: sie sollten sich jetzt nicht mit Plündern aufhalten, man müsse im Laufschritt weiter und den Narvaez anfallen, ehe er sich in Ordnung aufgestellt hätte. Völlig überraschen könne man ihn ohnehin nicht mehr; es werde einen harten Kampf geben.

Schon von weitem hörten sie das Blasen und Trommeln in der Stadt. Mit gesenkten Piken stürzten sie darauf los. Den feindlichen Artilleristen blieb kaum Zeit, ihre Stücke zu lösen; nur vier Geschütze wurden abgefeuert. Die Kugeln gingen mit dumpfem Schluchzen hoch über die Angreifer hinweg. Eine Kartätsche riß metallisch prasselnd drei von den Leuten des Cortes zu Boden.

Nach dem kurzen Aufblitzen des Feuers schlug die Dunkelheit um so stärker herunter. Die Angreifer tappten zwischen den halbverlassenen und vom Regen zerschwemmten Schanzen umher und brüllten unaufhörlich ihre Parole: Heiliger Geist!

Einige Male rannten Trupps, die so sinnlos schrien, daß sie die andern nicht hörten, mit den Kameraden aufeinander.

Der ganze Knäuel wälzte sich nun auf den Eingang der Stadt zu. Zwischen den hohen Mauern der Häuser ließ der Regen etwas nach. Die Hauptleute sammelten ihre Mannschaften um sich und stießen durch die Straßen vor. Aus manchen Häusern flackerte Licht; halbangezogene Soldaten tappten schlaftrunken heraus und wurden noch auf der Schwelle niedergestoßen. Andere liefen zwischen den Eindringenden mit, in der Meinung, es seien Kameraden, die zum Appell rückten. Cortes ließ sich von dem unaufhörlichen Blasen und Trommeln leiten; die Musiker mußten im Quartier des Narvaez stehen.

Von den Stockwerken des Tempels herab blitzten die Schüsse. Man hörte auf den Stufen eine laute und grobe Kommandostimme, die wütend bellte. Im aufzuckenden Schein des Mündungsfeuers wurde Narvaez erkannt. Er hatte bald eine tüchtige Mannschaft zusammen und warf die Angreifer die Treppe hinunter. Narvaez sprang in seinem Eifer den Zurückweichenden nach und schrie plötzlich heulend auf: »Mein Auge, mein Auge! Mutter Gottes, sie haben mir das Auge ausgestoßen. Ich bin des Todes!«

Sein Gebrüll wurde von dem Siegesjubel der Angreifer verschlungen, die ohne weiteres »Viktoria für Cortes« riefen. Man gab die Nachricht, der Narvaez sei gefallen, durch alle Straßen weiter, und viele seiner Leute warfen die Waffen fort. Auf den Tempeltreppen tobte aber der Kampf weiter. Die Soldaten des Narvaez schleppten den ächzenden Obersten in eine der Priesterstuben und hielten sich energisch die Angreifer vom Leibe. Der Schiffszimmermeister Martin Lopez packte schließlich einen Feuerbrand und stieß ihn mit seiner Pike in das Strohdach. Trotz der Nässe qualmte die Schilflage sogleich an. Der Wind griff hinein und zerrte die Flammen heraus.

Die Eingeschlossenen wehrten sich hartnäckig noch eine Weile. Als aber ein heftiger Windstoß im Dach eine Stichflamme auftürmte und glühende Sparren vor dem Eingang herunterwischte, kollerten sie hustend und schluckend heraus. Narvaez wurde mitgerissen; er hatte einen schmutzigen, rot durchweichten Ärmel um den Kopf gewunden. Am engen Halskragen staute sich das Blut; zwei breite Strähnen rannen über den Harnisch herunter. Der kräftige Mann hatte noch den Degen in der Hand und hieb um sich, grölend vor Schmerz und Ingrimm. Ein Reitknecht des Cortes sprang ihm von hinten auf die Schultern und riß ihn zu Boden. Sie rollten beide bis zum nächsten Absatz die Stufen herunter. Man schlug Narvaez mit einem Pikenschaft vor den Schädel, und er sank lautlos in sich zusammen. Hastig rissen sie ihm den Harnisch herunter; ein anderer nahm den Ringkragen, ein dritter den Degen. Auch die übrigen Gefangenen wurden sogleich bis aufs Hemd ausgeplündert. An manchen Stellen entstand bereits wütender Streit über die Beute.

Der Generalkapitän ließ blasen. Auf den Straßen standen im Halbdunkel so viel fremde Gesichter, daß ihm angst wurde. Der Platz vor dem großen Tempel war überschwemmt mit Soldaten des Narvaez. Seine eignen Leute verschwanden fast unter der Menge. Sie brüllten immer wieder »Viktoria« und »Narvaez ist gefallen« und »Es lebe der Kaiser!« Von dem Absatz des Tempels ließ Cortes durch den Trompeter verkünden, die Mannschaft des Narvaez habe sich bei Todesstrafe unter die Fahne Seiner Majestät und des Kaiserlichen Statthalters Cortes zu stellen. Wer noch weiter Widerstand leiste, werde unweigerlich gehängt.

Cortes erschien auf dem Hofe des Tempels, der taghell von dem brennenden Gestühl beleuchtet war. In einem Winkel hatte man den Narvaez auf einen Stein gesetzt. Der Wundarzt war um ihn beschäftigt. Cortes rief nach dem Hauptmann Sandoval. Seine Stimme klang heiser und verwischt von der Anstrengung.

Wo der Narvaez sei?

Hier neben ihm und gut aufgehoben. Man habe ihm bereits Fußschellen angelegt.

Wo? – Cortes drückte die Finger in die Augen, die vom strömenden Schweiß geblendet waren.

Narvaez, dem der Wundarzt eben den Verband über der Wunde stramm anzog, brüllte wie ein Stier. Die Zunge hing dick über den Bart. Man rief ihm zu, Cortes stünde neben ihm. Noch ächzend machte er Miene, sich zu erheben. Cortes bat ihn, doch Platz zu behalten. Der Verband war fertig. Narvaez faßte ihn grimmig über den Ohren an; der Juckreiz war für einen Augenblick schärfer als das Brennen der Wunde. Dann wandte er den Kopf von unten her in die Richtung, in der er Cortes vermutete, und murrte: der Herr Generalkapitän könne sich weiß Gott wohl auf diesen Sieg etwas einbilden.

Allerdings danke er Gott dafür; ebensosehr aber auch seinen heldenmütigen Kameraden! – Cortes hob die Stimme und machte eine verbindliche Handbewegung zu seinen Leuten hin. – Im übrigen wolle man von dieser ganzen Affäre kein allzu großes Wesen machen; sie sei wohl eine der geringsten Waffentaten bei dieser glorreichen Eroberung Mexikos.

Dann gab er Sandoval Anweisung, die Gefangenen in die Häuser zu sperren, damit sie nicht innewürden, wie ungeheuer ihre zahlenmäßige Überlegenheit wäre, und sich womöglich noch einmal erhöben. Von einem der Trompeter begleitet, stürzte er wieder in die Stadt. Überall wurde noch geschossen. Zuweilen fuhr ein Armbrustbolzen mit scharfem Schnalzen über die Eilenden hin; dann krachten Schüsse, polternd zwischen den Häusern, als stürzten Mauerteile herunter. Der Regen ließ nun nach; ein heftiger Wind riß das Dunkel in Fetzen auseinander. Weißes Mondlicht schüttete herunter.

Der Landsknecht Tuvilla lief mit einer Fackel umher und fragte, wo sich denn der Maulheld Salvatierra versteckt halte, der geschworen hatte, er wolle dem Generalkapitän die Ohren abschneiden und in Öl braten? War der Dickwanst in ein Mausloch geschloffen?

In einem der Priesterhäuser zog man ihn unter einem Stapel bunter Bastmatten hervor. Er schwitzte und stank vor Angst. Die Soldaten warfen ihn auf die Erde, sprangen mit Geheul um ihn herum und schlugen ihn mit den Fackeln auf die Ohren: da, das Öl, die Pfanne, das Feuer! Einer schrie, man solle den Hund am Kopf aufhängen und ihm das Schmer ablassen wie seinerzeit der Hauptmann Olid dem Indianer bei Tabasco! – Der Oberst Avila, von Cortes ausgesandt, sie zu sammeln, brachte sie nur mit der flachen Klinge von ihrem Opfer ab.

Auf den Straßen der Stadt brach aber nun in der Morgendämmerung ein wüster Tumult los. Die Sieger zogen in Trupps umher, über und über mit Beutestücken und Waffen beladen, und sangen. Die Musikanten des Narvaez schlossen sich ihnen an; sie paukten, trommelten und bliesen wie toll. Ein Neger, der seine Arme und Beine schlenkerte, daß man meinte, die Gelenke müßten ihm brechen, schrie mit Schaum vor dem Munde: Viktoria für Cortes! und brüllte: Vivat! und wieder: Viktoria! Die spanischen Weiber vom Trosse des Narvaez stürzten aus den Häusern und zeigten mit den Fingern auf die Gefangenen, die noch immer vorbeigeführt wurden. Einige hoben ihre Röcke hoch und keiften: feige Lumpen seien die Leute des Narvaez, Jammerkerle und Wallache! Da, von diesen paar Männern, die kaum eine Kompanie ausmachten, ließen sie sich regimenterweise zu Paaren treiben!

Die Hauptleute und Mannschaften wurden sogleich von Cortes in Eid und Pflicht genommen. Dann setzte man sich zu einem Mahle nieder.

Der Generalkapitän hatte eiligst im Palaste des dicken Kaziken einen Saal zurechtmachen lassen. Er hatte seine Rüstung abgelegt, sich flüchtig gewaschen und einen weiten, orangefarbigen Rock umgeworfen. Seine Leute bewunderten ihn sehr. Wie sicher und anmutig er sich bewegte! Wie herablassend und freundlich er mit den feindlichen Hauptleuten, die ihm nun ihre Aufwartung machen mußten, sprach, wahrhaftig als ein großer Herr! Sogar den Bart hatte er in all dem Trubel nicht vergessen zu parfümieren! Welche schönen Versprechungen er ihnen machte!

Cortes hob die Tafel auf, indem er die Anwesenden bat, ihm auf das Wohl des Kaisers und ein kameradschaftliches Zusammenwirken im Dienste Seiner Majestät Bescheid zu tun. Er legte sich zur Ruhe und gab Befehl, man solle ihn nicht vor dem anderen Morgen wecken.

Es dauerte geraume Zeit, bis er einschlief. Das verhetzte Blut wollte nicht sogleich zur Ruhe kommen, und während schon im Kreuz und den Gelenken schwer und fast giftig die Müdigkeit sich setzte, spülten immer wieder die Gedanken durch das überwache Gehirn. Nun, da der Erfolg gesichert war, fielen ihm die Maßnahmen ein, die er vergessen hatte, törichte und falsche Befehle, Sätze aus einem Brief, den er noch vorher an Narvaez hätte schreiben sollen. Endlich aber, wie der Tumult in seinem Körper sich sänftigte, überkam ihn doch das Gefühl eines mächtigen

Triumphes. Er spürte und genoß seinen Sieg mit einem ganz leiblichen, kräftigen Wohlbehagen, dehnte sich und horchte lächelnd auf den ruhigen Schritt der Posten vor der Tür. Er mußte an Marina denken und den Knaben, den sie ihm gebären würde. Cortes bestaunte sich selbst. Er nestelte, mit schon versagenden Fingern, den Rock über der Brust auf, tastete die blanke Haut an und atmete leise ihren Geruch ein. Nun schlief er; die Schläfenknochen traten scharf hervor; die vollen Lippen standen halb offen und ließen das feste und junge Zahnwerk sehen. Sein Gesicht zeigte keinen Ausdruck; es war ruhig und gleichgültig wie ein Stück Natur.

Sechzehntes Kapitel

In Mexiko waren inzwischen Abordnungen der Priester und Vornehmen zu Peter von Alvarado gekommen und hatten gebeten, man möge ihnen doch erlauben, das Toxcatl-Fest zu Ehren Huitzilopochtlis zu feiern. Der Kommandant sagte ohne weiteres Nachdenken zu. Marina machte ihm lebhafte Vorwürfe: man dürfe eine solche Ansammlung von Kriegern und Adligen keinesfalls dulden, namentlich jetzt nicht, wo nach dem Abmarsch des Generalkapitäns ohnehin eine gefährliche Stimmung unter der Bevölkerung um sich griffe. Die großen Feste seien auch stets Gelegenheiten zu Verschwörungen und Aufständen in Mexiko gewesen, und mancher der aztekischen Herrscher habe bei solcher Gelegenheit seinen Thron eingebüßt.

Alvarado fuhr sich ärgerlich mit den großen roten Händen über die Lippen und maulte: er wisse schon, was er zu tun hätte. Außerdem könne man ja nachträglich noch den Befehl erlassen, es dürften keine Waffen mitgebracht werden.

Seine Stimmung verschlechterte sich noch, als auch der Feldherr Xicotencatl erschien und in die Warnungen Marinas einstimmte. Alvarado schüttelte endlich trotzig die blonden Locken aus der Stirn und schrie: er wünsche, daß die Feier stattfände, jawohl; man habe ihm solche Wunderdinge von den Tänzen erzählt, daß er durchaus einmal eine solche teuflische Versammlung mit ansehen wolle. Erwiese sich aber, daß die Mexikaner tatsächlich mit verräterischen Plänen umgingen, so sollten sie sich wohl den Kopf dabei blutig stoßen. Man habe seinerzeit in Cholula ein Beispiel gegeben, wie solchen Hinterhältigkeiten zu begegnen wäre, und er hätte seit langem dem Generalkapitän geraten, diesen üppigen Mexikanern einmal einen tüchtigen Aderlaß zu geben. Da werde ihnen ihr geschwollner Kamm bald sinken.

Xicotencatl ließ die ledergeflochtene Schnur, an der er seinen spanischen Dolch wie einen Orden um den Hals trug, durch die Finger gleiten und nickte zustimmend. Marina ging. Sie besprach sich mit dem Pater Las Casas und schickte sogleich einen Eilboten mit einem Brief des Priesters an Cortes: Alvarado müsse den strengen Befehl erhalten, alle unbesonnenen Gewalttätigkeiten gegen die Bevölkerung zu unterlassen.

In der Stadt begannen die Vorbereitungen für das Fest. Die Wachtelverkäufer liefen durch die Straßen und boten die Opfertiere aus. In den reicheren Häusern wurden jeden Morgen ein paar Vögel geopfert; die armen Familien taten sich zusammen und erstanden wenigstens für den Vorabend der Feier ein Tier. Montezuma ließ sich täglich vier Wachteln bringen, riß ihnen eigenhändig mit einer geschickten Bewegung, die ihm noch aus seiner Priesterzeit her vertraut war, die Köpfe ab und warf sie vor dem Bildnis Huitzilopochtlis zu Boden. Die Tiere flatterten noch eine Weile mit den Flügeln und warfen sich umher, die Stufen rings mit schwarzem Blut beschüttend. Der König blickte stumm und mit gesenktem Kopfe auf die verzuckenden kleinen Leiber. Peter von Alvarado, der ihn einige Male dabei beobachtete, hatte die unruhigen blauen Augen voller Tränen.

Weiber, die sich verpflichtet hatten, ein Jahr lang zu fasten, saßen in einem abgesonderten Raum des Palastes vor den polierten Steinen und mahlten leise, die vorgeschriebenen Gesänge summend, den Meldesamen und die Körner des Stachelmohns. Alvarados Soldaten, die voll Neugier überall umherstrichen, grinsten einige Male durch die Fenster des Saales, und man mußte das entweihte Mehl fortschütten. Priester kamen, die schwarzen Kutten starrend von altem und frischem Blut, die Haare wie mit Gelee verschmiert, und holten des Nachts das heilige Mehl ab. Auf einer Unterlage von Zweigen begannen sie im Tempel das Bildnis des Gottes zu formen. Aus Mezquiteholz wurde das Skelett aufgerichtet; man richtete den Teig an, gelb wie Salbe und gleichmäßig wie eingedickter Agavensaft; sorgsam wurde das Knochengerüst damit umkleidet. Die vornehmen Häuser der Stadt schickten jeden Morgen ihre Diener zum Tempel mit Opfergeschenken und ließen sich Bescheid bringen, wie weit die Gestalt des Gottes gediehen war. Man bekleidete ihn mit dem Nesselmantel, der aus feinen Maschen gewebt war wie ein Fischernetz, krönte ihn mit der Federkrone, die an der Spitze ein blutrotes Steinmesser trug, nachdem man die Haare aus feinen Kolibrifederdaunen mit Gummi auf das Haupt geklebt hatte, und warf ihm endlich den Göttermantel um, das kostbare Teoquemitl, funkelnd in kostbarem Federmosaik und mit einer Borte aus purpurnen Löffelreiherfedern. Auf der Brust lastete die schwere goldene Scheibe, von den Ohren tropften die Gehänge aus Gold und Türkis herab, mit Schellen in Form von abgehackten Zehen; durch die Nase wurde der goldne Pfeil gestoßen. Zuletzt schminkten die Priester, zaghaft und nur noch mit Überwindung das Bild des Gottes berührend, die blauen und gelben Querstreifen in das Gesicht. Der Oberpriester befestigte an der Schambinde des Idols das zwanzig Ellen lange Rindenpapier, das mit zerstückten menschlichen Gliedern, Ohren, Herzen, Lungen, Gedärmen und Fingern, bemalt war, und rollte es lang nach vorn aus; er gab ihm die rote, papierne Blutfahne in die Hand und lehnte den ganz von Adlerdaunen schwellenden Schild an seine Seite. Dann ließ er das Bild mit feinen Matten verhüllen.

Die Magazinverwalter hatten unterdessen den Opfersklaven aus den immer noch im geheimen bereitgehaltenen Gefangenen bestimmt. Es mußte ein untadelig schöner Mensch sein, und eine Kommission der obersten Priester aller Tempel war bei der Auswahl zugegen und prüfte lange: die Feinheit der Haut, die keinerlei Unreinheiten oder Narben zeigen durfte, die Frische der Zähne, den Geruch des Mundes; man betastete ihn am ganzen Leibe, um die Festigkeit seines Fleisches zu erproben, und ein im übrigen sehr schöner Gefangener wurde zurückgestellt, weil er einen vortretenden Nabel hatte. Zuletzt wurden Sprachproben gemacht, und auch dabei schied wieder ein Anwärter, der leicht stotterte, aus.

Man einigte sich schließlich auf einen jungen Chichimeken, von herrlicher, sehr magerer und sehniger Statur. Besonders für ihn eingenommen hatten seine Augen, große, braune und ungemein klare Augen; die Chichimeken waren gewaltige Bogenschützen und Fernhintreffer, und man erzählte, die Männer hüteten sich sorgfältig vor jedem Rauch und Feuer, um ihre Augen zu schonen, ja sie kämen einmal in jedem Monat zusammen und weinten den ganzen Tag, um sie zu waschen. Bedenklich stimmte die Priester nur das allzu ernste Wesen des Jünglings und eine gewisse Befangenheit im Gang, die aber auch von der langen Gefangenschaft – er hatte wie die übrigen bereits seit einem halben Jahre im Käfig gesessen – herkommen mochte. Man gab ihm vier Begleiter, junge Männer aus den vornehmsten Familien, die ihn lehren sollten, die Flöte zu blasen, im Gehen zu rauchen und zierlich die Füße zu setzen. Die Begleiter mußten sich die Köpfe völlig kahl scheren lassen wie Palastdiener; sie folgten dem »Auserwählten«, wie das Opfer von nun an genannt wurde, ständig und achteten darauf, daß ihm die Begegnenden bei den Rundgängen, die er täglich machen mußte, die gebührende Ehrfurcht erwiesen. Rücksichtslos schlugen sie auf jeden los, der sich nicht tief genug bückte.

Der »Auserwählte« wurde aus der Küche Montezumas mit den feinsten Speisen beköstigt; nach jedem Gang mußte er einen Becher Salzwasser trinken, damit er mager bliebe. Man gab ihm vier Frauen von ausgesuchter Schönheit; sein Zimmer wurde mit wohlriechendem Holze gebeizt und ertrank in Blumen. Auf dem Vorplatze waren Tag und Nacht Musikanten stationiert, die auf seinen Wunsch spielten. Jeden Morgen erschien ein Priester, der sich bei den Begleitern sehr ausführlich nach dem Befinden des Jünglings erkundigte; er hatte darüber dem Oberpriester Meldung zu erstatten, und diese Berichte wurden auf einer Rolle eingezeichnet. Man war im Tempel sehr beunruhigt, wenn es hieß, der »Auserwählte« habe eine schlechte Nacht gehabt oder sei niedergeschlagener Stimmung.

Alle Quartiere in der Stadt waren überfüllt. Fünf Tage vor dem Feste begann man in den Häusern zu singen und zu tanzen. Die Spanier wurden unruhig von der ständig schwirrenden Musik, dem trocknen, hohlen Pauken, das von allen Tempeln herab dröhnte, und dem auf- und absteigenden Brausen der gewaltigen Menschenmassen, die sich durch die Straßen wälzten. Alvarado ließ den Oberpriester kommen und herrschte ihn an: er habe wohl das Fest erlaubt, aber nicht ein solches zügelloses, wochenlanges Feiern; wann der berühmte Schlangentanz denn nun endlich stattfände, in Satans Namen?

Der Priester vertröstete ihn: das Bildnis des Gottes sei noch nicht völlig fertig; der Sonnensohn möge noch einen Tag Geduld haben. – Die Opferung des »Auserwählten« sollte vor den Spaniern geheimgehalten werden; man hatte sich daher entschlossen, die Weißen Götter bei der Zeremonie des Tanzes in Schlangenwindungen zuschauen zu lassen. Mit Lüsternheit und Grauen in der Stimme fragte Alvarado nach den Einzelheiten: ob auch Frauen an dem Tanze teilnähmen?

Gewiß. Freilich nur Mädchen aus den besten Familien des Landes. Die älteren Krieger und Vortänzer hätten ausdrücklich auf die jüngeren zu achten; wenn man bei einem eine begehrliche Bewegung beobachte oder nur höre, daß er einer der Jungfrauen schmeichlerisch etwas zuflüstere, so werde der Schuldige auf der Stelle niedergeschlagen und auf den Leib getreten, bis er krepiere. Mit Geilheit diene man Gott schlecht.

Alvarado schüttelte den Kopf und meinte zu den anderen: die Baalspfaffen schienen sich wahrhaftig noch einzubilden, sie hielten mit diesem lächerlichen Gehüpfe vor ihrem höllischen Fladen eine Art Gottesdienst ab?

Der Pater Las Casas hob die dichten Brauen in dem vollen Bischofsgesicht und verwies ihm die Spottreden. Es stünde einem christlichen Kriegsmanne überhaupt schlecht an, solche Dinge zu erlauben, geschweige sie zu befördern, nur um seine Neugier und Schaulust zu befriedigen wie an einer Gauklervorstellung. Von Rechts wegen hätte man die Feier verbieten sollen.

Alvarado schrie: das Fest finde statt, basta! Im übrigen wolle der Hochwürdige Herr sich nur eifrig dem Bekehrungswerk der Heiden zuwenden, da könne er ein reiches Feld für seine Tatkraft finden; es sei zum Erstaunen, wie wenig Seelen man bisher dem reinen Glauben gewonnen habe.

Der Pater schwieg, verletzt und traurig. Er hatte in der Tat nur sehr geringe Erfolge bei seinen Bekehrungsversuchen gehabt.

Montezuma lehnte jedes Gespräch über Dinge der Religion standhaft ab, und auch die anderen Großen des Hofes waren jeder Belehrung unzugänglich. Lediglich aus dem niederen Volke, den Dreck- oder Kotbrüdern, wie die Vornehmen sie höhnisch nannten, hatte sich eine ganze Reihe von Männern und Frauen taufen lassen, Küchenjungen, Lastträger, Huren und ein ganzer Haufen von Krüppeln und Bettlern, die nun jeden Mittag an den Toren des spanischen Quartiers erschienen und mit lautem Geplärr verlangten, man solle ihnen eine christliche Mahlzeit reichen. Montezuma hatte in dem ersten und einzigen Gespräch, das zwischen ihm und dem Pater zustande gekommen war, diese Bekehrungen erwähnt und voll Unmut erklärt, er wolle von einer Religion nichts wissen, die ihn mit solchem schmutzigen Pöbel in einen Topf werfe.

Las Casas nahm seine Kutte zusammen und ging. Alvarado befahl für den Tag des Festes erhöhte Gefechtsbereitschaft. Von den Spaniern unbemerkt fand am frühen Morgen die Opferung des »Auserwählten« statt. Vor den Häusern standen Kohlenbekken, in die Kopal geworfen wurde. Die Straßen dufteten nach dem aromatischen Harz; der Geruch war so laut, daß er den Atem der zahllosen Blumen, mit denen der Boden bedeckt war, übertäubte. Die Bevölkerung mußte lange warten; der »Auserwählte« durfte selber die Stunde bestimmen, zu der sein letzter Rundgang stattfinden sollte, und er zögerte einige Stunden. Die Priester standen ängstlich um ihn herum und summten ihre Gebete. Keiner wagte das Opfer zu stören; kam doch alles darauf an, daß der »Auserwählte« völlig heiter und gelassen seinen Weg vollendete. Man hatte ihm einen berauschenden Trank eingegeben, der nicht sogleich wirkte. Endlich, wie es in der Sonne wärmer wurde, erhob sich der schöne Chichimeke von seinem Lager im Tempel, trat hinaus auf die Plattform und blickte hinüber zu den funkelnden Schneebergen, hinter denen seine Heimat dort oben in den Steppen des Nordens lag. Er stand eine Weile gebeugt da und atmete die frische Luft. Allmählich umfing ihn die erste Hitze des Morgens mit einer sanften Betäubung. Er winkte den Begleitern und ließ sich schmücken. Man legte ihm die kostbare Kleidung des Gottes an, setzte ihm die Perücke aus Adlerdaunen auf und die Papierkrone mit dem roten Feuersteinmesser an der Spitze, und gab ihm die Flöte in die Hand. Leise begann er zu blasen. Der zirpende, näselnde Ton des oboenartigen Instrumentes, dessen Blätter zwischen seinen Lippen sanft vibrierten, beruhigte ihn vollends; er setzte ab, lächelte und ließ sich von einem der Begleiter die Zigarre reichen. Zierlich hielt er mit der Linken die Nase zu, trank den Rauch und hauchte ihn blau in die Luft. Der Oberpriester nickte befriedigt und gab das Zeichen zum Beginn des Festzuges.

Der Weg führte in einer Schlangenwindung quer durch die ganze Stadt. Von den Tempeln herab fiel das trockene und hohle Pauken der großen Trommeln in die Straßen und schürte die Herzen an. Die Bevölkerung sank zu Boden, sobald sie von ferne das sanfte, durchdringende Flöten des »Auserwählten« hörte, und aß Erde. Manche führten die Geste der Devotion nur andeutungsweise aus, andere stopften im Eifer buchstäblich Krümel von Staub in den Mund. Verstohlen blickte man zwischen den Händen auf den Zug. Er schritt langsam und in schönem Ebenmaß dahin, mit jener hohen Kultur des Ganges, die allen Völkern eigen ist, die keine Tragtiere oder Gefährte kennen. Leise murmelte und zwitscherte man sich zu: wie leicht und heiter der »Auserwählte« seinen Weg wandelte! Wie zierlich er die Füße nach außen setzte! Wie fein er flötete, wie sanft er den Tabakrauch von sich blies! Sein prachtvoller Schmuck, der Glanz seiner untadeligen Haut, seine großen, braunen und schimmernden Augen! Stellte er nicht wahrhaft ein Bild des menschlichen Geschickes dar, wie er da in Reichtum und Fröhlichkeit dahinzog, diesen Weg, der so plötzlich in einem jähen Absturz enden würde! Hatte er nicht als rechte Mahnung der Vergänglichkeit das rote Opfermesser mitten in aller funkelnden Pracht seiner Krone auf der Stirn?

Der Zug führte über den großen Damm, der zu beiden Seiten von der Landbevölkerung belagert war, und am Ufer entlang zu einem kleinen Tempel in der Nähe der Wasserleitung. Das Gotteshaus war durch zwei Reihen von Palastdienern abgesperrt, die rücksichtslos ihre Kiefernknüppel gegen die Neugierigen gebrauchten. Der Lärm und das Geschrei der Gefangenen drohte einen Augenblick das leise Flöten des Auserwählten zu übertönen, und der Oberpriester gab den Musikanten ein Zeichen. Sie fielen mit ihren Fellpauken ein, schwangen die Kürbisrasseln und schlugen die Schildkrötenpanzer. Im Hof des Heiligtumes war es kühl und still, und ein Schauer wehte über den »Auserwählten« her. Er trank noch einen Zug aus der Zigarre, die man ihm bot, dann zerbrach er die schwarze Tabakrolle und streute die Stücke auf die Stufen der Treppe. Langsam stieg er hinauf. In der Mitte blieb er stehen, setzte die Flöte an die Lippen und blies eine letzte, kunstvolle Kadenz, die wie ein leichter Flügelschlag aufschwirrte und, mählich abwärts gleitend, in einem tiefen, aus voller Kehle stöhnenden Laut endete. Er zerschlug das Instrument mit einer kräftigen und stolzen Bewegung auf den Steinen, reckte sich und blickte mit weit offenen Augen in das Dunkel der niedrigen, breiten Tempeltür.

Zwei Priester sprangen von hinten über ihn her, der Blutdunst ihrer Kutten schlug zu ihm auf; sie packten ihn, wanden Tücher über sein Gesicht und schleppten ihn hinein. Vor dem wie ein Eselsrücken geformten, blankpolierten Opferstein stand der Oberpriester. Er brach dem Jüngling das rotgefärbte Feuersteinmesser aus der Krone und prüfte die Klinge an einem geweihten Papier. Die Gehilfen warfen das Opfer über den Stein und zerrten ihm eilig die schweren und kostbaren Kleider vom Leibe. Nackt glänzte der herrliche, bronzefarbene Oberkörper durch das Dämmer. Die Rippen traten durch den Druck, mit dem man Beine und Kopf abwärts preßte, deutlich aus der Haut hervor. Der Oberpriester hieb mit wuchtigen und geschickten Schlägen die Brust auf, griff hinein, packte das Herz und riß es heraus. Er hob den rauchenden, in seiner Faust noch pulsenden kostbaren Rubin hoch empor, trug ihn hinaus auf den Altan und zeigte ihn dem Volke, das in maßlosen Jubel ausbrach. Feierlich weihte er das Opfer der Sonne, und die Menge schrie von neuem. Der Oberpriester wandte sich und ging hinein; er fing dabei sorgfältig des herabtropfende Blut mit den spitzen Fingern der linken Hand auf und strich es sich in die starrenden Haare. Drinnen legte er das Herz vor dem Bildnis des Gottes in eine Schale und warf Kopal auf die Räucherbecken. Die Gehilfen hatten inzwischen das Haupt des Jünglings vom Rumpfe getrennt; es wurde auf eine Stange gesteckt und vor dem Eingang aufgepflanzt. Wieder klatschten Wellen von Beifallsgeschrei gegen die

Mauern. – In einem Winkel des Opferraumes lag der Leichnam des schönen Chichimeken auf einer Matte, nackt, mit aufgehauener Brust und abgetrenntem Kopfe, ein armseliger Kadaver. Die Priester hatten ihm sogleich die kostbaren Festgewänder, die nicht weiter beschmutzt werden sollten, vom Leibe gezogen. Einige waren damit beschäftigt, den Federmantel zusammenzulegen, die gestickte Schambinde des Gottes aufzurollen und seine goldbeschlagenen Sandalen in feingeflochtene Bastkörbe zu packen, andere taten den Schmuck in die Krone, die noch am gleichen Tage bei der Verwaltung Montezumas wieder abgeliefert werden mußten, in kleine Koffer aus sämisch gegerbtem Leder. Von Zeit zu Zeit sprang einer von ihnen an das Räucherbecken und warf Kopal auf; der frische und nüchterne Schlachtgeruch des aufgebrochenen Körpers erfüllte den ganzen Raum und war den ganz an die dämmernden und süßen Verwesungsdünste des Tempels gewöhnten Priestern lästig. Man zog die Matte schließlich in einen Nebenraum, und dort lag der Chichimeke nun still und zusammengekrümmt in jener Hockstellung, in der man auf den weiten Steppen seiner Heimat hoch im Norden die Toten dem unendlichen Himmel und seinen Vögeln aussetzte.

Am frühen Nachmittag begann auf dem Hofe des großen Tempels der Tanz. Man hatte hölzerne Tribünen an den Seiten des Vierecks aufgebaut, je eine für die Priester, den Adel und die Vorsteher der Gilden und Zünfte; die letzte war den Weißen Göttern bestimmt. Das Volk, das wühlend und summend in Schwärmen vor dem engen Eingang klebte, hatte keinen Zutritt. Alvarado erschien erst spät, nachdem die Musik schon längst begonnen und die Tänzer bereits ihre Aufstellung genommen hatten. Er nahm mit nur wenigen Begleitern in der Mitte der Tribüne Platz. Die Hofbeamten näherten sich ihm und baten um Entschuldigung, daß schon begonnen sei; die Tänzer nähmen vor dem Reigen die berauschenden Getränke zu sich, und man dürfe nicht warten, bis deren Wirkung verflogen sei. Vorsichtig erlaubten sie sich dann noch die Frage, warum denn so wenige der Weißen Götter gekommen seien?

Alvarado wies auf die Mauern und flachen Dächer ringsum und erwiderte, er habe seine Leute dort in einiger Entfernung postiert; es schicke sich nicht, daß er mit ihnen so eng auf einer Bank zusammensäße.

Die Mexikaner blickten empor. Überall zwischen den Blumen der Dachgärten fleckte das dunkle Eisen der Spanier. Einige hatten, trotz Alvarados Befehl, man solle die Waffen nicht allzu auffällig sichtbar werden lassen, ihre Lanzen trotzig aufgestellt und lachten fech herunter. Der Hauptmann stand auf und brüllte hinüber, sie sollten die Piken quer legen. Sie gehorchten.

Alvarado setzte sich wieder. Er hatte seinen Degen aus dem Gehänge genommen und quer über die Knie gelegt; seine plumpen und rohen Hände fingerten an der riesigen alten Lederscheide. Um völlig sorglos zu erscheinen, setzte er den Helm ab und stellte ihn neben sich auf die Bank. Voll Ehrfurcht und Bewunderung starrten die Mexikaner zu ihm auf. Er erschien ihnen von überirdischer Schönheit, und sein Anblick verdrängte fast das Bild des sanften und rührenden »Auserwählten«, von dem alle Herzen noch erfüllt waren. Ja, jener Chichimeke hatte zierlich seine Füße gesetzt und wundervoll seine Flöte gespielt und den Rauch in die Luft geblasen, als ein rechtes Abbild der menschlichen Hinfälligkeit und Vergänglichkeit. Aber dieser Fremde – saß er nicht dort wie das blühende Leben, mit diesen Locken, die keine aufgeklebte Perücke waren aus Papageien- oder Kolibrifedern, sondern ihm wahrhaftig aus der Haut wuchsen in ihrer funkelnden Pracht, so golden und blank, wie man es nur von den Überirdischen gehört hatte? War er nicht wirklich Tonatiu, der Sonnensohn?

Die Priester, unzufrieden darüber, daß sich die Aufmerksamkeit von der heiligen Handlung so abwandte, gaben den Musikanten das Zeichen, noch einmal die Fanfaren des Eingangs zu blasen. Muschelhörner und Rohrtrompeten gellten in prallen Stößen, und das Gemurmel der Neugierigen erstarb. Dann raschelte nur das dürre Klopfen und Schnarren der Rasselbretter und Kürbisklappern; es klang, als wenn taktmäßig auf leeres Schilf oder Stroh getreten würde. Die Tänzer waren schon seit einer Stunde in ständiger, leiser Bewegung; es dauerte lange, bis sie in Ekstase gerieten, und sie traten sich gewissermaßen noch ein. An ihrer Spitze tanzten zwanzig Priester, den Kopf mit weißen Truthahnfedern beklebt. Der Mund, im Takt der Bewegungen mitschnappend, glänzte breit von Honig, der wie Schminke um die Lippen geschmiert war. In der Hand führten sie den Dohlenstab, der an der Spitze eine tassenförmige Krone aus Dohlenfedern trug und an der Griffstelle mit dem »gespaltenen Rohrmuster«-Papier umwickelt war. An den Taktstellen des Tanzes stießen sie die Stäbe schallend auf die Fliesen. Die Spanier, die den feinen und schwierigen Rhythmen ratlos gegenübersaßen, nickten erleichtert bei diesen Stellen.

Die Hauptmasse der Tänzer bestand aus den älteren Kriegern des Landes, dreißig- bis vierzigjährigen Männern, von denen jeder zum mindesten zwei Gefangene gemacht haben mußte. Sie waren fast nackt und hatten die Haare in einem hohen Schopf aufgebunden. An den Armen und Oberschenkeln näßten frische Wunden, die ihnen der Priester mit dem Feuersteinmesser des »Auserwählten« geschnitten hatte. In der Mitte wiegten sich die Mädchen. Sie waren über dem völlig nackten Körper mit einer Art Hemd aus roten Federn beklebt, das bis zu den Schultern und zur Mitte der Oberschenkel reichte; der Kopf steckte zwischen einer handbreiten Krause aus geröstetem und in Blumen aufgeplatztem Mais, und auf dem Haupte trugen sie einen Kranz aus den gleichen schneeweißen Sternen. Die Gesichter und auch die Hände waren heftig geschminkt. Nur die Vortänzer hatten Mäntel, lange, schleppende Federmäntel aus grünen Quetzalfedern, auf der Unterseite mit Löffelreiherdaunen besetzt, deren dunkles Rot wie Lohe an den nackten Beinen aufsprang, wenn die Gewänder im Winde flackerten. Die Bewegungen des Tanzes wurden allmählich lebhafter. Die Jünglinge faßten sich in zwei Reihen unter, sie warfen die Köpfe auf, daß die hochgebundenen Haarschöpfe in den Nacken fielen; ihre Schultern ahmten in unablässig mahlender Bewegung, eng aneinandergepreßt, die Windungen des Schlangenleibes nach. In der Mitte zwischen den beiden Reihen umschlangen die Mädchen eine unsichtbare Gestalt; es hieß, sie umarmten Huitzilopochtli. Ihre Hände, deren Finger von der Anstrengung des nun schon stundenlang dauernden Tanzes krampfig zu werden begannen, irrten zuweilen bis zum Boden herab; sie streichelten den Gott, bettelten, strählten ihm die Haare, neckten ihn, und ein übermütiges Mädchen machte die Gebärde des Lausens, was ihr verstohlenen Beifall eintrug.

Alvarado begriff von der Vorstellung nichts. Das eintönige, plärrende Rasseln der Musik schläferte ihn ein; die Bewegungen erschienen ihm schwunglos und ohne Sinn, und nur die Ausdauer und Exaktheit des Spieles fand seine Anerkennung. Dann sprang plötzlich doch ein Funke der geheimen Wildheit, die hinter diesem konventionellen und starren Gestampfe pulste, auf ihn über. Er sah, wie die Reihen der Männer gegen die Mädchen andrängten. Die Jungfrauen ließen von dem gedachten Idol ab und mischten sich unter die Krieger. Das ganze Gebilde der Schlange, bunt gefleckt, braune Leiber, rote Federhemden, spannte sich in konvulsivischen Zuckungen. Auch die Bewegungen der einzelnen wurden wütend und hart, als würden die Tänzer von einem giftigen Rausch getrieben. Die Muskeln strängten sich an den Beinen scharf heraus, man hörte den heppenden Atem, und manchen stand Schaum vor dem Munde. Die Schminke der Mädchen zerfloß unter dem strömenden Schweiß; die Gesichter sahen wie von großen Krallen zerrissen aus. Dabei wurde doch sorgfältig darauf geachtet, daß die Geschlechter sich nicht berührten; auch beim taumelnden Ineinander der Reihen hatte ein winziger Zwischenraum von Leib zu Leib zu bleiben. Alvarado sah, wie ein Tänzer, der sich hierin offenbar vergangen hatte, zu Boden gerissen wurde; ein älterer Krieger faßte ihn am Schopf und schleuderte ihn aus der Ordnung heraus. Die Priester stürzten sich über den keuchend am Boden Liegenden und traten ihn unablässig mit den Absätzen auf den Leib. Der Spanier fuhr ganz benommen auf und wollte Halt gebieten, aber der Tote war schon von zwei Tempeldienern in eine Matte gerollt und fortgeschleppt, ehe er den Mund öffnen konnte. Der Tanz trat jetzt in sein letztes Stadium. Die Schlange straffte sich und wurde wie ein Pfahl, der in rhythmischen Stößen auf den dunklen Eingang der Tempelpforte zielte. Immer gewalttätiger wurden die Bewegungen; die Tänzer schleuderten ihre Köpfe bis fast auf die Erde, sie schrien und heulten sämtlich aus heiserer Kehle; auf den Tribünen sprangen die Zuschauer auf und stimmten besinnungslos in den Takt ein; viele stürzten sich über die Barrieren und versuchten, sich den Tanzenden anzuschließen; die Tempeldiener schlugen mit ihren Stäben auf die Andrängenden ein; die Musik hetzte und schürte mit Stößen aus den Muschelhörnern und Rohrtrompeten...

Alvarado sprang von seinem Sitz, schüttelte die Haare aus der Stirn, stülpte den Helm auf und wies mit dem blanken Degen hinunter auf den Hof, mit seiner bitteren und harten Stimme brüllend:

»Schlagt zu! Sie lästern die Heilige Religion! In Christi Namen: schlagt zu! Sie haben Waffen…«

In der Tat hatten einige der Adligen unter den Mänteln verstohlen ihre Dolche und Schwerter mitgebracht, mit denen sie sich nun im Rausch Arme und Schenkel zerfetzten. Die Musketen der Spanier krachten in den Lärm hinein; auf den Tribünen begann das ratlose und blitzartige Hinsinken der Getroffenen. Die Musikanten, taub von dem stundenlangen Pauken und Rasseln, spielten noch eine Weile fort, blöde über ihre Instrumente gebückt; die Tänzer blieben eingespannt in ihre Raserei und wurden auf dem Platz niedergemacht, wo sie stampften. Manchen zuckten die Beine noch, wenn sie schon blutend am Boden lagen, besinnungslos weiter. Die Priester waren die ersten, die begriffen hatten, was vorging; sie flüchteten durch die Eingänge hinaus und wurden draußen von den im Halbkreis bereitstehenden Wachen niedergestoßen. Der Boden wurde schlüpfrig auf den Fliesen, und die Soldaten glitten zuweilen aus. Einige fielen in der Hast hin, rafften sich wieder auf und hieben voller Wut und unter Flüchen weiter auf die Wehrlosen ein. Die Mexikaner rannten mit kleinen Schritten an den Wänden hin und her; sie versuchten mit Nägeln und Zähnen sich an der Mauer emporzuziehen, andere wühlten sich mit dem Kopf voran unter die Haufen der Erschlagenen, als wollten sie sich in die Erde verkriechen. Manche empfingen den Todesstoß ratlos, die Waffe, mit der sie sich eben noch selbst verletzt hatten, in der Hand, und lächelnd, als sei das Gemetzel nur eine Fortsetzung der wahnwitzigen Feier.

Die Spanier begannen sogleich zu plündern. Alvarado schrie vergeblich auf die Beutemacher ein: sie sollten zunächst ihr Geschäft erledigen, die Geflüchteten aus den Eingängen der Priesterhäuser hervorholen, unter den Bänken nachsehen! Man kümmerte sich nicht um ihn. Der alte Heredia, der vor einer Gruppe von vornehmen Häuptlingen auf den Knien lag und mit gierigen, harten Fingern die Ohrringe und Nasenpflöcke aus den

Gesichtern der Toten brach, sprang knurrend auf und fletschte den Hauptmann wie ein Wolf an, als Alvarado ihn an der Schulter zerrte. Andere trugen Bisse in die Hände davon.

Es wurde nun still auf dem Hofe. In der einfallenden Dämmerung lagen die Leichen in dunklen Haufen auf dem Platze; die langgestreckte Form der Tanzgruppe war in der Mitte noch deutlich erkennbar. Alvarado ließ fortwährend blasen. Er hörte in der Stadt ein dumpfes Rumoren. Auf den Tempeln begannen die Trommeln zu klopfen, und zum ersten Male hörten die Spanier das gewaltige Dröhnen der großen Pauke auf dem Haupttempel, die über den See hinweg bis zum Ufer gehört wurde. Mit Mühe brachten die Hauptleute ihre Soldaten zusammen. Viele hatten sich weit in die Priesterhäuser verloren. Alle schleppten Mannslasten von Beute. Alvarado trieb zur Eile. Die Posten an den Toren kamen gelaufen und keuchten: »Sie kommen!« Von den Dächern burrten die ersten Pfeile herunter und fielen knakkend auf die Fliesen des Hofraumes. Die Mauern wurden bunt von Kriegern.

Die Spanier überrannten die mexikanischen Heerhaufen und schlugen sich durch in ihr Quartier. Dort wurden sogleich die Tore geschlossen. Einige Nachzügler, die blutend und von heulenden Volkshaufen verfolgt, heranhinkten, zog man an Stricken über die Mauer. Der alte Heredia erschien als einer der letzten. Er hatte einen schweren Sack aus Rehfell über der Schulter und benutzte ihn als Schild. Sein Gesicht war völlig unkenntlich von Blut. Er tappte, blind mit der Klinge um sich hauend, fast an dem Quartier vorbei; erst das Geschrei der Kameraden wies ihm die Richtung. Man hielt die Mexikaner, die ihm an den Fersen hingen, mit den langen Piken ab und reichte ihm die Stricke herunter. Er verstand nicht, was man ihm zubrüllte, und tastete fortwährend mit den Händen an der Mauer. Als er die Taue zwischen den Fingern spürte, begriff er. Umständlich nahm er zunächst den Sack von der Schulter, beugte sich zurück und warf ihn auf den Hof. Dann stieß er die Klinge in die Scheide, packte die Seile und ließ sich hinaufwinden. Drinnen stand er trunken von den Schlägen und spuckte vor sich hin, wischte sich mit dem Handrücken das Blut aus den tiefen Backenfurchen, plinkerte mit den Augen und griff, sobald er sehen konnte, nach seiner

Beute. Der Fellsack war von zwei Pfeilen durchbohrt. Heredia zog sie kopfschüttelnd heraus und betrachtete sie gründlich.

Auf Marinas Rat hin begab Alvarado sich zu Montezuma und bat den König, er möge doch dem Volk die Einstellung der Feindseligkeiten befehlen. Der Herrscher wies nur mit dem spitzen Finger auf seine Fußketten. Alvarado packte ihn mit den großen roten Händen an den schmalen Schultern und schrie: vorwärts, keine Flausen, er werde ihn sonst an den Beinen aufhängen lassen! Sein Bruder, der Bastard, die topasfarbenen Augen voller dicker Tränen, umschrieb die Drohung in der Übersetzung. Montezuma antwortete nicht. Er gab nur mit der Linken einem seiner Begleiter die Anweisung, den Fremden zu gehorchen. Voll Ekel suchte er, nachdem Alvarado ihn losgelassen, sich schleunigst umzukleiden. Den ganzen Tag saß er in sich zusammengehockt, die spitzen Hände auf dem Rücken, und blickte an sich hinunter, als graute ihn vor seinem eignen, befleckten Körper.

Der Hofbeamte stieg mit den Spaniern auf den Turm zur Seite des Eingangs. Der Angriff verstummte. Beschwörend erhob der Diener Montezumas seine Stimme:

»O Mexikaner, legt die Speere und Schilde nieder, der Herr auf dem Bergthron, euer König Montezuma, bittet euch darum. Spannt eure Bogen ab und schüttet die Pfeile aus dem Köcher; unser Herr, der gewaltige König Montezuma, bittet euch darum.«

Und leiser, mit erstickter Stimme: »Sie haben ihn in Ketten gelegt, sie haben seine Füße in Ketten aus weißem Kupfer gelegt...«

Die Menge heulte Verwünschungen. Ein Häuptling trat vor und rief:

»Wer ist Montezuma? Wir wollen nicht hören, was er sagt; er ist ein Schuft, ein Feigling, ein Verräter, ein Knecht wie du! Geh und melde, daß wir ihm die Gefolgschaft aufsagen. Wir haben keinen König, der Montezuma heißt.«

Die Spanier warfen schleunigst die Schilde vor. Ein Pfeilregen prasselte gegen den Turm. Der Angriff tobte den ganzen Tag weiter. Die Mexikaner sperrten sämtliche Zugangswege zum Palast. Wachen wurden ausgestellt, die alle Beamten und Diener

Montezumas abfangen sollten. Manche der Leibeigenen des Königs schlichen sich durch und gaben die Lebensmittel, die sie unter ihrem Netzmantel durchgepascht hatten, bei den Hofbeamten ab. Man belohnte sie, und sie wiederholten an den nächsten Tagen den Versuch. Viele wurden ertappt; die Volksmenge steinigte sie auf dem Platz angesichts der Spanier. Die Erbitterung wuchs. Man griff auf dem Kanal in Felle gekleidete Bauern aus den fernen Provinzen Ayotzintepec und Chinantla auf, die ahnungslos mit Booten kamen, um dem König Wildbret und Früchte von seinen Verwaltern zu überbringen. Die Posten schlugen ihnen mit spitzen Keulen den Hinterkopf ein. Eine wüste Angeberei unter dem niederen Volk riß ein. Man verdächtigte mißliebige Nachbarn; Schuldner zeigten ihre Gläubiger an, und viele wurden einfach niedergeschlagen, weil sie einen Lippenpflock aus Bergkristall oder den Netzmantel als Zeichen der Leibeigenschaft trugen. Die Diener des Königs flüchteten aus den anderen Palästen; sie verkrochen sich bei ihren Verwandten in der Stadt; manche schwammen des Nachts durch die Kanäle hinaus und retteten sich über den großen Damm.

Die Durchgänge auf den Straßen wurden eng gemacht. Man errichtete Mauern mit schmalen Pforten zwischen den Häusern. Tausende von Erdarbeitern schaufelten die Kanäle aus, vertieften die Betten und steilten die Böschungen. An den Durchlässen der großen Dammstraßen hingen Hunderte von Kanus wie Bienen vor dem Stock. Man baggerte und verbreiterte die Brückenstellen.

Durch das ganze Land liefen die Befehle der Priesterschaft, die das Regiment vorläufig übernommen hatte Auf allen Wachtstationen und Postenstellen wurden die Läufer Montezumas angehalten. Von den zwölf Boten, die Marina an Cortes abgeschickt hatte, schlugen sich nur drei bis zur Küste durch.

Siebzehntes Kapitel

Cortes verlebte in Cempoalla eine Woche in voller Ruhe. Er gab fast an jedem Abend ein großes Bankett; aus der Dienerschaft des Narvaez hatte er sich einen förmlichen Hofstaat mit Haushofmeister, Mundschenk, Köchen und Lakaien gebildet, und einige der jungen Leute aus guter Familie, die bei der neuen Mannschaft waren, traten bei ihm als Pagen ein. Eine Bande von Trompetern blies Fanfaren und stellte die Tischmusik; der Neger, den Cortes in der Nacht des Überfalls hatte prügeln lassen, bediente die Pauke.

Man zechte die Nacht hindurch. Es wurde gespielt. Die Offiziere des Narvaez bekreuzigten sich über die Beträge, die dabei gesetzt wurden. Diese Burschen warfen eine goldene Kette auf den Tisch, als wäre sie ein schlechter Rosenkranz aus Holzperlen. Manche rappelten in der Tasche mit Smaragden und Saphiren wie mit Blechknöpfen. Der Hauptmann Velasquez de Leon, der eben in einer Pechsträhne stand, wickelte sich seine endlose Kette, die dreimal um den Hals und noch in einigen Windungen über den Oberarm gelegt war, herunter und ließ sie lang auf die Erde hängen. Er raffte nachlässig den Schwanz herauf und hackte jedesmal, wenn er bezahlen mußte, mit seinem Dolch ein Glied ab.

Lujo und seine Genossen prahlten: das sei alles nichts. In Mexiko habe jeder von ihnen das Dreifache an Wert bei seinem Gepäck. Sie sollten einmal mit dem Herrn Montezuma würfeln! Da bekäme man flugs eine bildschöne Sklavin geschenkt, ganz gleich, ob man gewönne oder verlöre. Ja – ob sie nicht wüßten, daß in der Hauptstadt jeder einen kleinen Harem hätte wie ein tunesischer Scheich? Der Generalkapitän besäße sogar ein ganzes Haus voll der schönsten Weiber; die täten den ganzen lieben langen Tag nichts anderes, als sich waschen, putzen und Laute spielen. Freilich mache er kaum Gebrauch von dieser Herrlichkeit; er habe da eine Favoritin, bei der läge er jede Nacht.

Sie sangen nun das Lob Marinas, die von unübertrefflichem Nutzen für das ganze Unternehmen gewesen sei, dabei umgänglich und verträglich und von völlig anderem Wesen als jene boshaften spanischen Huren, die sogleich intrigierten und Ränke anzettelten, wenn sie nur einmal bei einem General im Zelte säßen. Ja, man könne wohl sagen, dieses braune Mädchen sei das erste Weib, das bei einer Armee gewesen wäre, ohne Unheil zu stiften.

Allmählich erhitzten sie sich noch mehr und brüllten: jetzt

werde das rechte Leben erst anfangen. Bisher habe man sich noch vor der großen Kriegsmacht der Mexikaner in acht nehmen müssen; nun man selbst zu einer so unüberwindlichen Armee angewachsen sei, könne man einmal tapfer zudrücken und dieses pralle Land recht ausmelken. So Gott wolle, werde wohl kein Tropfen mehr übrig sein, wenn die Sekretäre und Beamten des Hohen Rates und des Rechnungshofes Seiner Majestät erst anrückten mit ihren Listen, Erhebungsbefehlen und Katasterbänden, diese blutsaugerischen Schinder und Schaber, die einem schon auf Kuba das Leben so sauer gemacht hätten. Bis dahin müssen man sich beeilen, sonst werde man wieder geprellt wie seinerzeit der Großadmiral Kolumbus und alle die anderen Seefahrer und Eroberer.

Mit verlorenen Augen malten sie sich nun das Leben aus, das sie dann führen würden; sie rissen sich das Wort gegenseitig vom Munde: Wein, was Wein? Keller würde man sich anlegen lassen, einen Kellermeister anstellen, einen eigenen Küfer mit drei Küferjungen; alle Sorten würde man aus Spanien kommen lassen, Madrigal, Wein aus San Martin, aus Morviedro, aus Toro und Luque! Und wie wollte man fressen! Speckseiten, Weizenkuchen, Milchferkel; der Rost sollte Tag und Nacht klappern wie eine Wassermühle! Die Kapaunen würde man sich mit Marklößchen nudeln lassen! Die Schweine sollten den puren Rahm fressen, und wenn das ganze Dorf sich darüber die Mäuler zerriß. Silberne Sporen wollte man sich machen lassen, gemslederne Stiefel, mit Gold passementiert, Waffenröcke in Silberstickerei, Schärpen so groß wie Bettdecken! Speikübel aus Silber! Nachtgeschirre aus Silber!

Manche weinten vor Rührung. Andere krakeelten und suchten Händel. Der dicke Franz von Lujo war bereits auf seinen Armen eingeschlafen und schnarchte über den Tisch.

Cortes wurde für einen Augenblick hinausgerufen: ein Bote aus Mexiko sei gekommen. Er war beim Spiel im Gewinnen und winkte ungnädig ab. Nach einer Weile legte er doch die Karten um, deckte seinen Dolch darüber und ging vor die Tür. Er war erhitzt vom Wein, vom Spiel und von den vielen Reden; im Gange zog ihm ein kalter Wind gegen die Beine. Fröstelnd nahm er den weiten Rock zusammen. Der Wachthabende hob seine

Fackel, und Cortes sah den Läufer. Er schrak wie unter einem Schlage zusammen; im Augenblick spürte er, daß der Mann eine schlechte Botschaft brachte. Wie abgehetzt er aussah, die Haare ungekämmt und voll Kot, die Schambinde über den Hüften verschoben und schlecht geknotet, die sonst bei den Leuten dieser Gilde sauber und zierlich gefältet lag, auch wenn sie die größten Strecken gerannt waren! Zögernd griff er nach dem Brief, und auch dessen Äußeres schon trieb die Ahnung fast zur Gewißheit: zerknittert, mit scharfen, bösen Falten wie ein unangenehmes Gesicht, hastig versiegelt und mit flüchtiger Aufschrift. Er riß ihn auf und las.

Einen Augenblick überlegte er, dann gab er dem Wachthabenden den Befehl, sogleich die Mannschaft zu alarmieren. Man marschiere noch morgen ab nach Mexiko. Üble Dinge seien dort vorgefallen; die ganze Stadt in Aufruhr, womöglich werde man keinen der Kameraden mehr am Leben finden.

»Dieser Hund von Alvarado!« brach er plötzlich los. Er wolle ihn in Ketten schmeißen; ein Standgericht sollte ihm seinen Rang aberkennen. Ob das nicht Hochverrat sei? fragte er selbstvergessen den Wachthabenden – in einem solchen Augenblick das ganze glorreiche Werk der Eroberung über den Haufen zu werfen? Plündern hätten sie wollen, die Burschen, der Schmuck der Azteken habe ihnen in den Augen gejuckt, »hinter unserm Rükken noch dazu, was?«

Der Soldat glotzte ihn verständnislos an. Cortes schrie und klatschte mit der Hand auf den Brief: da, da! Heimlicher Aufstand der Mexikaner? Schwindel, Lüge! Alles war ruhig, als man abmarschierte, der fromme Herr Montezuma hatte seine Leute in Zucht und Gehorsam an der Schnur. Plündern wollten sie wie die Strauchdiebe und Straßenräuber, heimlich sich ihre Taschen füllen hinterm Rücken ihrer Kameraden! Ach, diese Schufte...

Aus dem Saal lockte sein Lärmen einige Zecher herbei. Weindunstig standen sie, aufeinander gestützt, an der Tür: was es denn gäbe? Der Generalkapitän solle doch in dieser fröhlichen Feststimmung nicht so grob mit den Leuten umspringen! Die Spieler riefen, er solle nun in Satans Namen hereinkommen; die Karten verschimmelten ja bald.

Cortes trat ein. Auf der Schwelle wiederholte er noch einmal den Befehl an den Wachthabenden. Beim Klang seiner Stimme horchten verschiedene auf. Er ging an den Spieltisch, nahm den Dolch von den Karten und steckte ihn ein, sorgfältig dabei mit dem Daumen die Schneide prüfend. Mit fast hämischer Betonung sagte er, die Señores wollten doch sogleich ihre Waffen nachsehen. Morgen sei Abmarsch, nach Mexiko! Er deckte die Karten auf und lachte: wahrhaftig, jetzt könne man das ganze Spiel von vorn beginnen!

Das Heer stieg aus der feuchten Hitze der Küste über die schlakkenscharfen Bergwege hinauf nach Tlaskalla. Der Hundertjährige kam den Spaniern eine halbe Tagesreise weit entgegen und beglückwünschte Malintzi zu seinem neuen Siege. Er brachte neue Nachrichten aus Mexiko: Alvarado lebte noch; er hatte freilich sieben Mann verloren bei den fortdauernden Angriffen auf sein Quartier. Jede Zufuhr von Lebensmitteln war aber abgeschnitten, und die Eingeschlossenen litten grimmigen Mangel.

Und Marina?

Es ginge ihr gut; mit dem letzten Boten sei die Nachricht gekommen, sie sähe ihrer Niederkunft in den nächsten Tagen entgegen.

Die Dörfer und Städte in den Bergen und am See waren leer. Nirgends ließen sich die Vornehmen oder Ältesten zur Begrüßung sehen; nur die Armen, die »Dreck- oder Kotbrüder«, hockten in ihren schilfgedeckten Hütten und brachten widerwillig groben Mais und bitteres, schales Agavenbier. Cortes bis sich auf die Lippen, wenn er an seine prahlerischen Reden vor den Leuten des Narvaez in Cempoalla dachte: wie ihnen das Volk aus all den Ortschaften entgegenströmen würde, Fürsten und Adel an der Spitze, wie man über Blumen waten würde! Das grenzenlose Staunen, mit dem die Neulinge all die Wunderdinge an Straßen, Bauten, Gärten und Teichen betrachteten, war ihm nur eine geringe Genugtuung.

Still und ungeheuer dehnte sich die Dammstraße am Morgen über das Wasser. Das Heer marschierte in Gefechtsordnung und mit brennenden Lunten. Cortes bemerkte mit höchstem Mißbehagen den frischen Schlamm, der schwarz und breiig zu beiden Seiten der Durchlässe lag. Sein Heer war viermal so stark wie die kleine Truppe, mit der er vor vier Wochen Abschied genommen hatte, und doch verschwand es auf dem kahlen Deich.

Die Schritte hallten in den toten Straßen. Zuweilen schrie einer von den neuen Soldaten erstaunt auf und plapperte mit seinen Genossen. Die alte Mannschaft stapfte verdrossen dahin. Man sah die frischgemauerten Zinnen, die statt der Blumenbeete der Dachgärten von den Hauskanten grüßten; die luftigen und zierlichen Brücken über die Kanäle waren verschwunden; an den Eingängen der Nebenstraßen starrten Barrikaden mit kaum mannsbreiten Durchgängen. Die ragenden schwarzen Wände der großen Adelspaläste zu beiden Seiten der Hauptstraße schienen doppelt so hoch wie das erste Mal. Die Soldaten drängten sich in der Mitte des Weges zusammen und ließen die Finger unruhig an den Griffriemen der Schilde spielen, bereit, jeden Augenblick sich gegen einen Angriff zu decken.

Cortes befahl den Musikern, zu blasen. Der scharfe Ton der Trompeten zerschnitt die lastende Stille. Alvarado antwortete mit dem Geschütz, und unter dem rollenden Lärm schritten die Soldaten erleichtert und schneller dahin. Am Tore des Palastes stand die zurückgelassene Mannschaft, hohläugig und schmutzig; viele trugen Binden. Alvarado trat heran, den Helm in der Hand, um Meldung zu erstatten. Die dichten blonden Haare hingen ihm wirr bis tief in die Stirn; sie waren an zwei Stellen von Steinwürfen blutig verklebt. Seine unruhigen blauen Augen kamen nur mühsam vom Boden hoch.

Der Generalkapitän übersah die gebotene Hand. Er nickte nur finster und stieß leise hervor, man werde sich noch sprechen. Während er über den Hof ging, der überall von der Suche nach einem Brunnen her zerwühlt und umgegraben war, zeigte sich Montezuma am Haupteingang, gestützt auf seine beiden Neffen. Alvarado hatte ihm für den Tag der Begrüßung die Fesseln von den Füßen nehmen lassen, und er schritt schwerfällig und unsicher daher. Sein vogelscharfes Gesicht hatte sich noch spitzer gespannt, die kleinen Hände hingen wie müde Krallen über den Schultern der Begleiter. Der König hieß Malintzi willkommen und beglückwünschte ihn zu dem herrlichen Sieg über seine Widersacher. Wie Malintzi wisse, stünde er ihm stets mit allem, was er besäße, völlig zur Verfügung. Er hoffe sehr, daß es Malintzi gelingen werde, diesem wahnwitzigen Morden ein Ende zu machen; er habe mit großer Sehnsucht auf ihn gewartet, Malintzi...

Er nahm die Hände vom Nacken seiner Neffen und breitete sie aus, als erwarte er eine Umarmung. Seine großen, braunen Augen, die gewohnt waren, ohne Widerstand über die Dinge hinzugleiten, blickten arglos und voll von grenzenlosem Vertrauen zu Cortes auf.

Der Spanier stieß seinen Degen steil nach hinten. Er wollte Montezuma nicht in die Augen sehen und blickte starr auf die kostbaren Stiefel des Königs. Voll Unmut mußte er daran denken, wie sauber und gepflegt die Kleidung des Herrschers blitzte im Gegensatz zu den zerrissenen und halbverbrannten Kollern der Besatzung. Er blieb steif in dieser Haltung und steckte noch den Daumen der rechten Hand in den Gürtel.

Kurz erklärte er, man werde die Vorfälle in der Stadt gründlich untersuchen. Er wolle hoffen, daß sich die völlige Unschuld Montezumas beweisen ließe. Vorerst müßten Lebensmittel beschafft werden, Proviant für diese gewaltigen Truppenmengen – er wies mit dem Helm nach rückwärts auf die Soldaten, die den ganzen Hof füllten –, und man solle sogleich der Bevölkerung Anweisung geben, daß die Märkte wieder geöffnet würden.

Montezuma ließ die Hände sinken und nahm den Federmantel zusammen, als fröre er. Einen Augenblick zögerte er noch. Dann stützte er sich wieder auf seine Begleiter und ging leise und schwankend davon. Cortes fühlte sich gedemütigt. Er begann laut zu den Umstehenden zu schimpfen: der hinterhältige Hund solle zum Henker gehen; man werde bald nicht mehr viel Umstände mit ihm machen.

Der Bastard Alvarado, die topasfarbenen Augen voller Tränen, stellte sich vor den Eingang, wie um seinen Herrn zu dekken: es sei ungerecht, die Majestät so zu beschuldigen; ohne Montezumas Eingreifen wäre es längst mit der Besatzung zu Ende gewesen. Er habe alles getan, um die Mexikaner zur Einstellung der Feindseligkeiten zu bewegen; man höre nur in der Stadt nicht mehr auf ihn...

Er solle das Maul halten. Wie er denn aussähe? Schon fast völlig wie ein Azteke. Seit wann denn spanische Edelknaben solche Ohrringe trügen und einen bunten Federmantel, wie? Er möge schleunigst diesen Firlefanz abtun und seinen Harnisch wieder hervorsuchen; man werde jeden Mann brauchen in den kommenden Tagen!

Dann ging er, Marina aufzusuchen. Sie kam ihm trotz ihres Zustandes bis zur Tür entgegen. Er umarmte sie, flüchtig und mit einem gewissen Unwillen, als gebe er auch ihr schuld an den unangenehmen Ereignissen. Es verdroß ihn, als er sah, wie die Dienerinnen sie sorglich und wie mit einem stillen Vorwurf gegen ihn wieder auf das Lager betteten. Das Zimmer war leicht geheizt und von feinem Wohlgeruch durchweht. Überall standen Blumen, und das kleine Muttergottesbild in der Ecke verschwand fast unter Kränzen. Die Mädchen tupften nur eben mit den Zehen den Boden, der ganz mit schneeweißen, feingeflochtenen Matten ausgelegt war. Diese ganze Atmosphäre des Behütetseins reizte ihn. Er warf sich grob in einen Sessel, daß der Harnisch dröhnte und stieß mit den Sporen in dem blanken Bastwerk zu seinen Füßen herum. Seine Stimme war laut und unsicher.

Marina stützte den Kopf leicht auf und betrachtete ihn. Die groben Knochen in seinem Gesicht traten scharf hervor; sie sah das Bäurische und Unedle seines Wesens. Trotzdem empfand sie auch die Unbeherrschtheit, mit der er sich jetzt gab, als ein Zeichen des Vertrauens; es tat ihr gut, daß er sich vor ihr so gehenließ. Sie hörte eine ganze Weile sein aufgeregtes Toben und Schimpfen voll Ruhe mit an; ja, sie gab ihm noch mit dem Namen Alvarado das Stichwort zu neuen wütenden Ausfällen.

Dann begann sie vorsichtig einzugreifen: gewiß, der Hauptmann sei ein Tölpel, ein aufgeblasener, eitler Narr, darüber sei kein Wort zu verlieren. Immerhin habe er sich bei der Verteidigung des Quartiers außerordentlich tapfer und umsichtig gehalten; die Schilfdächer seien mit Erde gegen die Brandpfeile abgedeckt, die Mauern verstärkt worden. Man könne dem Mann jeden militärischen Posten anvertrauen... nur habe er nicht den geringsten Verstand. Es sei ein Fehler gewesen, ihm den Befehl über die ganze Stadt zu geben. – Nun, und ob er etwa auf diesen Gedanken verfallen sei?

Nein; sie wisse, daß Montezuma selbst den Wunsch ausgesprochen habe.

Ein Soldat erschien an der Tür und meldete, die Mexikaner planten einen neuen Angriff. Während Cortes noch seinen Degengurt anzog, dröhnte das Geschütz auf den Türmen. Leise sirrte der Kalk von den getünchten Wänden des Zimmers.

Schon auf der Schwelle trat Cortes krachend auf einen Pfeilschaft. Der Hof war übersät mit Geschossen. Die Spanier standen eng an die Mauer gedrückt und hielten ihre Schilde über den Kopf. Cortes erschrak. Von einem der Türme blickte er durch eine Schießscharte hinaus auf den Platz. Er fuhr sich mit der Hand in den Mund und ächzte. Das waren nicht die losen Horden der Indios an der Küste, sondern geübte Krieger, Berufssoldaten, die sich in großer Ordnung um ihre Feldzeichen scharten. Hinter jedem Verwundeten oder Gefallenen schlossen sich sogleich die Reihen. Ein Teil der Stürmenden trug Leitern, andere Balken und Fackeln.

Gegen Nachmittag brannte eine der hölzernen Baracken, in der die Tlaskallaner untergebracht waren. Der Rauch wälzte sich schwarz über den Hof; die Kämpfenden bekamen rußglänzende und fettige Hände. An zwei Stellen bröckelte die schwache, nur aus Luftziegeln gebaute Mauer unter den Stößen der Rammbalken. Die Belagerten rollten mit Sand gefüllte Fässer hinter die Breschen. Von Zeit zu Zeit schleuderte der Ansturm einige tollkühne Krieger über die Verschanzungen. Die Tlaskallaner fielen über sie her und machten sie nieder. Oft zerrten sich die Gruppen der Kämpfenden über den ganzen Hof. Der Feldherr Xicotencatl ließ die Erschlagenen sogleich beiseite schaffen in die tlaskallanischen Quartiere. Der Pater Las Casas lief durch den Pfeilhagel über den Hof und klagte: die Tlaskallaner schlachteten die Toten und fräßen sie auf. Cortes zuckte die Achseln.

Drei Tage lang rannten die Mexikaner gegen das Quartier an. Sie spürten das Nachlassen der Belagerten und zeigten übermütig auf den Dächern der umliegenden Häuser die Käfige mit den Jaguaren und Schakalen aus den Gärten Montezumas: da, diesen Bestien würde man die Fremden zu fressen geben; selbst könne man sie nicht verdauen, ihr Fleisch schmecke gallenbitter und röche wie Aas.

Cortes machte mit fast der gesamten Mannschaft einen Ausfall gegen den großen Tempel, von dessen Zinnen her das Quartier fortwährend beschossen wurde. Die Mexikaner schienen den Angriff zu erwarten; sie hatten Steine und Balken am Rande des Altans der großen Pyramide aufgehäuft. Die schwarzen Hölzer starrten wie die Rahen eines Schiffes über die Brüstung hinaus. Langsam stiegen die Spanier hinauf. Die Büchsen- und Armbrustschützen hielten vom Hof her die Verteidiger in Schach. Das heruntergeworfene Holz blieb zumeist mit der Stirnseite voran auf einem der Absätze liegen; nur einige Stämme sprangen mit hellem Läuten wirbelnd gegen die Stufen und rissen die Angreifer hinab. Die anderen waren nach einer halben Stunde oben. Manche nahmen den Dolch in die Linke, stießen ihn über sich in die Fugen des Mauerwerks und zerrten sich daran hinauf; andere sprangen seitlich schnell ein paar Stufen empor und ruhten sich dann einen Augenblick hinter dem Schild aus. Als ihre Helme über dem Rand des Altans auftauchten, wichen die aztekischen Krieger tanzend und plappernd in den Schutz der Türme zurück. Die mit Porphyrfliesen gepflasterte breite Fläche des Altans war bald schlüpfrig von Blut. Die Spanier hielten sich in Trupps eng aneinander und stießen die einzeln und verscheucht vor ihnen Hertaumelnden über den offenen Rand hinunter in die Tiefe. Immer neue Mengen von Mexikanern stürzten aus dem Inneren der Türme ins Freie. Es waren meist Häuptlinge und ausgesuchte ältere Krieger; sie starrten von Schmuck und Federn, ihre geschminkten Gesichter grinsten unter Jaguar- und Wolfsmasken hervor; manche hatten das rotwollene Band mit den eingeknüpften Siegeszeichen um die offenen Haare geschlungen. Sie schrien unaufhörlich und hielten die Füße ständig in zappelnder Bewegung; auch ihre Hände wirbelten die Waffen umständlich über dem Kopf und ließen sie probend erst eine Weile um den Gegner kreisen, gewöhnt an die fast zeremonielle, ganz auf ritterliche Zweikämpfe gestellte Kampfesweise ihres Volkes. Die Spanier sparten ihre Kräfte und stießen kurz und nachdrücklich mit der ganzen Wucht ihrer schweren Leiber zu.

Cortes stand keuchend am Rand des Altans und blickte hinauf zu den Türmen, die unerschöpflich Krieger aus den niedrigen breiten Eingängen spien. Zwei aztekische Häuptlinge sahen ihn in dieser sorglosen Haltung. Sie warfen ihre Waffen fort, verschränkten die Arme und rannten in vollem Anlauf gegen den Spanier, um ihn mit sich in die Tiefe zu stürzen. Cortes fiel unter ihrem Anprall; er stemmte den Schild mit aller Wucht gegen den Boden; der Rand riß schrillend eine riesige Schramme in die Fliesen. Er wälzte sich über den einen Angreifer und spürte dessen Gesicht unter den Knieplatten seines Harnischs. Der andere hieb ihm ratlos mit den bloßen Fäusten gegen den Helm, bis er unter den Stichen des Spaniers zusammenbrach. Cortes stand langsam auf und gab auch dem ersten einige Stöße. Sein Handgelenk war steif und wie vergiftet von dem furchtbaren Schreck. Nachdenklich blickte er auf das Gesicht des Indianers. Es zeigte in der Wange eingepreßt die Riefen des Panzers. Und wie unter einem ungeheuren Stempel prägte sich nun die Starre des Todes scharf und endgültig darauf aus.

Auf der Spitze des obersten Turmes ragte noch das mächtige Kreuz, das der Schiffszimmermann Martin Lopez aufgerichtet hatte. Die Spanier fielen nieder und tasteten mit ihren feuchten Händen das Holz an, das bald über und über mit roten Spuren befleckt war. Ein Wunder, ein herrliches Wunder! Hatte Gott nicht sichtbarlich das Heiligtum vor den Heiden geschützt? An den mächtigen Eisenklammern war gerüttelt und gearbeitet worden, der Stamm zeigte die Hiebe ihrer Steinbeile. Er hatte widerstanden wie ein Fels. Ein Wunder!

Sie warfen Seile um die Arme des Kreuzes, wuchteten es aus dem Lager und ließen es sorglich an der Außenwand des Turmes hinab. Auf dem Altan nahmen es die andern in Empfang, um es die Treppen hinabzutragen. Jeder wollte dabei anfassen, und es entstand Streit um die Plätze. Alle, die nicht mittragen konnten, legten wenigstens einen Augenblick ihre Finger ehrfürchtig auf das geweihte Holz.

Dann sprangen sie wieder hinauf und rissen das Bild Huitzilopochtlis aus dem Innern des Turmes. Der mächtige, ganz mit dunklem Blut überkrustete Holzblock wurde mit Hohn- und Jubelgeschrei über die Stufen hinabgestürzt. Das Idol blieb auf der Mitte der Treppe liegen, den Kopf und die plumpen Pfosten abwärts gestreckt. Die Spanier hackten daran herum und begnügten sich schließlich damit, das Bildnis auf unflätige Weise zu verunreinigen. Andere brachen oben im Turme die aus Samenmehl gebackene Gestalt der Göttin Tzapotlatenan in Stücke und streuten die Brocken lachend in die Luft. Cortes ließ den Befehl zum Abmarsch geben, nachdem die Türme in Brand gesteckt waren. Das rötlich schimmernde Holz des Gestühls prasselte im Nu mit steiler Flamme auf.

Schwerfällig und krächzend erhoben sich auf der Spitze des Turmes die Geier. Sie kreisten hartnäckig mit riesigen Flügelschlägen, die wie Ruderhiebe klatschten, um die Glut, irrten weit ab und kamen immer wieder. Einige verbrannten sich die Schwingen und fielen wild aufklagend in das Feuer. Unbehelligt marschierten die Spanier zurück in ihr Quartier. Das Kreuz führten sie mit sich. Sie waren völlig überzeugt, die Stadt nun gedemütigt und auf die Knie gezwungen zu haben. Nur wie zum Überfluß steckten sie noch die Häuser zu beiden Seiten des Weges in Brand.

Der Pater Las Casas hielt am Abend auf dem Hofe eine Dankmesse ab. Cortes besuchte Marina, zum ersten Male seit seiner Rückkehr ohne Harnisch. Lachend strich er sich durch die schwarzen dünnen Haare und meinte, jetzt könne sein Sohn kommen. Er wolle Montezuma zum Paten bitten, vorausgesetzt, daß der König sich vorher taufen ließe. Das werde man aber auch nicht mehr lange anstehen lassen; mit jenem Abgott Bitzliputzli und dem anderen höllischen Geziefer sei es ja nun endgültig aus und vorbei.

Die Spanier weinten fast vor Wut, als der Angriff am nächsten Morgen mit unverminderter Kraft gegen die Mauern hämmerte. In der kurzen Ruhepause hatten sie Zeit gefunden, ihre Wunden zu besehen und ihre Erschöpfung recht zu spüren. Über vierzig Mann waren bei den Kämpfen bisher gefallen, die doppelte Anzahl lag hilflos und fiebernd in den Sälen. Der Proviant war knapp; das lakige Wasser des Brunnens brannte in der Kehle und würgte im Magen. Manche strichen bereits unruhig um die Quartiere der Tlaskallaner herum und sogen den Geruch ihrer gefüllten Fleischtöpfe in die Nüstern. Man fluchte und schimpfte, das gotteslästerliche Treiben dieser Hunde dürfe nicht geduldet werden, es sei eine schwere Sünde, daß Cortes nicht strenger durchgriffe. Mit Schauder und geheimer Gier erzählte man sich, der einfältige Bauernbursche Santa Clara habe... nun ja, an einer dieser Mahlzeiten teilgenommen, Gott sei seiner armen Seele gnädig.

Cortes ließ von der Mauer herab den Angreifern zurufen, er wolle mit ihnen verhandeln. Sie stellten für einen Augenblick den Kampf ein. Der Spanier drohte: man werde die ganze Stadt niederbrennen, wenn nicht augenblicklich Frieden einträte. Nur aus Rücksicht auf seinen Freund, den König Montezuma, habe er bisher so viel Milde walten lassen.

Die Mexikaner höhnten zurück: Montezuma? Wo Montezuma denn stecke? Er solle nur herauskommen, man wolle es ihm ins Gesicht sagen, daß der Kampf erst aufhöre, wenn der letzte Fremde mit aufgebrochener Brust die entweihte Tempeltreppe hinuntergestürzt sei.

Entsetzt zogen sich die Hofbeamten zurück. Sie äußerten zu Cortes, es müsse wohl der unterste Abhub der Stadt sein, der dort tobe, aufgereizt freilich von den Priestern und Adligen. Montezuma sehen! Ihm ins Gesicht brüllen! Malintzi solle nur zugreifen, daß die Stadt von diesem Gesindel gesäubert werde.

Cortes murrte: jawohl, zugreifen; die Herren dächten sich das etwas einfach. Solle doch der Herr Montezuma selbst dieses widerspenstige Volk zum Gehorsam bringen. Sie wollten ihn sehen? Warum nicht?

Die Hofbeamten erklärten, sie könnten Montezuma von diesen Dingen keine Mitteilung machen. Seit Menschengedenken habe niemand aus dem gewöhnlichen Volk auch nur das Antlitz des Herrschers gesehen, geschweige mit ihm reden dürfen.

Cortes befahl ungeduldig, man habe Montezuma diesen Wunsch mitzuteilen, vorwärts, es sei keine Zeit zu verlieren.

Der König gab abschlägigen Bescheid. Der Bastard Alvarado überbrachte ihn. Mit Tränen in den Augen berichtete er, der König wünsche nur zu sterben. Er wolle auch Malintzi, der ihn so fürchterlich getäuscht, nicht mehr sehen. Wie ein kranker Vogel hocke er auf seinem Sessel und zupfe nachdenklich die Federn aus seinem Königsmantel.

Cortes schickte den Pater Las Casas, der nicht vorgelassen wurde, und ging schließlich selbst. Montezuma empfing ihn sitzend, die Augen halb geschlossen. Er hatte die spitze, goldene Blechmütze auf dem Haupte und sah alt und hinfällig aus. Seine

Hände waren wie frierend unter den Falten des azurblauen Federmantels verborgen. Von Zeit zu Zeit scheuerte er leise die Knöchel aneinander; die Druckstellen der Fesseln schmerzten ihn.

Der Generalkapitän bat ihn, den Helm in der Hand, doch dem Verlangen des Volkes zu willfahren. Er sei bereit, mit seinen Leuten die Stadt zu verlassen, sobald Stille eingetreten wäre. Nur Seine Majestät selber könne die aufgebrachte Menge beruhigen. Er sei aufrichtig gewillt, abzuziehen; Montezuma könne ihm vertrauen.

Montezuma griff nach dem smaragdenen Lippenpflock, der sein Kinn halb bedeckte, und strich mit dem spitzen Finger auf dem Stein entlang. Er schlug die großen Augen voll zu dem Spanier auf. Wie schmutzig der Fremde aussah, mit dem zerstoßenen und blinden Harnisch, der in den Fugen und an den Kehlen Mörtelreste trug, den kotigen Stiefeln, den wirren Haaren, die vom Schweiß verklebt in schwarzen Strähnen auf dem groben und breiten Schädel hingen! Wie sauer diese ungewaschene Kleidung stank, schlimmer noch als der scharfe und bittere Körpergeruch, der ihn bei der ersten Begegnung erschreckt hatte! Tiere waren diese Spanier, wilde und gefährliche Tiere.

Er sagte überraschend zu: ja, er wolle mit dem Volke reden. Guatemotzin, der ältere seiner beiden Neffen, sprach heftig auf ihn ein und suchte ihm den Entschluß auszureden. Montezuma blieb fest; er wurde sogar zornig, als Guatemotzin erklärte, er würde dann den König nicht begleiten. War er nicht immer noch der König? Hatte man seine Befehle nicht blindlings zu befolgen? Hatte dieser Geist des Ungehorsams, der dort draußen so frech tobte, sich wie eine Ratte durch den Kanal hier in den Palast eingeschlichen und nagte an den Stützen des Thrones? Hob man gar schon die Blicke zuchtlos zu dem Herrscher auf und machte seinen Hals steif?

Guatemotzin beugte den Nacken unter die heischende Hand des Onkels. Montezuma forderte seinen Schmuck; schnell! Man legte ihm die goldenen Brustplatten um, die Ketten aus Türkisen und Smaragden und das Jahrmarktshalsband aus Glasperlen, das Cortes ihm beim Einzug in die Stadt verehrt hatte. Der Herrscher schien größer zu werden unter der Last; sein Gesicht straffte sich, die Nase stach schnabelscharf in die Luft. Er prüfte sorgfältig in einem Spiegel aus geschliffenem schwarzen Stein seine Ausrüstung, winkte den Neffen, stützte sich schwer auf ihre Schultern und ging.

Die Hofbeamten liefen voraus und winkten vom Turm den Angreifern zu: sie sollten auf der Stelle die Waffen niederlegen und sich auf die Knie werfen; der König käme! Der Sturm ließ nach. Einige verlorene Pfeile schnarrten noch über den Platz, als Montezuma aus der Tür trat. Die Spanier hoben ihre Schilde, um ihn zu decken. Er schritt ohne jede Hast dahin. Es dauerte lange, bis er den Turm erstiegen hatte. Das ungeduldige, zwitschernde Raunen der Menschenmenge auf dem Platz wuchs bereits drohend an.

Die Stabträger erschienen auf der Zinne des Turmes und erhoben ihre goldenen Stäbe. Sie wiederholten den Befehl drei-, viermal, ratlos, daß niemand sich zu Boden warf, wie es die Sitte verlangte. Nur einige Bauern bückten sich fromm. Die andern rissen sie hoch: was knien, vor Montezuma, dem Knecht und Sklaven der Spanier? Man konnte auch stehend hören, was er einem zu sagen hatte.

Der König trat heraus, und nun waren es die Vornehmen, die, von der gewohnten Ehrfurcht bezwungen, sich unwillkürlich niederließen. Das Volk, das Montezuma nie gesehen hatte, erkannte ihn zunächst gar nicht. Es hielt Guatemotzin, der trotzig aufgerichtet neben dem Onkel stand, für den Herrscher. Cortes bemerkte die Verwirrung; er ließ ein Stückfaß hinter die Brüstung rollen und Montezuma hinaufheben. Völlige Ruhe trat ein. Man hörte das Rauschen der Federmäntel bei den Niederknienden. Ja, das war er, der König auf dem Bergthron; das waren seine goldenen Sandalen, man hatte sie flüchtig zwischen den Fingern hindurch einmal vorüberblitzen gesehn zwischen dem Gitter der Stabträger, die wohl darauf achteten, daß niemand den Kopf hob, und erbarmungslos zuschlugen. Jetzt konnte man ihn frei betrachten, den König. Er war klein, sehr klein, und alt.

Montezuma sprach, in der kunstvollen und gewählten Form der Rede, die er aus seiner Priesterzeit her behalten hatte. Er klagte: »Mein Herz ist bitter, es ist gleichsam in Pfefferwasser getaucht, es zieht sich zusammen vor Zorn über euren Ungehorsam. Wer hat euch hierhergeführt, wer hat euch blind gemacht und die Augen mit Lehm bedeckt, daß ihr so die Waffen erhebt gegen unsere Freunde, die ›Weißen Götter‹? Seid ihr rasend, hat man euch Gift gegeben, habt ihr Pilzgift verschluckt? Was wollt ihr?«

Man rief: »Dich befreien!« Viele waren aufgestanden und nahe herangetreten.

Montezuma blickte streng hinunter: »Sprecht ihr mit mir? Redet ihr mich an wie ein Händler auf dem Markt seinen Kunden? Hebt ihr euren Atem zu mir auf? Wer hat euch geheißen, mich zu befreien? Ich bin kein Gefangener, ich wohne freiwillig bei meinen Freunden, den ›Weißen Göttern‹, es beliebt mir, dort zu wohnen, und es wird mir ein andermal gefallen, sie zu verlassen und in einen anderen Palast zu ziehen. Sie sind meine Gäste, sie sind meine Freunde...«

Gemurr erhob sich. Montezuma drehte zornig an dem Siegelring an seinem Finger: »Meine Freunde sind sie, ich liebe sie, der Gott selber hat sie hergeführt! Wer ist das, der euch diesen Ungehorsam eingibt? Ich wünsche, daß man ihn mir ausliefert, ich werde ihn bestrafen, man wird ihm das Gesicht in Streifen zerschneiden. Ich befehle, daß man die Anstifter ausliefert, ich will sie sehen, man soll sie mir bringen!«

Das Gemurr schwoll an. Waffen blitzten. Auf den Dächern spannten Schützen ihre Bogen. Montezuma riß außer sich den Ring vom Finger und warf ihn als Zeichen seines Befehls in die Menge. Das Volk heulte auf wie unter einem Schlage.

Im Augenblick war die Luft laut von Geschossen. Montezuma stand vorgebeugt und starrte hinunter. Ein Pfeil riß ihm eine Schramme über das Gesicht, der Kiesel aus einer Schleuder knallte gegen seine Schläfe. Der König hatte ein Gefühl, als wäre er mit voller Wucht gegen eine spitze Ecke gestoßen; er konnte nicht begreifen, daß jemand anders ihm diesen Schmerz zufügen sollte, und sah sich benommen und wankend nach dem Hindernis um. Die Spanier zerrten ihn herunter und deckten ihn mit ihren Schilden.

Er wachte erst wieder auf, als er in seinem Zimmer auf der Matte lag. Sein Gesicht war verbunden; die Tücher juckten auf der Haut und waren unerträglich heiß. Der Kopf brannte und schmerzte in der Stirnnaht und hinter den Ohren, als sei er zerbrochen. Jeder Schritt der besorgt Herzueilenden tat ihm weh und pochte gegen das Hirn. Er machte mit dem spitzen Finger ein Zeichen, man solle ihn allein lassen.

Das Zimmer wurde nicht leer. Cortes schickte die Celestina. Sie ließ sich schwarz und riesig neben dem Lager nieder und quälte den Fiebernden mit ihren Mixturen. Gegen Abend erschien der Generalkapitän selbst, um sich nach dem Befinden des Königs zu erkundigen. Er bemühte sich, leise aufzutreten. Cortes fragte die Celestina mit den Augen. Sie zuckte die Achseln, daß die großen silbernen Ohrringe auf ihren Schultern tanzten.

Marina ließ sich in einer Sänfte hereintragen. Sie nahm dem König die dicken Verbände vorsichtig ab und legte ihm eine sanfte und kühlende Packung von aufgequollenen Schlingpflanzensamen über die Stirn. Montezuma regte sich dankbar unter ihren geschickten Händen. Bei einer tiefer hinabreichenden Bewegung erkannte er die Frau. Er schüttelte sich, stieß nach ihr und wischte wütend den Brei vom Kopfe. Sein Gesicht verschmierte sich dabei; er jammerte vor Ekel. Die Wunde an der Wange brach auf; dickes Blut sickerte durch den glasigen Schleim.

Die Neffen warfen sich vor Cortes nieder und flehten ihn an, man möge den Herrscher allein lassen; diese Aufregungen richteten ihn sicherer zugrunde als alle Verletzungen. Der Spanier herrschte sie in seiner Verzweiflung sinnlos an: sie sollten aufstehen, in Satans Namen! Wer ihm den König denn gesundmachen werde, he? Mit Heulen und Klagen sei da nichts geholfen. Gesund müsse man ihn haben, und das schnell; er wisse nicht, was sonst noch aus ihnen allen werden solle!

Montezuma lag nun erschöpft da, den Kopf tief in die Schultern gezogen und die Hände wie kleine Vogelkrallen mit den Innenseiten nach außen starr auf der Brust. Er ließ es willenlos mit sich geschehen, daß die Celestina ihm mit ihren fetten, schwarzen Händen das Haupt anhob und Fetzen eines zerrissenen, unsauberen Hemdes eng darumwickelte. Sie schnaufte aus ihren großen Negernüstern vor Anstrengung und blickte furchtsam zur Seite auf den Generalkapitän. Cortes drohte: er werde sie auspeitschen lassen, erbarmungslos, wenn sie nicht alles täte, was irgend menschenmöglich sei... Fester! Sie solle den Verband fester anziehen!... Man müsse auf alle Fälle den Pater Las Casas rufen lassen; vielleicht könne es ihm noch gelingen, den König zu bekehren... daß Gott und die Madonna dann ein Einsehen hätten und ihn am Leben ließen...

Der Pater Las Casas kam. Er kniete neben dem Lager des Königs nieder und sprach eindringlich auf ihn ein. Seine schöne und kräftige Stimme füllte den Raum.

Weinend beschwor der Bastard Alvarado den Priester, er solle die Majestät doch schlafen lassen. Es sei völlig vergeblich, weitere Bekehrungsversuche zu machen. Habe Montezuma doch einmal gefragt, ob es nach der christlichen Vorstellung denselben Himmel für Braune und Weiße gäbe, und auf die Bejahung hin nachdenklich geäußert, schon das werde ihn bestimmen, niemals den fremden Glauben anzunehmen; er wolle wenigstens nach seinem Tode vor jedem Zusammentreffen mit den weißen Männern bewahrt bleiben.

Las Casas zog sich zurück. Der Pater Olmedo löste ihn ab. Er hatte einen heftigen Zusammenstoß mit dem Bastard, der nicht zugeben wollte, daß die Ruhe der Majestät so fortdauernd gestört würde. Donnernd fuhr er den Pagen an: das hieße recht heidenmäßig gesprochen! Der junge Herr habe wohl selbst nötig, allmählich für sein Seelenheil besorgt zu sein! Hier müsse man auf dem Posten sein, wie nur draußen einer der Soldaten hinter dem Walle, und dem Teufel eine Seele abjagen; da gebe es keine Müdigkeit! – Damit rückte er sich das Wehrgehänge, das er statt eines Strickes um die Hüften trug, zurecht und kniete von neuem nieder. Gegen Morgen übernahm der Bruder Diaz das Gebet. Seine von einem Schilddrüsenleiden unmäßig hervorgetriebenen Augen schweiften neugierig durch den Raum, während die Lippen wie in einem dünnen Strahl die Worte heruntertropfen ließen.

Cortes fand den König am Morgen in der gleichen Haltung wie zuvor. Die Wangen fielen ein; der Grat der Nase stach noch schärfer hervor, als wollte er die dünne Haut durchbrechen. Die Lippen wurden schlaff, und der Smaragdpflock über dem Kinn löste sich. Montezuma winkte dem Pagen in einem unbewachten Augenblick und schenkte ihm den Stein. Der Bastard drückte ihn atemlos vor Schluchzen an den Mund. Das faltige, lose Fleisch der leeren Unterlippe gab nun dem Gesicht des Königs ein völlig greisenhaftes Ansehen. Er sprach zu niemand mehr; auch seine Neffen bekamen keine Antwort.

Die Celestina wechselte den Verband. Die untersten Lagen des mürben Leinens waren hart von Blut und Eiter und klebten fest an der Haut. Montezumas Augen leuchteten wie zufrieden noch einmal auf, als das Weib mit ihren schweren und kräftigen Händen die Streifen herunterfetzte. Er nickte und flüsterte: »Gut... schneller...«

Der Todeskampf dauerte drei Tage. Obwohl das Quartier ständig berannt wurde, hallten die Vorzimmer von den Tritten und Rufen der Spanier, die weinend nach dem Befinden des Königs fragten und für ihn beteten. Die drei Priester lösten sich fortlaufend ab. Der Bastard fieberte; seine topasfarbenen Augen starrten weit aufgerissen vor Übermüdung, und sein Gesicht war fast so abgemagert wie das des Königs. Montezuma starb unbemerkt in all dem Lärm, der wie auf einer offenen Straße durch das Zimmer flutete. Er hatte längst die Augen geschlossen und träumte nur noch leise vor sich hin, kühle und beschwichtigende Träume von dem Totenreich Mictlan. Kalt war es dort, ein ewiger Wind wehte, die Luft schnitt von den Obsidianmessern, die umherwirbelten wie scharfer Staub; bitter war es dort, man trank Eiter aus Hirnschalen und aß giftigen Stachelmohn; finster war es dort, und es regnete viel. Wie das Geräusch von vielen Schritten war dieser Regen...

Man begriff erst am Abend, daß der König verschieden war. Seine beiden Neffen standen ernst und unbewegt zu Füßen des Lagers und blickten verwundert auf die Spanier, die sich in ihrer leidenschaftlichen Erregung nicht zu fassen wußten, schluchzend an der Bahre niedersanken, wie trunken durch das Zimmer taumelten und sich gegenseitig umarmten. Was für seltsam unbeherrschte Menschen waren doch diese Fremden! Dort schlug einer die Fäuste vor die Stirn und schrie den Namen Montezumas, als sei ihm sein leiblicher Vater gestorben!

Cortes gab Befehl, den Leichnam so prächtig wie möglich zu schmücken; man werde ihn noch heute den Belagerern zusenden, damit er an der Begräbnisstätte seiner Väter die letzte Ruhe fände. Die Diener kamen und wuschen den Toten. Die alten Leute knüpften die Papiertracht und taten sie ihm an; sie wikkelten ihn fest in dreifache Federmäntel zum Schutz gegen den eisigen Wind der Unterwelt und deckten ihn mit dem Schilde zu. In die Hand gaben sie ihm den kleinen Tonkrug mit Wasser für die lange Reise; zu seinen Füßen legten sie den kleinen gelben Hund nieder, der einen Faden lockerer Baumwolle um den Hals trägt und den Toten als Führer über den neunfachen Strom nach Mictlan geleitet. Die Spanier murrten über die Ärmlichkeit dieser Zurüstungen: das heiße ja weiß Gott einen Bettler begraben und nicht einen so gewaltigen und reichen Monarchen! Stumm fuhren die Mexikaner in ihrer Arbeit fort; sie legten den Toten auf eine reine, schöngeflochtene Matte und netzten ihm die Haare mit Wasser.

Cortes hatte durch den Schiffszimmermann Martin Lopez eine kräftige Bahre herstellen lassen. Man trug sie in das Sterbezimmer und setzte sie neben der Matte ab. In einer plötzlichen Eingebung bückte sich Cortes selbst und hob die Leiche auf. Sie war leicht wie die eines Kindes, unendlich leicht, und wieder wie bei jener ersten Begegnung schien es dem Spanier, als entzöge sich der Körper des Königs unter dem Federmantel jeder Berührung...

Langsam ließ er ihn auf die Bahre nieder. Vier alte Stabträger Montezumas faßten die Handgriffe an. Sie seufzten und schritten unfroh dahin; wußten sie doch, daß man ihnen über der Gruft den Pfeil in den Hals stoßen würde. Der Zug schwankte durch die Dunkelheit über den Hof. Das Tor öffnete sich. Die Spanier standen gebückt und bekreuzigten sich. Niemand achtete darauf, daß neben der Bahre Guatemotzin hinausglitt. Der Prinz trug einen dunkelblauen Federmantel. Er tauchte sogleich in den Schatten der Mauer und sprang auf eine der engen Nebenstraßen zu. Die mexikanischen Posten riefen ihn drohend an. Er nannte seinen Namen. Ehrfürchtig ließen sie ihn durch. Er schlug den Weg zu den Priesterhäusern des großen Tempels ein.

Die Träger mit der Bahre waren den Blicken der Spanier entschwunden und bis zur Mitte der Hauptstraße gekommen. Einige Pfeile, von den Dächern herab geschossen, spellten vor ihnen auf das Pflaster. Sie hielten inne und setzten ab. Der Älteste hauchte mit heiserer Stimme empor: Montezuma sei gestorben; man bringe seine Leiche.

Die Posten flüsterten untereinander. Zweifellos war das eine Kriegslist der Fremden. Wie, wenn unter diesen Bahrtüchern und Mänteln eines jener Feuerrohre versteckt war und plötzlich wie ein Krater Steine und glühendes Metall auswarf, sobald man herantrat? Vielleicht mochte auch eine neue und noch ungeahnte Tücke dahinter verborgen liegen. Sie riefen den Trägern zu, sie sollten keinen Schritt weiter vorwärts wagen! Gegen Morgen würde man ja sehen, was an dem ganzen Aufzug sei.

Die Männer hatten keine Eile. Sie lehnten sich dämmernd gegen die Stangen der Bahre und warteten. Es regnete leise. Das Pflaster wurde im Mondlicht schwarz. Die ganze Nacht hindurch stand die Leiche dort auf der Hauptstraße. Mit Tagesanbruch fiel ein eisiger Wind von den Schneebergen her ein. Er rüttelte die Posten wach. Sie blickten hinunter und sahen den azurblauen Königsmantel Montezumas. Der Wind faßte hincin und blies ihn auf wie die Bauchdecke eines Vogels. Am Kopfende schimmerte schwach und papageiengelb das Gold der spitzen Königshaube.

Sie stiegen hinunter und brachten die Leiche in den Vorhof des großen Tempels. Überall in den Straßen wachte das Wehklagen auf. Aus den Gemächern des Oberpriesters trat Guatemotzin dem Zuge entgegen. Er hatte die Nacht in Beratungen mit den Priestern und den Häuptern des Adels verbracht und war gegen hohe Versprechungen zum König gewählt worden.

Er war entsetzt, als er nun erfuhr, daß die Leiche seines Oheims so ganz vergessen die Nacht hindurch unter freiem Himmel gestanden hatte, und verfügte sofort die Festnahme der schuldigen Posten. Sie sollten zugleich mit den Trägern, die ja ohnehin dem Tode verfallen waren, über dem Grabe Montezumas geopfert werden. Der König würde mit einem stattlichen Gefolge, wie es ihm gebührte, in die Unterwelt einziehen.

Draußen vor der Stadt bei dem Orte Copolco, der alten Begräbnisstätte der aztekischen Könige, war der Scheiterhaufen für Montezuma errichtet. Die Totengräber zündeten das Holz an. Die Flammen leckten empor und rafften prasselnd die Federgewänder hinweg. Hoch in der Luft erstarb die papierene Fürstenfahne wie ein feuriger Triller. Der Leichnam blähte sich in der Glut und platzte auf; es roch nach verbranntem Fleisch. Hinter der Gruft stießen die Priester den Dienern die Vogelpfeile in den Hals und warfen sie in die schon geöffneten Gräber. Die Menge, die bis hinunter zum See die Straßen und Hänge bedeckte, murmelte die Totengebete. Manche murrten Verwünschungen: »Seht, da brennt er, Montezuma, da geht es mit ihm zu Ende. Haben wir nicht allesamt in Furcht gelebt vor ihm, sind wir nicht auf dem Bauche gekrochen wie die Schnecken, hat er nicht über uns gehangen wie ein drohender Felsen? Seine Diener schlugen uns mit den Stäben auf den Kopf, und wir sahen nur seine goldenen Sandalen oder den Boden seiner Sänfte, wenn er vorübereilte. Aber seine Hand spürten wir wohl, sie lag schwer auf uns; viele wurden verurteilt, vielen wurde das Gesicht zerschnitten, wer nur den geringsten Fehler beging, den ließ er töten, und manche, die nur angeschuldigt waren, mußten sterben, ehe sie sich verteidigen konnten. Der ganzen Welt war er ein Schrecken, und er hat Trübsal über uns gebracht, wie der Wind, der die Seuchen mit sich führt.« Andere flüsterten nur zwischen den Zähnen und schüttelten die Köpfe.

Das Feuer sank zusammen, die Totengräber stießen mit den Stangen hinein und häufelten die Glut. Die Priester kamen mit den Tongefäßen und schütteten Wasser auf die glimmenden Reste: »Bade dich, Herr!« Der fade Dunst von Asche zog über den Platz und legte sich gegen die Gaumen der Wartenden. Man las die Knochen heraus und tat sie in einen kleinen irdenen Krug; der Oberpriester ließ den grünen Chalhuitl, der das Herz bedeutet, hineintropfen. Eine runde und tiefe Aushöhlung wurde in die Erde gegraben und der Rest des Scheiterhaufens hinabgeworfen. Der Oberpriester stellte den Krug auf den noch warmen Aschenhügel.

Die Menge zerstreute sich. Guatemotzin war bereits nach der Opferung der Diener in die Stadt zurückgeeilt. Die Sonne sott über dem kleinen Hügel und ließ die Aschestäubchen wie einen dünnen Rauch tanzen. Schläfrig karsteten die Totengräber an den schmalen Gruben, in denen die Stabträger und die Soldaten lagen.

Achtzehntes Kapitel

Die Angriffe stießen nun mit gesammelter Wucht und planvoll gegen das Quartier der Fremden vor. Guatemotzin zog aus allen Landschaften des Reiches Truppen heran, er führte einen regelrechten Ablösungsdienst ein und ermüdete die Spanier bald derartig, daß sie schreiend zu Cortes liefen: die Stellung sei nicht zu halten, man müsse auf der Stelle abziehen!

Man habe kein Pulver mehr; fast jeder Mann verwundet; schlechtes Wasser; erbärmlicher Proviant! Wenn es so weiterginge, fielen die Posten mit den Piken in der Hand von ihren Ständen. Bereits seien die Angreifer mehrmals über die Mauer bis auf den Hof gedrungen. Vor dem Geschütz hätten sie überhaupt keinen Respekt mehr; mit den Gäulen sei nichts auszurichten in den verbauten Straßen.

Man beschloß den Abmarsch. Cortes ließ durch den Schiffszimmermann Martin Lopez eine tragbare Brücke aus kräftigen Balken bauen zur Ausfüllung der Durchlässe auf der großen Dammstraße. Zu ihrem Transport wurden vierhundert Tlaskallaner bestimmt; man übte des Nachts mit ihnen auf dem Hofe die Handhabung des riesigen Gerüstes.

Cortes ließ vor dem Abmarsch durch den Notar Godoy ein Protokoll aufnehmen. Der große Speisesaal war wie bei einer riesigen Messe bunt von dem aufgestapelten Gepäck. An einer Wand lagen in zwölf großen Haufen die Gold- und Silberbarren. Der Notar bestätigte in einer Urkunde, daß alles menschenmögliche versucht worden sei, die Schätze zu retten und den Anteil Seiner Majestät zu bewahren. Die Lage mache aber die Fortschaffung durchaus unmöglich. Der Generalkapitän habe daher beschlossen, das Gold freizugeben und jedem zu gestatten, sich so viel davon zu nehmen, wie er tragen könne. Den Rest werde man in einem der Brunnen versenken.

Der Generalkapitän ließ einen Gaul mit Goldbarren beladen, die als Anteil des Königs bezeichnet und von Godoy gestempelt wurden. Dann gab man den Saal frei. Ein wahnwitziges Schleppen und Wühlen hob an. Die älteren Soldaten suchten sich kleine Kästchen mit Smaragden oder Chalhuitlsteinen heraus. Die jüngeren, und namentlich die Mannschaft des Narvaez, stopften sich alle Taschen voll Gold. Manche trugen die ziegelstarken Barren unter dem Wams wie einen Schwimmgürtel um den Leib. Der einfältige Bauernbursche Santa Clara schleppte sich mit einem riesigen, ganz mit Türkisen besetzten Prunkschild aus dem Ahnenschatze Montezumas. Mit Schnüren und Bastseilen band er sich das mächtige Stück über den Rücken. Der Reiter Peter Moron kramte unter den Silbersachen. Er glaubte mit einem geschickten Kniff das Schicksal betrügen zu können, wenn er kein Gold nahm. Sollten die andern nur raffen und sich bis zum Hals beladen; er wollte bescheiden sein und sich mit dem Geringeren begnügen. Gott oder der Teufel würden ihn dann wohl nicht bemerken. Sorgfältig suchte er dünne Silberbleche aus und schlug sie mit dem Dolchknauf in die Innenseiten seines Harnischs, der davon wie mit Blei ausgegossen glänzte. Er fütterte seinen Helm mit Silberschmuck und stemmte zwei massive silberne Stäbe wie Sperrstangen in die Höhlung seines Schildes. Ächzend hob er die Last und schleppte sie probend ein paar Schritte. Der Schweiß brach ihm aus der Stirn. Es würde schon gehen; in Gottes Namen. Er band sich noch einen Lederbeutel mit Sandalenschellen und Lippenpflöcken an den Gurt.

Manche wurden nachdenklich und legten die Barren wieder zurück. Der Hauptmann Olid, dem die schwarzen Haare tief in die Stirn hingen, rief den jungen Fähnrich Corral beiseite. Er nahm die schweren, dreifachen goldenen Ketten von der Schulter und winkte dem Jüngling, er solle das gleiche tun. Corral gehorchte. Olid grub in einem Winkel des Quartiers unter den Fliesen ein Loch, warf die Ketten hinein und schloß das Versteck wieder. Geringschätzig wies er nach rückwärts, wo die andern noch bei der Verteilung lärmten: die Narren! die Narren! Das Grinsen wanderte über sein ganzes Gesicht und schob die zerdrückten Faltennester auf den pergamentenen Wangen hin und her.

Der Hauptmann gab sich noch nicht zufrieden. Er prüfte abwiegend das Gewicht seiner eisernen Halsberge auf den Händen und zog sie schließlich herunter. Zärtlich griff er dem Fähnrich an den Kragen und flüsterte ihm ins Ohr: er solle sich leicht machen; man müsse schwimmen können! Auf das Brückenwerk solle der Teufel bauen. Ob er den frischen Schlamm bei den

Durchlässen gesehen habe, als man in die Stadt gezogen sei? – Sie banden sich die hohen Stiefel mit Schnüren und Riemen unter den Knien zu.

Im großen Saal erhob sich wütendes Gebrüll. Einige Gruppen aus der Mannschaft des Narvaez warfen zwei Feldschlangen von den Karren und beluden sie mit dem Metall. Die alten Soldaten des Cortes suchten sie daran zu hindern: die Stücke würden wichtiger gebraucht als dieser Mist von Gold; herunter mit dem Dreck! Der Satan habe ihnen diesen Krempel nur auf den Hals geladen, um sie allesamt damit völlig zu verderben! Herunter!

Die andern wehrten sich und zogen blank. Cortes erschien und befahl, die Waffen einzustecken und das Gold abzuladen. Die Leute des Narvaez fletschten ihn wütend an; sie warfen sich der Länge nach über die Karren und brüllten, sie würden sich eher in Stücke hauen lassen, als die Beute freigeben. Cortes ließ sie gewähren; er ordnete aber an, daß sie bei der Nachhut marschieren müßten, damit nicht womöglich der ganze Zug durch die Karren aufgehalten würde.

Ja, ja; in Gottes Namen, man solle sie nur an den Schluß setzen, sie wollten sich schon durchschlagen. Hier – sie tätschelten die Barren –, dieser herrliche Proviant würde ihnen einheizen und das nötige Feuer geben, um mit dem braunen Gesindel fertig zu werden.

Sie zimmerten sich noch aus Balken und Brettern eine Schleife zusammen, wie man sie im Gebirge benutzt, stellten leere Pulvertonnen darauf und luden auch die mit den Barren voll.

Cortes begab sich zu Marina. Sie hatte am Vormittage bereits einige Wehen verspürt und fieberte leicht. Die Celestina war bei ihr gewesen. Die Indianerin, mißtrauisch gegen die sonstigen Pfuscherkünste der Alten, traute ihr doch in Hebammendingen tüchtige Erfahrung zu und beriet sich sorgfältig mit ihr. Sie fürchtete besonders, daß die Geburt durch eine Aufregung zu früh einsetzen könnte; man habe doch oft gehört, daß Frauen bei der Opferung eines Gefangenen oder anderen großen Aufläufen niedergekommen seien?

Die Celestina lachte durch ihre Negernüstern: ach was, beim

ersten Kind! Das ginge nicht so schnell. Wenn es das vierte oder fünfte wäre, das könne man auf dem Markt verlieren, während man sich mit einem Alguazil zankte.

Sie befühlte Marina sorgfältig mit ihren feisten, nervigen Händen. Madonna, wie tüchtig zum Gebären diese Indianerinnen geschaffen waren. Leicht würde es gehen, sie solle nur sehen, aber freilich nicht schnell; einen halben Tag könne es schon dauern. Wenn man dagegen die armen spanischen Huren ansah. Dieses schmalhüftige Fräulein de Lasa zum Beispiel, das von Adel sein wolle und immer in einem Panzer umherliefe wie ein Edelknabe, die müßte sich anders quälen.

Marina schminkte sich Gesicht und Hände vor einem Spiegel aus geschliffenem schwarzen Porphyr, sie parfümierte ihre Haare umständlich und war völlig beruhigt, als der Mann eintrat. Cortes brachte die vier tlaskallanischen Lastträger mit, die ihre Sänfte führen sollten. Es waren alte und erfahrene Männer, grauhaarig und mit breiten Stirnen; zwei von ihnen hatten das Zeichen des Vorstehers ihrer Gilde in Ocker auf den Wangen. Der Feldherr Xicotencatl hatte sie eigens ausgewählt. Die dünnen Wände der Sänfte waren mit gesteppten Wattepanzern behängt.

Gegen Mitternacht erfolgte der Abmarsch. Die Vorhut trat zaghaft hinaus auf den großen Platz vor dem Quartier. Ein dünner Regen schmatzte auf den Steinen. Die Nacht war dunkel und ruhig. Vorsichtig drückten die Soldaten die Dolche und Degen an den Leib, um jedes Klappern zu dämpfen; sie schritten auf den Zehenspitzen und blickten sich zornig um, als unter dem Tor das dumpfe Rollen des ersten Geschützes summte.

Von den mexikanischen Posten war nichts zu sehen. Die Spanier marschierten nun freier dahin und ließen die erhobenen Schilde sinken. Sie zogen durch die große Hauptstraße, in völliger Ruhe und Ordnung. Mancher begann zu bedauern, daß er sich nicht doch mit einigem Gepäck beladen hatte; die Indios schliefen offenbar, die hatten es nicht nötig, bei solchem Wetter Wache zu stehen, und selbst das Geräusch der vielen Füße und Räder schien sie nicht aufzuwecken. Die Leute des Narvaez mochten doch den klügeren Teil erwählt haben. Von der Nachhut her hörte man das schnarchende Geräusch der Schleifen, auf denen sie die Goldtonnen schleppten.

Die Straße mit den finsteren hohen Mauern der Adelspaläste wurde bereits heller. Wie Heuhaufen lagen die niedrigen, schilfgedeckten Hütten der Vorstadt in der Dunkelheit. Der Damm kam in Sicht. Vom Wasser her rauchte ein weißer Nebel. Er hüllte die Vorhut bis über die Hüften ein, Mann um Mann wurde lautlos hinweggeschluckt. Die Spanier schritten immer zuversichtlicher aus. Es schien ihnen unwillkürlich, als würden auch alle Geräusche in dem watteweichen Dunst erstickt. Sie flüsterten mit rauh ausbrechenden Stimmen untereinander: die Madonna hatte geholfen! man würde durchkommen, das Schlimmste war vorbei...

Vor dem ersten Durchlaß stand eine mexikanische Wache. Die Fußknechte der Vorhut stürzten mit den Piken über sie her. Stumm wischten die Indios hinunter über den Damm. Die Spanier sprangen ihnen nach. Sie prallten entsetzt zurück. Der Kanal war schwarz wie mit angeschwemmtem Treibholz gefüllt von Booten. Einige Muschelhörner blökten. Auf dem Wasser antworteten da und dort Rohrtrompeten. Es rauschte ringsum auf wie von starken Gewittergüssen. Der Zug stockte; von hinten rief man ungeduldig, warum es vorn nicht weiterginge?

Die Stille riß wie ein Vorhang entzwei. Über dem Kanal brach der gellende Lärm aus und riß strudelnd zu beiden Seiten des Dammes entlang bis in die Stadt hinein. Das Schwirren und Schnalzen der Pfeile war kaum zu hören vor dem ungeheuren Klatschen und Spatteln der Ruder auf dem See. Unaufhörlich stob das Geschrei der Angreifer zu den Spaniern hinauf. Krachend stießen die Boote auf die Mauern des Dammes; sie polterten hölzern gegeneinander und schütteten die kreischenden Insassen aus. An manchen Stellen des Deiches hingen sie in dicken Trauben, zwanzig, fünfzig, hundert nebeneinander, hintereinander; die Krieger krochen von Bord zu Bord an Land, fortwährend ihre Verwünschungen plappernd.

Die Spanier waren zunächst völlig ratlos. Sie liefen hin und her an der Spitze und stießen die heraufsteigenden Mexikaner nieder. Immer neue Köpfe tauchten aus dem Nebel. Von hinten drängte das Gros des Zuges heftig nach; die Reihen stauchten sich auf und schoben sich ineinander; da und dort wurden ganze Gruppen seitlich herausgepreßt und stolperten die Böschung hinab. Sie konnten in der Enge ihre Piken nicht benutzen; die Indianer hängten sich zu dreien und vieren an die Schäfte und zerrten den Spaniern die Waffe aus der Hand. Manche traten in der Dunkelheit auf die Boote, schwankten und schlugen hin.

Die Brücke mit den vierhundert tlaskallanischen Trägern lag festgekeilt in der Mitte der Straße. Es dauerte eine halbe Stunde, bis Cortes und die anderen Hauptleute ihr den Weg zum Durchlaß frei gemacht hatten. Einige Reiter schwammen auf ihren Gäulen durch den Kanal und arbeiteten sich an der Gegenseite empor. Die Mexikaner flüchteten voller Angst vor den Hirschungeheuern, die schwarz und riesig, mit flatternden Mähnen und schäumenden Mäulern, aus voller Brust röhrend aus dem dunklen Wasser heraufbrachen.

Die Taue wurden hinübergeworfen. Man brachte die Brücke in kurzen Rucken vor. Die Pfeile der Mexikaner prasselten gegen das Holz. Das Vorderteil des Gerüstes – die wenigen Reiter am andern Ufer konnten es nur unvollkommen dirigieren – senkte sich zu früh und fiel auf halber Höhe in den Schlick. Der Strom der Flüchtenden schoß hinüber, die Balken tief in den weichen Boden rammend. In einem Lauf rannte die Spitze den Feind auf dem Damm auseinander und stürzte vor bis zum zweiten Durchlaß. Dicht hinter den Reitern und Fußknechten schwankten die vier tlaskallanischen Träger mit der Sänfte Marinas. Wie Nadeln hingen ein Dutzend Pfeile in dem weißen Baumwollpanzer der gesteppten Decken. Zwischen den lose vorwärtstreibenden Gruppen wurden ganze Scharen von Mexikanern mitgerissen. Man bemerkte sie erst, wenn sie bei einer Stockung von hinten her die Taumelnden ansprangen und seitlich die Böschung hinunterzuzerren suchten. Man hörte das Schreien der Fortgeschleppten: »Hilfe, Mutter Gottes, heiliger Jakob von Compostella, das Wasser, Jesus, ich ertrinke...«, das dumpfe Knallen der Keulen auf den Harnischen und Helmen. Manche klagten schon weit draußen auf dem See vom Boden eines Kahnes her, langgezogen und hoffnungslos. Es klang wie ein schauerlicher, psalmodierender Gesang.

Die alte Mannschaft schloß sich in Haufen eng zusammen. Man stieß blindlings alles nieder, was mit huschenden und tanzenden Bewegungen federraschelnd in der Dunkelheit vor einem zappelte. Eine ganze Abteilung der tlaskallanischen Bundesgenossen wurde so zusammengehauen, ehe sie sich zu erkennen geben konnte. Der Feldherr Xicotencatl schwang verzweifelt den spanischen Dolch, den Cortes ihm geschenkt hatte, und rief die Losung: »Santo Spiritu!« Man ließ von ihm ab.

Der Hauptansturm der Mexikaner galt der Brücke, über die sich nun die Nachhut wälzte. Das Geschütz war längst stehengeblieben. Der Stückmeister Mesa fistelte vergeblich seine Verwünschungen; die Leute liefen ihm davon. Nur die Mannschaft des Narvaez zog noch den Karren und Schleifen mit dem Gold. Die meisten bluteten, einige waren von den Hieben und Schlägen so verschwollen, daß sie nichts mehr sahen und kaum noch die Stricke zwischen den Händen fühlten. Trotzdem tappten sie mit ihrer Last vorwärts. Manche hatten die Finger in den Rand der Fahrzeuge gekrallt und ließen sich schleppen. Ein blutjunger Bursche hockte auf der vordersten Kiste. Der Bauch war ihm von einem Hieb mit dem breiten, obsidianbesetzten Schwert der Mexikaner aufgeschnitten; er preßte die Linke mit gespreizten Fingern auf den Leib. Die andere Hand tauchte bis zum Ellenbogen zwischen die goldenen Barren. Das hachelnde Fauchen der Angst und des Schmerzes, das aus seinem Mund fiel, hatte noch einen Beiklang von Glück: er spürte das Gold zwischen den Fingern, glatt, kühl und mächtig, er lag auf dem Gold, er fühlte es unter seinem Hintern, er ritt auf dem Gold; er besaß es. – Erst kurz vor der Brücke bemerkten ihn die Kameraden. Man warf ihn herunter.

Die Fahrbahn glibbte von Regen und Blut. Das schwer belastete Roß des Silbernarren Moron war kurz zuvor gestürzt; der Anprall des mächtigen Tieres hatte die Brücke halb umgestürzt. Unter dem Gewicht der Karren sank sie noch tiefer; die letzten Wagen rutschten wie auf einer Flößhalde hinüber und rannten am andern Ufer in den Wall, der mannshoch emporragte. Die Soldaten zerrten stumpfsinnig an ihnen herum. Von vorn kam das Geschrei: wo die Brücke bliebe? Sie nickten nur und mühten sich weiter ab. Von Zeit zu Zeit tauchten Schwärme von Indianern auf. Man jagte sie über den Damm hinunter und packte wieder an. Der Hauptmann Velasquez kam nun mit seinen Reitern, die nach rückwärts einen Ausfall gemacht und die Angreifer bis in die Vorstädte zurückgejagt hatten. Sie waren übermütig und siegesgewiß nach diesem Erfolg und brüllten die andern an: vorwärts, jetzt habe man einen Augenblick Luft, nun müsse die Brücke heraus!

Jawohl, heraus; sie dächten sich das so leicht! murrten die Leute des Narvaez zurück und ruckten kraftlos und entmutigt an ihren Stricken. Leon tappte hinüber, seinen Gaul am Zügel führend. Er sah, daß die Spitze der Fahrbahn durch die schweren Karren völlig blockiert war, und schrie: abladen! heraus mit dem Mist! macht den Weg frei, ihr Schweine! Er schlug einigen ins Gesicht, sie fielen ihn wütend an, seine Mannschaft kam nach und stieß die Fußknechte beiseite; man lud die Fahrzeuge ab, warf die Barren klatschend wie Ziegelsteine in den Schlamm und zog die Schleifen heraus. Die Brücke war nun frei. Man versuchte sie anzuheben. Sie lag wie angeschmiedet. Leon tobte. Er trieb mit der flachen Klinge die Leute des Narvaez zusammen: anfassen, Señores, anfassen, gebt euch etwas mehr Mühe, zieht! Das taktmäßige Geheul, mit dem sie an den Balken wuchteten, zog die Boote der Mexikaner an. In Schauern prasselten die Pfeile und Steine über die Arbeitenden her. Manche machten sich verstohlen davon. Sie brachten die Nachricht, die Brücke liege fest wie Judas in der untersten Hölle, nach vorn. Das Gros des Zuges hielt dort vor dem zweiten Durchlaß. Die Spitze war bereits hinübergeschwommen; Cortes hatte sogar dafür gesorgt, daß Marinas Sänfte auf einem Boot übergesetzt wurde. Jetzt fuhr der Schreck der Unheilsbotschaft in die gehäuften Massen, die sich gegen die immer wieder anschwärmenden Mexikaner leidlich so lange gewehrt hatten. Viele trugen noch ihr Gepäck und schleppten ihre indianischen Weiber mit, andere bewachten die drei Söhne Montezumas, die man in Fesseln mitgeführt hatte. Die wenigsten konnten schwimmen. Man warf die Ballen und Kisten in den Kanal, die Leichen der Erschlagenen, ein gefallenes Pferd, Trümmer von mexikanischen Booten. Dutzende ertranken und wurden von den Nachstürzenden in den Schlamm getreten.

Es begann hell zu werden. Die Gestalten der Flüchtenden hoben sich dunkel in der Dämmerung von dem Deich ab; die Pfeile der Mexikaner, die bisher zur ziellos in dichten Massen gegen den Damm geschwirrt waren, begannen zu treffen. Jede Ordnung zerriß. Lose und einzeln trieben die Fetzen nach vorn. Manche verloren völlig die Richtung und liefen besinnungslos nach rückwärts.

Auch Cortes mit der Spitze war ins Eilen gekommen. Er hatte den letzten Kanal, der nicht sehr tief war, wie eine Furt durchwatet und hielt bereits auf dem Festland. Vom Ufer her sah er, wie der Wall sich allmählich ganz mit den Federbüschen und Bannern der Mexikaner füllte. Ihre tanzenden und berauschten Massen hoben sich deutlich von den kleinen Gruppen der Spanier ab, die stumm und eng aneinandergedrängt dazwischen vorwärtswateten. Von den Reitern der Nachhut war nichts zu sehen; sie mußten abgeschnitten sein. Cortes lauschte. Er hörte durch den hellen, keifenden Lärm der Feinde das dunkle Gebrüll von der ersten Brückenstelle her.

Mit Olid und den anderen Berittenen machte er einen Vorstoß bis zurück zu dem zweiten Durchlaß. Er fand noch eine Gruppe von zwölf Fußknechten am Leben. Auf dem anderen Ufer hinkte Alvarado heran. Er hatte seine Fuchsstute verloren und stützte sich auf die Lanze. Vier Tlaskallaner begleiteten ihn. Alvarado drehte sich von Zeit zu Zeit um und stieß schwerfällig nach den Verfolgern. Sie wichen tanzend und plappernd zurück; sicher, den Verfolgten am Kanal doch endgültig zur Strecke zu bringen, wollten sie sich nicht mehr unnütz gefährden. Die Reiter winkten und riefen ihm zu. Der Hauptmann wankte zum Ufer hinunter, vorsichtig auftretend; jede heftigere Bewegung stieß ihm das Blut aus den Wunden. Er blieb am Rande stehen, tastete mit der Lanze die Tiefe ab und stierte in das schwarze Wasser. Die Flut hatte die Leichen bereits zum größten Teil fortgeschwemmt; nur der Boden eines Karrens ragte blaß hervor. Die Indios hatten Alvarado erkannt, sie kläfften höhnisch seinen Namen: »Tonatiu! Tonatiu!« und schüttelten kunstvoll und umständlich wie im Tanz ihre Waffen. Der Hauptmann zögerte noch immer. Sein schwerfälliger und benommener Kopf brauchte die Peitsche der äußersten Gefahr, und fast schien es, als wollte er die Feinde sich erst ganz über den Leib kommen lassen, ehe er den Entschluß, an dem er kaute, ausführte. Plötzlich wandte er sich um – die Indios wichen im Kreis zurück – und nahm einen Anlauf; ja, er lief, seine Füße griffen schnell und fest zu, der ganze schwere Körper versammelte sich und riß die letzten Kräfte wie mit Zügeln empor, er rannte, die Lanze weit vorgestreckt, er stieß die Spitze in den Boden des Munitionswagens, er warf seinen Leib mit voller Wucht in die Höhe und stabte sich in einem mächtigen, klafternden Schwunge über den Kanal. Der Panzer dröhnte dumpf auf; Alvarado fiel der Länge lang in den Schlick, seine Fäuste hieben nach vorn in die Böschung. Die Spanier sprangen brüllend von den Gäulen, liefen hinunter und hoben ihn auf. Sie stützten ihn, schleppten ihn, trugen ihn zu den Pferden und hoben ihn auf eines der Rosse. Alvarado wischte sich mit der Faust über die Augen und spuckte den Schlamm, der ihm beim Sturz in den Mund gekommen war, aus.

Das schrille Lärmen der Mexikaner am andern Ufer war verstummt. Sie tappten ratlos und wie nach einer Fährte suchend hin und her. Dann hoben sie ihre Schwerter und schlugen stumm und rasend vor Erbitterung die vier Tlaskallaner nieder.

Es war nun ganz hell geworden. Aus dem Wasser rauchte der Nebel empor. Cortes ritt mit der kleinen Schar auf dem Damm zurück zum Ufer. Er fror in der Morgenkälte. Die Straße war wie bei einer riesigen Prozession bedeckt von Knienden und Langhingestreckten. Vor den Reitern sprangen die Indios scheu zur Seite. Die Reiter trieben ihre müden Gäule im Schritt hindurch. Cortes schüttelte den Kopf. Seltsam kraftlos waren all diese Angriffe der Feinde. Hatten die Leute sich bei dem unaufhörlichen Schreien und Tanzen völlig ausgegeben? Glaubten sie die Spanier völlig vernichtet? Oder war ihre ganze Streitmacht bei der ersten Brückenstelle versammelt, wo die Nachhut sich immer noch hielt?

Cortes wandte sich im Sattel um und blickte zurück. Das Wasser war dort mit Kanus bedeckt wie ein Aas mit Fliegen. Ein gefräßiger, kauender Lärm weste herüber. Dazwischen klang ab und zu ein zorniges Zusammenprallen wie von ineinanderfahrenden Wagen. Er bekreuzigte sich und flüsterte ein: Gott sei ihrer armen Seele gnädig!

Ein paar verlorene Pfeile hauchten vom Wasser her über die kleine Schar hin, als sie den Uferrand erstieg. In einem Garten der Vorstadt Popotla lagerte der Rest der Truppen. Er fand unter drei großen Zedern Platz. Manche schliefen. Andere verbanden sich ihre Wunden. Der Landsknecht Tuvilla kratzte sich mit dem Dolch sorgfältig den Schlamm von den überlangen Beinen. Cortes ging umher und fragte. Da war die Sänfte Marinas; er schlug die gesteppten Decken beiseite und blickte hinein. Die Frau regte sich nicht. Ihre großen, weitgeschwungenen Augenbrauen sahen wie zerbrochen aus. Die Celestina schleppte sich heran und faßte Cortes am Ärmel: es habe noch Zeit mit dem Kinde, die Geburt werde erst morgen einsetzen...

Die Geburt? Welche Geburt? Er lachte bitter und sah sich um. Zerschlagen und lahm waren diese Männer sämtlich, ihre Gesichter wie ausgeweidet von dem Entsetzen der Nacht, sie bluteten alle und starrten bis zum Hals von schwarzem Schlamm, der nun allmählich zu trocknen und grau zu werden begann. Höhnisch fragte er die Celestina, ob das Kind ihm vielleicht den Verlust dieser traurigen Nacht ersetzen solle? Womöglich wurde es noch ein Mädchen, wie? Da, kaum zweihundert Mann waren geblieben, über tausend hatte man verloren, die tapfersten und besten Kameraden. Wo war der schöne Hauptmann Velasquez de Leon? Wer hatte den fröhlichen dicken Franz von Lujo zuletzt gesehen? Den Bastard Alvarado, der die Söhne Montezumas begleitete?

Er ging von Gruppe zu Gruppe und fragte. Die meisten zuckten die Achseln. Viele waren zu müde, um den Mund aufzutun; sie dösten vor sich hin, und einige hielten stumpfsinnig ihre Arme in die Sonne und sahen zu, wie das Blut durch den krustenden Schlamm sickerte. Cortes beruhigte sich einigermaßen, als er sah, daß sich der größte Teil seiner alten Mannschaft erhalten hatte. Auch der Gaul mit den kaiserlichen Goldbarren stand unter einem der Bäume; der Notar Godoy, das Altweibergesicht noch ganz eingehutzelt von der überstandenen Angst, bewachte ihn. Die spanischen Weiber waren fast sämtlich gerettet. Die fette Flämin Magdalene Kerrincx lag sogar mit dem Kopf auf einem mächtigen Ledersack, den sie standhaft mit durchgeschleppt hatte, und von dem angeblich adligen Fräulein de Lasa erzählte man, sie habe im Harnisch und mit der Lanze wahre Heldentaten verrichtet. Das lebte, dies Gesindel paschte sich durch, während die tüchtigsten Kriegsleute jammervoll ihr Leben lassen mußten! Der Steuermann Gonzalo aus Umbria humpelte auf seinen Krücken heran. Er schwatzte aufgeregt und prahlte: die Indios seien vor ihm ausgerissen wie vor einem Gespenst.

Cortes setzte sich unter eine Zeder und weinte. Von der Stadt her klang über das Wasser das dumpfe Pauken der großen Trommel auf dem Haupttempel. Die anderen Heiligtümer fielen ein. Das Siegesgeläut schwoll an und rollte wie ein ungeheurer Salut aus Hunderten von Geschützen. Der Generalkapitän saß über eine Stunde in der nun schon stechenden Sonne und rührte sich nicht. Olid trat heran und mahnte ihn zum Aufbruch; es sei vergeblich, noch auf Nachzügler zu warten. Die heidnischen Hunde wären ja, der Madonna sei Dank, so mit Blindheit geschlagen, daß sie nur an ihre Siegesfeier dächten. Man müsse aber die Pause benutzen, bis sie zur Besinnung kämen, und schleunigst vorwärts rücken.

Cortes stand auf und nickte. Die Tränen fielen ihm in den dünnen, schwarzen Bart, der das knochige Kinn durchscheinen ließ. Er fragte nach den Tlaskallanern; man müsse nach Tlaskalla, auf dem schnellsten Wege nach Tlaskalla; alles käme darauf an, daß die Bundesgenossen dort treu blieben. Wenn die jetzt auch abfielen, war man endgültig verloren.

Einige Soldaten wollten gesehen haben, wie Xicotencatl mit etwa zweihundert Mann durchgekommen sei. Er habe, ohne sich um das Rufen und Winken der Spanier zu kümmern, den Rest seiner Leute gesammelt und sei abmarschiert.

Cortes äußerte, besorgt, seine Unruhe zu verbergen, man werde wohl beim nächsten Halt mit ihm zusammentreffen und befahl den Abmarsch. Die wenigen tlaskallanischen Lastträger, die noch beim Heer verblieben waren, führten den Zug. Er wand sich mühselig auf Seitenpfaden neben der großen Hauptstraße vorwärts. Trotz des sehr langsamen Marschtempos blieb etwa ein Dutzend Schwerverwundeter ständig zurück. Die eben verklebten und oberflächlich verharschten Wunden brachen durch die Anstrengung des Marschierens auf. Man hielt immer wieder und wartete.

Gemurr erhob sich schließlich: man könne das fortwährende Halten nicht mehr ertragen, das ermüde schlimmer als der schärfste Gewaltmarsch; der Generalkapitän solle vorwärts rükken lassen, wer nicht mitkäme, müsse liegenbleiben.

Cortes warnte: die Zurückbleibenden würden den Zug des Heeres nur verraten. Der Landsknecht Alonso, das »Milchkind« genannt, führte die Schwerverletzten. Sein riesiger Körper blutete furchtbar; der winzige Kopf mit den durchscheinenden Ohren war übersät mit Schnitten. Er erklärte laut und fast prahlend, man wisse in Gottes Namen, was man den Kameraden schuldig sei. Sie sollten nur zumarschieren und ihn mit den andern in Frieden lassen; lange werde es doch nicht mit ihnen dauern. Er wolle dafür sorgen, daß jeder, der sich niederlegen müsse, vom Wege verschwände und so weit in die Agavenpflanzungen ginge, daß es wohl eine Weile dauern sollte, bis die Mexikaner ihn fänden.

Die Soldaten schwiegen. Sie schämten sich, das »Milchkind« anzusehen, und taten, als hätten sie nichts gehört. Hastig brachen sie auf. Nur der Landsknecht Tuvilla trat noch einen Augenblick an den Genossen heran. Seine überlangen Beine zitterten. Er stammelte, er wolle verflucht sein, wenn er nach der glücklichen Heimkehr nicht die Hälfte seiner Löhnung darangebe, für ihn Messen lesen zu lassen. Dann lief er den andern nach.

Alonso nickte und rief hinter ihm her: »In Compostella!« Tuvilla schrie zurück: »Ja!« Er hob an der Wegbiegung noch einmal die Hände, krümmte die fünf Finger der einen Hand zusammen und warf die der anderen wie zum Schwur auf: Die Hälfte! Die Hälfte! Alonso rührte sich nicht mehr. Er starrte ihm regungslos nach.

Neunzehntes Kapitel

Erst gegen Mittag wurden die letzten Spanier unter Velasquez de Leon an der Brücke überwältigt. Der König Guatemotzin ließ sich in der Sänfte Montezumas über den Damm tragen. Die Stabträger liefen voraus und schlugen rücksichtslos auf die Menge ein. Guatemotzin musterte neugierig die Leichen der Fremden. Sie waren bis auf die nackte Haut ausgeplündert. Gelb und widerwärtig wie die Bauchdecke einer Eidechse lagen ihre Leiber in der Sonne. An einigen Stellen hatte der Pöbel mit den Sterbenden sein Spiel getrieben: man stürzte sie über den Hang hinunter in den Schlamm der Böschung und bewarf sie wie bei einer Steinigung mit den ziegelgroßen Goldbarren.

Der dicke Franz von Lujo lag bis zum Hals zugedeckt wie seinerzeit auf dem Schiff unter der Last der goldenen Fische. Er atmete noch und starrte den König an. Seine Lippen schnappten; es schien Guatemotzin, als formten sie einen Fluch, und er erschrak. Streng ließ er verkündigen, das Gold solle sofort gesammelt und im Königlichen Schatzhaus abgeliefert werden. Seine Unzufriedenheit stieg, als nun unter einem Haufen von gefallenen Tlaskallanern die Leichen der Söhne Montezumas hervorgezogen wurden. Man erkannte sie an den spitzen Köpfen mit der schnabelscharfen Nase und den wollenen Stirnbinden. Der Bastard Alvarado lag quer über ihnen. Guatemotzin betrachtete ihn nachdenklich. Er trug mexikanische Tracht. Mit seinen weit offenen, topasfarbenen Augen und der maurisch braunen Haut sah er wie ein jüngerer Bruder der aztekischen Prinzen aus.

Guatemotzin maß zweimal die Deichstraße bis zum Ufer ab. Er ließ sich in den Palast zurücktragen und verkündete ein achttägiges Dank- und Sühnefest.

Cortes lagerte am Abend nach der traurigen Nacht bei der Stadt Tlacopan auf einem Hügel. Zwischen den Resten eines alten Tempels drängte sich die kleine Schar eng zusammen. Von den Schneebergen her hackte ein scharfer Wind in kurzen Stößen auf die Erschöpften ein. Sie rissen die morschen Sparren aus den Dächern eines Priesterhauses und zündeten Wachtfeuer an. Die Wunden wurden jetzt steif und eiterten. Man schlachtete eines der schwerverletzten Pferde und briet die Stücke, auf Pfeile und Holzgabeln gespießt, an der Glut. Der Geruch der abgelederten Haut, die man den Hang hinuntergeworfen hatte, lockte einige Schakale. Sie balgten sich um die Hufe und den Schädel und lachten mit ihren hohlen, keckernden Stimmen. Die Posten warfen Steine nach ihnen.

Marina war etwas abseits in einem früheren Wirtschaftsgebäude untergebracht worden. Die Celestina und die anderen Weiber gingen zu ihr hinüber und entfalteten eine umständliche und schwerfällige Geschäftigkeit. Über dem Lager der Gebärenden hängten sie an einem Balken das Muttergottesbild auf; die Celestina hatte den zerknitterten Holzschnitt auf ihrem Leibe mit durchgeschleppt und versicherte, sie verdanke ihm ihre Rettung. Andere richteten in Helmen, die sie von Cortes und den Soldaten ausgeborgt hatten, warmes Wasser an. Das Fräulein de Lasa hockte sich neben die Bettstatt und betete der Indianerin vor. Die Erinnerung an ihre eigenen schweren Entbindungen kam ihr bei den Worten herauf. Sie schrie mit spitzer und scharfer Stimme den Text. Die Celestina fuhr sie an: wie sie da nur in ihrem Panzer sitzen könne, man meine ja wahrhaftig, es sei ein Mann im Zimmer. Es ginge hier ohnehin alles recht hastig und unordentlich zu, man brauche aber deshalb nicht allen Anstand außer acht zu lassen.

Das Fräulein schlich beschämt hinaus und kam nach einer Weile in ihrem zerrissenen Hemd wieder. Die Celestina gab der Kreißenden nun ihre stärkenden Tränke ein, ein wirres Gebräu aus Nesselsamen und Schnittlauch mit etwas zerstoßenem Smaragd, den man aus einem Ringe gebrochen hatte. Sie legte ihr ein geweihtes Tuch auf die Stirn und hielt ihr mit den feisten, nervigen Händen ein Kreuz vor. Marina ließ folgsam alles mit sich geschehen; sie schluckte die kratzende Flüssigkeit und betete in den Pausen zwischen den Wehen aufmerksam und fleißig mit. Trotzdem sehnte sie sich in dem robusten und lärmenden Getriebe sehr nach der kühlen Stille der Zimmer, in denen die Frauen ihres Landes die Kinder zur Welt brachten, umgeben von leichten und lautlosen Menschen und betreut mit behutsamen Fingern. Diese Spanierinnen stampften durch den Raum, sie polterten mit dem Gerät, als schlügen sie Becken und schrien lauter als die Gebärende selber.

Die Frauen vergaßen das Mädchen fast völlig. Sie schwatzten darüber, wie leicht diese Indianerinnen entbänden; lag diese Marina nicht da wie ein Lamm und sagte keinen Ton? Es schien ihnen fast wie ein Unrecht. Hatte Gott die Last der Erbsünde so einseitig verteilt und den christlichen Weibern alle Schmerzen aufgeladen? Sie erzählten sich ihre eigenen Erlebnisse und prahlten mit ihren Nöten wie Soldaten, die sich ihrer Wunden und Gefechte rühmen.

Das Kind wurde geboren. Es war ein Knabe. Die Frauen reichten ihn von Hand zu Hand und taxierten sein Gewicht. Es schien ihnen gering; immerhin war das Kind kräftig und von heller Hautfarbe. Man benachrichtigte den Vater. Cortes kam in Begleitung des Paters Las Casas und der beiden Hauptleute Alvarado und Olid, die er zu Paten bestimmt hatte. Er schenkte dem Neugeborenen eine goldene Kette mit einer Medaille und ließ ihn auf den Namen seines Vaters Martin taufen. Feierlich beteuerte er dabei, er werde es nach seiner glücklichen Heimkehr durchsetzen, daß der Sohn wie ein eheliches Kind in die Listen des kastilianischen Adels aufgenommen würde.

Er trat an das Lager Marinas, verbeugte sich vor ihr und wiederholte das Versprechen. Wenn sie es wünsche, werde er den Kaiserlichen Notar Godoy holen und eine Urkunde darüber aufnehmen lassen.

Marina lächelte und schüttelte vorsichtig den Kopf: das sei nicht nötig. Cortes küßte ihre Stirn, schlug das Kreuz über sie und entfernte sich. Sein Diener brachte der Celestina eine ansehnliche Verehrung und den anderen Weibern ein paar Silberstücke. Alvarado und Olid erklärten etwas bedrückt, sie seien zur Zeit leider von allem Besitz völlig entblößt, würden aber die Patengeschenke nachholen, sobald es ihnen die Umstände erlaubten. Alvarado warf mit einem Ruck die Haare aus der Stirn und fügte hinzu: nach der glücklichen Wiedereroberung der Stadt Mexiko! – Cortes nickte.

Das Heer zog noch in der Morgendämmerung ab. Die Wachtfeuer ließ man brennen. In kurzen, mühseligen Tagesmärschen rückten die Spanier gegen die Berge von Tlaskalla vor, sorgfältig die Hauptstraßen vermeidend. Die Bevölkerung der kleinen Dörfer und Weiler kam ihnen freundlich entgegen. Man brachte ihnen Maiskuchen, Truthühner und gedörrte Fische und warnte sie vor den benachbarten Städten, in denen bereits Truppenabteilungen der Azteken eingetroffen wären. Häufig wurde der Wunsch geäußert, Malintzi möge doch bald wiederkommen und das Land von der unerträglichen Gewaltherrschaft der Mexikaner befreien. Guatemotzin sei ein noch strengerer König als Montezuma; er habe durch seine Eilboten neue und furchtbare Steuern ankündigen lassen und werde wohl mit seinen Schenkungen an den Adel und die Priesterschaft die Bauern, die dafür doch aufkommen müßten, völlig zugrunde richten.

Nach einer Woche stieg das Heer über den Bergwall des Tales von Otumpan. Man hatte schon am Morgen Trupps von aztekischen Kriegern gesichtet. Langsam und schweigend rückten die Spanier vorwärts. Sie traten unwillkürlich leiser auf und dämpften das Geräusch ihrer Waffen, als hofften sie, sich vielleicht doch noch wie bisher unbemerkt durchzuschleichen.

Der Zug überschritt eine sanft gebuckelte Bodenschwelle und sah das Tal bis an die Ränder vor sich. In der klaren Bergluft schienen die Entfernungen gering; die Truppen der Feinde standen hell wie Schläge von Kornfeldern zwischen dem Grün der Maispflanzungen. Man atmete erleichtert auf; die Heeresmassen rückten dem Auge vor den gewaltigen, mit Felsrunnen und Waldschlägen herunterstürzenden Hängen des Talkessels eng zusammen.

Eine Stunde lang marschierten sie aufeinander zu. Die Mexikaner begannen zu schreien und zu tanzen. Es war die Blüte des aztekischen Adels; die Jünglinge hatten sich in ihrer Siegesgewißheit geschmückt, als zögen sie zu einer großen Feier. Übermütig suchten sie ihre Gegner zum Zweikampf herauszufordern; sie traten einzeln hervor, wirbelten die Waffen um den Kopf und riefen Verwünschungen. Die Spanier fochten stumm und mit rasender Erbitterung.

Cortes suchte mit den Blicken umher. Er blieb an dem großen goldenen Netz hängen, das als Feldzeichen über dem Haupthaufen der Mexikaner schwankte. Das Dach einer Sänfte buckelte sich daneben auf, eine Ehrenwache von papageienbunten Jünglingen in Araragelb und Stittichgrün umgab den Befehlshaber. Cortes wies auf das Ziel und rief seinen Gefährten zu. Die Federbüsche brannten vor ihm auf, das Geschrei der Mexikaner schwirrte hell und leicht. Zwei lange Lanzen, an die man erbeutete spanische Degen als Spitzen gewickelt hatte, stachen unangenehm wie Bremsen aus dem wirren Haufen heraus. Der Bukkel der Sänfte kam ihm unter die Hände, gelb und geflochten, er schlug mit dem Degen darauf und schrie: Heraus! Komm heraus! Die Träger duckten sich; sie konnten die Hände nicht von den Tragstangen nehmen. Die Reiter stießen sie nieder. Der Anführer kletterte heraus, starrend von Schmuck, die goldenen Brustplatten und Wadenringe hinderten ihn an der Bewegung, er klammerte sich an sein riesiges, sägefischartiges Prunkschwert. Der Reiter Juan von Salamanca sprang ab und warf den Taumelnden zu Boden. Er stach mit dem Dolch unaufhörlich auf ihn ein, während schon seine Linke, zitternd vor Gier, an dem smaragdbesetzten Kopfputz zerrte.

Das goldene Netz schwankte noch immer aufrecht; der Träger hatte die Stange mit Riemen an den Rücken geschnallt und lehnte sich gegen die Sänfte. Er hielt sich mit beiden Händen an einem Pfosten und drückte sein Gesicht in die Vorhänge. Die Reiter stachen lange auf ihn ein. Juan von Salamanca sprang herzu und riеß die Sänfte um. Das Netz fiel.

Die losen Haufen der Indianer trieben nach allen Seiten auseinander. Sie traten sich gegenseitig nieder und hieben auf die Flüchtenden, die ihnen den Weg versperrten, ein. Die Spanier fanden manche, die ihre Zähne im Nacken der Vordermänner hatten. Andere drehten sich irrsinnig im Kreise, wie bei einem Tanz. Viele krochen mit dem Kopf in die Maisstauden und blieben regungslos liegen, starr wie Insekten.

Erst gegen Abend brachte Cortes das kleine Heer wieder zusammen. Die Reiter waren noch stundenweit hinter den Feinden hergeritten, in der Hoffnung, das Gepäck zu erbeuten. Sie waren sehr mißmutig, als sie bei der Rückkehr das Feld fast geräumt fanden. Die Fußknechte hatten ganze Körbe voll von Lippenpflöcken und Ohrringen. Der Steuermann Gonzalo aus Umbria stelzte auf seinen Krücken wie ein Rabe umher und hielt Nachlese. Der alte Heredia schlich stumm und abseits von einem Gefallenen zum andern. Er hob kurz den Kopf, wenn er das Blasen des Trompeters hörte, schlürfte tief die Backen ein und bückte sich von neuem. Erst mit der Dunkelheit tappte er ins Lager.

Cortes ließ eine Dankmesse für den herrlichen Sieg und die Rettung aus höchster Gefahr lesen und sprach zu den Truppen. Man werde in den nächsten Tagen das Gebiet von Tlaskalla betreten. Es sei von äußerster Wichtigkeit, daß kein Streit mit der Bevölkerung entstünde; man solle die Lebensmittel bezahlen und vor allem die Frauen und Mädchen in Frieden lassen. Der voreilige Abmarsch des Feldherrn Xicotencatl müsse bedenklich stimmen und mahne zur Vorsicht.

In der Stadt Huejotlipan machte er den ersten Halt. Die Bevölkerung war freundlich und zurückhaltend. Die Vornehmen ließen kleine Geschenke bei Cortes abgeben, zeigten sich aber selbst nicht. Marina brachte in Erfahrung, daß vor ein paar Tagen Gesandte des Königs Guatemotzin durchgekommen seien mit einem Bündnisangebot und einem Geschenk von zehn Lasten Salz. Ein Gerücht wolle von wütenden Streitigkeiten zwischen dem Feldherrn Xicotencatl und seinem Vater wissen. Der Feldherr habe überall im Lande zum Vernichtungskrieg gegen die Spanier aufrufen lassen; von dem Hundertjährigen sei sogleich eine Gegenorder gekommen.

Cortes trieb ungeduldig zum Aufbruch. Bereits eine Tagesreise vor der Stadt Tlaskalla kamen ihm Trupps von Lastträgern entgegen. Der Hundertjährige hatte sie geschickt. Sie brachten Proviant und Blumen. Die Schwerverwundeten wurden in Sänften gesetzt oder den Trägern auf die Rückenkraxen geladen. Cortes ordnete aber an, daß sie beim Einzug in die Stadt am Schluß marschieren sollten, damit man den Bundesgenossen nicht ein allzu jammervolles Bild böte.

Der Hundertjährige erwartete die Weißen Götter seit dem frühen Morgen. In seinem Eigensinn hatte er sich schon bei Sonnenaufgang wecken und vor die Stadt tragen lassen. Die anderen Vornehmen flüsterten leise miteinander und murrten verstohlen über den Uralten. Er war in der letzten Zeit noch reizbarer und herrischer geworden; der Zusammenstoß mit dem Sohn hatte ihn völlig hemmungslos gemacht, er geriet bei dem geringsten Widerspruch in einen Wutkoller, stieß fortwährend seinen schwarzen, gerieften Stab auf den Boden und schlug nach seinen Dienern. Bei der Beratung über das Bündnisangebot Guatemotzins hatte es einen furchtbaren Auftritt gegeben, wie man ihn seit Menschengedenken nicht erhört: der Sohn war mit einem Haufen junger Krieger in den Sitzungssaal des Rates eingedrungen und hatte gerufen, man solle nicht auf den Alten hören, er sei ein Greis, ein Narr, kindisch in seinem starren Haß gegen die Mexikaner; jetzt sei die letzte und äußerste Gelegenheit, die Fremden zu vernichten, benutze man sie nicht, so würden sie nie wieder zu vertreiben sein; er habe sie kennengelernt bei dem Zusammenleben in der Stadt: Räuber, Strolche, schmutzig und gierig, mit widerwärtigen Krankheiten behaftet und immer heulend vor Hunger nach Weibern und Gold wie die Schakale, für nichts hätten sie Sinn als für diesen Mist der Götter, sie mordeten sich untereinander um ein paar Ohrringe; wahrhaftig keine »Weißen Götter«, nicht einmal Dämonen oder Zauberer, sondern einfach entlaufene Sklaven; man müsse sich aufraffen und sie totschlagen wie Ratten oder Skorpione, totschlagen, totschlagen…

Der Hundertjährige hatte mit dem Stabe gepocht, er war auf den Sohn zugegangen und hatte ihn am Halse gewürgt, ihn geschüttelt, der Sohn hatte noch immer, in Ehrfurcht befangen, nicht gewagt, sich zu wehren; stolpernd, die Hand vor den Augen, war er von dem Uralten rücklings die Treppe hinuntergestoßen worden. Den mexikanischen Gesandten, die Guatemotzins Bündnisangebot überbrachten, hatte der Hundertjährige den Sack mit Salz vor die Füße geschüttet.

Nun hielt er mitten auf der Straße in der Sonne und wartete auf Malintzis Nahen, den Kopf mit den mauserigen weißen Haaren leicht emporgedreht, nach Art der Blinden. Er blieb unermüdlich die Stunden hindurch aufrecht; niemand wagte sich niederzulassen, solange der Alte stand. Gegen Mittag brachte man ihm einen kleinen Imbiß.

Als das Herannahen des Zuges gemeldet wurde, beugte er sich zur Erde und lauschte auf die Schritte der Spanier. Er flüsterte glücklich, wenn er unter dem dumpfen, schlurrenden Trott das breite, mächtige Spatteln der Pferdehufe unterschied. Jetzt sprang Malintzi von seinem Hirschungeheuer, er hörte den Panzer dröhnen, die harten, etwas stockenden Schritte des Reiters, der sich auf dem Boden erst zurechtfinden mußte.

Der Generalkapitän umarmte den Hundertjährigen gerührt und schenkte ihm das Feldzeichen der Mexikaner aus der Schlacht bei Otumpan. Die Finger des Uralten krochen wie Spinnen durch die Maschen des goldenen Netzes. Er nickte, nickte und zerrte an den metallenen Fäden. Seine Backen waren fortwährend in mahlender Bewegung, als kaute er etwas. Cortes sah unter dem Sturz der pergamentenen Falten die Knochen der Kiefer, mächtig wie bei einem vorzeitlichen Geschöpf, einem der Riesen der Sage.

Die Straßen waren mit Blumen bestreut. Die Einwohner in ihren Hüftbinden und Mänteln aus starrem grobfaltigen Leinen standen vor den Türen. Man führte die Soldaten auf den Hof des Palastes, den sie bei ihrem ersten Aufenthalt bewohnt hatten. Mit nassen Augen starrten die Soldaten umher. Ja, das waren die schilfgedeckten Dächer, nicht höher als eine Pike; die ärmlichen Mauern aus Luftziegeln; man hatte sie mit frischem Kalk glänzend beworfen, sie schimmerten in der Sonne, und einer erinnerte an den armen Reiter Peter Moron, Gott habe ihn selig, der seinerzeit diesen Bewurf für pures Silber ausgeschrien hatte.

In den Quartieren lagen feingeflochtene, gebleichte Matten. Die niedrigen Betten, mit Spartgras gefüllt, standen bereit: Auf jedem lag der wohlvertraute Mantel aus Agavenhanf in den tlaskallanischen Farben, die eine Hälfte weiß, die andere bunt. Vor dem Lager stand auf einem Teller aus Maisfladen der Krug mit milchigem, bitterem Agavenbier. Da waren die tönernen Schalen voll aromatischen Wassers zur Handwaschung. Der Landsknecht Tuvilla stapfte mit seinen überlangen Beinen vorsichtig über die blanken Matten und lehnte seine Pike an die Wand. Er tauchte seine Hände in die Schale und ließ das Wasser langsam und nachdenklich herunterrinnen. Er mußte sich daran erinnern, wie sein Kamerad Alonso, das »Milchkind«, damals bei dem ersten Aufenthalt die duftende Flüssigkeit wie ein flämisches Bier hinuntergeschüttet hatte. Still setzte er sich auf das niedrige Bett, seine Knie standen fast bei den Ohren. Er aß feierlich und wie zum Gedenken den laffen, schwach gesalzenen Maisfladen und pries seinen Geschmack.

Drittes Buch

Erstes Kapitel

Nach einigen Wochen der Ruhe schritt Cortes an das Werk der Wiedereroberung, vorsichtig und weitausgreifend mit seinen Maßnahmen. Kurze Vorstöße gegen die nächsten mexikanischen Städte gaben der Mannschaft das nötige Vertrauen wie der; ein Feldzug gegen den Stamm der Tepeacaner brachte den tlaskallanischen Bundesgenossen reiche Beute. Die Besatzung von Vera Kruz schickte alle irgend entbehrlichen Leute. Zwei Schiffe, ausgesandt vom Statthalter von Jamaika, der von den Eroberungen des Cortes noch keine Kenntnis hatte, landeten im Hafen. Der Alkalde bewog ihre Mannschaft, in die Dienste des Generalkapitäns zu treten. Sie hatten zwölf Pferde und drei Geschütze.

Der Schiffszimmermeister Martin Lopez errichtete vor den Toren der Stadt eine Werft. Er baute mit eingeborenen Werkleuten an einem Dutzend spanischer Rennschiffe. Die Bevölkerung lief täglich hinaus und starrte auf die seltsamen Gebilde, deren Spanten wie die Rippen riesiger Kadaver in die Sonne ragten. Von der Küste brachten Lastträger aus Cempoalla das Takelzeug und Eisenwerk der verbrannten Karavellen. Cortes erinnerte den Baumeister an den Stapel von Holz, den man seinerzeit bei dem ersten Aufstieg dort unten an der Paßstraße gefunden habe.

Lopez nickte. Er habe damals erklärt, es sei das schönste Schiffsholz, das er in seinem Leben gesehen hätte, eisenhart, elastisch und ohne Astlöcher. Der Stab des alten Xicotencatl sei wohl aus solchem Holze.

Cortes schickte Lastträger unter Bedeckung ab und ließ die Balken holen.

Von den Grenzvölkern im Norden und Süden des Reiches kamen Gesandtschaften und boten Waffenhilfe für den Feldzug gegen Mexiko an. Guatemotzin hatte sogleich nach dem Sieg über die Spanier seine Truppen gegen sie marschieren lassen; die wenigen weißen Gefangenen genügten nicht für die Opferfeste, und bei den Krönungsfeierlichkeiten waren einige tausend Chichimeken und Otomis unter dem Beil der Priester Huitzilopochtlis gefallen.

Cortes fieberte. Er war sehr schwierig und reizbar; die Unruhe nahm zu, je weiter sein Einfluß sich ausdehnte. Wieder hatte er häufig das Gefühl, als könnte er dieses ungeheure Land nicht bewältigen; es nahm von ihm Besitz, es dehnte sich in ihm aus, und oft tat ihm der Kopf zum Zerspringen weh von den vielen Namen, die sich in ihm drängten, und dem Gewirr der zahllosen Beziehungen. Es kam so weit, daß er launisch und ohne jeden Grund manche schwierige Bezeichnungen haßte und diese Abneigung auf die Orte, die sie führten, übertrug. Andere wieder waren ihm durch ihren bloßen Klang, der irgendwie sanfte und angenehme Vorstellungen weckte, sympathisch. Da war ein Tal Oaxaca, das um Hilfe gegen die Truppen Guatemotzins bat. Die Gesandten brachten als Geschenk kleine Körbe mit schwarzen Vanilleschoten. Sie warteten still und ergeben mit vielen anderen in dem Vorraum. Der zarte Geruch des Gewürzes setzte sich allmählich unter den bunten, lauten Geschenken der übrigen, die Stoffe, Federarbeiten und Schmuck präsentierten, siegreich durch. Cortes trat heran und fragte die Bittsteller aus. Er roch lange an dem dargebotenen Körbchen. Der Duft befriedigte ihn unendlich; er entsprach völlig der Vorstellung, die er als Knabe schon sehnsüchtig in sich aufstehen spürte, wenn von den fernen Gewürzinseln die Rede war. Er hatte dann immer geglaubt, diese Inseln müßten wie Schiffe, mit Zimt und Vanille angefüllt, duften, weithin über das Meer, man roch sie, ehe man sie sah. Demütig war dieser Duft, gebückt und bescheiden, wie die schmalen und feingliedrigen Indios, die ihm den Korb reichten, die großen, schwarzen Wimpern mädchenhaft niedergeschlagen. Ein lenksames und williges Volk, zweifellos. Er nahm sich vor, diese Landschaft vom Kaiser als Geschenk zu erbitten.

Voll Unruhe wartete er auf eine Botschaft aus Spanien. Zwei weitere Schiffe legten in Verakruz an. Sie kamen von den Kanarischen Inseln und gehörten Kaufleuten, die von den neuentdeckten Ländern gehört hatten und mit einer Ladung von Pulver, Waffen und Pferden auf gut Glück in See gestochen waren. Cortes kaufte ihnen ihre Vorräte ab. Es gab ein ziemlich unzufriedenes Gemurmel unter der Mannschaft, als er mit barem Golde bezahlte. Ein dritter Segler kam von Kuba. Er brachte Briefe des Gouverneurs an Narvaez. Sie enthielten die Anweisung, den Rebellen und Meuterer, falls er noch am Leben sein sollte, unverzüglich samt seinen Hauptleuten in Ketten nach Kuba zu schikken. Dort liege bereits die Order vor, ihn dem Gerichtshof in Madrid auszuliefern, unterzeichnet von Seiner Eminenz Don Juan Rodriguez Fonseca, Bischof von Burgos und Präsidenten des Rates von Indien.

Cortes suchte unter den Papieren: ob der Befehl des Bischofs vorhanden sei?

Nein.

Und kein Schreiben Seiner Majestät oder eines Sekretärs?

Nichts.

Gottlob. Um die Wische des Gouverneurs kümmere er sich einen Dreck. Es sei gar nicht nötig, der Mannschaft davon etwas mitzuteilen.

Trotzdem traf das Schreiben ihn schwer. Marina hörte ihn oft des Nachts seufzen. Er flüsterte vor sich hin und murrte: was hülfe es ihm, wenn er die halbe Welt für Seine Majestät eroberte; solange diese Spinne von Bischof dort im Rat von Indien säße, könne er keinen Tag ruhig leben. Die Frau fragte ihn vorsichtig aus, wer jener Fonseca denn sei? Sie begriff seine Furcht und Demut vor diesem Namen nicht. Sah sie doch nur, wie alle die Männer, die dort von der Küste kamen, sich widerspruchslos dem Feldherrn unterordneten; ihre Landsleute gaben ihm völlig die Ehren eines Fürsten, ja, er nahm eine Machtstellung ein, wie selbst Montezuma sie kaum besessen hatte. Es schien ihr ganz selbstverständlich, daß er dessen Thron nach der Wiedereroberung der Stadt einnehmen würde, und sie äußerte das auch. Cortes fuhr sie heftig an: was sie sich dächte, sie sei wohl toll geworden! Einen König oder gar Kaiser, den backe man nicht so mir nichts, dir nichts aus gewöhnlichem Lehm, da sei ein anderes Blut vonnöten als das einer simplen Familie Cortes, geschweige denn eines solchen zweiten Sohnes, wie er es wäre. Freilich hoffe er, durch die Gnade Seiner Majestät seinem Namen wieder etwas Glanz zu verleihen und ihn mit dem Titel eines Grafen oder Marques zu schmücken. Noch weiter zu denken hieße das Schicksal herausfordern, und sie solle es sich ja nicht einfallen lassen, vor der Mannschaft dergleichen laut werden zu lassen.

Marina schwieg eingeschüchtert. Sie verstand jetzt die Sprache völlig in jeder Wendung und begann auch in spanischen Sätzen zu denken; je näher sie aber dem Manne äußerlich rückte, um so stärker empfand sie immer mehr die innere Fremdheit, die sie unweigerlich von ihm schied. Oft war dies Gefühl so stark, daß sie seufzend an die erste Zeit ihres Zusammenseins zurückdachte. Da war sie in einem Blick, einer Gebärde, einem Gelächter ihm inniger verbunden gewesen als jetzt, da sie jedes Wort wußte und seine geheimsten Vorstellungen begriff. Wieder lag sie still neben ihm und weinte lautlos und mit trockenen Augen in sich hinein, und nur die Erinnerung an die früheren Male, die sie so neben ihm gewacht hatte, gab ihrem Kummer einen leisen und lindernden Beigeschmack von süßer Wehmut. Voll Trotz spürte sie, wie ihr schließlich doch die Tränen kamen, sie füllten ihr wie weicher Schnee die Augenhöhlen; ja, das hatte sie von den Spaniern gelernt, die wie Kinder bei jedem Schmerz laut weinten; sie war haltlos und mürbe geworden in ihrem Umgang, und fast schien es ihr, als habe man ihr die beste Kraft genommen: sich zu bewahren, sein Herz in der Hand zu behalten, fest und gesammelt, und sich in keiner Bewegung etwas zu vergeben. – Cortes hörte ihren unruhigen Atem, er griff nach der Frau und zog sie gerührt an sich, überzeugt, ihr Kummer würde sich durch eine Umarmung sogleich stillen lassen. Sie ließ es schweigend mit sich geschehen. Er lachte. Sein Gelächter rüttelte sie; sie schämte sich, daß ihr Körper diesem Ansturm unterlag und aufflammte, und konnte es doch nicht wehren. Lange lag sie noch wach und schwatzte leise, um die Gedanken abzuhalten. Cortes antwortete einige Male und schlief bald ein.

Zweites Kapitel

Die Mannschaft bestand nun zum größeren Teile aus neuen Truppen und wurde sehr schwierig. Täglich gab es Reibereien zwischen den alten Soldaten und den frisch Angekommenen. Es hagelte Strafen wegen unerlaubter Zweikämpfe oder Disziplinverletzungen. Auch aus der Bevölkerung der Stadt kamen ständig Klagen; die Neulinge verfuhren mit den Eingeborenen, wie sie es von den Inseln her gewohnt waren, sie prügelten die Lastträger und Diener maßlos, nahmen auf dem Markt und von den Handwerkern ohne Bezahlung, was ihnen gefiel, und vergriffen sich an den tlaskallanischen Frauen und Mädchen.

Ein Armbruster von der Mannschaft des Narvaez, Tarifa mit den weißen Händen genannt, zettelte eine Verschwörung an. Er war ein schöner, großgewachsener Mann mit flaumigem, rotblondem Bart und pagenhaft zarter Haut; es hieß, er sei in Spanien Schreiber bei einem Bischof gewesen. Wegen eines Weibsbildes, an die er für Seine Eminenz die Liebesbriefe aufsetzen mußte, hatte er Streit mit seinem Brotgeber bekommen und war schließlich – man wollte ihn auf die Galeeren schicken – nach Indien entwischt. Er hatte im Handumdrehen eine Liste von hundertundfünfzig Teilnehmern beisammen. Der Plan war, Cortes einen Brief überbringen zu lassen und ihn, während er sich über das Siegel bückte, niederzustechen. Die Kommandos wurden bereits im voraus unter die Verschworenen verteilt, man einigte sich über die Pferde und die übrige Beute. Ein junger Kavalier, unzufrieden darüber, daß man ihm keine Hauptmannstelle zusichern wollte, verriet das Unternehmen. Cortes begab sich noch in der Nacht mit Alvarado, Olid und dem Profosen Ochoa in das Quartier des Tarifa mit den weißen Händen. Er fragte unterwegs, während er noch an seinem Wehrgehänge schnallte, den Angeber aus, was für Leute denn unter den Verschworenen wären.

Männer von Rang, nicht nur arme Schlucker, die Señores Francisco Verdugo, der Antonio von Villafana…

Cortes winkte ab: genug; er wünsche jetzt nicht mehr davon zu hören. Er empfand eine gewisse Genugtuung über die Niedertracht des Planes. Das war der Rückschlag, der Verlust, den er brauchte in seiner Glücksreihe; gut, daß er jetzt kam, ehe der

Marsch gegen Mexiko begann. Er war versöhnlich gestimmt, als sie in das Haus der Verschwörer traten. Tarifa saß mit drei anderen am Tische. Er hatte sich weit in einem Lehnstuhl zurückgelehnt und reinigte sich mit seinem Dolche die Fingernägel. Er stach sich in die Finger, als Cortes in der Tür erschien; das Blut fiel auf den Tisch, er wischte es sinnlos fort und lachte. Cortes schritt auf den Weißhändigen zu. Tarifa erhob sich; aus seinem ganz verzerrten Munde kam ein Laut wie aus einer leeren Wasserröhre. Er griff mit der blutenden Hand unwillkürlich nach der Brust, wo er die Liste verwahrt hatte. Cortes nickte: hergeben! den Zettel hergeben! Es erschien ihm fast langweilig, was nun kommen mußte. Am meisten verdroß ihn der Lehnstuhl, in dem Tarifa saß. Wie kam der Bursche zu einem Lehnstuhl, selbst die Hauptleute besaßen sonst nur Hocker; hatte der Schuft von Schreiber sich etwa zum Generalkapitän aufwerfen wollen?

Tarifa fuhr blitzschnell unter das Wams, riß das Papier heraus und suchte es in den Mund zu stecken. Cortes nahm den Dolch vom Tisch und schlug ihm den Knauf in die Zähne. Während der Profos ihm die Hände auf dem Rücken knebelte, spuckte er schreiend den Zettel aus. Cortes legte ihn auf den Tisch, fuhr mit dem Ärmel darüber und las. Ein Soldat hielt ihm den Kienspan.

Der Generalkapitän ging die lange Liste zweimal durch und seufzte. Die beiden anderen Hauptleute, die nicht lesen konnten, baten ihn, den Inhalt doch mitzuteilen. Er besann sich. Alvarado warf mit einem Ruck die blonden Haare aus der Stirn und meinte, man solle doch auf der Stelle diese drei Burschen vom Meister Ochoa recken lassen; sie würden dann wohl noch etwas mehr Neuigkeiten von sich geben, als da auf dem Zettel stünden.

Cortes legte die Hand aufs Papier und erwiderte bekümmert, das genüge ihm vollkommen. Es sei kaum zu glauben, was für ehrliche Kavaliere, denen er stets das volle Vertrauen geschenkt, darunter wären.

Alvarado rief, man solle nicht lange fackeln, die Hundsfötter gleich noch in der Nacht aufheben und samt und sonders niederhauen.

Cortes winkte ab, er möge die Stimme dämpfen. Mit wem man dann die Stadt Mexiko erobern wolle? Da stünden Namen auf der Liste... Namen...

Er drehte den Zettel unschlüssig hin und her. Dann riß er ihn plötzlich in Fetzen und hielt die Stücke dem Tarifa vor den Mund: Auffressen, Señor, den Wisch auffressen! – Der Soldat schluckte mühselig das zähe mexikanische Papier hinunter.

Das Kriegsgericht trat noch in der Nacht zusammen. Cortes ernannte einige der Kavaliere, die auf der Liste gestanden hatten, zu Beisitzern. Er untersagte ausdrücklich jede weitere Untersuchung und bestand darauf, daß nur die vier im Quartier Tarifas Festgenommenen verurteilt würden. Der Spruch lautete auf Tod durch den Strang. Die Mitschuldigen, die im Gericht saßen, verschärften ihn noch. Man schlug dem Tarifa die Hände ab und nagelte sie an die Pfosten seines Quartiers; der Leib hing unter dem Dach vor dem Fenster. Rechts und links schwankten die anderen Schächer. Im Morgengrauen standen dichte Scharen vor den Delinquenten. Leises Gemurmel plätscherte. Viele schlichen still beiseite, an dem Schreck würgend wie an einer Gräte; sie fuhren verstohlen mit den Händen zum Hals und taten sie hastig wieder herunter. Andere machten sich auffällig laut und riefen: es sei ein Jammer, daß Cortes habe den Tarifa die Liste fressen lassen! Man sah sie von der Seite an und warnte: Sie sollten sich nicht so geil gebärden, der Generalkapitän wisse sicherlich die Namen auswendig, und wenn er sie nur zweimal überlesen hätte; auf sein Gedächtnis könne sogar ein Notar sich verlassen. – Die Schwätzer lärmten anstandshalber noch eine kleine Weile fort und verschwanden.

Cortes beschloß nun, sein Quartier nach Texcuco, in die Nähe des Sees zu verlegen. Während er noch den Aufbruch vorbereitete, traf aus Vera Kruz eine Nachricht ein, die ihn wie mit einem Feuerbrand vorwärtsjagte. Es waren wiederum zwei Schiffe eingetroffen; sie kamen diesmal aus Spanien selber und brachten dem Generalkapitän einen Brief von seinem Vater. Don Martin schrieb, die Sachen seines Sohnes stünden leider Gottes vorderhand übel, so gewaltiges Aufsehen auch die Nachrichten von der Entdeckung des neuen Goldlandes über ganz Europa hin gemacht hätten. Ja, selbst der Ruhm des Großadmirals Kolumbus, dessen Sohn übrigens jetzt wegen seiner Ansprüche einen schwierigen Prozeß mit der Krone führe, sei fast verdunkelt worden durch die Kunde von diesem wahren Dorado.

Die Gesandtschaft der Señores Montejo und Puerto-Carrero habe der Alkalde sogleich nach ihrer Ankunft im Hafen von Palos verhaftet, auf Befehl des Bischofs Fonseca. Dieser hohe Herr sei fast krank geworden über der Nachricht von so glorreichen Erfolgen, nicht unähnlich einem Mistkäfer, der sich übel befindet, sobald man ihn auf Rosenblätter setzt.

Der Bericht erzählte weiter, wie endlich die Kunde von dem mächtigen Goldschatz doch trotz aller Maßregeln des Bischofs bis zum Kaiser durchgedrungen sei; man habe eine Liste der Geschenke heimlich mit einem Kurier bis nach Flandern gesandt, wo Seine Majestät sich damals aufhielten. Die Kosten für diese Reise, über zwanzig Piaster, habe er, Don Martin, aus seiner Tasche bezahlt, was ihn bei seinem dürren Beutel sauer genug ankäme.

Don Martin schrieb noch ausführlich über den Monarchen, der, Gott sei es geklagt, sich jetzt auch noch zum Römischen Kaiser habe wählen lassen und dadurch in die ewigen Händel der Deutschen hineingezogen würde, jenes Volkes von Fressern und Säufern dort oben im kältesten Norden, das neuerdings durch unsagbare Lästerungen gegen die heilige Religion und ein widerwärtiges Mönchsgezänk von sich reden mache. Seine Majestät habe von all diesen Händeln, zu denen noch der Streit mit den Ständen, das drohende Anrücken des Großtürken und dergleichen mehr käme, den Kopf so voll, daß man sich nicht verwundern dürfe, wenn sie sich in Spanien nicht lange aufgehalten hätten. Immerhin solle während fast einer Woche im Hoflager von nichts anderem die Rede gewesen sein als den Reichtümern und Schätzen des Neuen Landes; es habe auch bereits die üblichen Kabalen wegen der zukünftigen Statthalterschaft gesetzt. Von Seiner Majestät sei nicht mehr zu erlangen gewesen als ein Reskript, wonach eine Kommission eingesetzt werden solle, die alle Vorfälle mit der Expedition des Velasquez zu untersuchen habe. Auf deren Bescheid müsse man nun warten.

Cortes stützte die Hand unter das Kinn und roch an seinem Bart. Er versank in Ehrfurcht. Der Kaiser... von der Reise her hatte er noch schnell einen Brief geschrieben, Gott mochte wissen, welcher Sekretär ihm das Schreiben vorlegte, Seine Majestät selber erinnerte sich wohl kaum noch an den Handel. Von der

»Expedition des Velasquez« war da die Rede, und unter diesem Titel würde der Feldzug durch die Akten gehen. Daß man Seiner Majestät ein Reich zugebracht, so groß wie Spanien, Italien und Frankreich zusammen, reich wie das Morgenland, davon sprach niemand. Stärker aber noch als sein Unmut war der grenzenlose Respekt vor der Majestät. Was war das für ein Fürst: König von Kastilien, Leon, Aragonien, Sizilien, Granada, Herzog von Athen und Neopatrien, Graf von Roussillon und Sardinien, Markgraf von Oristani, Herr in den österreichischen Erblanden, Burgund, Flandern, und jetzt auch noch Römischer Kaiser. Konnte dem ein solches Neu-Spanien mehr bedeuten als ein Stein in seiner gewaltigen Krone? Was machte es ihm aus, wenn er erfuhr, daß dieses Mexiko erobert und wieder verlorengegangen war; daß man es jetzt mit Gottes Hilfe und unsagbarer Anstrengung von neuem stürmen würde? Er las den Bericht, und es war viel, wenn er bei Tische am Abend noch einmal darauf zurückkam. Cortes nahm unwillkürlich eine demütige Haltung ein, er fühlte sich ganz als der kleine Edelmann aus armer Familie, als der er ausgezogen war, ein zweiter Sohn, ein Abenteurer, ohne Anhang, ohne Protektion, ein Landsknecht, der mit dem Degen in der Hand sich hier drüben in den Kolonien sein Brot suchte. Er ließ den Pater Las Casas rufen und beichtete. Während des Gebetes erinnerte er sich an die Kameraden, die nach dem Blutbad von Cholula als Eremiten in die Berge gezogen waren. Er seufzte und fragte Las Casas, ob diese Brüder nicht eigentlich, wenn man es recht bedächte, das bessere Teil erwählt hätten? Was sei bei dem ganzen Rennen und Jagen, den vielen Schlachten und Gefechten herausgekommen? Welche Schätze habe man nun wirklich davongetragen? – Er schloß damit: man müsse übrigens nach den frommen Leuten sehen lassen; womöglich hätten die Indianer sie nach der traurigen Nacht auf der Dammstraße aufgespürt in ihrer Einsamkeit und niedergemacht. Er schickte sogleich tlaskallanische Boten ab, die in Cholula Erkundigungen einziehen sollten.

Am folgenden Morgen hielt er eine große Musterung ab. Die Tlaskallaner hatten eine Hilfsmannschaft von achttausend Kriegern gestellt. Cortes bat den Hundertjährigen, er solle doch seinem Sohne den Befehl übertragen. Es schien ihm zweckmäßiger, den gefährlichen Indianer in seiner Nähe zu wissen als zu

Hause, wo er von neuem Unruhe stiften konnte. Xicotencatl wurde aus seinem Palast, in dem er in einer Art Hausarrest saß, herbeigerufen. Sein langgezogenes, narbenweißes Gesicht war ernst. Er trug den von Cortes geschenkten Dolch an einer bunt geflochtenen Lederschnur wie einen Orden um den Hals.

Die spanische Streitmacht belief sich auf annähernd sechshundert Mann, mit vierzig Reitern und achtzig Musketieren und Armbrustern. Cortes ließ das Heer vor dem Hundertjährigen defilieren. Der Greis stand unter dem goldenen Netz, mit der Linken an seinen teerschwarzen Stab gelehnt, und horchte, halb zur Erde gebückt, auf die stampfenden Tritte der Spanier. Er haschte mit den faltigen, wie in überweiten Handschuhen stekkenden Fingern der Rechten nach dem Staub, den die schweren Füße aufrührten und führte ihn unter die schnüffelnde Nase, als ob er einen köstlichen Tabak- oder Blumenduft probierte. Die Reiter sprengten vorbei. Der Kopf des Uralten mit den mauserigen weißen Halshaaren hackte im Rhythmus des Galoppierens in die Luft, aus dem brüchigen Munde fiel das zufriedene: Ja... ja... ja! wie ein hetzendes Jappen.

Drittes Kapitel

Am Weihnachtstage traf Cortes in Tezcuco ein. Er nahm sein Quartier im Palast des Prinzen Itlilxohitl. Noch am Abend brannten einige Viertel der Stadt, von den Tlaskallanern angesteckt, ab. Die Spanier zerstreuten sich, unter dem Vorwande, löschen zu helfen, in den Häusern und brachten eine erhebliche Beute zurück. Es kam zu blutigen Zusammenstößen mit den Bundesgenossen. Ein Trupp der neuen Mannschaft trieb ganze Scharen von Eingeborenen auf einem Hofe zusammen und markierte sie mit einem glühend gemachten Dolchknauf, der zufällig die Initiale K zeigte, als Sklaven.

Der Profos Ochoa richtete die Schandsäule und einen Galgen auf. Zwei indianische Sklaven aus dem Gefolge des Generalkapitäns wurden wegen Beraubung von Bundesgenossen gehängt; der Soldat, dessen Dolch man zum Markieren benutzt hatte, gestäupt.

Cortes suchte durch zahlreiche Botschaften die Stellung Guatemotzins in der Hauptstadt zu erschüttern. Der König beantwortete jedes Gesuch mit Spott: man solle nicht glauben, in ihm einen zweiten Montezuma zu finden! Er gab Befehl, alle Spanier, die aufgegriffen würden, sofort zum Opfer nach Mexiko zu senden; die Eingeborenen, die ihnen Hilfe leisteten, verfielen dem gleichen Schicksal. Sein Heer wuchs durch Zwangsaushebungen auf einen Bestand von fast hunderttausend Mann, und er teilte Cortes diese Zahl mit. Wie in verzweifeltem Trotz erließ er, aller Klagen und Beschwerden ungeachtet, neue und immer drückendere Steuern, um die gewaltigen Truppenmassen, die nach aztekischer Sitte hohen Sold bezogen, zu unterhalten. In der Stadt brachen unter dem niederen Volk Aufstände aus, die grausam unterdrückt wurden. Man spickte die Gefangenen mit harzigen Holzsplittern und ließ sie brennend und wie mit feurigen Netzen behängt auf den Gladiatorensteinen fechten.

Mit zweitausend tlaskallanischen Lastträgern zog Sandoval über die Berge. Die gesamte Mannschaft der Gilde war aufgeboten. Langsam schritten die Männer dahin; die Tragbänder lagen wie Jochriemen von Lastochsen auf ihren Stirnen. Die Schiffe waren in ihre Teile zerlegt; staunend betrachtete die Bevölkerung der Städte und Dörfer an der Straße die ungeheuren krummen Rippen der Spanten, das Plankenwerk und die Mastbäume, die ihnen wie riesenhafte Spieße erschienen. Besorgtes Gemurmel lief durch die Reihen. Man wußte nicht, was man von diesen seltsamen Dingen halten sollte: waren das neue, bisher noch unbekannte Waffen, schlimmer selbst als die Kraterrohre und die feuerspeienden Keulen? Wollte man mit diesen hölzernen Sicheln die Reihen der Mexikaner niedermähen? Mit diesen runden Bäumen ihre Mauern einstoßen? Einige schleppten Körbe mit Strickwerk; das war wohl dazu bestimmt, Guatemotzin und seine Leute zu binden. Soviel sah man jedenfalls: Der König war verloren solchen gigantischen Zurüstungen gegenüber. – Viele Orte schickten Gesandtschaften nach Tezcuco. Eine Tagereise vor der Stadt baten die Obleute der Träger um eine längere Pause. Sie wuschen sich sorgfältig, badeten und schmückten sich für den Einzug.

Cortes erwartete den Zug zu Pferd. Der Vorbeimarsch dauerte fast den ganzen Vormittag. Die tlaskallanischen Truppen marschierten in einer Art fester Ordnung, die sie den Spaniern abgesehen hatten; sie mühten sich, mit den Füßen fest aufzutreten und riefen in den Lauten ihrer zwitschernden, silbernen Sprache: Kastilien!

Die Brigantinen wurden zu beiden Seiten des Kanals von neuem auf Stapel gelegt. Nach drei Wochen waren sie fertig beplankt und kalfatert.

Schwierigkeiten machte die Bemannung der Schiffe. Von den Matrosen war ein großer Teil in der traurigen Nacht des Rückzuges gefallen; die Fußknechte weigerten sich, auf den Ruderbänken zu dienen; sie murrten, man könne ihnen solche Sträflingsarbeit nicht zumuten, das sei ja geradezu, als wenn man sie auf die Galeeren schickte!

Der Steuermann Gonzalo aus Umbria humpelte auf seinen Krücken umher und schrie giftig, sie sollten sich nicht so vornehm stellen! Was Galeeren! Die meisten von ihnen kennten wohl diesen Dienst von Spanien her, nicht wahr? Sein olivenfarbenes Gesicht, aus dem überall die storren schwarzen Haare hervorbrachen, als wäre es mit Pulver eingerieben, schwitzte vor Aufregung.

Cortes ließ nun die Leute beobachten, die auf den Fischfang ausgingen, und stellte sie unter die Ruderer ein, ebenso alle, die in Palos, Moguer, Triana oder anderen Häfen beheimatet waren. Manche beriefen sich verzweifelt darauf, daß sie das Wasser nicht vertrügen, daß sie Edelleute seien... Sie wurden mit schweren Strafen bedroht und fügten sich.

Die Boote wurden zu Wasser gebracht und getakelt. Jedes Schiff erhielt ein Geschütz. Am Heck wehte eine Flagge mit dem spanischen Wappen, in prachtvoller Arbeit von den indianischen Federarbeitern in Tezcuco nach einer Vorlage hergestellt.

Cortes teilte die Truppen in drei Divisionen ein, unter dem Befehl von Alvarado, Olid und Sandoval. Jede Abteilung erhielt zweitausend eingeborene Hilfstruppen. Der Pater Las Casas las eine feierliche Messe; dann marschierte das Landheer ab. Der Feldherr selber blieb bei den Schiffen. Die Brigantinen zogen zunächst noch etwas Wasser; man mußte einige Tage warten, bis sie dicht wurden.

Sandoval zog südlich des Sees entlang; Olid und Alvarado nahmen die Nordstraße. Sie gerieten gleich am ersten Abend wegen der Verteilung der Unterkünfte aneinander. Olid hatte stillschweigend Quartiermacher vorausgeschickt, die in Totoltzingo, wo man den ersten Halt machen wollte, die besten Häuser aussuchten und mit ausgesteckten grünen Zweigen für seine Leute bezeichneten. Alvarado suchte in der Dunkelheit umher – der Ort war völlig ausgestorben – und riß schließlich wütend die Zweige von einem der Tore herunter, ob er mit seiner Mannschaft etwa in einer Sauhütte schlafen sollte? Olid trat ihm entgegen, in Begleitung des Fähnrichs Corral und des tlaskallanischen Feldherrn Xicotencatl. Alvarado warf die blonden Haare aus der Stirn und zog seinen Degen. Olid nahm den Mantel über den linken Arm und riß ebenfalls sein Eisen heraus. Xicotencatl lachte über das lange, narbenstrotzende Gesicht, als er sah, wie die Spanier sich anliefen. Ihre Begleiter schlugen auch aufeinander ein; der Platz hallte von Geschrei und metallischem Klirren.

Man kam mit Fackeln und trennte die Streitenden. Olid blutete; die harte, über den Knochen eingesunkene Haut war ihm an der linken Backe aufgeschlitzt. Der Fähnrich Corral hatte bei dem Versuch, ihn zu decken, einen Stich in die Schulter bekommen. Alvarado lachte und bot Olid die Hand. Der schlug sie aus.

Olid fertigte mit einem tlaskallanischen Eilboten einen Brief an den Generalkapitän ab, in dem er Cortes bat, doch so bald wie möglich selbst den Oberbefehl zu übernehmen; Alvarado gebärde sich wie ein toller Hund und werde noch den ganzen Angriff durch seine Unvorsichtigkeit über den Haufen werfen.

Cortes brach sogleich auf. Auf dem See herrschte völlige Windstille; die Brigantinen mußten gerudert werden. Ächzend handhabten die Soldaten die schweren Riemen. Das Holz war noch frisch und wenig geglättet; bald brannten ihnen die Hände und schwollen von Blasen und Quaddeln. Die Segel hingen wie nasse Hemden am Mast. Glatt wie der schwarze Estrich im Palaste Montezumas lag der See. Die Steuerleute schrien unablässig auf ihre Mannschaften ein. Der schwarzhaarige Gonzalo aus Umbria hatte eine seiner Krücken in der rechten Hand und schlug mit ihr auf der Bordkante den Takt.

Die Ruderer taumelten fast besinnungslos auf ihren Bänken.

Die Helligkeit des Wassers beizte die Augen; aus dem Schiffsboden stieg ihnen der Geruch der frisch geteerten Planken in die Nasen. Höhnisch triumphierten die alten Seeleute und Matrosen: eine andere Arbeit, Señores, solch einen Riemen zu regieren, als mit der Pike zu fuchteln, wie? Die andern heulten leise vor sich hin vor Ingrimm. Manche sangen die zotigen und rebellischen Strophen eines der Lieder, die sie auf den Galeeren gelernt hatten.

Wie ein Dunst lag über der Stadt den ganzen Tag das Rollen der Tempelpauken. Zuweilen rauchte es von der Spitze der großen Pyramide wie aus einem Vulkan. Einige tausend Kanus hielten vor den Kanälen; Patrouillenboote schwirrten voraus, unsicher hin und her zuckend. Die Mexikaner kannten die schwimmenden Häuser der Fremden von den Abbildungen der Schnellzeichner und den Berichten der Kundschafter her; der Anblick der Brigantinen schien ihnen wunderlich, die tastenden Ruder kamen ihnen wie Beine von Spinnen oder Tausendfüßlern vor, sie spotteten über das schwerfällige Krebsen der dickbauchigen Tiere. Nur die riesigen Banner oder Fahnen, die dort an den Stangen hingen und zuweilen unter einem leisen Hauch aufblühten und Sturzbäche von Sonne in ihre Kelche schöpften, weckten ihre Unruhe.

Cortes ließ gegen Abend halten und ausruhen. Er wartete auf den Wind, der wenigstens um diese Zeit von den Bergen her einfallen mußte. Die Mexikaner sahen seine Unschlüssigkeit und fuhren ihm entgegen. Das Plätschern der vielen Tausenden von Rudern klang wie ein kräftiger Wellenschlag, und unwillkürlich blickten manche Spanier auf zu den Segeln, die noch immer träge schlappten. Einige von den Fußknechten ruckten die Leinen wie Zügel an und lachten: He, diese faulen Schindmähren! Auf einen sauberen Wagen hatte man sie da gesetzt! – Als sie die ungeheure Masse der Boote wie ein schwarzes Feld Treibholz näher rücken sahen, wurden sie ernst.

Cortes gab Befehl, eine Strecke zurückzurudern. Der Steuermann Gonzalo, mit weitsichtigen Augen die glatte Fläche musternd, winkte und rief seinen Kameraden zu. Auf der Mitte des Sees lag eine rauhe Stelle; sie wanderte wie ein Wolkenschatten, breitete sich aus und kam näher. Die Blöcke klapperten. Das Segeltuch lärmte und sprang. Unter dem Bug rauschte das Wasser auf.

Die Bö stieß mit großer Schnelligkeit und Wucht in die Segel. In Sprüngen, zerrend vor Ungeduld, stürmten die Schiffe geradeaus. Die Indianer hielten entsetzt ihre Ruder hoch, als wollten sie mit den schmalen Blättern die riesengroß vor ihnen heraufwachsenden Brigantinen abwehren. Ein dumpfes Poltern und Krachen, wie bei einem Eisgang, begann, dann füllte sich der See mit Trümmern und Geschrei.

Eine Stunde lang kreuzten die Rennschiffe hin und her. Man warf die Kanus mit Enterhaken um, drängte sie gegeneinander, daß die Flüchtenden von Bord zu Bord kletterten und die überlasteten Einbäume zum Sinken brachten. Zwei Brigantinen jagten bei der Verfolgung bis in die Kanäle der Stadt hinein; die eine geriet zwischen Pfähle und konnte nur mit Mühe wieder flottgemacht werden.

Cortes landete am Ausgang der großen Dammstraße bei Tlapucan, wo Olid und Alvarado das Lager aufgeschlagen hatten. Noch während der Nacht hielt er mit den Hauptleuten einen Kriegsrat und beschloß für den folgenden Morgen einen Generalangriff. Olid hatte die Wasserleitung bei Chapoltepec zerstört; von Sandoval war Nachricht eingelaufen, daß er den Deich von Ixtapalapa im Süden der Stadt besetzt hielt; der Hundertjährige hatte aus Tlaskalla noch eine weitere Hilfstruppe von dreitausend Kriegern gesandt.

Der Sturm rückte nur langsam fort. An sechs Stellen war die Dammstraße durchbrochen; hinter jedem Graben hatten die Mexikaner Brustwehren aus Holz und Ziegeln aufgeführt. Cortes ließ die Brigantinen von der Seite her mit dem Geschütz auf die Bollwerke feuern; er watete und schwamm mit den Fußknechten durch die Kanäle und nahm eine Schanze nach der andern. Die Mexikaner wehrten sich zäh und mit Umsicht. Sie warfen sich zur Erde, wenn sie das Aufblitzen der Kanonen bemerkten, und wichen mit geschickten Sprüngen den Schützen aus. Viele trugen Baumwollpanzer; einige hatten sich mit erbeuteten Harnischen geschmückt.

Die Spanier waren müde und wie geblendet von der Anstrengung, als sie in die ersten Häuser der Vorstädte eindrangen. Der

Widerstand der Mexikaner ließ plötzlich nach; die Angreifer wurden durch den leeren Raum, der vor ihnen lag, wie in einer Röhre vorwärtsgerissen. Ein Teil der neuen Mannschaften, die an der Spitze gingen, zerstreute sich sogleich in den Häusern und plünderte. Cortes schrie: Halt! Er ließ blasen. Die riesige Stadt schluckte die kleinen Scharen der Spanier fast lautlos ein.

Der Generalkapitän wurde von den immer gieriger vorwärts Stürmenden mitgerissen. Noch ehe sie in der Mitte der Stadt waren, hielt die Bewegung an der Spitze an und ebbte zurück. Die Straßen füllten sich mit Lärm. Von vorn kamen Verwundete, das Gesicht voll Blut, mit zerschlagenen Helmen, Kalk und Mörtel in den Haaren. Aus den Nebenstraßen peitschten Güsse von Pfeilen über die Flüchtenden her. Wie schweres Geschützfeuer barsten Blöcke auf dem Pflaster. Aus den niedrigen Luken zu ebener Erde griffen Lanzen mit krummen, kupfernen Blättern und Wurfpfeile, die an Schnüren hingen, nach den Beinen.

Erst hinter den Schanzen des Lagerplatzes sammelten die Spanier sich. Die Indianer liefen schreiend und tanzend die Stellung an. Sie warfen drei blutende spanische Köpfe über die Brüstung: da, eure Boten für die Unterwelt! Sie haben euch angemeldet! Malintzi wird ihnen folgen! – Das Geschütz feuerte in die dichtgedrängten Reihen. Sie wichen langsam.

Cortes stellte fest, daß über sechzig Mann fehlten. Viele waren verwundet; er selbst hatte einen Stich unter dem Knie. Während sie mit ölgetränkten Lappen sich verbanden, begann die große Pauke tief innen im Tempel Huitzilopochtlis schwermütig zu summen. Einige der älteren Soldaten jammerten laut auf und wiesen hinüber: da, ach, die Hunde! die Hunde!

Im klaren Licht des Hochlandes stand die Kontur des Tempels scharf gegen die Abendsonne. Ein bunter und feierlicher Zug stieg die große Treppe hinan zu der Plattform. Schrill und hämisch bliesen die Muschelhörner und Rohrtrompeten. Man sah die gefangenen Kameraden, an Stricken die Stufen hinaufgezerrt, heulend; ihre dunklen und rauhen Stimmen waren deutlich zu hören unter dem grellen Gezwitscher der Mexikaner; wie sahen sie aus: aufgeputzt mit roten und grünen und gelben Federkronen, Papiermützen auf dem Kopf wie Ketzer oder Zauberer, die von der Heiligen Inquisition verbrannt werden;

Mutter Gottes, man zwang sie zu tanzen, vor dem höllischen Baalsbild dieses Vitzliputzli zu tanzen, man stach sie mit Pfeilen und Knochendolchen in die Waden, das Gelächter der Menge unten im Tempelhof schwirrte auf bei ihren ungeschickten, gequälten Sprüngen. Dieser Hohn und Spott, der mit den Unglücklichen getrieben wurde, schien vielen das Schlimmste; sie bedeckten die Augen und stöhnten: gut, mochten sie einen abschlachten, in Gottes Namen, das war wohl auch nicht schlimmer, als wenn man im Gefecht fiel; aber tanzen und sich mit solchem Flitterwerk behängen lassen...

Viele Spanier rannten in ihr Quartier, warfen sich eine Decke über den Kopf und stopften sich die Finger in die Ohren. Andere bekamen die Blicke von dem furchtbaren Schauspiel nicht los; die Münder hingen ihnen offen wie im Krampf; die Wangen taten ihnen weh von dem Starren und Stöhnen. Sie mußten das dort drüben sehen bis zum Ende: wie die Leichen der Geschlachteten von den Tempeldienern zerhauen wurden, wie man die Stücke über die Treppe hinunterwarf. Unten balgte sich das Volk wie ein Rudel Hunde um das Fleisch. Jetzt schleppten sie jauchzend die Arme und Beine durch die Stadt.

Noch kurz vor Einbruch der Nacht kam ein Angriff der Azteken über den Damm herangetaumelt. Sie waren völlig berauscht; manchen stand Schaum vor dem Munde. Jauchzend schleuderten sie die abgenagten Arm- und Beinknochen der Geopferten über die Schanzen.

In dumpfer Niedergeschlagenheit verbrachten die Spanier den folgenden Tag. Cortes sah, wie manche der Posten auf der Wache still vor sich hin weinten. Andere liefen wie irrsinnig auf dem Lagerplatz umher und spien gräßliche Lästerungen aus gegen Gott und die Heiligen, die solchen Frevel zuließen. Er suchte einen Kriegsrat zusammenzubringen, aber die Hauptleute starrten so abwesend vor sich hin, daß er es aufgeben mußte, irgendeinen Beschluß zu fassen.

In der allgemeinen Benommenheit fiel es nicht auf, daß der tlaskallanische Feldherr Xicotencatl mit dem größten Teil seiner Truppen heimlich abgerückt war. Erst spät am Tage meldete Alvarado dem Generalkapitän die üble Botschaft. Er warf dabei wütend die Haare aus der Stirn und schrie, er habe diesen Schuften nie ganz getraut; man solle nun wenigstens den Rest, der noch im Lager geblieben, auf der Stelle über die Klinge springen lassen. Cortes gab ihm den Auftrag, mit einigen Reitern dem Feldherrn nachzusetzen. Alvarado stürzte hinaus und rief nach seinem Gaul.

Hinter dem spitzbäuchigen, ewig feixenden Reiter Vacua saß der Profos Ochoa auf. Er hielt sich mit der Linken am Sattelbogen und glättete mit den Fingern der Rechten die Stricke, die an seinem Gürtel hingen.

Alvarado traf nach zwei Tagen das Gros der Tlaskallaner, die in stiller Ordnung unter ihren Feldzeichen auf der Straße dahinzogen. Sie machten halt und grüßten Tonatiu ehrerbietig. Er schrie auf sie ein: wo Xicotencatl wäre? Sie deuteten nach vorn und machten mit den Fingern die Bewegung eiligen Laufens in der Luft: vorausgeeilt nach Tlaskalla, Tonatiu, mit zwei, vier, sechs Begleitern! Der Hauptmann nickte: gut. Dann wies er zurück und herrschte die Indios an: auf der Stelle hätten sie kehrtzumachen und wieder ins Lager zu marschieren; wie sie sich nur erlauben könnten, den Dienst Seiner Majestät zu verlassen, das sei offenbare Fahnenflucht, jawohl, Fahnenflucht – er wiederholte das Wort noch einmal, als glaubte er, sie verstünden es, wenn er brüllte –, und mit ihrem sauberen Führer Xicotencatl werde man kurzen Prozeß machen. Damit wies er auf Ochoa. Der blickte bescheiden vor sich hin und schlug mit der Hand auf die Stricke.

Die Tlaskallaner kannten den Profosen und begriffen Alvarados Rede recht gut. Sie schnatterten aufgeregt durcheinander. Der Hauptmann trieb sein Roß in die Reihen hinein, packte den Bannenträger bei den Schultern und stieß ihn in die Richtung, aus der er gekommen war: vorwärts, abmarschieren, zurück ins Lager! – Immer noch hell plappernd, setzten sie sich in Bewegung.

In Tezcuco, wo noch eine kleine spanische Besatzung lag, erfuhr man, daß Xicotencatl einen halben Tag vorher durchpassiert sei. Alvarado ließ einen scharfen Trab anschlagen, obwohl einige Reiter murrten: ihre Gäule seien ihnen zu schade, um sie wegen eines solchen braunen Schuftes zuschanden zu reiten. Am späten Nachmittag bekamen sie die Flüchtenden zu Gesicht. Sie erkannten den Feldherrn von weitem an seinem in der Mitte geteilten Federmantel, der zur Hälfte in purem Weiß, zur andern Hälfte in blauen, grünen und Orange-Farben flammte. Die Tlaskallaner warfen ihre Waffen und Mäntel ab und begannen zu laufen. Alvarado galoppierte hinter ihnen her. Sein ermüdeter Gaul stolperte; die anderen Reiter blieben zurück. Der Hauptmann mußte warten, bis sie herankamen. Sie gaben ihm sein wütendes Geschrei zurück, wer ihnen die Pferde denn bezahlte, wenn sie sich einen Schaden täten? Entkommen könne der Bursche doch nicht in diesem Engpaß; bis zum Abend würde man ihn schon eingeholt haben, wenn sie nur einen gelinden Trab ritten.

Alvarado riß dem Profosen einen Strick aus der Hand und sprengte mit zwei Begleitern voraus. Er schüttelte die Haare vor Bewunderung: Teufel, wie diese Tlaskallaner rannten! Ein tüchtiger Bursche, der Xicotencatl; es war ein Jammer um den Mann. Er empfand ein seltsames Gefühl der Zärtlichkeit für den Verfolgten, gemischt mit Wut und Angst, er könne ihn verlieren. Die Gäule, längst schweißdunkel, begannen am Hals und den Flanken weiß zu werden; ihr Atem war kurz und klang oft wie ein mächtiges, zorniges Räuspern. Alvarado fürchtete, der Weg könne steigen oder das Tal sich öffnen. Er prügelte das Pferd mit dem Strick und schrie den Läufern zu. Der Abstand verringerte sich kaum; es schien dem Hauptmann, als würden sie beide von einer unbekannten Macht durch das Tal dahingerissen wie Figuren, die Kinder auf ein Brett setzen und in der Strömung treiben lassen.

Nun war er doch neben den Gehetzten. Xicotencatls Begleiter warfen sich sogleich zur Seite des Weges nieder; sie machten flatternde Bewegungen mit den Armen und streckten die Beine an der Böschung in die Höhe, um das Blut aus den Füßen zu treiben. Der Feldherr lief immer noch weiter. Alvarado sprengte neben ihm her. Er sah den spanischen Dolch an der bunt geflochtenen Lederschnur auf der Brust des Indianers tanzen; die Haut war glatt und fast ohne Schweißtropfen. Strängig und hart wie Wurzeln aus dunklem Holz traten die Muskeln der Schultern hervor. Alvarado brachte es nicht übers Herz, auf das schöne Mannsbild einzuhauen. Von Zeit zu Zeit blickte Xicotencatl ihn an, mit dunklen, von der übergroßen Anstrengung wie erstaunten Augen. Alvarado legte den Strick zu einer Schlinge zurecht und beugte sich über den Sattel: komm, Freund! Xicotencatl warf das Haupt auf und blieb stehen, so plötzlich, daß Alvarado nur mühsam den Gaul zum Halten brachte und ein ganzes Stück über ihn hinausschoß. Der Feldherr hob einen Augenblick die Wimpern gegen den steilen Berghang, dann ließ er die Achseln sinken. Er bat Alvarado mit einer Handbewegung gleichsam um Entschuldigung und ließ sich auf den Boden gleiten, in der gleichen Haltung wie seine Begleiter. Der Hauptmann warf den Strick fort. Er hatte Tränen in den Augen, als die übrigen herankamen.

Auf dem Marktplatz von Tezcuco wurde Xicotencatl gehängt. Alvarado hatte ihm aus übriggebliebenem Schiffsbauholz einen großen dreibeinigen Galgen errichten lassen. Auf der Brust trug der Indianer, an den spanischen Dolch gesteckt, ein Papier mit dem Beschluß des Standgerichtes, das ihn wegen Fahnenflucht und Meuterei im Dienste Seiner Majestät des Kaisers Karl des Fünften zum Tode verurteilte. Der Profos Ochoa stieß ihn von der Leiter und sprang ihm auf die Schultern, mit seinem Gewicht den riesigen Mann zu Tode reitend, um sicherzugehen und die Qual zu verkürzen.

Alvarado stellte eine Wache neben den Leichnam. Trotzdem stahlen in der Nacht Eingeborene die Schambinde des Gehängten. In winzige Stücke zerschnitten wanderten die Fetzen als Reliquien von Hand zu Hand.

Viertes Kapitel

Fast drei Monate dauerte der Kampf auf den Dammstraßen. Die Spanier waren nach dem furchtbaren Verlust scheu und zach geworden; viele Soldaten schrien des Nachts aus dem Schlaf auf und jammerten stundenlang vor sich hin; andere konnten nur mit Prügeln auf ihre Posten gebracht werden. Manche beteten vor jeder Kampfhandlung, umständlich, aufhaltend; sie flüsterten bis zum letzten Augenblick die vertrauten Worte und stürzten sich dann kopfüber ins Gefecht, um den Segen gewissermaßen noch frisch und wie eine Tarnung um sich zu haben.

In der Umgegend empörten sich die Städte, durch Sendboten Guatemotzins aufgereizt, die ihnen die gegerbten und bärtigen Gesichtshäute der geopferten Spanier vorwiesen. Sie mußten mit Strafexpeditionen von neuem unterworfen werden. Die Lager der Spanier wurden ausgebaut und wuchsen zu kleinen Städten heran. Ein regelrechter Ablösungsdienst war eingerichtet; die Brigantinen patrouillierten auf dem See und suchten der Stadt jede Zufuhr abzuschneiden. Der anfangs verachtete Dienst auf den Schiffen war bald viel beneidet; die Boote stießen bei den Angriffen häufig bis in die Außenviertel der Stadt vor und machten reiche Beute.

Langsam wühlten die Angreifer sich heran. Oft blieben unter den tagelang herunterschleusenden Gewitterregen die Arbeiten liegen. Dann strichen Seuchen durch das Lager, die Soldaten hockten blaß und mit verzerrten Lippen vor ihren Hütten, und nur die Posten schlichen mühselig, mit dicken baumwollenen Binden um Hals und Hüften, auf ihre Stände. Voll Ingrimm stieß man zuweilen bis in die Stadt und auf die Plätze vor; die kleinen Trupps konnten sich unter den riesigen Häusermassen nicht halten und mußten jedesmal mit Verlust wieder zurück. Gegen Ende des zweiten Monats war man bis an die Vorstädte herangekommen. Cortes ließ die Häuser zu beiden Seiten der Straße einreißen und mit dem Schutt die Kanäle füllen. Die spanischen Truppen taten nur noch Wachdienst, der bei den fortdauernden wütenden Ausfällen der Mexikaner freilich anstrengend genug war. Zum Schanzen wurden die eingeborenen Mannschaften aus den Städten am See angesetzt. Man bestellte bei den Schmieden von Tezcuco und in Tlaskalla kupferne Spitzhacken – das Eisen war knapp geworden – und Schaufeln. Die Indianer bildeten eine eigene Technik des Zerstörens aus. Sie hatten Vorsänger, die mit kunstvollem Gesang die Mauern gewissermaßen besprachen und ihnen gut zuredeten, nicht unnützen Widerstand zu leisten; gegen den Willen der »Weißen Götter« helfe doch kein Trotz; »bücke dich!« sagten sie zu den Wänden, oder: »geh in die Knie!« Der Chor wiederholte die letzten Zeilen und stieß im Takt mit den Rammbalken gegen die Wände. Kamen sie an einen der kleinen Tempel, so bat der Vorsänger das Heiligtum zuvor um Entschuldigung, daß man es zerstören müsse.

Die Verteidiger höhnten von den Dächern herab: »Grabt nur zu, hackt fleißig, ihr Dreck- und Kotbrüder, lauft nur mit den Körben und schleppt die Steine. Alles müßt ihr wieder aufbauen, für Guatemotzin oder Malintzi, jedes Haus, jeden Tempel, und die Kanäle sollt ihr reinigen wie die Abraumfeger; zehn Jahre werdet ihr für den Sieger arbeiten, ihr Knechte, und man wird euch einen Kiefernknüppel ins Wappen geben und einen Strick mit Widerhaken als Gildenzeichen auf die Wangen!« Oft rannten die Arbeitenden erbost auf die Herausforderer zu, und es gab Zweikämpfe. Cortes verbot sie, als die aztekischen Krieger allzu häufig siegten.

Noch immer wehrten die Eingeschlossenen sich kräftig, ja die Not trieb noch einmal alle kriegerischen Tugenden ihres Stammes in einer kurzen, heftigen Blüte heraus. Die Spanier hüteten sich ängstlich vor jedem allzu nahen Kampf; Gerüchte gingen bei ihnen um: die Indianer hätten sich sämtlich die Zähne spitz gefeilt und bissen sich wie Werwölfe in die Kehlen fest; ihre Waffen seien vergiftet, sogar ihr Atem sei vergiftet, sie fräßen Schlangen und ähnliches Geziefer, um so auch mit dem Mundhauch den Gegner anzufallen; die Überläufer, die zuweilen des Nachts heranschlichen, ausgehungert bis auf die dürren Knochen und so leicht, daß man sie nicht schreiten hörte, sie kamen wie trockne Blätter dahergeweht, diese Flüchtlinge seien verpestet und sollten die Seuche, die in den zusammengepferchten Quartieren der Stadt gor, durch das Lager tragen. Man brannte sich die kleinste Wunde mit glühendem Eisen aus; viele Überläufer wurden niedergestoßen. Die Tlaskallaner taten sich dabei besonders hervor; sie schleppten schakalhaft und mit unheimlicher Behendigkeit die Leichen beiseite, und einige Soldaten wollten gesehen haben, wie ihre Ablösungen beim Abmarsch in die Heimat große Packen von eingesalzenem Fleisch, in lederne Säcke gestopft oder in Matten gewickelt, mit sich schleppten. Das große Morden begann aber erst, als der alte Heredia, mit eingezogenen Backen eifrig umherspähend, beobachtete, wie einer der Überläufer, den man doch hatte leben lassen, um ihn auszufragen, heimlich hinter dem Lager aus seinem Kot einige Goldstückchen hervorsuchte. Er teilte die Entdeckung nur wenigen Kameraden mit: wie schlau diese Hunde von Azteken waren!

Sie verschluckten ihre Schätze und dachten sie so durchzupaschen; Gott mochte wissen, wieviel sie auf diese Weise schon beiseite gebracht hatten. Deshalb also fand man in den Häusern, die erobert wurden, nichts, aber auch gar nichts von Wert; ein paar Bastmatten, oder baumwollene Stoffe, das war alles. Die saubere List sollte ihnen aber übel in den Leib schlagen! Man verabredete sich, jedem, der sich ergab, in aller Stille mit dem Dolch die Beute abzunehmen, ehe Cortes oder die anderen etwas davon erfuhren. Der spitzbäuchige, ewig feixende Reiter Vacua überraschte den Heredia eines Nachts bei dem blutigen Werk; er schlug Lärm, und bald kam das Geheimnis bei der ganzen Mannschaft herum.

Der Pater Las Casas erhob vor Cortes Beschwerde über diese Ruchlosigkeiten, die eines christlichen Heeres unwürdig und wahrhaft kannibalisch zu nennen wären. Er führte auch Klage über die Zerstörung der Stadt: was nicht von den Spitzhacken heruntergerissen würde, das schlügen die Soldaten mutwillig in Stücke. Wie der Generalkapitän denn nur sich getrauen wolle, eine solche vollkommene Wüstenei Seiner Majestät als die ehemals so reiche Stadt Mexiko zu präsentieren?

Cortes erwiderte gereizt, das seien militärische Dinge, von denen der Pater nichts verstünde. Mit frommen Reden brächte man diese verstockten Azteken nicht zur Unterwerfung. Wohl ein dutzendmal habe er doch dem Herrn Guatemotzin angeboten, er solle sich ergeben; Hohn und Spott sei die Antwort gewesen.

Aber die Greuel der Tlaskallaner!

Was sei da zu machen? Ob er etwa mit seinen sechshundert spanischen Kriegsleuten allein die Stadt erobern solle?

Man könne es aber doch nicht dulden. Es wäre Todsünde, sich an diesen viehischen Abschlachtungen mitschuldig zu machen.

Cortes gab Befehl, jeden Gefangenen sofort ins Hauptquartier abzuliefern. Gemeinsam mit Marina fragte er die Überläufer, die sich bald in Scharen einfanden, aus. Es waren meist Angehörige der niederen Klassen. Die Knochen stachen ihnen durch die dünne Haut; wie offen lagen die Augen in den großen Höhlen, fiebrisch glänzend und doch schwerfällig in ihren Bewegungen. Viele schritten schwankend dahin, die Hände zu den Ohren erhoben, mühsam balancierend; sie setzten ganz im Gegensatz zu der sonstigen Gewohnheit ihres Volkes die Füße nur nach sorgfältiger Prüfung auf den Boden. In der langen Zeit des Hungers hatten sie gelernt, mit jeder Bewegung zu geizen. Ihre Haare waren verfilzt und staubig, die Schambinden zerrissen und verschmutzt. Längst gab es kein Wasser mehr zum Waschen; die wenige und brackige Flüssigkeit aus den Brunnen wurde nur in dünnen Rationen zum Trinken ausgegeben. Auf Guatemotzins Tafel freilich – die Stimmen schrillten, wenn sie davon berichteten – stand noch das parfümierte Wasser zur Handwaschung in tönernen Schalen aus Cholula.

Die meisten der Gefangenen waren so ausgehungert, daß sie die Nahrung, die man ihnen reichte, erbrachen. Manche waren von Gras oder Moos, das sie von den Wänden der ausgetrockneten Kanäle gekratzt hatten, furchtbar aufgetrieben. Marina gab ihnen Brechmittel aus Jalape und dem Samenöl von Euphorbien ein; sie bekamen, allem Jammern und Betteln ungeachtet, in den ersten Tagen nur schmale Brocken von Maisfladen zugemessen.

Fast alle klagten über die Strenge, mit der Guatemotzin in der Stadt das Regiment führte. Es war fast unmöglich zu flüchten; überall an den Ausgängen standen die Krieger, die doppelte Rationen erhielten. Die Priester unterstützten den König; sie veranstalteten alle zwei oder vier Tage Bittprozessionen zum Tempel Huitzilopochtlis und opferten Hunderte von Kindern; sie brauchten nicht einmal dafür zu bezahlen, die Mütter stellten sie umsonst zur Verfügung. Von Zeit zu Zeit prophezeiten sie einen bestimmten Termin, zu dem der Gott die Feinde mit einem gewaltigen Schlage vernichten würde; das ganze Volk wartete und betete inbrünstig; man prügelte oder erschlug die Ungläubigen. Immer wieder ging der verheißene Tag vorüber; die Priester beschuldigten die Murrenden: man habe durch Zweifel gesündigt; oder: der Tempel sei noch immer nicht von der Befleckung durch die Fremden entsühnt. Ein anderes Mal war das Heiligtum dadurch entweiht, daß Verzweifelte die immer schamloser und gieriger vom Tempel her in die Straßen einfallenden Geier erschlagen und verzehrt hatten.

Die Stadt stank. Wenn der Wind auf die Quartiere der Spanier zu stand, führte er einen fauligen, süßlich beklemmenden Geruch heran. Die Soldaten wagten den schweren Dunst kaum zu atmen; er legte sich wie Rauch auf den Gaumen und pelzte die Zunge. Sie hielten die Hand vor den Mund; manche brachen Zweige von den Pfeffersträuchen und fächerten sich oder kauten aromatische, scharf schmeckende Blätter. Zuweilen zündeten sie offene Feuer an.

Langsam rückte die Verwüstung vor. Jedes Haus mußte einzeln erobert werden; immer wieder hatten die Verteidiger neue Gräben ausgehoben. Oft stießen sie im Gegenangriff vor, taumelnd, mit schwacher Stimme schreiend. Die Spanier fürchteten sich vor den hohläugigen Gestalten, deren Knochen fast zu klappern schienen, sie fochten schlecht und unsicher und wichen häufig zurück. Keiner wollte jetzt, da der Krieg doch so augenscheinlich zu Ende ging, noch überflüssig sein Leben aufs Spiel setzen. Die Reiter schonten ihre Pferde und griffen nicht an, ehe nicht der Weg in voller Breite von den tlaskallanischen Arbeitern geebnet war.

Die Schuttstraße kroch über die Gärten Montezumas hinweg. Staunend blickten die Neulinge auf die Teiche mit den schön gemetzten Rändern, die Tierhäuser, die nun leer standen, das gewaltige Kornmagazin und das Archiv, dessen Hunderttausende von Rollen in den Gräben verschwanden. Die Wohnhäuser des Königs bröckelten ein. Voll Stolz zeigten die alten Soldaten ihren Kameraden die Räume, in denen sie Montezuma gefangengenommen hatten: ja, das war der lange Korridor, in dem man sich fast verlief, der Estrich aus blankpoliertem schwarzen Basalt, in dem man sich spiegeln konnte. Dort vor dem Eingang hing der Vorhang mit den silbernen Platten. Wie ärmlich die Zimmer nun aussahen, da die Sonne durch das zerfetzte Dach schien, Mörtel und Kalk auf den Fußböden fleckte und die alten gewebten Tapeten in Streifen von den Wänden gerissen wurden! Sie begriffen den Respekt nicht mehr, mit dem sie damals gebückt hier entlanggeschlichen waren.

Gegen Ende des dritten Monats trafen die drei Abteilungen auf dem großen Markt zusammen. Cortes bestieg mit den Hauptleuten Olid, Alvarado und Sandoval einen der kleineren Tempel und blickte über die Stadt hin. Sie sah wie ein Steinbruch aus. Die breiten Schuttstraßen flimmerten im Sonnenlicht, hell und eben; die Soldaten, die auf ihnen zur Ablösung entlangzogen, warfen lange Schatten. Keiner der Adelspaläste stand mehr; an den Rändern der Stadt starrten noch, sträubig und zerfetzt wie alte Matten, die Schilfdächer der Elendsquartiere; einige Tempelpyramiden ragten aus der karstöden Steinwüste heraus, mit schwarzen Balkenlöchern, rieselnd von Kalk. Nur das Viertel von Tlatelolco, in dem sich Guatemotzin mit dem Rest der Bevölkerung hielt, glänzte dunkel aus dem Wasser. Die Dächer waren schwarz von Menschen; längst war jede Pflanze aus den Dachgärten gerissen und verzehrt; auf den Straßen lagen Haufen von Leichen. Zuweilen stießen die Geier schreiend herunter und zerrten an den Toten. Ein Posten schlug träge nach ihnen mit der Lanze oder warf kraftlos einen Stein.

Cortes beschloß einen letzten Angriff. Er drang, ein mit aromatischem Öl getränktes Tuch vor dem Munde, in das mexikanische Viertel vor. Die mexikanischen Posten fielen förmlich durstig in die Speere der Spanier. Sie hatten bloßliegende Zähne, die erschreckend weiß aus dem eingehutzelten Pergament des Gesichtes starrten.

Einige mexikanische Hauptleute kamen dem Generalkapitän entgegen; er erschrak, als sie plötzlich wie hergeweht hinter einer Ecke auftauchten. Sie winkten mit den entfleischten Händen und begannen zu sprechen. Die Spanier waren erstaunt, als aus den gebrechlichen Leibern noch so kräftige Laute stiegen; man hatte gemeint, sie könnten nur flüstern. Sie brachten die Nachricht, Guatemotzin wolle sich ergeben. Er bitte Malintzi, ihn morgen auf dem großen Markt zu erwarten.

Der Stelle, wo früher der große Markt gestanden?

Ja.

Gut, er sei einverstanden.

Die Soldaten zogen aus den Taschen einige Reste von trockenem Maisbrot und reichten es den Hauptleuten. Gierig stürzten sich die Mexikaner auf die Fladen und schlangen sie herunter. Einer der Hauptleute heulte wie ein Wolf.

Cortes ließ auf dem Platz ein Zelt errichten. Tische wurden aufgeschlagen, mit feinen weißen Baumwollstoffen gedeckt; die Tafel glänzte von schönem, bemaltem Geschirr aus Cholula. Für Guatemotzin war ein schwerer, geschnitzter Stuhl aus dem Palaste Montezumas bereitgestellt.

Der Generalkapitän ließ sich in dem Zelt auf einem spanischen Feldstuhl nieder. Hinter ihm stand Marina. Sie hatte für diesen Tag allen Schmuck abgelegt, um ihre Landsleute nicht zu verletzen, und trug nur einen einfachen, weißen Mantel.

Cortes blickte hinaus über den Platz. Die Sonne plätscherte auf dem blanken Schutt. Es roch staubig nach Mörtel und Kalk; von fern her kam der leise, herzbeklemmende Gestank aus den Elendsquartieren der Mexikaner. Fröhlich schwatzten die Soldaten; sie traten ungeduldig hin und her und murrten, daß Guatemotzin so lange auf sich warten ließ. Manche scharrten mit den Fußspitzen in dem lose zusammengeworfenen Boden und brachten Obsidianmesser, kupferne Spangen und zerbrochene Tongeräte zutage. Etwas abseits hockte der Zwerg Gines Nortes. Er hatte sich seinen Mantel untergelegt, um die Knie nicht zu beschmutzen, und grub sorgfältig mit dem Dolch in dem Müll. Von Zeit zu Zeit förderte er ein Stück ans Licht, befragte es mit den gierig asselnden Händen und steckte es in den kleinen, abgeschabten Ledersack, den er an der Hüfte trug.

Gegen Mittag kamen die aztekischen Häuptlinge, mit denen Cortes unterhandelt hatte. Sie entschuldigten den König: Guatemotzin sei noch mit dem Ankleiden beschäftigt; er wolle nur in würdiger Tracht Malintzi gegenübertreten. Man lud sie ein, Platz zu nehmen und zu essen. Sie benutzten das Handwasser und die Tücher mit Dank; dann zogen sie aus einem feingeflochtenen Korb ein halbes, gebratenes Huhn und einige dünne, mit Baumrinde oder Holzmehl versetzte braune Maisfladen. Sie zerschnitten das Huhn zierlich mit ihren Obsidianmessern, legten einige Scheiben auf die Brotteller und boten sie den Spaniern an. Alvarado murrte: an sollte diese Burschen doch auf der Stelle niederhauen; was, jetzt in diesem Augenblick wagten die Hungerleider es noch, einen zu verhöhnen? Dabei stünden ihnen die Rippen aus dem Leib wie einem verfaulten Hunde. Cortes nahm eine der Schnitten und kostete, nachdem er sich vorsichtig davon überzeugt hatte, daß auch die Mexikaner davon aßen.

Der Hauptmann Olid stürzte in das Zelt, das Gesicht mit der harten, über den Knochen eingesunkenen Haut verzerrt vor Wut, als starrte er in die Sonne: da, auf dem Wasser, die Hunde... entfliehen wollten sie, nichts weiter!

Cortes sprang auf. Vor dem Quartier der Azteken war der See erfüllt mit Lärm. Die Brigantinen jagten hinter einer Gruppe von Kanus her. Die mexikanischen Boote waren stark mit Ruderern besetzt, die eilfertig ihre kurzen, schwarzen Petschel in das Wasser stießen. Wie Wasserspinnen huschten die schlanken Kähne über die aufzitternde Fläche.

Der Hauptmann Holguin hatte die Piroge Guatemotzins erspäht und machte auf sie Jagd. Sein Geschütz gab einen Schuß ab; dicht vor dem Kanu tauchte eine Wassersäule auf wie ein Meergott mit mächtigen, triefenden Armen, und versank langsam wieder, lärmend und rasselnd. Die Ruderer suchten im ersten Schreck das Boot zurückzutreiben; man schrie auf sie ein; einige vornehme Krieger schlugen sie mit den Lanzen über den Kopf. Ehe der Kahn wieder in Fahrt kam, wurde das Wasser dunkel; riesig rauschte neben ihm die Brigantine Holguins auf. Ein Bootshaken schwebte drohend wie eine gewaltige Kralle über den Indianern und griff knirschend in die Spitze des Kanus. Der Ruck warf die Aufspringenden durcheinander. Langsam tasteten die Piken der Spanier herunter.

Die Vornehmen drängten nach der Mitte, um den König zu schützen. Viele bluteten bereits. Guatemotzin erhob sich mühsam und machte mit dem spitzen Finger ein Zeichen, daß er sich ergeben wolle. Man nahm ihn an Bord. Er trug den azurblauen Federmantel Montezumas und die spitze Königshaube aus dünnem Goldblech. Sein Körper zeigte keine Spuren des Hungers. Der Herrscher ging mit großer Sicherheit auf Holguin zu und bat, man solle ihn so schnell wie möglich zu Malintzi führen. Einer der Großen aus seiner Umgebung trat an die Bordwand und rief zu den anderen Pirogen hinüber. Die Ruderer hielten inne; die Krieger ließen die Schilde sinken. Es war, als würde alles Leben in den Booten mit einem heftigen Ruck ausgeblasen; starr und dunkel trieben sie dahin; die Wellen klöppelten dumpf gegen die Wände der Einbäume wie bei einem leisen Geläut.

Holguin ließ wenden, ohne sich weiter um das Aufsammeln zu bekümmern, und hielt auf das spanische Hauptquartier zu. Er wollte als erster dem Generalkapitän den großen Fang melden und überschlug schon kurz, was bei einer solchen Botschaft für ihn herausschauen würde: ein ansehnliches Geschenk auf alle

Fälle; Erwähnung im Bericht an den Kaiser; vielleicht ein Erinnerungszeichen an die Tat ins Wappen.

Ein Schatten strich über das Deck. Dicht neben Holguins Brigantine fuhr das Schiff des Kavaliers Sandoval auf. Als Kommandant der Flotte fordere er sofort die Herausgabe des Gefangenen! rief er herüber. Holguin schrie eine Beschimpfung zurück. Die Leute Sandovals hieben ihre Bootshaken in die Bordplanken; Holguins Mannschaft stieß nach ihnen mit den Rudern. Sie tobten und heulten, lauter als während des Kampfes mit den Azteken; die Schiffe, steuerlos durch die Behinderung, drehten sich im Kreise; man enterte und schlug sich unter den verscheucht umhertaumelnden Gefangenen herum. Ein Matrose von der Mannschaft Sandovals griff nach Guatemotzin und riß ihm den blauen Federmantel herunter. Alle schrien laut auf, als der glänzende Brustschmuck des Königs aufleuchtete: Goldplatte über Platte geschuppt, Ketten, tropfend von Smaragden und Perlschnüren, Stränge von grünen Chalhuitl-Steinen. Ehe Holguin es hindern konnte, fielen die Matrosen über den Herrscher her und plünderten ihn aus. Man riß ihm so hastig die Ketten vom Leibe, daß er am Hals blutete.

Cortes schickte ein Boot mit dem Befehl, sofort die Streitigkeiten, die er vom Ufer aus beobachtet hatte, einzustellen. Guatemotzin sei mit allem Respekt zu behandeln; wer sich an ihm vergriffe, habe strenge Bestrafung zu gewärtigen. Die Schiffe lösten sich langsam voneinander ab und ruderten auf das Ufer zu. Der Kavalier Sandoval blieb an Bord von Holguins Schiff. Er ging neben dem Gegner, der Guatemotzin wie sein Eigentum an der Hand führte, auf Cortes zu.

Der Generalkapitän kam ihnen entgegen. Er nahm vor Guatemotzin seinen Helm ab und schwenkte ihn, daß die Federn leise brausten. Es verdroß ihn gewaltig, daß dieser letzte Triumph nicht mit der nötigen Feierlichkeit vor sich ging; er herrschte die Hauptleute an, wie sie sich nur so herumbalgen könnten auf dem Wasser, wo der Schmuck des Königs sei, man habe die Majestät wohl gar geplündert, was?

Dabei richtete er seine Blicke auf die Matrosen und Soldaten, die schuldbewußt in die Taschen oder unter ihre Wämser fuhren. Herausgeben! Auf der Stelle herausgeben den Schmuck! fuhr er über sie her. Mißmutig und widerstrebend häkelten sie die Stücke heraus. Vorwärts! Ankleiden den König damit! die Señores Sandoval und Holguin sollten ihm schon jetzt folgen!

Er schritt voran und stellte sich unter dem Zelt auf. Man legte dem König die Ketten und Brustplatten wieder um und setzte ihm die goldene Haube auf. Er strich mit dem spitzen Zeigefinger die Haare an den Schläfen zurecht und schritt auf den Sessel des Generalkapitäns zu. Cortes erhob sich von neuem und begrüßte ihn mit feierlicher Grandezza: man werde ihn behandeln, wie es seinem Range zukomme und wie es die Erinnerung an seinen erhabenen Oheim Montezuma – »unseren lieben Freund und Herrn« – fordere.

Guatemotzin trat dicht an Cortes heran, legte die rechte Hand auf den Dolch des Spaniers und keuchte hervor: da, Malintzi möge ihn niederstoßen, hier, gleich.

Der Generalkapitän umarmte ihn vorsichtig und flüchtig an den Ellenbogen und suchte ihn zu beruhigen. Man benötige seine Dienste noch, um das Land völlig zu beruhigen; er könne versichert sein, daß ihm kein Haar gekrümmt würde.

Guatemotzin schüttelte den Kopf. Er blickte Cortes fest an und meinte, wahrscheinlich wolle man ihn heimlich umbringen? Dann solle man ihn lieber sofort töten. – Er hielt den Kopf hin, als erwartete er einen Hieb gegen die Schläfen.

Cortes redete ihm weiter gut zu, ungeduldig und verstimmt über diese Zwischenfälle. Die Offiziere murrten, was denn mit diesem verstockten Hund so viel Wesens gemacht werde! Alvarado rief, man solle den Burschen in Gottes Namen abtun, wenn er es durchaus wünsche; vorwärts nur, man müsse doch schließlich noch in dem Quartier der Mexikaner etwas nachstöbern und untersuchen, wo der Schatz Montezumas geblieben sei!

Cortes warf den Bart auf und schlug an den Degen, daß die Spitze fast den Helm berührte: man wolle ihn mit Vorschlägen verschonen; er wisse selbst, was zu tun sei. – Höflich bot er Guatemotzin den Arm und führte ihn an den Tisch. Er ließ die Speisen auftragen. Sie aßen.

Das Gemurr der Soldaten, die sich auf dem Platz sammelten, nahm zu und bekam eine bösartige Färbung.

Cortes stillte mit Mühe den Aufruhr und gab Befehl zum Abmarsch. Guatemotzin gab ihm einen seiner Begleiter mit, der zu den Belagerten sprechen sollte. Es dauerte lange, ehe sie sich davon überzeugten, daß Guatemotzin tatsächlich gefangen sei. Man vereinbarte mit ihnen, daß sie auf dem Damme von Tlatelolco abziehen sollten. Irgendwelches Gepäck dürften sie nicht mitnehmen. Wer in der Stadt bleiben wolle, tue dies auf seine eigene Gefahr.

Nach kaum einer Stunde begann der Ausmarsch. Die Soldaten lagerten sich zu beiden Seiten und beobachteten die Flüchtlinge. Sie hoben ihnen wie strenge Zöllner die Lumpen hoch und fühlten ihnen die armseligen Ledersäcke und Körbe nach. Immer neue Massen rannen aus den dünnen Straßenadern aus, das kleine Stadtviertel schien unerschöpflich. Der Landsknecht Tuvilla zählte über eine Stunde lang und kam auf eine Summe von zwanzigtausend, dann gab er es auf.

Schweigend schritten die Flüchtlinge dahin, leicht, unhörbar; das Geräusch ihrer Füße war wie ein feiner trockener Regen. Viele schleppten sich an Stöcken fort, mit eckigen, heuschrekkenhaften Bewegungen; andere stützten sich gegenseitig. Sie sahen nicht auf.

Aufmerksam spähten die Soldaten nach den Weibern; sie griffen von Zeit zu Zeit eine der wandernden Frauen heraus. Die Mexikanerinnen hatten sich mit Lehm und Kot das Gesicht verschmiert und die Brüste mit widrigen Lappen eingebunden; einige zerschnitten sich kurz vor dem Ausmarsch mit den Obsidianmessern ihrer Männer die Wangen. Bis in den späten Nachmittag hinein schleppte sich der Zug. Er verschwand zwischen den Bergen, dünn und grau, als schluckte der poröse Boden ein schwaches Rinnsal ein; kein Wölkchen Staub flockte auf; kein Laut wehte herüber. Die Spanier waren allmählich still geworden; auch schlug ihnen der furchtbare Geruch, den die Indios aus den verpesteten Quartieren mitführten, beklemmend auf die Brust. Eine ganze Weile saßen und standen sie noch da und dämmerten unter der brütenden Sonne vor sich hin, als die letzten Gruppen der Unglücklichen verschwunden waren.

Mit lautem Toben machten sie dann ihrer Verlegenheit Luft, als sie in die verlassenen Quartiere einbrachen. Die Türen wurden eingeschlagen, die Vorhänge heruntergefetzt und in den Küchen das tönerne Gerät gegen die Wände geschellt. Sie steigerten sich in einen Rausch der Zerstörung hinein, der noch angefacht wurde durch die Wut über die Geringfügigkeit der Beute.

Cortes ließ Fackeln anzünden und nahm selbst einen der Brände in die Hand; er glaubte, das Feuer schütze gegen Anstekkung. Gespenstisch schritt der Zug mit den weißen Lichtern durch die sonnigen, in der Nachmittagshitze kochenden Straßen. Vielfach traf man noch auf Einwohner, die zu schwach oder zu gleichgültig gewesen waren, mit den anderen zu flüchten. Der Boden in den Gärten war überall umgewühlt nach Wurzeln und Gräsern; die Stämme der wenigen Bäume, die noch standen, glänzten rindenlos wie blanke Knochen. Die Schilfdächer starrten mauserig zerpflückt von den suchenden Händen. Man fand Mahlsteine, auf denen wurmstichiges, altes Holz zerklopft und zu Mehl zerrieben lag. Da und dort saßen Gruppen von Menschen um den ausgebrannten Herd, mit gesenkten Gesichtern, man wußte nicht, ob sie noch lebten und stieß sie vorsichtig an. Sie hoben die Köpfe langsam wie Blinde, die sich zur Sonne wenden.

Der Generalkapitän kehrte um. Auf dem Rückweg trat er mit seiner Begleitung noch zufällig auf den Hof eines größeren Gebäudes. Ein Mann ging dort auf und ab, mit sparsamen, sicheren Bewegungen. Er wandte Cortes sein Gesicht zu. Es war wie von einem feinen Lichtschein überflammt; im Munde trug er drei purpurfarbene Löffelreiherfedern. Er blickte über die Fremden hinweg und wandte sich geruhig wieder seiner Arbeit zu. Auf einem Spannrahmen hatte er einen großen Federteppich aufgebunden. Das Kunstwerk war fast fertig; es glühte in sanften grünen und blauen Farben. In Kolibrifedern waren Schriftzeichen eingestickt; Verse, die man auf den Tod Montezumas gemacht hatte: »Du bist gegangen, Herr, und hast uns zurückgelassen als deine Waisen; und wir werden dir folgen, in nicht langer Zeit, in fünf oder zehn Tagen vielleicht, wir alle werden dir folgen. Die Sterne rauchen und kehren sich feindlich ab. Unsere Blumen verdorren und die Bücher zerblättern; die Stadt und das Reich Mexiko, sie beugen sich, sie beugen sich tief, und sie fallen; sie zerfallen wie Staub, wie Asche aus einem Krater, der Wind bläst sie fort, sie sind nicht mehr...«

Der Mann stand sinnend vor dem Rahmen. Sein Gesicht leuchtete. Er nahm eine Feder aus dem Mund und steckte sie scharf und geschickt zustoßend an ihren Platz. Dann trat er wieder zurück und prüfte das Bild von neuem mit der unendlichen Ruhe seines Handwerks, das streng forderte, daß man auch einen ganzen Tag sich besinnen müsse, ehe eine Feder flüchtig angebracht sei und am falschen Platz die Harmonie störe. Er legte den Kopf in den Nacken und kniff die Augen ein, seine scharfe, bronzene Nase stach in die Luft, die Lippen bewegten sich fast unmerklich leise und ließen die purpurnen Reiherfedern in der Sonne tanzen. Mit den Armen machte er seltsame, tastende Bewegungen, als schwebte er über einem Abgrund und hielte sich in einem zauberischen Gleichgewicht.

Die Spanier sagten kein Wort. Sie gingen unwillkürlich nach rückwärts hinaus, das Gesicht dem Bildner zugekehrt, wie aus dem Zimmer eines großen Herrn. Cortes faßte an die Hüfte, um das Geräusch seines Dolches, der gegen den Harnisch klapperte, zu dämpfen.

Fünftes Kapitel

Die folgenden Tage hob ein unsinniges Wühlen und Graben nach den verborgenen Goldschätzen an. Die Beute war überaus gering, und man bestürmte Cortes bereits, er solle den König Guatemotzin foltern lassen. Er lehnte schroff ab und gab Befehl, man solle zunächst die Leichen der Eingeborenen in den Straßen aufschichten und verbrennen. Die Soldaten liefen ihm davon. Mit Mühe trieb er einige Männer auf, die dem Schiffszimmermann Martin Lopez behilflich waren, das riesige Kreuz aus roh behauenen Balken auf den Trümmern der großen Tempelpyramide aufzurichten. Die Schatzgräber hielten einen Augenblick in ihrer rastlosen Arbeit inne, als das Trompetenzeichen erscholl und die mächtigen Arme des geweihten Holzes weit klafternd in die klare, dünne Luft der Hochebene griffen. Sie nahmen fromm die Helme und Mützen ab und senkten den Kopf zum Gebet. Dann streiften sie die Ärmel zurück und hackten mit erneutem Eifer weiter.

Es wurde nichts gefunden. Je geringer aber der Ertrag war, um so stärker wuchs das Geschwätz über das Gold im Lager an. Nächte hindurch horchten die Neulinge auf die Reden der alten Mannschaften, die von der Schatzkammer Montezumas berichteten und den Bergen von Edelsteinen, die man vor der Flucht in der traurigen Nacht zurückgelassen hatte. Manche kampierten zwischen den Trümmern der Stadt, wenn sie eine Spur gefunden zu haben meinten; auch die schärfsten Strafen brachten sie nicht ins Lager zurück. Einer beargwöhnte den anderen; bei der geringsten Kleinigkeit fuhren sie an den Degen. Es gab bald einige Tote.

Cortes setzte, um den Aufruhr einigermaßen zu stillen, einen Dankgottesdienst an, der vom Pater Las Casas unter Beihife Olmedos und des glotzäugigen Bruders Diaz abgehalten wurde. Am Abend sollte ein großes Bankett stattfinden. Ein Saal in der Sommerresidenz Montezumas am Ufer des Sees wurde hergerichtet und mit Blumen und Fahnen geschmückt.

Cortes hatte Marina gebeten, dem Fest fernzubleiben. Schon zu Beginn gab es große Unruhe: die Tische und Bänke standen eng; die mexikanischen Diener hatten sie nach ihren eigenen Körpermaßen aufgestellt; rücksichtslos setzten sich die ersten Soldaten, die hereinkamen, hin und sperrten den übrigen den Durchgang. An den Türen drängten sich dichte Haufen, brüllend, mit den Degen an die Pfosten klopfend: was, man habe wohl nur für die Hauptleute gedeckt? Es dauerte eine Stunde, bis alle saßen. Das fette und schwere Essen wurde aufgetragen; sie schlangen gierig und unmäßig die nicht mehr gewohnte Kost hinunter und spürten bald die Folgen. Viele waren heiser vom Rufen nach Wein. Atemlos huschten die braunen Diener hin und her.

Der weite, niedrige Saal rauchte im braunen Dämmer des Abends. Schwarz liefen die mächtigen Deckenbalken über den Köpfen der Tobenden entlang. Die offenen Fenster stierten leer, mit glasigem hellen Licht erfüllt. Verstohlen machten sich die Mexikaner auf das wunderliche Treiben der Fremden aufmerksam. Da paukten welche mit beiden Fäusten auf die Tischplatte, ohne Aufhören, mit Wolfs- und Schakalstimmen ein Lied heulend. Andere balgten sich oder gossen unversehens einem, der still dasaß, den vollen Becher in den Hals. In den Winkeln begannen sie zu würfeln; dort war es stiller, aber die Diener schlichen nur scheu um die Spieler herum. Sie wußten, daß sie leicht von einem der finster Brütenden einen Tritt bekamen.

Cortes horchte unzufrieden in das Lärmen und Prahlen hinein. Der spitzbäuchige, ewig feixende Reiter Vacua schwor beim Heiligen Jakob von Compostella, er werde sich seinen Sattel mit purem Gold beschlagen lassen; der Herr Guatemotzin bezahle es ja, und wenn er nicht genug herausrücke, dann müsse ihn der Meister Ochoa etwas unter den Sohlen kitzeln; he, Meister! – Er trank dem Profosen zu. Der schöne und eitle Büchsenmeister Juan Benitez strich mit der gespreizten Hand die blauweißen Federn auf seinem Hut zurecht wie ein Weib, das sich die Haare im Nacken ordnet, und verkündete, seine Armbruster sollten ihn davonjagen, wenn man noch einen Bolzen abschösse, der nicht aus lötigem Golde wäre! Stiefel aus Gold würden sie tragen, brüllte der Landsknecht Tuvilla, mit goldnen Sohlen und Perlschnüren an der Seite wie Montezuma weiland, Gott hab ihn selig!

Der Steuermann Gonzalo aus Umbria schlug seine Krücke auf den Tisch: adlig! adlig müßten sie alle werden, die von Anfang an dabei wären! Jeder, der ein Dorf bekäme oder eine Stadt, müsse auch die Erlaubnis erhalten, sich nach ihr zu nennen! – Sein olivenbrauner Schädel, aus dem überall die storren schwarzen Haare brachen, als wäre er mit Pulver eingerieben, glänzte von Schweiß.

Der Bauernbursche Santa Clara saß still vor einer großen Weinlache und malte mit dem Finger ein riesiges Wappen auf den Tisch. Das breite, einfältige Lächeln war ihm wie eine Maske um den Mund gehängt; die Augen nahmen nicht daran teil, sie blieben groß, erstaunt und traurig darüber stehen.

Der Musiker Ortiz erschien mit seiner Gitarre. Die Bänke wurden beiseite geschoben, und man begann zu tanzen. Nur wenige von den Frauen gaben sich dazu her; die zigeunerbraune Teresa mit dem kränklichen und unreinen Gesicht, die schwarze und flinke, kleine Torvellina, die trotzig an einem Nelkenstengel kaute, und die gutmütige fette Flämin Magdalene Kerrincx. Ungeheures Gelächter erhob sich, als die Tänzer, schwitzend in den Rüstungen und taumelig vom Trinken und Prahlen, ihre Beine hoben. Höher! Höher! schrien die andern; das sei nichts, man müsse die Fußsohlen blitzen sehn und die Röcke fliegen. Sie stampften den Takt mit und sangen; der Steuermann Gonzalo geigte auf seinen Krücken, als wären sie eine Kniegeige. Viele saßen noch an den Tischen, stumpf vor sich hin brütend; die Haare hingen ihnen ins Gesicht. Sie nahmen nun die Becher und Schalen und klopften mit. Die tönernen Gefäße brachen und zerkrümelten ihnen unter den Händen; sie hackten die Fäuste auf den scherbenübersäten Tisch und merkten es nicht. Eine gewaltige Lust zu zerstören gor in der Masse auf. Man begann die Bänke zu brechen und die Tische zu zerschlagen. Es war, als suchte jeder den Rest an Kraft, der ihm nach den unermeßlichen Anstrengungen geblieben war, mit aller Gewalt zu vergeuden. Der Landsknecht Tuvilla mühte sich, mit den bloßen Händen eine halb gesprungene, dunkle Tischplatte aus schwerem Holz zu zerreißen. Er setzte keuchend immer wieder ab und zog sich die langen ledernen Hosen hoch. Dann packte er von neuem zu. Andere suchten mit den Füßen eine Tonne einzutreten, die ihnen immer wieder entglitt. Manche stopften sich die Scherben der Tongefäße in den Mund und kauten sie knirschend. Das Blut lief ihnen in den Bart. Eine Gruppe zündete mit den zerschlagenen Bänken ein Lagerfeuer an. Der Rauch schwalchte empor zur Decke und dickte den Dunst des Saales noch stärker ein. Die Soldaten froren. Mit rußglänzenden Gesichtern hopsten und torkelten sie um die Glut wie die Verdammten.

Cortes saß mit gesenkten Augen auf seinem Platz. Er hatte den Bart in der Faust und roch an den Haaren. Längst antwortete er auf keinen Zuruf mehr; er gab nicht Bescheid, wenn man ihm zutrank und winkte stumm ab, als Alvarado sein Wohl ausbrachte: auf den Sieger und Eroberer dieses gesegneten Landes, den treuesten Diener Seiner Majestät! Unwillkürlich verfiel er dabei in die Geste Montezumas und hob nur spitz den Zeigefinger.

Die Soldaten, aufgereizt durch seine Gleichgültigkeit, begannen sich um seinen Platz zu sammeln und auf ihn einzubrüllen. Wo die Schätze Montezumas geblieben seien? Das Gold! Heraus damit! Sie wollten das Gold sehen!

Er hob die Lider. Die Vordersten wichen zurück. Sehr zeremoniell fragte er, was die Señores von ihm wünschten?

Das Gold!

Er nickte, als erinnerte er sich erst jetzt, wovon die Rede sei. Ja, ganz recht, das Gold; was damit wäre? Er könne es doch wohl nicht aus den Ärmeln schütteln.

Sie schrien den Namen Guatemotzin. Der hinterhältige braune Hund hielte es versteckt.

Cortes lächelte: schon möglich.

Die Soldaten tobten. Der König müsse gefoltert werden. Der Meister Ochoa solle ihn nur einmal recken, da werde er schon das Gold von sich geben wie ein Dukatenmännlein. Auf der Stelle solle man den König herbringen. Hier in den Saal; wenn er nicht sofort käme, gingen sie hin und schlügen das ganze Aztekengesindel, das sich nur über einen lustig mache, nieder. Lange genug hätten sie jetzt gewartet und sich das Wort »Eldorado« in die Ohren plärren lassen. Jetzt wollten sie einmal das Gold sehen, und zwar noch heute!

Der Feldherr blickte um sich. Er sah nur geballte Fäuste und geifernde Mäuler. Mit einer abschätzigen Bewegung gab er Befehl, den Gefangenen holen zu lassen.

Guatemotzin wurde gefesselt vorgeführt. Die Wache mußte ihn vor den Mißhandlungen der Menge schützen, die nach ihm spuckte und stieß. Der Profos hängte den König und zwei seiner Begleiter mit den Händen an die Rückwand des Saales. Die Füße schwebten eine Handbreit über dem Boden.

Wo das Gold Montezumas geblieben sei?

Die Begleiter richteten ihre Blicke auf den Herrscher. Guatemotzin war sehr blaß. Viele fanden, er sähe fast wie ein Spanier aus. Die Bewunderung über seine standhafte Haltung war allgemein. Von Zeit zu Zeit fuhr er mit der Zunge über den grünen Lippenpflock; die winzige Kühle des Steines schien ihm etwas Linderung zu geben. Ochoa bemerkte das und riß mit einer kurzen, schüttelnden Bewegung das Schmuckstück heraus. Der Notar Godoy führte das Protokoll. Der einarmige Apotheker Garai, der bereits ziemlich fließend mexikanisch sprach, stellte die Fragen.

Wo das Gold Montezumas geblieben sei?

Guatemotzin antwortete nicht. Es sah aus, als schliefe er. Der Profos griff ihn härter an. Ochoa schnaufte vor Stolz; die glanzvollste Erinnerung seines Lebens war ihm bisher jener Tag gewesen, an dem er Montezuma die Eisen angelegt hatte; jetzt schien ihm dieser Triumph noch übertroffen. Sorgfältig prüfte er die Stärke der Knochen mit dem Daumen und bemaß danach die Spannung der Stricke. Seine Bewegungen waren gemessen und geschickt; er schob die Gesellen zur Seite und besorgte jede Verrichtung selbst, voll Ehrgeiz, die Aufgabe sauber und nach allen Regeln des Handwerks zu erledigen.

Wo das Gold Montezumas geblieben sei?

Der König blickte zur Seite. Angstvoll starrten ihn die weit hervortretenden Augen seines Begleiters an. Es war ein schwerer feister Mann; die Stricke schnitten ihm tief in die Arme und drängten hohe Wülste weißen Fleisches heraus. Guatemotzin mußte an den Blick jenes dicken Spaniers denken, den er am Morgen nach der Vertreibung der »Weißen Götter« aus der Stadt im Schlamm der Uferstraße liegen gesehen hatte: bis zum Hals unter den Goldbarren begraben wie bei einer Steinigung, mit schnappenden Lippen, die einen Fluch formten.

Ochoa ließ durch seine Gehilfen das Feuer anzünden und die Schalen mit Öl aufsetzen. Der heiße, widrige Dunst jagte dem König einen grauenvollen Schrecken über das Herz. Wollte man ihn verbrennen wie seinerzeit die Häuptlinge vor dem Palast? Er war nicht geschminkt, sein Gesicht nackt; er würde die Züge nicht beherrschen können und zittern; sein Leib war ohne Schmuck.

Ochoa stellte die glühenden Schalen unter die Sohlen des Königs. Guatemotzin schrie. Auch die Spanier heulten vor Aufregung. Es dauerte eine ganze Weile, bis man begriff, daß er gestehen wollte.

Man bettete ihn auf eilig zusammengeworfene Mäntel und reichte ihm einen nassen Lappen, den er gierig kaute. Die Celestina half dem Profosen, der mit kundigen Griffen die verzerrten Glieder zurechtrückte. Durch das Flackern der wütenden Schmerzen hindurch spürte der Azteke schaudernd die nervigen, feisten Hände des Weibes. Sie packten ihn wie eine Beute; nichts peinigte ihn so wie diese Berührung.

Die Soldaten ließen den beiden kaum Zeit, Guatemotzin notdürftig zu verbinden. Sie fragten fortwährend dazwischen, wo das Gold liege. Versenkt im See? Man schleppte ihn hinunter ans Ufer, auf ein Boot. Fackeln warfen haltloses, schlenkerndes Licht über das Wasser. Der See hallte von Geschrei und hastigen Ruderschlägen. Einige begannen sich bereits zu entkleiden. Sie prahlten: man solle sie nur tauchen lassen; einen Rosenkranz lang hielten sie unter Wasser aus! Der Hauptmann Olid stützte dem König den Kopf und wies fortwährend auf das Wasser: Da? Dort? Er wischte in der Aufregung die Haare zur Seite, die sonst tief in die knochige Stirn gestrichen waren. Der Brandstempel trat heraus.

Guatemotzin sank erschöpft zurück. Sein Kopf umwölkte sich; es war ihm, als schneite es mit feinen, schmelzenden Flokken in seinen offenen Schädel hinein. Er wußte, daß es mit ihm zu Ende ging. Leise summten in ihm die Sätze des Totengebetes: »Du bist heimgekehrt, du hast deine Wohnung bezogen und die Schwelle deines Hauses überschritten; schöpfe Atem und ruhe dich aus; du bist müde geworden von dem langen Wege. Mühselig ist unser Weg und hart unsre Straße, wie mit scharfen Lavasteinen bestreut ist unsre Straße, und kurz ist die Zeit, daß wir sie wandern dürfen; ein Tag nur, ein Täglein, kaum, daß wir warm werden auf dieser Welt. Wie auf Borg leben wir, und Unser Herr ruft uns zurück, schnell und unerbittlich, wie man eine Schuld eintreibt...« Die abgebrochenen Verse schwärmten leise gegen die Wandungen seines Bewußtseins, sie wühlten wie Käfer in einem Kelch, die keine Ruhe finden. Und nun hatte er ein Gefühl, als tauchte ein scharfer, feiner Rüssel in ihn hinab, tief, unwiderstehlich, und saugte ihm langsam den Saft des Lebens aus. Der Leib wurde leer und leicht; die Glieder starben ab und lagen da, weit entfernt, wie nicht mehr dazugehörig. Ein starres Lächeln verbog den Mund, während er in den Schoß auf die mit schmutzigen Lappen umwickelten Hände blickte.

Trotzdem behielt er noch ein gewisses Bewußtsein. Er spürte es, wenn die Spanier ihn anstießen; wie durch einen langen Gang kam die Erschütterung auf ihn zu; sie störte ihn, und er atmete unwillig durch die Nase. Die Soldaten begannen zu fluchen: Der Schuft verhöhnte sie wohl noch? Man solle ihn ins Wasser werfen, da werde er die Stelle gleich finden! Wo der Platz nun sei, in Satans Namen!

Die beiden Begleiter des Königs, die man ebenfalls mitgeschleppt hatte, gaben den Ausgang des Kanals bei den früheren Gärten Montezumas an. Genau könnten sie den Ort nicht bezeichnen, da durch die Zuschüttungen alles verändert sei. Hier, ja, da müsse es wohl sein.

Die Taucher sprangen. Unermüdlich klatschten die nackten Leiber ins Wasser. Sie brachten einige kleine Goldschmuckstücke herauf, einen Dolch, der von den gefallenen Kameraden stammen mochte, einen türkisbesetzten Schild. Der Notar Godoy schätzte den Wert der Sachen auf neunzig Piaster.

Man hielt näher auf das Ufer zu und durchsuchte den Grund mit Piken und Stangen. Die nackten Körper der Taucher glänzten unter dem öligen, roten Licht. Sie ächzten, wenn sie heraufkamen. Manche lagen bereits in den Booten auf dem Rücken, zitternd, zu Tode erschöpft.

Gegen den Morgen erst gab man die Suche auf. Der Mond stand am Himmel; das Wasser war blaß wie Zinn. Es rauchte an manchen Stellen vor Kälte. Die verschwitzten Männer froren plötzlich. Sie waren zu müde, um über den Mißerfolg zu lärmen.

Gegen den Rücken seines fetten Begleiters gelehnt saß Guatemotzin aufrecht im Spiegel des Bootes. Er hatte den Kopf leicht in den Schoß gesenkt. Die Binden an seinen Händen schimmerten hell. Man stieß ihn an: Morgen würde der Meiter Ochoa ihn nochmals befragen! Er war tot.

Sechstes Kapitel

Cortes hatte sein Boot am Rande eines der verschütteten Kanäle anlegen lassen. Er stieg aus, lehnte jede Begleitung ab und ging allein durch die nächtige Stadt. Eine Zeitlang hallte ihm noch das Geschrei der Schatzsucher vom Wasser her nach; das Licht der Fackeln irrte über die Mauern der Häuser und hob zuweilen ein glänzendes Stück Wand wie eine Fahne rot heraus. Der Feldherr kniff die Augen ein und drückte die Fingerspitzen gegen die Ohren. Er war müde; schwerfällig watend stießen sich seine Füße durch den Schutt, der überall weich die Straße füllte. Es roch nach Asche und Mörtel, so fade und beklemmend dumpf, daß Cortes sich immer wieder die Lippen leckte. In den Höfen und Winkeln, in denen man die Leichen aufgetürmt hatte, nistete der schwere und widerlich süße Dunst der Verwesung. Cortes tappte über eine Stunde zwischen den Trümmern umher. Er hielt inne, stocherte mit dem Degen in dem bröckligen Boden und seufzte. War dies die Stelle des großen Marktes, jener riesige Platz, der von Farben und geschäftigem Lärm überschwoll? Oder einer der Gärten Montezumas mit den Käfigen für die wilden Tiere und den schön gemetzten Becken, deren Schalen vom Spiel der Wasserkünste klangen? Er wußte es nicht; alles war eine gleichmäßige Öde der Verwüstung.

Cortes beugte sich tief und stierte zur Erde. Ein trüber, brakkiger Wasserfaden sickerte über den Platz und kaute an den zersprungenen Fliesenplatten, die im Wege lagen. Zerfetzte Kleidungsstücke waren in den Boden gestampft, Federn von einem kostbaren Mantel umhergestreut, und dort klumpten sich die halbverfaulten Reste einer Leiche wie Gewölle, das ein Raubvogel ausgespien. Wie dünn und zart die Knochen dieser Mexikaner waren. Cortes mußte an den Augenblick denken, in dem er den König beim Einzug umarmte und jenen andern, in dem er die kinderleichte Gestalt auf die Bahre hob. Unnahbar hatte sich der geweihte Körper des Herrschers jeder Berührung der Fäuste entzogen und war in das grüne Dämmer seines Baldachins zurückgetaucht. Und wich nicht auch diese Stadt Mexiko, dieses ganze Land, das er nun als Sieger fest in den Händen zu halten meinte, geheimnisvoll zurück und entschwand ihm wie Nebel zwischen den Fingern?

Er stand mit ausgestreckten Armen da und blickte vor sich hin. Im kahlen Mondschein sah die Stadt wie eine erloschene Kraterlandschaft aus. Überall glänzten die schwarzen Löcher der aufgebrochenen Häuser und Paläste; stumm und öde zogen sich die Kanäle durch das Gewirr. Der erste Morgennebel begann an den Rändern zu wachsen, ebnete mit weichem Weiß alle Furchen ein und schaufelte die Straßen zu. Cortes schüttelte sich. Er fror. In ihm war die Traurigkeit des Siegers; eine bodenlose Traurigkeit, die alle Kraft aus den Gliedern zog. Er hatte ein

Gefühl, als nähme ihm der Nebel die Füße fort; er schwankte und suchte eine Wand, an die er sich stützen konnte. Die Trümmer reichten ihm nur bis zu den Knien. Er nahm den Degen aus dem Gehänge und lehnte sich gegen den Knauf.

Der Himmel wurde heller und färbte sich mit einem matten schwefligen Gelb. Ungeheuer schwarz und groß ragte das Kreuz des Zimmermeisters Martin Lopez mit seinen unbehauenen Balken in den Horizont, es stemmte die Füße fest in den Stumpf der Tempelpyramide und spannte die Arme wie besitzergreifend weit aus. Dem Feldherrn war, als käme es auf ihn zu und schlüge ihn lautlos zu Boden.

Er lief und stolperte über die Trümmer hinunter zum See, laut vor sich hin betend. Hinter einer Ecke klang hartes, zänkisches Geschrei. Er stürzte, froh über die Stimmen, darauf zu. Es waren Geier, die sich um Leichenreste balgten.

Die Ruderer schliefen über die Riemen gebückt. Er weckte sie und fuhr zurück ins Lager an der Küste. Alvarado meldete ihm den Tod Guatemotzins. Cortes nickte teilnahmslos. Der Hauptmann sprach noch weiter, mit vor Wut flatternder Stimme: von dem Gold sei nichts gefunden worden.

Schön.

Alvarado schrie: was denn nun werden solle? Wie der Generalkapitän sich die Verteilung der Beute gedacht hätte?

Cortes bog die Hände nach außen. Alvarado möge das zusammen mit dem Notar Godoy regeln.

Er wandte sich um, löste den Degen ab und warf sich auf sein Lager. Alvarado schüttelte verdutzt die Locken aus der Stirn und ging.

Der Feldherr blieb verschlossen und gleichgültig in dem Sturm der Entrüstung, der das Lager schüttelte. Die Verteilung der Beute ergab den winzigen Betrag von achtzig Piaster für den Mann. Delegationen liefen vor das Zelt des Generalkapitäns und tobten. Er hörte sie scheinbar aufmerksam an und ging dann plötzlich unvermittelt davon, ohne zu antworten, oder gab überraschend Auftrag, daß ein Teil seines »Fünften« zurückgezahlt würde. Der Profos Ochoa hatte eine Anzahl von Leuten festgesetzt, die zur Meuterei aufforderten und bewaffnet von einem Quartier zum andern zogen. Cortes ließ sie frei. Dem Buckel

Naxera wurde wegen eines Pamphletes, das er gedichtet hatte und mit schallender Stimme an allen Lagerfeuern vortrug, die Zunge ausgebrannt. Die Planlosigkeit, mit der Cortes verfuhr, machte die Soldaten stutzig und erschien ihnen als ein geheimnisvolles, besonders kluges Verfahren. Sie wurden scheu und ängstlich.

Cortes trat am Abend in sein Zelt. Im Fackelschein glänzte vor seinem Lager das Gold, das der Notar dort hatte aufstapeln lassen, wie eine dunkle Lache. Er zog den Mantel von der Schulter und warf ihn scheu darüber.

In Vera Kruz liefen rasch hintereinander vier Karavellen ein, die Briefe aus der Heimat brachten. Die Nachrichten waren übel; ein neuer Statthalter für Mexiko sollte bereits ernannt sein; von der erbetenen Amnestie für die Mannschaften war keine Rede. Cortes beschloß die Abreise nach Spanien.

Marina begriff kaum etwas von dem, was er ihr sagte, als sie die Ankündigung vernahm. Sie sah nur seine Hände, die mit den Papieren spielten. Sie waren blaß geworden und zuckten. Sein ganzes Verhalten ihr gegenüber war völlig verändert seit der Einnahme der Stadt, und sie spürte wohl, daß dies nicht nur eine augenblickliche Stimmung sein konnte. Eine neue und fremde Welt hatte sich aufgetan, in der für sie kein Raum war. Wie über einen Hof hinweg hörte sie seine Stimme: er werde den Sohn mit nach Spanien nehmen und dafür sorgen, daß Seine Majestät ihn in die Listen des kastilischen Adels eintragen ließe. Für sie selbst solle gesorgt werden; er habe bereits den Notar rufen lassen, um ihr ein Gut in der Landschaft Oaxaca zu verschreiben.

Sie neigte den Kopf und brachte mit den Fingern ihre Augenbrauen zur Ruhe. Auch in ihrem Innern zuckte es nur eine kurze Weile wetterleuchtend hin und her. Alles, was sie an spanischem Wesen angenommen hatte, schien ihr plötzlich leicht wie ein loses Tuch, es flatterte und schlug ins Gesicht; das beste war, man nahm es ab. Einen Augenblick mußte sie daran denken, wie wohl eine der weißen Frauen diese Botschaft aufgenommen hätte, die alles vernichtete, was sie sich in Gedanken aufgebaut hatte. Die konnten schreien wie ein Tier, wenn sie etwas traf, sie wälzten sich in ihrem Schmerz und brüllten ihn schamlos hinaus; sie weinten, hell, mit dicken Tränen, bis sie sich beruhigt hatten.

Dann lachten sie wieder, mit der gleichen Inbrunst, fast mit den gleichen Lauten; es war oft nicht zu unterscheiden, ob sie schluchzten oder kicherten. Marina hatte das Lachen von ihnen gelernt; den Kummer wollte sie nun auf ihre eigene Weise tragen.

Godoy erschien und setzte das Schriftstück auf. Cortes sprach ihm immer wieder in den Text hinein und wünschte eine ausführliche Begründung für die Schenkung. Man schulde Marina, ohne die das Werk der Eroberung niemals zu vollbringen gewesen wäre, die größte Dankbarkeit. Er gedachte der ersten Zeit, in der das Mädchen den Dolmetscher abzulösen begann, ihres Eifers beim Erlernen der Sprache; er erinnerte an die Hilfe, die sie dem Pater Las Casas beim Bekehrungswerk geleistet; ihren Mut bei der Gefangennahme des Herrn Montezuma.

Der Notar fächelte unzufrieden mit der Feder vor seiner Nase und meinte, man müsse ja fast eine Geschichte des ganzen Feldzuges schreiben, wenn alle diese Verdienste gebührend erwähnt werden sollen.

Cortes wehrte ab und schloß: Aus allen diesen bewegenden Gründen schenke und vermache er ihr den angegebenen Besitz als ihr Eigentum für ewige Zeiten. Er hoffe und erwarte, daß auch die ihm im Amte nachfolgenden Regierungen des Landes diese Verfügung respektieren und die Inhaberin der Urkunde vor jeder Beeinträchtigung schützen würden.

Er unterschrieb mit seinen sämtlichen Titeln als Generalkapitän, Vizekönig und Adelantado dieser neuspanischen Länder und überreichte Marina das Dokument. Sie nahm es und dankte mit einem fast unmerklichen Kopfnicken. Sie wagte nicht, das Geschenk auszuschlagen, sosehr es sie schmerzte. Wo sollte sie sich hinwenden, wenn sie diese Sicherheit nicht annahm? Zu ihrem Volk zurück? Aber da waren alle Wege zugewachsen und voll Gras wie jene Pfade, die von der Unterwelt wieder ins Leben führen. Voll Scham merkte sie, wie ihre Finger ängstlich und beinahe gierig die Rolle umklammerten; sie ertappte sich dabei, wie sie in Gedanken schnell die Einkünfte überschlug, die ihr das Dokument versprach, und das Leben berechnete, das sie damit würde führen können; sie ging die Reihen ihrer Dienerinnen durch und prüfte, welche sie behalten und mit sich nehmen wollte. Die Stoffe lagen vor ihr, der Schmuck, den sie mitnehmen würde; sie sah den Zug der Träger, die auf den Rückenkraxen ihr Gepäck schleppten. Es würde ein stolzer Zug werden; sie ging nicht ärmlich in ihr Land zurück, sie war reich, reicher als je ihre Eltern oder einer ihrer Vorfahren gewesen…

Eine ungeheure Müdigkeit überfiel sie plötzlich wie ein dichter, warmer Gewitterregen. Erst jetzt, da das fremde und wilde Leben, in dem sie diese beiden Jahre wie in einem strengen Dienst gestanden hatte, so plötzlich abbrach, machte sich die Anstrengung mit einem Male übermächtig geltend. Die Stimmen der Spanier hallten ihr grell und überlaut in den Ohren, ihre hoch aufgereckten Gestalten mit den kantigen Umrissen taten ihren Augen weh; ihr Geruch, der scharfe Geruch ihrer Haut, an den sie sich spät erst gewöhnt hatte, fiel ihr empfindlich in die Nase. Sie hatte eine tiefe Sehnsucht sich zu verkriechen, niederzukauern nach der Weise ihres Volkes, leise zu flüstern in den silbernen Zwitscherlauten ihrer Sprache. Sie tat ein paar Schritte, ängstlich und ungeschickt. Ihr Körper war leer; sie fühlte sich wie ausgeweidet. Vorsichtig preßte sie beide Hände mit der Rolle gegen den Leib wie ein Schwerverwundeter. Sie ging.

Die Hauptleute kamen; Cortes schlug Alvarado vor, er solle mit einem Teil der Mannschaft eine Expedition nach den unbekannten Ländern im Norden des Reiches übernehmen. Olid machte er das gleiche Angebot für einen Zug nach dem Süden. Es käme alles darauf an, diese Unternehmungen in Gang zu setzen, ehe von den angekündigten Beamten und Statthaltern aus Spanien jemand gelandet sei. Für diesen Fall habe man nur die widerwärtigsten Plackereien durch die Justizbehörden zu gewärtigen; von der wiederholt beantragten Amnestie sei leider gar keine Rede. Durch solche neuen Feldzüge wiche man am besten allen Unannehmlichkeiten aus.

Für die Mannschaften wurden Listen aufgelegt, in die sich alle eintrugen, die Ursache hatten, einer Begegnung mit den Gerichten aus dem Wege zu gehen.

Schweigend gingen sie an den Tisch heran und ließen sich von Godoy aufnehmen. Der alte Heredia murrte: wie er mit seinen zerschundenen und lahmen Knochen denn einen neuen

Feldzug überstehen solle? er hätte gedacht, er könne sich nun einmal ausruhen und in Frieden daheim seinen Pfennig verzehren.

Die anderen stießen ihn an: er solle das Maul halten. Hätte gedacht! Als ob das Denken etwas nützte. Man mußte die Pike auf die Schulter nehmen und weiterlaufen, bis man zusammenfiel und krepierte, das war nun einmal nicht anders und würde auch nie anders werden. Wollte er es gerade für sich etwa besser haben?

Der Pater Las Casas hielt vor dem Abmarsch eine feierliche Messe. Ein hartnäckiger, kräftiger Regen strullte vom Himmel. Die Soldaten ließen die Köpfe hängen; das Wasser tropfte aus den Helmriemen; viele horchten nur auf das Geräusch des dünnen Fadens, der sich vor ihrem Gesicht herunterspann. Cortes sprach einige Abschiedsworte. Seine weiche, tragende Stimme zitterte vor Rührung, als er die Namen der Gefechte und Schlachten nannte, dic man gemeinsam durchgemacht hatte. Auch die Soldaten wurden weich. Die meisten hatten schon fast alles vergessen, was sie erlebt; nun erschien es ihnen plötzlich gewaltig, da Cortes es so benannte. »Tabasco«, »Tlaskalla«, »Cholula«, die »traurige Nacht« – das klang wie der Titel aus einem alten Heldenbuch. Sie fühlten sich als Helden, als Ritter; sie reckten sich und ließen den Regen in ihre Bärte wehen; ihre Augen blitzten, sie warfen die Hände in die Luft und riefen: »Santo Spiritu!« und: »Sant Jago!« und: »Mutter Gottes!«

Cortes ging die Reihen entlang und drückte jedem die Hand. Viele hatten Tränen in den Augen; sie kauten an ihrem Bart und blickten von unten her zu dem Feldherrn auf, ein: »Gottes Segen über Euer Gnaden!« stammelnd. Manche beugten sich stumm und küßten ihm die Hand. Nur die Hauptleute blieben zurückhaltend und fast feindselig an ihren Plätzen. Alvarado ließ seine hellen unruhigen Augen über den Weg schweifen, den er zu nehmen gedachte, als könne er es kaum erwarten, endlich abzurükken. Olid stützte sich auf seinen Degen; die Haare waren tief in die Stirn gekämmt, die zerdrückten Faltennester unter den Augen schienen noch tiefer ineinandergehutzelt als sonst, glatt und wie abgescheuert spannte sich die trockene Haut über den robusten Backenknochen. Der Fähnrich Corral hob bewundernd sein Hammelprofil mit den weichen Lippen zu dem Freund empor.

Alvarado gab zuerst das Zeichen zum Abmarsch. Er warf sich auf seine Fuchsstute und ließ blasen. Der Regen hatte aufgehört; die Sonne brach wie hinter einem Wehr hervor. Sie funkelte gewalttätig in den breiten Lachen auf der Straße, die nassen Helme und Harnische glühten wie in klare Lohe getaucht, auf den Lanzenspitzen tanzte ein Elmsfeuer von kleinen Flammen. Die Soldaten nahmen den Wetterumschwung als gutes Vorzeichen. Sie zerrisssen ihre Spielkarten und streuten sie auf den Weg; überall flatterten die kleinen, weißen Fetzen. Ihre Füße stapften in das Wasser, es spritzte bis zu den Knien herauf; sie spürten es kaum, der Trott berauschte sie. Es sah aus, als wateten sie durch Gold. Der Buckel Naxera, der am Schluß von Alvarados Abteilung seinen schweren Rücken wie einen Tornister schleppte, stimmte mit schallender Stimme eine Romanze an, und die andern fielen ein. In den Schlußzeilen blitzte das Wort Eldorado funkelnd und betörend auf.

Epilog

Im Dezember kam der Eroberer in Spanien an. Man empfing ihn mit fürstlichen Ehren. Der Graf Pedro de la Cueva, der einige Wochen zuvor Befehl erhalten hatte, eine Expedition auszurüsten und den Rebellen Cortes gefangenzusetzen, machte ihm noch an Bord seine Aufwartung. Er war verwundert über den Anblick, den der berühmte Feldherr ihm bot. Wie, dieser gealterte Mann, der dort müde an der Bordwand lehnte, in einem schwarzen, verdrückten Wams, den rohledernen Degengurt wie einen Strick um die Hüften, sollte jener Eroberer sein, von dessen Verschlagenheit, Habgier und Härte die Berichte aus der Neuen Welt nicht genug zu erzählen wußten? War dieser fast büßermäßige Aufzug eine neue List? Die Gleichgültigkeit, mit der er die Ankündigung der bevorstehenden Empfänge durch den Kaiser aufnahm, eine Maske? Selbst die Nachricht vom Tode seiner Gemahlin Katalina, die ihm mit einem Schlage die Möglichkeit zu einer neuen Verbindung mit den einflußreichsten Familien des Landes eröffnete, schien ihn völlig gleichgültig zu lassen. Er seufzte nur leise, blickte über den Hafen und atmete schwer in seinen Bart hinein, der bereits die ersten Spuren von Grau zu zeigen begann.

Die Glocken läuteten, als er in Palos einzog. Der Stadtkommandant gab ihm ein großes Bankett, zu dem der gesamte Adel der Umgebung geladen war. Man feierte ihn mit zahllosen Trinksprüchen als einen neuen Alexander, der das zweite Indien entdeckt habe, und ein Redner meinte in der blumenreichen maurischen Manier, daß dank der unsterblichen Verdienste des Generalkapitäns jetzt in den Reichen seines erhabenen Monarchen die Sonne nicht mehr unterginge.

Cortes empfahl sich bereits nach zwei Stunden. Er ging barhaupt, nur von einem Diener begleitet, durch die nächtigen Straßen, in denen das Mondlicht weiß von den Dächern troff. Bei der Liebfrauen-Kirche von Rabida vor den Toren der Stadt ließ er anklopfen. Ob er den Grabstein des Großadmirals Kolumbus besichtigen könne?

Die Mönche flüsterten ängstlich hinter der Klappe. Sie fürchteten einen Überfall durch eine Räuberbande. Cortes nannte seinen Namen und Rang und bat, den Prior zu rufen. Er wünsche eine Schenkung von zweihundert Dukaten zu machen. Der Prior erschien und bat geschwätzig um Entschuldigung. Der Generalkapitän wehrte ab und verlangte nur, in die Kirche geführt zu werden.

Selbstverständlich; es werde dem Kloster eine hohe Ehre sein. Ob Seine Gnaden Fackeln wünsche... He! die Knechte! Cortes wehrte ab. Eine Kerze genüge. Man möge ihn allein lassen.

Das schwache Licht kämpfte mühselig mit der Dunkelheit des gewölbten Raumes. Der Grabstein des Entdeckers stand in einem Seitenschiff; eine dürftige, schmale Platte aus gewöhnlichem Stein. Die prunkvollen Epitaphien der großen Adelsfamilien der Gegend überragten sie um ein beträchtliches. Cortes hob das Licht nahe an den Stein heran und buchstabierte die Inschrift. Sie war mit schiefen Buchstaben, wie halb verweht, flüchtig eingemeißelt. Die Worte hallten seltsam verloren in die Stille des Raumes.

...der gleichsam als ein neuer Alexander das zweite Indien

entdeckt... zum Ruhme seines erhabenen Monarchen, in dessen Reichen jetzt die Sonne nicht mehr unterginge... und nun nach mannigfacher Mühsal und Anfechtung hier in Frieden ruhen möge!

Der Eroberer wandte den Kopf und starrte in das Dunkel der Kirche. Blaß und schemenhaft kam das letzte Echo seiner Stimme von den entfernten Wänden. Die Kerze in seiner Hand hing schief und betropfte ihm die Finger mit dem flüssigen Wachs. Er fror.

Waren das nicht die gleichen Sätze, die man ihm an der Festtafel feierlich zugesprochen hatte? Was blieb von all diesen Fahrten und Entdeckungen? Viermal war jener Großadmiral ausgesegelt, er hatte sein Vermögen, seine Gesundheit geopfert, als ein kranker, gebrochener Mann war er gestorben. Jetzt, nach kaum dreißig Jahren, war er bereits vergessen; seine Erben prozessierten mit der Krone um den Rest ihrer Ansprüche; sie waren zu arm, dem Entdecker ein würdiges Grabmal zu setzen. Heute feierte man ihn, den Cortes; sein Ruhm flog über ganz Europa und erschütterte die Glocken; der Kaiser zeigte sich ihm gnädig. Und wiederum in dreißig Jahren – wen würde man da feiern? Welches neue Indien war da erobert, größer noch und reicher vielleicht als alle Länder Montezumas? – Die Erinnerung an die Trümmerstätte von Mexiko überkam ihn mit schmerzhafter Gewalt; er roch den faden Aschendunst der niedergelegten Häuser, er sah die Menschen, wie zertretenes Schilf durch die Straßen gestreut, das riesige Kreuz des Zimmermanns Lopez, kahl wie aus Knochen über die Verwüstung in den blassen Himmel ragend. Hatten jene Kameraden nicht wahrhaft das bessere Teil erwählt, die nach dem Gemetzel von Cholula in die Berge gezogen waren, einen Strick um die Hüften, mit einem Totenkopf und einem Töpfchen voll Sämereien: »ein bißchen einem anderen König dienen«...?

Der Prior erschien und störte ihn aus seinem Sinnen auf. Voll Hast und Gier erinnerte der Mönch den Feldherrn an das Versprechen, eine Stiftung zu machen. Er bettelte schamlos: ob Seine Erlaucht nicht auch eine Summe für den Wiederaufbau der abgebrannten Kapelle der zehntausend Jungfrauen geben wolle? Ein Notar sei bereits geholt; Seine Gnaden brauchten sich nur die winzige Mühe machen zu unterzeichnen. Bei den unermeßlichen Schätzen, die er mit sich führe...

Seine Augen betasteten ihn und klaubten an dem schwarzen Wams herum, als erwarte er, der Eroberer trüge das Gold verstohlen auf dem blanken Leibe bei sich. Cortes blies die Kerze aus, um seinen Blicken zu entgehen. Unsicher tappte der Mönch voran. Der Feldherr folgt ihm.

Die Reise ging langsam vonstatten. Überall versperrte das Volk die Straßen. Prozessionen von Bettlern zogen ihm über die Berge entgegen. Sie heulten Verwünschungen, wenn man sie mit einer Mahlzeit abzuspeisen suchte. Was, eine solche Bettelsuppe! Das Gold, wo blieb das Gold! Sie konnten auch einen Tropfen von dem Mannaregen beanspruchen! Das Gold, Excellenza! Sie warfen sich vor seinem Gaule nieder, zerrten an seinem Mantel und schwangen drohend hinter ihm die Krücken. Die Wachen bei dem Gepäck mußten verstärkt werden.

Scharen von zerlumpten und kranken Kindern wurden von den Müttern auf die Straßen getrieben. Die Siechenhäuser vor den Toren der Städte wurden aufgemacht; die Kranken saßen am Wegrand, wickelten mit gerunzelter Stirn ihre Binden ab und stellten sorgfältig ihre gräßlichen Wunden zur Schau. In den Gefängnissen, an denen der Zug vorbeikam, hingen die Verbrecher oben in die Gitter verkrallt an den Fenstern; man sah ihre weißen, haftblassen Finger und die ungeheuren Büsche der Haare. Tosend hieben sie ihre Fußketten gegen die Mauern und brüllten: herauslassen! Man solle sie herauslassen! Amnestie! Sie seien nicht schlechter als jene Mannschaften des Cortes! Das Gold! Seine Gnaden würden ein zweites, ein drittes Dorado erobern, sie wollten ihm ehrlich dienen! Barmherzigkeit!

Sein Quartier war belagert von Bittstellern. Manche standen still und in sich gekehrt in einiger Entfernung vor der Tür und grüßten nur immer wieder mit der gleichen ausschweifend zeremoniösen Bewegung, voll unsinniger Hoffnung, durch Beharrlichkeit doch einmal den Blick auf sich zu ziehen. Auch im strömenden Regen sah man einige von ihnen auf dem Platz hokken, schwarz und mager wie Krähen. Cortes ging nur noch mit gesenktem Blick, die linke Hand am Degen, die rechte gegen den Bart gestützt. Er wagte nicht mehr aufzuschauen.

Sein physischer Abscheu vor dem Golde steigerte sich noch. Er verbot das Wort in seiner Gegenwart zu nennen und legte auch den letzten Schmuck ab. Seine Diener mußten die goldenen Borte von ihren Mützen trennen. Er weigerte sich hartnäckig, auch sehr hochgestellten Persönlichkeiten, die ihn aufsuchten, irgend etwas von seinen Schätzen zu zeigen, unbekümmert darum, daß man ihn für ungefällig oder maßlos geizig verschrie.

Eine ganze Anzahl seiner alten Soldaten, mißmutig geworden durch die vielen Wachen und das langsame Tempo der Reise, meldete sich bei ihm und bat, in die Heimat entlassen zu werden. Reich beschenkt zogen sie davon.

Nur wenige, die sich in Gruppen zusammengetan hatten, erreichten ihr Ziel. Die übrigen fand man beraubt und erschlagen auf allen Straßen des Landes. Der Landsknecht Tuvilla hing eine halbe Wegstunde vom Kloster des Heiligen Jakob von Compostella an einem Baum, den Kopf nach unten. Man hatte ihm sogar die Hosen von den überlangen Beinen gezerrt. Auf der blanken Brust, mit einem Hufnagel festgesteckt, flatterte ein weißer Zettel. Die Pilger, die den Toten abnahmen, lasen ihn andächtig vor. Es war eine Bescheinigung des Priors, daß acht große Messen »zum Andenken an meinen lieben Kameraden Alonso, genannt das Milchkind, zurückgeblieben auf dem Marsch aus Mexiko nach der Nacht der Trübsal und dort verstorben« bestellt und in gutem Gelde bezahlt worden seien.

Die Nachrichten von diesen Überfällen liefen wie eine Feuerpost durch das ganze Land und schürten die Erwartung noch höher auf. Wie unausdenkbar reich mußte dieser Cortes selber sein, wenn seine Soldaten schon solche wahrhaft sündlichen Summen mit sich schleppten! Viele sahen bereits das Kommen des Antichrists voraus. Die Priester predigten von den Kanzeln herab gegen die Tollheit und das Fieber, das alle ergriff. Vorsichtige Kaufleute begannen mit ihren Waren zurückzuhalten. In den Städten, durch die der Zug des Eroberers ging, stiegen die Preise auf das Doppelte.

Cortes verfiel in eine Art Trübsinn. Er antwortete auch seinen Dienern und Vertrauten nicht mehr; seine Hände wurden schwach und zitterten. Man mußte ihm das Pferd führen, nachdem er zweimal empfindlich gestürzt war. Schließlich ließ er sich in einer Sänfte tragen, deren Vorhänge dicht zugezogen waren. Er wählte Umwege über die Berge und zog durch belebte Gegenden nur des Nachts.

Bei dem Gnadenhause Unsrer Lieben Frau von Guadelupe ließ er Rast machen, um eine dreitägige Andacht zu halten. Am zweiten Tage traf bereits, durch Eilboten von ihren Verwandten in Palos benachrichtigt, die Herzogin von Mendoza mit ihrer Nichte Maria ein. Die Damen begaben sich sogleich aus ihren Sänften in die Kirche und knieten einige Stuhlreihen hinter dem Sessel des Generalkapitäns nieder. Sie mußten über eine Stunde warten, bis er sich erhob; das Fräulein, eine berühmte Schönheit des spanischen Hofes, mit makelloser, sorgfältig vor jedem Sonnenstrahl gehüteter Haut, blätterte unmutig in ihrem Gebetbuch. Sie rückte auf den Knien hin und her und schob verstohlen die Hände in den Busenausschnitt; die vollen, rücksichtslos hochgeschnürten Brüste taten ihr weh. Die Herzogin herrschte sie mit den Brauen an; folgsam senkte sie den Kopf und murmelte ein Gebet.

Vor dem Portal machten sich die Damen mit dem Feldherrn bekannt. Die Herzogin überbrachte Grüße von ihrem Vetter, dem Grafen de la Cueva in Palos, der die Ehre gehabt habe, Seine Gnaden, »den Stolz unseres Landes«, als erster bei der Ankunft zu begrüßen. Das Fräulein hob das Kinn und ließ seinen prachtvollen Hals in der Sonne funkeln, sie wiegte sich in den Hüften und preßte unter dem Rock, zitternd vor Erregung, die Knie aneinander.

Die Diener der Familie Mendoza empfingen den Zug bereits vor der Stadtgrenze und geleiteten ihn auf den Hof des herzoglichen Palastes. Cortes ließ alles über sich ergehen; er war sogar dankbar dafür, daß der Herzog es nunmehr übernahm, das Quartier streng abzusperren und alle Unberufenen fernzuhalten.

Der Kaiser schickte ihm den Prinzen von Nassau zur Begrüßung. Der Fürst deutete an, er habe den Auftrag, von Seiner Gnaden zu erfahren, welchen Namen er bei seiner bevorstehenden Standeserhöhung zu führen wünsche. Seine Majestät wolle ihm eine der Landschaften in Neu-Spanien als Lehen zuteilen...

Er ließ dabei die Augen durch das Zimmer schweifen. Nur mit

Mühe hielt er an sich, auf eine der Truhen, die im Winkel aufgestapelt standen, zuzugehen und den Deckel anzuheben. Ungeduldig vor Neugier herrschte er den Feldherrn an: Nun, was sei da zu besinnen! Er stehe ja wahrhaftig da, als solle ihm ein Unheil widerfahren!

Cortes lächelte. Das Bild jener demütig gebückten Leute aus der Landschaft Oaxaca, die ihm den Korb mit Vanille als Gabe gebracht hatten, stand in ihm auf; der sanfte Geruch des Gewürzes war in seiner Erinnerung haftengeblieben und erfüllte sie in diesem Augenblick ganz. Er nannte den Namen.

Der Prinz nickte: schön. Und das Wappen? Seine Majestät habe bereits daran gedacht, ihm die Köpfe Montezumas und der anderen Heidenfürsten an einer Kette um den Schild gelegt zu verleihen.

Cortes verbeugte sich stumm. Der Prinz fuhr, leise erbittert, fort: dieser Heidenkönig solle ja ganz unermeßliche Kostbarkeiten besessen haben? Der Feldherr blickte abwehrend zur Seite.

Mit einer brüsken Wendung verabschiedete sich der Besucher. An der Tür drehte er sich plötzlich um, als hätte er sich besonnen und noch etwas vergessen: ja... Seine Gnaden möchten ihm doch die Juwelen zeigen; er werde ihm vielleicht einen freundschaftlichen Rat erteilen können, welche Stücke man zweckmäßigerweise Ihrer Majestät der Königin zum Geschenk machen sollte...

Cortes ließ durch den Diener eine der Truhen öffnen. Der Herzog konnte sich nicht beherrschen. Er stürzte auf die Kostbarkeiten zu, griff einen der großen Smaragde heraus und rieb ihn zwischen den zitternden Fingern.

Auch durch die Audienz mit dem Kaiser schritt Cortes wie ein Schlafwandelnder. Er bemerkte kaum etwas von dem ungeheuren Pomp, mit dem der Empfang vonstatten ging. Die Herren der großen Familien des Landes waren fast vollständig versammelt, in der Begleitung des Monarchen standen flandrische, tschechische und ungarische Adlige, deutsche Kaufherren und italienische Bankleute; unter dem dunklen Samt der Edelleute, die nach der neuesten Mode ganz schlicht und ohne Panzer gekleidet gingen und nur Handschuhe in der Hand trugen, leuchtete das seidene Violett der päpstlichen Legaten auf.

Der Kaiser trug die Tracht des Ordens von Calatrava, den er Cortes zu verleihen gedachte. Eine turbanartig aufgetürmte Kopfbedeckung aus schwerem gerollten Samt drückte den schmalen Kopf des Monarchen herunter; sein Mund stand halb offen, und die fleischige Unterlippe trat blaß aus dem Bart hervor. Langsam hob er die behandschuhte Rechte und reichte sie dem Feldherrn zum Kuß.

Cortes kniete nieder. Man bewunderte die Haltung und Gelassenheit, mit der er die endlose Fülle der Gnadenbeweise entgegennahm. Er verzog nicht den Mund zu einem freudigen oder gar hochmütigen Grinsen, wie manche geglaubt hatten, ja er lächelte nicht einmal. Sein Gesicht war blaß; die Schultern hingen wie gebrochen herab, und manchem unter den Granden schien es, daß dieser Mann, der dort soeben zum Marques von Oaxaca erhoben und mit einer Landschaft beschenkt wurde, die so groß sein sollte wie Andalusien, das Aussehen eines Besiegten hatte.

Der Kaiser zog den Eroberer in ein kurzes Gespräch. Die Unterhaltung war mühsam; wie am Hofe Montezumas mußte sie durch Dolmetscher geführt werden, da der in Flandern erzogene Karl das Spanische nur ganz unvollkommen beherrschte. Der Monarch fragte eingehend nach den Sitten am mexikanischen Hofe; es schien ihm besonders zu gefallen, was Cortes über die unendliche Demut der aztekischen Großen berichtete, die nur in zerrissenen Bettlergewändern und mit niedergeschlagenen Augen vor den König treten dürften. Der Kaiser fuhr mit dem kleinen Finger den Rand seiner Unterlippe entlang, als dächte er darüber nach, wieweit solch Zeremoniell wohl auch am spanischen Hofe Platz greifen könnte. Dann erkundigte er sich, ob noch Kinder seines erlauchten Herrn und Bruders Montezuma vorhanden seien. Er verfügte, als Cortes bejahte, daß diesen der Name und Stand als Grafen von Montezuma zuerkannt würde. Zum Schluß fragte er den Feldherrn, ob er noch einen Wunsch hätte.

Cortes besann sich und brachte das Anliegen vor, Seine Majestät möchte das Kind, das er von jener Indianerin Marina besäße, deren häufig und ruhmvoll in den Berichten Erwähnung getan sei, der Gnade würdigen, in die Listen des kastilischen Adels aufgenommen zu werden und seinen Namen Cortes von Monroy zu tragen. Der Kaiser nickte und sah zur Seite. Die Bitte erschien ihm belanglos und fast läppisch; er hatte erwartet, Cortes werde um die Statthalterschaft einkommen. Das Gespräch begann ihn zu ermüden; er blinzelte und verabschiedete den Eroberer, indem er ihn ausführlich mit seinem neuen Titel »Marques del Valle Oaxaca« ansprach.

Erst auf der Treppe fiel Cortes ein, daß von der Statthalterschaft oder einem neuen ehrenvollen Kommando nicht die Rede gewesen war. Er wachte aus seiner Betäubung auf und wollte zurückeilen. Der Herzog von Mendoza, der ihn begleitete, hielt ihn am Ärmel auf: ob er rasend geworden sei? Nach solchen unermeßlichen Gunstbezeigungen noch weitere Forderungen stellen? Er solle sich einmal in Gottes Namen zufriedengeben, seinen Ruhm und sein Geld genießen, ein Weib nehmen und einen Hausstand begründen. Später könne man dann weitersehen und sich auch einmal wieder um eine Stelle bewerben; zunächst müsse er aber hier Boden fassen, Bekanntschaften und Verbindungen anknüpfen... er werde es ohnehin unter dem alten Adel nicht leicht haben trotz seines Marques und aller Schätze Indiens... mit Bartaufwerfen und An-den-Degen-Schlagen sei da nicht viel auszurichten...

Cortes antwortete nicht. Er zog sehr bald aus dem Palast des Herzogs aus und ließ sich ein eigenes Haus einrichten. Sein Verhalten erschien allen unverständlich. Aus der überaus günstigen Verbindung mit der Nichte des Herzogs wurde nichts; der Marques heiratete ganz plötzlich und wie in einer Laune ein Fräulein Zuñiga, das auch von alter Familie, aber nicht sonderlich hübsch und auch nicht mehr ganz jung war. Er schenkte ihr zur Verlobung einen Schmuck mit vier riesigen Smaragden aus dem Schatze Montezumas. Der Kaiser erschien zu der Hochzeitsfeier.

Die junge Frau klagte sehr bald über ihren Gatten. Er sei wunderlich, schrieb sie an ihre Eltern; den ganzen Tag liefe er ruhelos durch das Haus, des Nachts sitze er oft stundenlang mit verschränkten Armen in seinem Bett aufgerichtet und starre auf das Fenster. Oft zöge er sich heimlich wieder an und legte sich, in seinen Mantel gewickelt, neben dem Bette auf den Boden; er behaupte, er sei das von seinen Feldzügen her so gewohnt und hielte es auf den weichen Kissen nicht aus. Dann hole er allerhand Gesindel ins Haus; so habe er eine fette, alte Negerin, Celestina, bei seiner Dienerschaft angestellt, ein ganz verrufenes Weibsbild, Kupplerin und Diebin, wegen der es sogleich den größten Lärm unter den Mägden gegeben habe. Auch eines der Troßweiber seiner Armee habe sich eingefunden, eine Flämin, Magdalene Kerrincx mit Namen, die sonst freilich fleißig und ganz gut im Haushalt zu brauchen sei. Die verstünde es noch am ehesten, mit ihm umzugehen; sie solle auch früher, vor jener Indianerin Marina, seine Beischläferin gewesen sein. Jetzt wäre aber nichts anderes zwischen den beiden, als daß der Marques, wie man ihr glaubhaft berichtet hätte, zuweilen zu der Magd hinunterschleiche und bei ihr säße, ohne ein Wort zu reden. Bisweilen spiele er mit ihr Würfel.

Es sei ein Jammer um den Mann; ganz augenscheinlich verzehre ihn die Beschäftigungslosigkeit. Wenn er nicht bald ein ehrenvolles Kommando bekäme, so müsse man das Schlimmste befürchten. Man habe ja auch gehofft, daß nun nach dem Abgang des Bischofs Fonseca, der endlich vom Posten des Präsidenten im Rate von Indien entlassen und aus Kummer darüber gestorben sei, eine bessere Wendung eintreten würde. Davon wäre aber nichts zu spüren. Der Kaiser verhielte sich allen Anspielungen gegenüber durchaus ablehnend; er sage nur immer wieder, er könne die Dienste des Marques nicht entbehren. Zu tun gäbe er ihm aber wiederum nichts; ja er habe ihm sogar die Kränkung zugefügt, ihn nicht einmal in den Kriegsrat über den Feldzug gegen die Türken zu berufen. Dazu käme nun noch der Mißerfolg der Expeditionen, die Cortes noch vor seiner Rückkehr nach Spanien in Mexiko ausgerüstet; man habe die ungünstigsten Nachrichten, und wahrscheinlich werde der Marques dabei einen großen Teil seines Vermögens verlieren. Es sei schon so weit gekommen, daß man die großen Smaragden ihres Hochzeitsgeschenkes durch Juweliere habe abschätzen lassen. Ach, sie hätte sich wahrhaftig den Ehestand etwas weniger betrübt vorgestellt!

Cortes saß krank im Lehnstuhl, als ihm der Fußknecht Bernal

Diaz gemeldet wurde, der ihm über den Feldzug des Hauptmanns Olid berichten sollte. Der junge Bursche, dem früher das Wams über der prallen Brust aufsprang, war mager und gelb geworden. Er hängte die Hände, die fortwährend leise zitterten, mit den Daumen in den Gürtel, während er erzählte. Mit Olid habe es ein schlimmes Ende genommen. Das Heer war nach unsäglichen Strapazen bis in die Landschaft Guatemala vorgedrungen; die Hälfte der Mannschaft durch Fieber zugrunde gegangen; von Gold oder sonstiger Beute keine Spur. In der ersten größeren Stadt, die man fand, hatte Olid haltmachen lassen; er bezog den Palast des Kaziken und erklärte kurzweg, er gedächte hier für immer zu bleiben und eine eigene Herrschaft zu begründen. Ein Teil seiner Mannschaft, der Fähnrich Corral an der Spitze, rief ihn zum König von Guatemala aus; die übrigen, die sich widersetzten, wurden für gefangen erklärt. Olid wagte freilich nicht, sie hinrichten zu lassen, um sein ohnehin kleines Heer nicht weiter zu schwächen. Er hatte nicht einmal genügend Leute, um sie zu bewachen; die Meuterer, an den Füßen gefesselt, blieben in seiner unmittelbaren Nähe im Palast, sie aßen unten an der Tafel mit bei Tisch und mußten, auf karge Kost gesetzt, das unsinnige Schlemmen und Demmen des »Königs« Olid und seiner Anhänger mit ansehen. Sie verabredeten sich, fielen bei einem Geburtstagsmahl über ihre Bezwinger her und stachen sie mit den Tischmessern nieder. Ein Teil der Bedrohten entfloh; Olid lag mit über zwanzig Wunden unter dem Tisch, auf den sich die Verschworenen blindlings stürzten, um in das Essen zu tappen. Während sie mit beiden Fäusten zulangten, lachten und mit den angstgeschwächten Händen den Wein verschütteten, raffte der sterbende Olid sich empor, schleppte seinen ganz zerhauenen Körper hinaus und brüllte die Wachen zusammen. Er habe furchtbar ausgesehen, wie er, von zweien seiner Leute gestützt, wieder in die Tür getreten sei, berichtete Diaz; den Leib wie mit einer roten Schürze bedeckt, die Haare verklebt und aus der Stirn gestrichen, auf der groß und für jeden erkennbar nun der Brandstempel hervorgetreten sei. Seine Leute hätten wohl auch gemerkt, daß es mit ihm zu Ende ging, und, ohne sich weiter für ihn in die Schanze zu werfen, sogleich mit den Verschwörern gemeinsame Sache gemacht. Olid sei, ohne ein Wort zu sagen, zusammengebrochen; man habe ihn auf sein Zimmer gebracht. Seinen Freund, den Fähnrich Corral, der auch tödlich verletzt gewesen sei, habe man auf einer Bahre neben das Bett gestellt. Die beiden hätten sich innig umarmt und fast zur gleichen Zeit den Geist aufgegeben, Gott sei ihrer armen Seele gnädig.

Cortes schlug das Kreuz. Er ließ dem jungen Diaz ein Geschenk reichen und schloß sich für einige Tage auf sein Zimmer ein. Wochenlang kam er nicht auf die Straße. Ein großer Teil seiner Dienerschaft nahm den Abschied; manche, die es in dem finsteren und fast gespenstischen Hause nicht aushielten, liefen einfach ohne Lohn davon. Erst die Nachricht, der Hauptmann Peter von Alvarado sei in Palos gelandet, brachte den Marques etwas zu sich. Er ließ seine Sänfte für die Reise rüsten – er war längst nicht mehr fähig zu reiten –, verabschiedete sich von seiner Frau und machte sich auf den Weg zur Küste.

Der Alkalde der Hafenstadt kam ihm unter dem Tor verstört entgegen und bat mit flatternden Handbewegungen gewissermaßen um Entschuldigung, daß so üble Dinge in seinem Dienstbereich geschehen könnten; sehr üble Dinge, wahrhaftig. Es hinge doch kein rechter Segen an diesem mexikanischen Gold; seit es im Lande sei, könne man sich kaum noch auf die Straße wagen. Aber nicht genug damit, daß die Strolche und Straßenräuber sich vermehrt und geheckt hätten wie die Flöhe: auch ehrlichen Leuten, alteingesessenen Handwerksleuten und Bürgern fahre der Teufel in den Leib.

Nun, vorwärts, was denn passiert sei?

Der Mann, bei dem Alvarado abgestiegen sei, ein Seilermeister, Familienvater mit sechs Kindern, Vorsteher seiner Zunft...

Schön, schön; und weiter?

...er habe den Hauptmann Alvarado niedergeschlagen, geknebelt, in seinem Bette mit Stricken gefesselt, ihm vor seinen sehenden Augen seine ganzen Schätze aus den Truhen geraubt, immer wieder drohend, er werde ihn mit einem Kissen ersticken, wenn er sich rührte, und sei mit der ganzen Beute auf und davon.

Cortes hob den grauen Bart mit der Hand an und zog seufzend den Geruch der Haare in die Nüstern. Er mußte sein Kinn stützen, das haltlos herunterfiel.

Alvarados Zimmer war dunkel. Ein halbes Dutzend Mönche stand vor dem Lager. Der Prior des Klosters von Rabida nahm mit eilfertiger und entschlossener Miene die Schenkungen entgegen, die der sterbende Hauptmann aussprach. Alvarados blaue, unruhige Wikingeraugen waren in der Angst des nahenden Todes übergroß aufgerissen. Er verschleuderte in wahnsinniger Hast seine gesamten Besitzungen und Gelder; seine ungeduldigen Hände machten die gleichen kurzen und achtlos wegwerfenden Bewegungen, die er beim Spielen liebte. Zwischendurch brüllte er mit gewaltiger Stimme auf, daß die Mönche zurückfuhren: der Tod schmecke bitter, gallenbitter, er spüre ihn schon auf der Zunge; man möge ihm um Christi willen etwas Süßes zu essen geben! – Die Diener liefen und reichten ihm einen kleinen Topf mit Quittengelee.

Der Anblick des riesigen Mannes, der dort aufgestützt in seinem Bett saß, die blonden Locken wirr und versträubt im Nacken und mit seinen großen roten Fäusten hastig die Speise löffelte, hilflos und wie ein Schwachsinniger fortwährend jammernd, erschütterte den Marques so sehr, daß er stillschweigend aus dem Zimmer ging, ehe der Waffengefährte ihn erkannt hatte. Cortes rief draußen die Begleiter des Hauptmanns zu sich und fragte sie, welche Freude man dem Sterbenden wohl noch bereiten könnte. Die Leute zuckten die Achseln. Alvarado habe niemandem besonders nahegestanden; er sei zuletzt mit dem immer deutlicher werdenden Mißlingen der Expedition ein furchtbar grausamer Herr geworden, ja eigentlich, wenn man es recht sagen wolle, ein Menschenschinder. Das einzige Wesen, mit dem er immer zärtlich und gut verfahren sei, wäre sein Gaul gewesen, die Fuchsstute.

Cortes ließ die Tür aus den Angeln heben und das Tier vor das Bett bringen. Alvarado hob den Kopf, als der spattelnde Lärm der Hufe auf den Dielen donnerte. Der Gaul sträubte sich und wieherte laut mit aufgestellten Nüstern; er witterte den Sterbegeruch und scheute angstvoll vor seinem Herrn zurück. Mit Mühe brachte man ihn bis an das Lager heran. Alvarado fuhr ihm über das weiche Maul und klopfte ihm den Bug, er griff nach dem Schweif und ließ sich fast aus dem Bett zerren. Dabei flüsterte er unaufhörlich zärtliche und unsinnige Worte wie zu einer Geliebten: still, sei still, alte Hure, gib dich zufrieden; was, willst du mich nicht mehr, komm, sei gut...

Der Marques ging am Morgen nach dem Begräbnis allein durch die Straßen. Er blieb vor einer Baustelle stehen. Ein alter Adelspalast wurde abgerissen, um für die Neubauten der Lagerhäuser zu schaffen. Einer der Arbeiter erkannte den Generalkapitän; er lief herzu und begrüßte ihn. Es war der spitzbäuchige, ewig feixende Reiter Vacua. Er jammerte: er habe bei all den Schlachten und Siegen nicht mehr gewonnen, als daß er nun auf seine alten Tage hier mit der Spitzhacke fechten müßte. Ja, und seinen Kameraden ginge es nicht viel besser. Immerhin dürfe man nicht klagen, solange man noch das Leben hätte; ein schlechtes, ein elendes Leben freilich, Seine Gnaden möchten schon verzeihen, ein Hundeleben.

Cortes tastete an seinem Körper umher, der ganz ohne Schmuck war, und schenkte dem Mann sein Barett. Er stand barhaupt noch lange Zeit und starrte auf die Mauern, die unter den kräftigen Fäusten zusammensanken. Er spürte die Stöße, als richteten sie sich gegen seinen eigenen Leib; das laute »Herunter! Herunter!« des Vorarbeiters klang ihm, als wäre es auf ihn selbst gemeint. Es ging zu Ende mit ihm, das fühlte er deutlich; seine Aufgabe war erfüllt, Gott brauchte ihn nicht mehr, nun brach er ihn ab wie dieses alte Haus, das lange leergestanden hatte und jetzt dem neuen Platz machen mußte.

Er faßte sich an die Brust und ächzte. Sein Leib kam ihm wie ausgebrannt vor. Vorsichtig und mit gebrechlichen Schritten schlich er zu seinem Quartier.

Während der Rückreise flackerte noch einmal der Trotz in ihm auf. Er trieb die Träger an: schneller!, er erwirkte sich beim Kaiser eine Audienz und bat hastig und fast ohne die notwendige Devotion den Monarchen um die Erlaubnis, noch einmal nach Indien zu gehen. Er werde Seiner Majestät ein neues Reich erobern, größer und reicher als jenes Mexiko, das wahre Dorado, das man bisher noch immer nicht gefunden; die Expeditionen seiner Hauptleute seien fehlgeschlagen; in Gottes Namen, man werde ein andermal Glück haben...

Der Kaiser fuhr mit dem kleinen Finger über die fleischige und vorstehende Unterlippe. Er wagte die Lider nicht zu heben und sagte betreten, er wünsche dem Marques zu seinem Vorhaben alles Gute. Und wie um das Gefühl des Mitleids mit dem verlorenen Mann, das er empfand, zu bedecken und wohl auch, um Cortes das Verräterische dieser plötzlichen Geneigtheit nicht spüren zu lassen, überschüttete er ihn zum Abschied noch einmal mit Gunstbeweisen. Er ernannte ihn zum Adelantado der westindischen Meere, verlieh ihm die Kanzlerschaft des Calatrava-Ordens; ja, er erinnerte sich der Bitte, die der Feldherr in seiner ersten Audienz ausgesprochen hatte, und teilte ihm mit, er habe für seinen Sohn eine Komturstelle ausersehen.

Cortes fuhr noch vor dem Frühjahr aus Palos ab. Er hatte ein riesiges Gefolge um sich, das auf vier Karavellen verteilt wurde. Mit großer Pracht gekleidet, stand er auf dem Hinterdeck des Flaggschiffes. Er trug seinen schwarzen Paradeharnisch und über der Brust den goldenen Halsschmuck mit den Hummern, den ihm Montezuma beim Einzug in die Stadt Mexiko überreicht hatte. Sein Gesicht war fahl; der Panzer schmerzte ihn über den Hüften, und zuweilen entblößte er vorsichtig die Zähne, die beinweiß aus dem schütteren Grau des Bartes hervorstachen. Das letzte Gebäude des Festlandes, das ihm zu Gesicht kam, war das Kloster von Rabida. Cortes verneigte sich gemessen und respektvoll im Gedenken an den Grabstein des Entdeckers.

Er starb noch vor der Ankunft auf den Azoren. Die Flotte kehrte um; man führte den Leichnam des Eroberers nach Madrid. Sein Sohn, der Komtur Don Martin Cortes, ließ zwanzig Jahre später den Sarg nach Mexiko bringen und setzte ihn neben dem Grab seiner Mutter in der Gruft der kleinen Dorfkirche von Oaxaca, die Marina noch kurz vor ihrem Tode gestiftet hatte, bei.